世界卫生组织

USAID
FROM THE AMERICAN PEOPLE

轮椅服务中级教程

教师手册

[美] 弗罗斯特　等著
钟磊　赫琳　译

求真出版社

图书在版编目（CIP）数据

轮椅服务中级教程 /（美）弗罗斯特等著；钟磊等译. —北京：求真出版社，2016.1

ISBN 978-7-80258-230-9

Ⅰ. ①轮… Ⅱ. ①弗…②钟… Ⅲ. ①四肢—残疾人—社会服务—技术培训—教材
Ⅳ. ①C913.69

中国版本图书馆 CIP 数据核字（2016）第 030732 号

轮椅服务中级教程

著　　者：[美] 弗罗斯特　等
译　　者：钟　磊　赫　琳
责任编辑：计　悦
出版发行：求真出版社
社　　址：北京市西城区太平街甲 6 号
邮政编码：100050
印　　刷：北京华联印刷有限公司
经　　销：新华书店
开　　本：787×1092　1/16
字　　数：611 千字
印　　张：29.25
版　　次：2016 年 5 月第 1 版　2016 年 5 月第 1 次印刷
书　　号：ISBN 978-7-80258-230-9/C·6
定　　价：98.00
编辑热线：（010）83190270
销售服务热线：（010）83190297　83190289　83190292

术　语

本教程中的术语定义如下：

适用的轮椅	能够满足使用者需求以及环境状况的轮椅；提供适配和体位支撑并且安全耐用；国内可得到且在国内能够以最经济和实惠的价格购买和维修并接受持续的服务。
手动轮椅	由使用者本人驱动或由其他人推行的轮椅。
体位支撑装置（PSD）	用于提供附加体位支撑的装置，是中级轮椅服务的主要内容。
轮椅	为行走或移动困难者提供轮式移动和坐位支撑的器具。
轮椅改制	对轮椅进行改造。
轮椅供应体系	轮椅设计、生产、供应和提供服务的总术语。
轮椅服务	轮椅供应体系的一部分，以确保每位使用者都能获得一辆适用的轮椅。
轮椅服务人员	提供适用轮椅服务中具有专业技能的人员。
轮椅使用者	有行走或移动困难而需要使用轮椅代步的人士。

目录

附　录

《轮椅服务中级教程》概述

简介

世界卫生组织（WHO）于2008年和2012年分别发布了《资源有限地区手动轮椅服务指南①》和《轮椅服务初级教程》（WSTP－B），WHO与美国国际开发署（USAID）共同开发了这套《轮椅服务中级教程》（WSTP－I）。《轮椅服务中级教程》是WHO轮椅服务系列教程的第二部分，它更注重于解决那些行走和移动严重困难以及躯干控制较差者的需求。当编写本教程时，特别注意到要为那些躯干控制较差和不能独立坐直的儿童提供适用的轮椅。

轮椅是能使个人移动的最常用辅助器具之一，但是由于服务提供者所接受培训的机会很少，难以确保轮椅使用者获得最大限度的个人独立移动，享受富有成效和高质量的生活。

世界各地都需要轮椅服务人员，《轮椅服务中级教程》用于支持服务人员的培训，帮助他们完成中级轮椅服务中临床和技术角色（见《资源有限地区手动轮椅服务指南》表4.2），本教程是为那些对需要附加体位支撑才能坐直的轮椅使用者开始工作的服务人员提供所需的理论和实践支持。本教程包括如何评估个人需求，协助选择和安装带附加体位支撑的最适用轮椅，培训使用者和护理者如何使用和保养他们的轮椅并开展随访。

本教程可以在35～40小时内完成，根据不同情况的具体需求和可用资源，时间可能会延长或缩短。鼓励学员与教师共同实践，提高职业素质并增强独立工作能力。

《轮椅服务中级教程》既可以提供给已经在这个领域工作的人员作为独立的短期培训项目，又可以把该教程纳入到卫生保健和康复人员培训项目的课程里。

---

① 世界卫生组织，《资源有限地区手动轮椅服务指南》，日内瓦，2008（http：//www.who.int/disabilities/publications/technology/wheelchairguidelines/en/index.html，取得日期2011年12月15日）

目标人群

本教程是为所有期望在工作场所提供中级轮椅服务的人员和志愿者准备的，这其中包括卫生保健、康复或技术人员、社区医护人员、社区康复工作者、作业治疗师、物理治疗师、假肢制作师、矫形器制作师、当地技工、技术员和轮椅使用者。

为了让学员从中级教程中最大程度地获取知识，以往轮椅服务的经验是必不可少的。中级教程假定学员能够展示在轮椅服务初级教程中学习到的能力并且具备初级轮椅服务的实践经验。

目的

本中级教程是为支持服务人员或志愿者的培训而设计的，使他们能为那些需要附加体位支撑才能坐直的儿童和成人提供适合的手动轮椅和坐垫。

本教程的主要目的是提高轮椅服务人员的知识和技能，本教程的实施将有助于：

- 增加能满足个人需求的轮椅使用者数量；
- 增加接受中级轮椅服务培训的人员数量；
- 提高轮椅服务人员的职业素质；
- 针对需要比初级轮椅服务更高层级干预的轮椅使用者，提高为他们轮椅服务的质量；
- 将本教程加入到常规辅助医疗/康复培训项目中；
- 将提供轮椅服务更大程度地整合到康复服务里。

范围

本教程包括：

- 如何评定需要附加体位支撑轮椅的儿童和成人的移动和体位支撑需求；
- 如何与他们一起确定最可能的移动解决方案；
- 提供带合适坐垫和附加体位支撑的手动轮椅所必需的知识和实践技巧；
- 培训轮椅使用者以及在适当的时候培训他们的家人/护理者，帮助他们充分利用自己的轮椅；
- 随访轮椅使用者以确保他们的轮椅持续地满足需求。

教师

技能：实施本教程的教师应该对需要附加体位支撑的人进行评定和开具轮椅处方非常熟练。教师也应该能够实施或指导使用当地可得到的产品、资源和工具，来准备具有附加体位支撑装置的手动轮椅。教师应该在提供轮椅服务领域具有相当多的临床技巧，使他们能够依靠自身的实践经验来实施培训。教师以往的培训经验也是有益的。

轮椅使用者：强烈建议将一位轮椅使用者加入培训团队。轮椅使用者能够利用自身经验来教其他相同残疾的人。轮椅使用者参与培训将有助于学员意识到轮椅使用者在选择自己轮椅中的重要作用。

教师数量：建议每8～10名学员配两位教师。该配比对于实操单元尤其重要，以便于教师能够为学员提供良好的支持和反馈，并确保所有学员安全地实操。培训中有一名有经验的轮椅使用者，并且能熟练掌握培训主题与内容，可能是一笔培训财富。

技术支持：为了管理实操单元，教师中至少有一位对中级轮椅服务有经验的轮椅技术员，鼓励他们在实操单元提供协助。

如何开始

1. 拷贝光盘（文件中）至电脑硬盘以供培训中使用。硬盘中至少需要6GB的储存空间。

2. 点击“开始”文件。从这里，教师可以浏览轮椅服务教程里不同的中级资源。教师也可以通过文件夹到达相同的资源位置。

3. 打开《教师手册》。

   3.1 阅读“轮椅服务教程”和“教师指引”部分。

   3.2 为每位教师订购或打印和装订《教师手册》（如果没有印刷稿）。

4. 打开课程表并点击每单元的超级链接，进入单元的幻灯片和录像。通过幻灯片和单元计划（《教师手册》）浏览每单元以熟悉内容、资源和方法。

5. 按照“如何准备实施教程”部分的指引，确保所有必需的准备都在实施培训前完成。按照“如何准备实施教程”部分的建议准备所有的培训资源和材料。

6. 实施培训的最好方式是尽可能按照每单元分配的时间及顺序执行。

7. 培训开始之前，为每位学员发放1套完整的培训资料，包括：《学员手册》（每位学员1本）、《实训手册》（每位学员1本）和1套海报（每位学员1套）。如果库存没有，可以从光盘中打印出来。

1. 教师指引

1.1 培训概述

			分钟	日期
欢迎、前言及概述		前言	60	第一天
A. 核心知识				
本单元，为学员提供在开展轮椅服务步骤中需要的背景知识。	A.1	受益于附加体位支撑的轮椅使用者	60	
	A.2	残障儿童	60	
B. 轮椅服务步骤				
评定	B.1	评定概述和面谈评估	90	
	B.2	身体检查——无支撑坐姿	90	
	B.3	身体检查——骨盆和髋关节姿势检查	120	
	B.4	身体检查——用手模拟	60	第二天
	B.5	身体检查——进行测量	60	
处方（选择）	B.6	选择轮椅和坐垫	60	
	B.7	体位支撑装置（PSDs）的处方（选择）——介绍	30	
	B.8	体位支撑装置（PSDs）的处方（选择）——稳定骨盆	90	
	B.9	体位支撑装置（PSDs）的处方（选择）——支撑髋关节	45	
	B.10	体位支撑装置（PSDs）的处方（选择）——支撑躯干	105	第三天
		体位支撑装置（PSDs）的处方（选择）——支撑躯干	45	
	B.11	体位支撑装置（PSDs）的处方（选择）——支撑头部、大腿和小腿	120	
实操一：评定和处方（选择）			**120**	
产品（轮椅）准备	B.12	产品（轮椅）准备	60	
实操二：产品（轮椅）准备			**150**	
适配	B.13	适配	60	第四天
使用者培训	B.14	使用者培训	60	
实操三：适配和使用者培训			**150**	
	B.15	整合所有知识	120	第五天
保养、维修和随访	B.16	保养、维修和随访	60	
实操四：评定、处方（选择），产品（轮椅）准备，适配和使用者培训			**300**	
	B.17	教师反馈、讨论和结业典礼	60	

1.2 课程表与课时

本教程应在连续时间或在一定时间分段实施。完成中级教程至少需要35—40小时。每单元需要的预估时间已经包括在该单元计划中。

注意：每单元的实际时间将根据以下因素而改变：

- 学员的经验和技能；
- 全体学员的数量；
- 当地可得到的轮椅数量；
- 培训中是否需要翻译；
- 是否需要增加其他内容。

取决于以上因素，完成教程的时间可能或多或少。

5天课程表的范例见附录1。该课程表及其空白课程表格式也可在DVD中获得。

强烈建议教师根据当地的情况及学员的培训需求调整和修改课程表。例如：

- 培训项目中的单元内容应与现有的卫生或康复培训项目结合；
- 如果康复人员已经在其他地方接受过培训项目中某些内容的培训，对应的单元可以删减；
- 如果轮椅需要额外的准备时间（例如需要完全组装），可以在实操单元中减少轮椅使用者的数量或增加分配的时间。

1.3 单元计划

每单元都有单元计划用于指导教师如何实施。在每单元计划的开始都有如下信息：

- **目标**：本单元结束后学员将能够做什么；
- **资源**：本单元需要什么资源；
- **情境和以前学过的知识**：本单元如何根据不同的情境（或情况）进行调整，期望学员具备哪些已有的知识或能力；
- **准备**：如何为本单元作准备；
- **大纲**：本单元主要内容大纲。

单元计划的其余部分被分为多个主题。对于每个主题，单元计划就如何传递主题信息给予指导。

备注：

- 黑体字是指教师的行动（例如：**提问**，**演示**，**说明**，**播放** DVD）

● 阴影框给出教师提问的答案——但是鼓励学员自我思考答案。

每单元计划的最后是要点概括。教师应向学员提问而不是讲出要点，启发他们自己找到要点。

周密地遵循单元计划，教师将能够按时教好每单元。单元计划提供了所有必要的要点和应涵盖的实操技能。鼓励教师在授课中加入自己的知识、技能和风格。

1.4 幻灯片演示

几乎所有的单元都准备了幻灯片演示。教师应该明白只有关键点出现在幻灯片中。教师应当讲授《教师手册》中与每张幻灯片相关的信息以确保所有知识点都涵盖到。应多查阅《教师手册》，而避免按照幻灯片照本宣科。

1.5 观察/监督学员进度

教师应该密切关注每位学员的进度。观察进度的最佳机会是实操单元。

每次实操单元的教师观察表可在 DVD 中获得。

教师们应该将该检查表用于：

● 帮助他们观察每组学员在每次实操单元中的进度。

● 记录实操中良好和需要改进的案例，用于反馈单元的讨论。

教师收集到每位学员进度的更详细信息后，教师观察表可以修改和/或进一步完善。

1.6 每期培训结束后评估培训项目

在每期培训结束后，对培训项目进行评估是好的做法。教师可以在实施培训项目过程中定期向学员收集反馈信息。教师也可以在培训过程中记录他们自己关于培训项目的想法。这些信息都有助于在最后评估培训项目，包括找出优缺点。这将有助于教师在日后改进培训教材以及根据所处的情境提高他们自身的教学技能。

培训项目评估表格可在 DVD 中获得。为满足教师的需求，他们可以修改或重做这个表格。

1.7 有效的实操培训提示

准备	● 培训开始前仔细阅读每单元培训计划； ● 确保对讲授的内容胸有成竹； ● 收集培训资源并准备好培训教室。
为轮椅服务建立良好的实操典范	● 尊重学员及轮椅使用者； ● 培训过程中展现关爱； ● 培训教室中随时注意安全； ● 按照课程表准时授课。
清晰地传递信息	● 清晰并从容地讲述； ● 确保教室内的每位学员都能听到； ● 通过提问来检查学员对授课内容的理解； ● 确保每位学员都看到白板上的书写内容； ● 重复重要观点以示强调。
管理单元时间	● 注意每单元允许的时间及按时间执行； ● 如果需要增加时间，应在开始时就计划； ● 确保在计划的日期完成所有的单元内容。
清晰细致的演示	● 确保每位学员能看清楚； ● 解释将发生什么，并描述你将做什么； ● 如有必要，慢慢地演示并重复。
增强学员技能	● 演示后总是预留学员实操的机会； ● 切记初学者需要时间理解新知识。
在小组活动中促进成功	● 近距离观察小组活动并在需要时提供帮助； ● 确保教师在小组之间巡视并检查他们的进展。

注意语言差异	● 如果学员正在学习第二语言，随时检查他们是否理解，如有必要，放慢速度； ● 注意轮椅使用者与护理者之间的语言差异； ● 如有必要，使用翻译。
鼓励学员积极参与整个培训	● 在不同的单元可以运用不同的培训风格和方法； ● 避免讲得太多，鼓励学员表达和他们互相讨论； ● 通过提问来鼓励学员自己思考答案，而不总是告诉他们答案； ● 鼓励每位学员发言，而不是让某位学员主导； ● 表扬学员的优秀表现并给予积极反馈； ● 让学员知道他们可以随时提问； ● 学习的知识要与学员了解的真实案例联系起来； ● 让培训变得快乐！
运用简短的热身活动/游戏	● 运用简短的热身活动（5～10分钟）来帮助集中注意力。使用包括残疾学员能参与的活动。热身游戏的选择包含在培训项目工具包中。
考虑不同能力学员的需求	● 考虑到某些视力、听力或移动困难学员的需求。一些活动和教学方法可能需要相应地进行调整。

2. 如何准备实施教程

2.1 了解学员的轮椅服务网络

教师需要熟悉学员工作所在区域的轮椅供应体系，包括：

- 所在区域可得到的轮椅、坐垫和体位支撑装置（PSDs）款式及其供应者；
- 用于准备轮椅和制作 PSDs 的材料、工具和设施；
- 所在区域的轮椅服务，包括他们提供服务的水平；
- 所在区域的转介网络；
- 所在区域的资源伙伴，包括哪些轮椅使用者可以为实施培训提供帮助；
- 其他的康复服务机构，当有需要时，其中的轮椅服务人员可以为本教程提供轮椅使用者。

2.2 明确学员在提供轮椅服务中的角色

了解提供轮椅服务是否与学员所在的工作区域的所有职责相适应。例如，学员将要做的仅仅是提供轮椅服务，或者他们同时还有其他的职责吗？

界定学员在提供轮椅服务中扮演的角色。例如，某些服务人员只需要承担临床或技术方面的工作。而其他人则可能担任临床和技术的双重职责。

在开始培训前应该要明确学员期望扮演的角色。然后教师才能将培训与学员期望的职责直接联系起来。在实施培训之前，当地的教师可能需要对培训进行调整，以适应学员将来在轮椅服务中承担的角色。

2.3 检查每期单元计划以及必要时进行调整

检查每个单元计划并为每个单元分配一位主导教师。

许多培训单元需要根据当地的情境来调整，调整建议列在每单元计划开始的“情境”标题下。

2.4 明确将要使用的轮椅、坐垫和体位支撑装置

确定将在培训中使用哪些款式的轮椅、体位支撑装置和坐垫。这些应该是在学员工作地点可以得到的产品。如果有很多不同款式的轮椅，要选择不同类型最具代表性的轮椅，优先考虑哪些最容易得到的。

确保你非常熟悉每个产品的特征。为每辆轮椅填写一张中级轮椅参数表并从供应商处取得产品信息。

2.5 邀请轮椅使用者参与实操单元

为了让学员在本教程中练习讲授的技能，有必要让他们与轮椅使用者一起进行实操。在培训项目开始之前，教师需要发现并邀请愿意且有能力参与实操单元的轮椅使用者。

以下清单用于帮助发现轮椅使用者。

参与实操单元的轮椅使用者清单：	
自愿同意参与培训以协助实操单元	☐
需要附加体位支撑才能坐直，要能够坐直或在支撑下近似于坐直	☐
身体健康足以全程参与培训项目	☐
无压疮	☐
住在附近而不用远距离跋涉参加实操单元	☐
有空闲时间参与实操单元	☐
住在附近便于主办机构在培训后随访	☐
男女轮椅使用者数量相当	☐
不同身体需求的代表	☐
不同年龄代表	☐

需要多少轮椅使用者？参与实操单元的轮椅使用者数量取决于学员数量。通常，学员以 2 人或 3 人一组与一位轮椅使用者一起工作。任何一个实操单元最好不要超过四位轮椅使用者，因为这会为教师管理、监督和观察培训带来困难。

下面的表格显示一个 6～8 位学员或 8～12 位学员的培训项目需要多少轮椅使用者。学员将被分为 2～4 人一组，与一位轮椅使用者一起工作。

理想的情况是，一位教师配比两组学员以及一位轮椅使用者。这有利于确保教师能够管理、监督和观察实操单元，保证轮椅使用者的安全和良好的学习效果。

	学员数量：	**6～8**	**8～12**
轮椅使用者参与评定、处方、适配和使用者培训	实操一和三	3	4
	实操四	3	4
轮椅使用的志愿者需求总数：		**6**	**8**

参与实操单元的轮椅使用者需要知道什么？

轮椅使用者参与实操单元需要知道：

- 当他们参加实操单元时将会发生什么；
- 他们什么时候参加并需要多长时间；
- 欢迎他们带家属/护理人员参加；
- 参加培训他们是否会获得一辆轮椅。

鼓励教师和主办机构向所有参与实操单元的轮椅使用者提供交通或包括交通及参与成本的经费。当他们参与培训项目时，应提供就餐及茶点。教师和主办机构应向轮椅使用者提供他们参与培训的每日津贴。

轮椅使用者的邀请信范本及同意书可在教程中获得（见 DVD：表格和检查表）。该文本应按照当地的情况进行修改，翻译并寄给每位轮椅使用者（志愿者）以帮助他/她作出参与培训的知情选择。

随访

- 教师或主办方需要为在培训过程中见过的所有轮椅使用者制订即刻随访计划，因为在培训结束时，对于每位轮椅使用者而言，不是所有事情都能完成。
- 在培训过程中，任何轮椅使用者在取得轮椅 6～8 周内都应由主办机构/教师进行随访。

在哪里进行实操单元：布置一个安静和私密的场所用于每组学员与他们的轮椅使用者一起工作。便携式私密屏风可以用于分隔场所和保护隐私。

教师可以选择至少一个实操单元在社区实施。这可能是在愿意参与的轮椅使用者家中。

社区拜访有助于增强学员了解轮椅使用者在他们环境中面临的实际问题。教师需要决定这是否可行，考虑：

- 学员交通工具的便利性；
- 是否有足够的教师在不同地点来监督和观察所有的学员；
- 学员到轮椅使用者家进行拜访，轮椅使用者是否感到愉快放松；
- 到社区地点拜访需要额外的时间。

2.6 实操单元分组

每组应不超过三位学员。四人两组比四人一组要好。这将保证学员都有机会应用所学知识并提升他们的技能。

教师需要决定谁在哪组。不要让学员自行决定。根据学员的技能和情境，教师可以按照以下方法来选择他们的分组。

- 将自信心强的与自信心差的学员同组。自信心强的学员可以帮助指导自信心差的学员。近距离监督/观察各组以确保每位学员都参与。
- 将未来会在一起工作的学员分在一组，以便他们可以发挥团队技能。

实操一、二和三，不要打乱学员的分组。实操四，根据学员如何有效地合作，分组可以改变。

每次实操单元，每组指定一名“组长”。应确保每位学员都有机会成为组长。要求组长负责确保所有的步骤都实施。如果需要，组长应该成为与轮椅使用者和他/她家属/护理人员之间沟通的主要人员。

2.7 设施准备

为开展培训，需要使用一间大的培训教室（或空间）。空间应足够的大允许学员和轮椅使用者参与实操单元，自由地到处移动并分成小组。同时需要户外区域用于轮椅移动技能实操，就餐和茶点的独立空间，以及干净的卫生间。**所有的区域，包括卫生间，必须是轮椅无障碍的。**

以下检查表用于检查和准备培训设施。

设施检查表：	
培训教室	
授课区域	☐
每位学员的椅子——方便学员记笔记	☐
学员分成 2～3 人一组的空间	☐
至少有容纳三辆轮椅展示和移动的空间	☐
实操单元中为轮椅使用者提供隐私保护的屏风	☐
充足的光线及通风	☐
可锁/安全的	☐
工作台/车间设施	
每个小组一个工作台	☐
午餐/茶点区域	
洁净的就餐区域	☐
桌与椅	☐
附近的洗手场所——干净的毛巾和肥皂	☐
卫生间	
洁净的卫生间并提供水、卫生纸、洗手设施和垃圾箱	☐

2.8 培训资源和材料准备

印刷的资源

资源	数量	√	备注/说明
手册、实训手册及海报：			
《教师手册》	每位教师 1 份	☐	从 WHO 订购或印刷并装订。
《学员手册》	每位学员 1 份	☐	从 WHO 订购或印刷并装订。
《实训手册》	每位学员 1 份	☐	从 WHO 订购或印刷并装订。
海报	每位学员 1 份	☐	从 WHO 订购或印刷并装订。
培训项目表：			
学员考勤表	每期 1 张	☐	该表用于记录学员出勤。
胸牌	每位学员及教师 1 个	☐	
课程表	每位学员 1 份	☐	DVD 中有样表，可根据当地情况修改。
肖像同意表	每位学员 1 份及每位轮椅使用者（志愿者）1 份	☐	培训/主办机构需要肖像同意表；翻译为当地语言；确保拍照的所有人签署本表。
轮椅使用者邀请函及同意书	每位轮椅使用者 1 份	☐	轮椅使用者邀请函及同意书范本可以修改
参与实操单元的轮椅使用者名单	每位教师 1 份	☐	该名单用于计划参加实操单元的轮椅使用者并记录参加人及时间。
学员证书	每位学员 1 份	☐	准备学员证书或修改提供的范本
培训项目评估表：			
学员的培训项目评估表	每位学员 1 份	☐	培训项目评估表格范本；教师可以根据需要对它们进行修改。
教师的培训项目单元评估表	每单元 1 份	☐	
教师的培训项目评估表	每位教师 1 份	☐	

实操单元的教师观察表			
实操一	每位教师 1 份	☐	印刷
实操二		☐	
实操三		☐	
实操四		☐	

轮椅服务表：			
在培训开始时为每位学员提供一套完整的轮椅服务表。实操课需要的其他复印资料如下：			
中级轮椅转介表	—	□	如果可能，根据当地情况修改或使用当地的转介表。
中级轮椅评定表	每位轮椅使用者1份	□	根据当地的情景修改，例如，增加轮椅服务单位名称或当地服务需要附加的信息。
中级轮椅处方（选择）表	每位轮椅使用者1份	□	根据可得到轮椅的类型、尺寸和设置最后确定。
中级轮椅参数表	每辆轮椅1份（已完成的）	□	培训项目开始之前为每种当地可得到轮椅填写一份。
轮椅随访表	—	□	根据当地的情景修改，例如，增加轮椅服务单位名称或当地服务需要附加的信息。
检查表：			
塑封的中级轮椅适配检查表	每位学员1份	□	检查表可以在打印资源“表格、检查表和数据表”中找到。
塑封的中级轮椅使用者培训检查表		□	
塑封的中级轮椅安全和准备检查表		□	
表：			
塑封的体位支撑装置（PSD）表	每位学员1份	□	可以在打印资源“表格、检查表和表”中找到。

海报：			
儿童与轮椅	1	□	每位学员1份
不同的姿势	1	□	
体位支撑装置（PSD）表	1	□	
中级轮椅使用者培训检查表	1	□	

设备

通常的培训设备

	数量		备注/指导
大白板	1	☐	
白板笔	3～4	☐	
投影机	1	☐	
电脑	1	☐	
便携式音箱	1 套	☐	用于播放 DVD 声音
一摞纸杯	每位学员一摞	☐	用于喝水
球	每 2 组一个	☐	用于掷球活动

评定和处方设备：用于演示和练习轮椅评定、处方和适配的设备。

项目	数量		备注/指导
许多硬泡沫塑料块 30mm×150mm×300mm	根据小组的数量，10～15 块	☐	
许多硬泡沫塑料楔形块 30mm×150mm×200mm	根据小组的数量，10～15 块	☐	见附录 11 中的示意图
纸板/塑料量角器/量角器	每组 1 个	☐	
卷尺	每位学员 1 个	☐	最小刻度为毫米的可缩回硬卷尺（不是做衣服的软卷尺）
卡尺（如果有）	每组 1 把	☐	
检查床	每组 1 张	☐	长凳/检查床或平台。 高度应与普通轮椅椅座高度一致。 如果可能，避免使用硬面，如果使用长凳则配薄泡沫塑料层和套，或瑜伽垫。
数码相机	1	☐	如果有
屏风	每组 1 个	☐	屏风用于在实操单元为轮椅使用者保护隐私。
一套足垫块	每组 1 套	☐	当轮椅使用者坐在检查床上时，木块用于支撑他们的双脚，需要有不同高度。
一次性手套（如果有）	每位学员 1 双	☐	

轮椅：用于轮椅使用者培训和实操单元。

项目	数量		备注/指导
用于培训的轮椅	当地现有轮椅至少 1 辆。理想的是每 2 位学员 1 辆	□	确保所有的轮椅都处于良好状态并有坐垫。
用于提供给轮椅使用志愿者的轮椅	参加实操单元的每位轮椅使用者 1 辆	□	应该有足够多的轮椅用于为参加实操单元的轮椅使用者开具最适用的轮椅处方。

坐垫：用于演示。

项目	数量		备注/指导
用于支撑僵硬的不水平骨盆的改制坐垫	1	□	
用于支撑不能屈曲到中立位坐姿的髋关节（躯干与大腿的角度大于 90 度）的改制坐垫	1	□	
用于支撑不能伸展至中立位坐姿的单侧或双侧的髋关节（躯干与大腿的角度小于 90 度）的改制坐垫	1	□	

工作台和工具包：为了给参加实操单元的轮椅使用者制作 PSDs，需要工作台和基本的工具。教师应该根据可得到的 PSDs 预制品和当地可得到的材料来修改本列表。以下是建议列表：

项目	数量		备注/指导
工作台	每 3 位学员 1 张	□	可以是工作台或坚固的桌子。最好在每张工作台上有一个台钳。
泡沫塑料刀/电工刀	每 6 位学员 1 把	□	细的钢锯条可以用作泡沫塑料刀。
剪刀	每 6 位学员 1 把	□	大的（如果可能）
防护眼镜	每位学员 1 副	□	在所有切割活动中必须戴防护眼镜。

续表

项目	数量		备注/指导
手工工具（锯子、锉刀、锤子、螺丝刀）	每3位学员1套	□	手工工具用于制作PSDs。根据使用的材料需要不同的工具。
工业缝纫机，或针和线	1	□	工业缝纫机用于制作坐垫套和/或PSDs。 使用缝纫机是一项技术并非每个人都会。可能的选择是： ● 找到一家当地的缝纫店可以尽快地开展工作。 ● 找到一位具备熟练缝纫技术的人参加所有的产品准备单元。 ● 在培训开始之前确保缝纫机处于良好状态。
急救包	1	□	

PSD **套件**：当地可得到的以下PSDs样品将有助于本教程中讲授不同支撑的演示。以下是一个建议列表。教师应该有意识地获得所有常见的预制PSDs样品。

项目	数量		备注/指导
骨盆侧垫	2	□	
大腿外侧垫	2	□	
膝分隔垫	1	□	
可调张力靠背	1	□	
躯干侧垫	2	□	
头靠	1	□	
骨盆带	每组1个	□	
小腿带	1	□	
足带	2	□	
肩带	1	□	

PSD **材料**：建议用以下的材料为参加实操单元的轮椅使用者制作PSDs。以下列表只是一个指引。材料的准确列表将取决于：

- 轮椅使用者需要的解决方案；
- 所有可得到的PSDs预制品；
- 当地可得到用于制作PSDs的材料；
- 选择的技术方案。

项目	数量		备注/指导
硬泡沫塑料（例如，聚合泡沫塑料）	数量将根据上面而变化。但是建议的数量是： ● 硬泡沫塑料——一整块，每块 1000mm×1500mm×50mm 和 1000mm×1500mm×20mm～30mm ● 软泡沫塑料——以上数量的一半	☐	如果没有 50mm 厚的泡沫塑料，可以用两块薄的泡沫塑料粘在一起。 当软泡沫塑料被压缩时，它应该有一定的阻力。 获取更多信息，参见《学员手册》。
软泡沫塑料		☐	
织物带	● 20 米的宽织物（50mm 宽） ● 20 米的窄织物（25mm 宽）	☐	根据供应情况，宽度可以调整。
织物搭扣	● 10～12（与织物带的宽度匹配）	☐	
木头	数量根据以上而调整	☐	获取更多信息，参见《学员手册》。
用于粘木料和泡沫塑料的胶水		☐	
装饰面料		☐	
EVA 或橡胶		☐	
如果有，金属 L 形支架		☐	
不同型号的螺钉、螺帽、螺栓和垫圈		☐	
尼龙搭扣或线和圆孔眼	用于悬吊式靠背的改制	☐	

3. 详细的单元计划

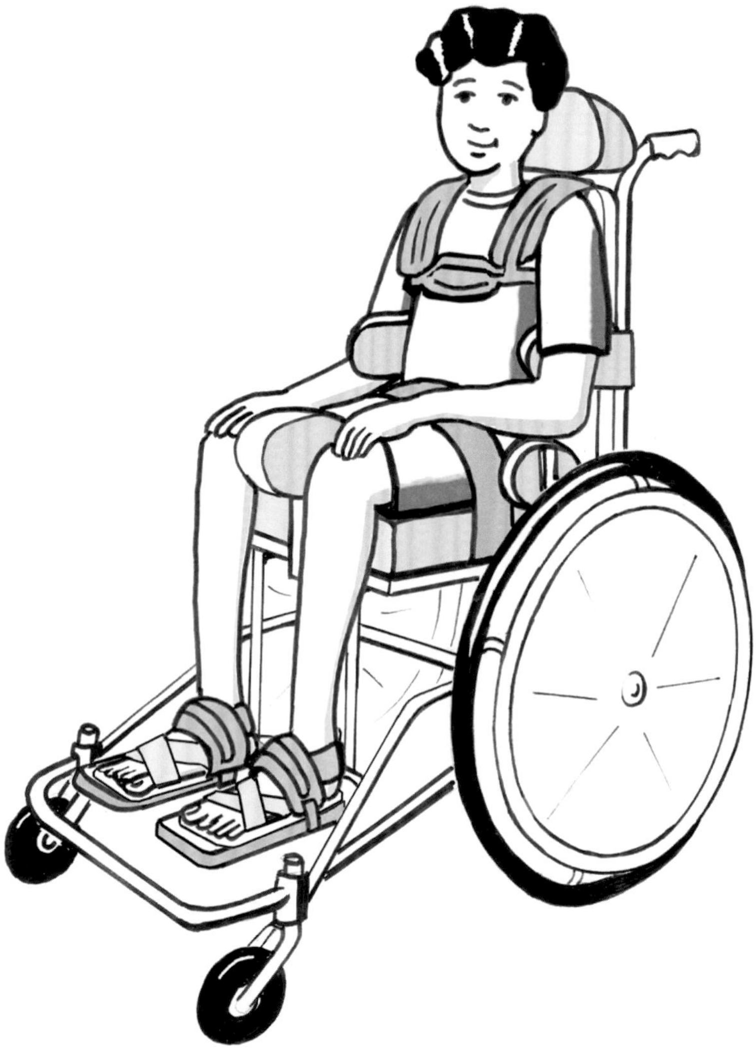

前言

目标	本单元结束后，学员将： □了解教程的目标； □熟悉教师和学员的姓名； □概括了解培训课程表； □熟悉许多需要记住的重要规则。	
资源	本单元 □幻灯片：导论； □每位学员 1 本《学员手册》； □每位学员 1 本《实训手册》； □完整的轮椅服务表，每位学员 1 套； □DVD：提供轮椅服务； □DVD：轮椅服务步骤； □每位学员 1 份课程表； □教师和每位学员的胸牌。	
情境	根据培训当地的情境修改本单元。思考： □适合当地文化/情境的开幕式； □根据教师和学员的情况，修改和调整“介绍教师和学员”单元； □修改、调整或增加“后勤和期望”列表； □如果培训教程修改了，调整概述的幻灯片。	
准备	□收集资源，检查幻灯片，观看 DVD 并浏览单元计划。	
大纲	1. 开幕式（如果有）	15
	2. 介绍教师和学员	15
	3. 教程概述	10
	4. 培训课程表，《学员手册》，《实训手册》和轮椅服务表	10
	5. 后勤和期望	10
	总单元时间	**60**

1. 开幕式（估计 15 分钟）

可以根据当地的文化和风俗以开幕式的方式开始培训。

2. 介绍教师和学员（15 分钟）

教师：自我介绍。简要介绍背景及轮椅服务工作经验。

让学员轮流介绍自己：姓名、工作单位，以及他们期望从培训中学到什么。

如果胸牌没有在报名时提供，可以这时分发。

3. 教程概述（10 分钟）

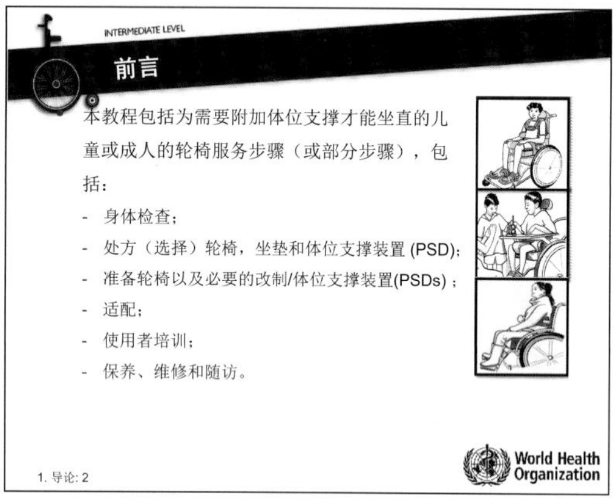

说明：教程的目的是为每位学员培训知识和技能，帮助他们具备或提高为那些需要附加体位支撑才能坐直的儿童和成人提供适用的手动轮椅、坐垫和体位支撑的能力，包括：

- 身体检查；
- 处方（选择）轮椅，坐垫和体位支撑装置（PSD）；
- 准备轮椅以及必要的改制/体位支撑装置（PSDs）；
- 适配；
- 使用者培训；
- 保养、维修和随访。

VIDEO

介绍 DVD：提供轮椅服务。本 DVD 简要介绍 WHO 轮椅服务教程。

播放 DVD。

询问是否有任何问题。

说明：轮椅服务中级教程分为两部分：

A：核心知识；

B：轮椅服务步骤。

说明：核心知识由两个单元组成：

A. 1：受益于附加体位支撑的轮椅使用者

A. 2：残障儿童

说明：人权适用于所有人。UNCRPD（《联合国残疾人权利公约》）的重点在于确保每个人都认识到这些权利也适用于残疾人。

说明：

- 公约有 50 条。
- 第 20 条是关于个人移动。

说明：中级轮椅服务是为那些需要改制轮椅或需要在轮椅上有体位支撑才能坐直的儿童和成人提供服务。

说明：

- 正如学员知道的，轮椅服务人员与轮椅使用者一起合作才能确保每位轮椅使用者得到适用的轮椅。
- 提供轮椅服务是轮椅供应体系的重要组成部分。

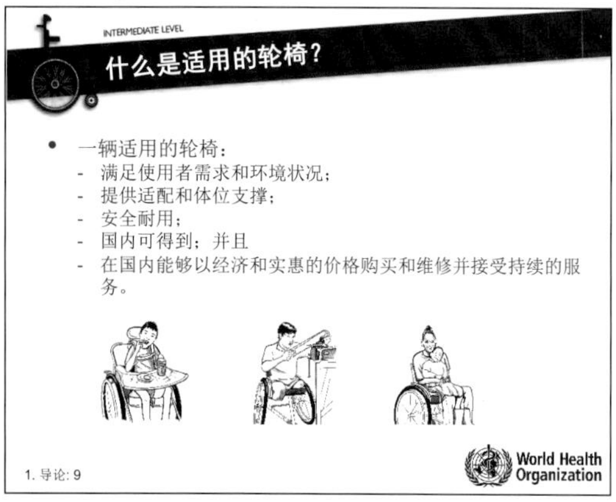

阅读适用轮椅的定义。

说明：

- 对于每位轮椅使用者“适用的轮椅”将取决于他们的个人需求和环境状况。
- 对于每位轮椅使用者“适用的轮椅”也取决于轮椅如何提供正确适配和体位支撑。

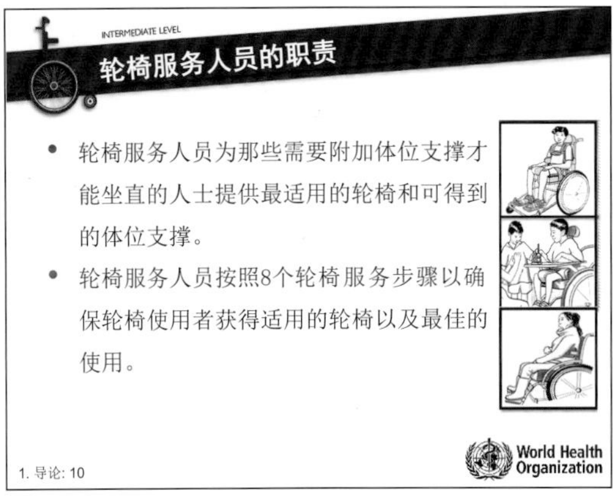

说明：

- 轮椅服务人员为那些需要附加体位支撑才能坐直的人士提供最适用的轮椅和可得到的体位支撑。
- 轮椅服务人员按照 8 个轮椅服务步骤以确保轮椅使用者获得适用的轮椅以及最佳的使用。

提问：轮椅服务的 8 个步骤是什么？**感谢所有正确的答案（用词不需要非常准确）**。

答案：

- 转介和预约；
- 评定；
- 处方（选择）；
- 经费与订购；
- 产品（轮椅）准备；
- 适配；
- 使用者培训；
- 保养、维修和随访。

VIDEO

介绍 DVD：轮椅服务步骤。本 DVD 将演示轮椅服务初级教程中轮椅服务的 8 个步骤。让学员观看 DVD 并注意每个轮椅服务步骤。

播放 DVD。询问是否有任何问题。

说明：

- 轮椅服务人员的职责是按照 8 个轮椅服务步骤为需要附加体位支撑才能坐直的人提供最适用的轮椅、坐垫和体位支撑。

说明：在中级教程，一些轮椅服务步骤可能需要较长的时间或需要重复。**提问**：当为一位需要附加体位支撑才能坐直的轮椅使用者提供轮椅时，轮椅服务的哪些步骤需要较长的时间，或可能需要重复多次？

回答：

- 评定可能需要较长时间；
- 产品（轮椅）准备可能需要较长时间；
- 轮椅适配可能需要较长时间和重复多次；
- 如果在第一次预约时解决方案不明确，评定可能需要持续至适配；
- 使用者培训可能需要较长时间。

说明：

- 本中级教程建立在初级教程获得的知识上。
- 它涵盖：
  - 如何对一位需要附加体位支撑才能坐直的轮椅使用者进行评定，并为他们找到最佳移动和座位的解决方案。
  - 如何开处方（选择），并准备和适配一辆具有合适的坐垫和体位支撑装置的手动轮椅，它有许多用于提供附加体位支撑的附加物或改制部件。
  - 使用者培训——中级教程包括使用体位支撑装置的轮椅使用者（或他们家人/护理者）需要知道的其他信息或技能，以使他们能够安全和有效地使用轮椅。也将给予学员与需要附加体位支撑的轮椅使用者一起练习本步骤的机会。
  - 随访——中级教程将简要地回顾随访的流程，以及为学员提供与需要附加体位支撑的轮椅使用者一起练习本步骤的机会。
- 步骤 1——转介和预约；步骤 4 ——经费与订购；步骤 8 的部分内容——保养和维修在本教程中没有涉及。

让每位学员轮流简要介绍他们在轮椅服务中的职责，包括：

- 他们是否已经提供过轮椅和体位支撑装置；
- 他们服务的儿童和成人在轮椅上是否需要附加体位支撑。

感谢每位学员的总结，并通过提问厘清他们在轮椅服务中的职责。

4. 培训课程表，学员手册，实训手册和轮椅服务表（10 分钟）

给每位学员一张培训课程表。

说明：

- 培训将以理论/课堂单元开始。
- 学员将在志愿参与的轮椅使用者帮助下实操在理论课学到的一些技能。

给每位学员一本《学员手册》。让学员将名字写在上面。告知他们可以在该手册上做笔记。

给每位学员一本《实训手册》。让学员将名字写在上面。告知他们将在培训过程中使用该手册以及每次课应将它带来。

给每位学员一套完整的轮椅服务表。说明学员将在培训过程中使用这些表格以及他们应该把这些表格带来。

5. 后勤管理与期望（10 分钟）

根据需要，说明如下：

- 卫生间的地点；
- 谁负责住宿；
- 谁负责个别学员的返程安排（不需要详细）；
- 如果遇到紧急情况怎么办。

根据需要，说明培训对学员的要求：

- 每堂课将准时开始，学员需要确保他们每天按时到达，并在课间休息后按时返回；
- 如果学员有疑问，他们应该及时提问；
- 平等对待所有轮椅使用者并尊重他们；
- 上课期间关闭手机；
- 学得开心！

A：核心知识

A.1：受益于附加体位支撑的轮椅使用者

<table>
<tr><td>目标</td><td colspan="2">本单元结束后，学员将能够：
□列出轮椅使用者需要附加体位支撑的身体和/或功能原因；
□列出附加体位支撑的四种好处；
□描述轮椅使用者弃用附加体位支撑轮椅的可能原因以及如何确保轮椅使用者使用附加体位支撑。</td></tr>
<tr><td>资源</td><td colspan="2">本单元：
□幻灯片：A. 1：受益于附加体位支撑的轮椅使用者；
□《学员手册》；
□《实训手册》；
□DVD：适用轮椅的好处；
□DVD：使用体位支撑装置的人士；
□一摞纸杯和一壶水，椅子，检查床和球。</td></tr>
<tr><td>以前学过的内容</td><td colspan="2">以前学过的内容：
□了解能够坐直人士的轮椅服务和需要附加体位支撑才能坐直人士的轮椅服务的区别。</td></tr>
<tr><td>准备</td><td colspan="2">□收集资源，检查幻灯片，观看 DVD 并浏览单元计划。
□在培训教室周围或附近布置 2 个或 4 个不同的地点用于小组活动（根据学员的数量）
● 地点 1：放一个椅子和一个球；
● 地点 2：放一把椅子，检查床，一壶水和一摞纸杯。</td></tr>
<tr><td rowspan="6">大纲</td><td>1. 前言</td><td>2</td></tr>
<tr><td>2. 受益于附加体位支撑的轮椅使用者</td><td>6</td></tr>
<tr><td>3. 何时需要附加体位支撑？</td><td>35</td></tr>
<tr><td>4. 轮椅使用者需要什么？</td><td>15</td></tr>
<tr><td>5. 要点概括。</td><td>2</td></tr>
<tr><td>总单元时间</td><td>60</td></tr>
</table>

1. 前言（2 分钟）

说明：

- 每辆适配良好的轮椅都为轮椅使用者提供一定的体位支撑。靠背、坐垫、脚踏板和扶手都能根据轮椅使用者的尺寸进行调整以提供体位支撑。
- 然而很多儿童和成人在他们的轮椅上需要附加体位支撑。附加体位支撑可以由体位支撑装置提供。它是对轮椅增加任何部件或改制，用于提供附加体位支撑。在本手册中，体位支撑装置称为 PSD。

本单元，我们将学习：

- 适用轮椅的好处；
- 谁受益于附加体位支撑；
- 何时需要附加体位支撑；
- 轮椅使用者需要什么。

这些信息有助于学员向轮椅使用者、他们的家人、护理者和其他人清楚地解释附加体位支撑为什么有用。

2. 受益于附加体位支撑的轮椅使用者（6 分钟）

介绍 DVD：适用轮椅的好处。本 DVD 将展示不同的轮椅使用者从事不同的活动。他们中大部分人的轮椅上都有附加体位支撑。有些容易看见，或隐藏在坐垫/靠背里。

让学员仔细地观看人们从事的活动，以及他们轮椅上不同的附加体位支撑。注意每位轮椅使用者的轮椅和支撑都不相同。

播放 DVD。

询问是否有任何问题。

提问：DVD 中的人们从事什么活动？

回答：	
● 做饭； ● 跳舞； ● 上学/做工艺； ● 扔球； ● 举重/训练；	● 遛狗； ● 使用电脑； ● 工作； ● 美发。

3. 何时需要附加体位支撑？（35 分钟）

提问：为什么一些儿童或成人需要附加体位支撑？儿童或成人来到轮椅服务单位，思考他们需要轮椅和附加体位支撑的不同身体或功能性原因。鼓励回答。

回答：	
身体原因：	
● 不能坐直；	● 关节强直；
● 平衡障碍；	● 肌肉僵硬；
● 感觉不稳；	● 虚弱无力；
● 不受控制的运动或痉挛；	● 疲劳；
● 压疮；	● 疼痛或不舒适。
功能性原因：	
● 没有附加体位支撑很难做事； ● 难以独立和安全地吃饭或喝水；	● 容易疲劳； ● 家人发现很难给予附加体位支撑。

说明：

● 需要附加体位支撑的人士有不同的原因。

● 附加体位支撑可以为轮椅使用者带来的四个非常重要的好处在于：

● 附加体位支撑可以：

1. 改善平衡、姿势和稳定性；
2. 提高舒适性，因此他们可以坐得更久些；
3. 有助于预防压疮的发生；
4. 有助于减缓或预防未来姿势问题的发展。

说明：

● 良好的体位支撑有助于增强功能和提升轮椅使用者的自尊。

● 一般来说，良好的体位支撑可以有助于提高轮椅使用者的生活质量。

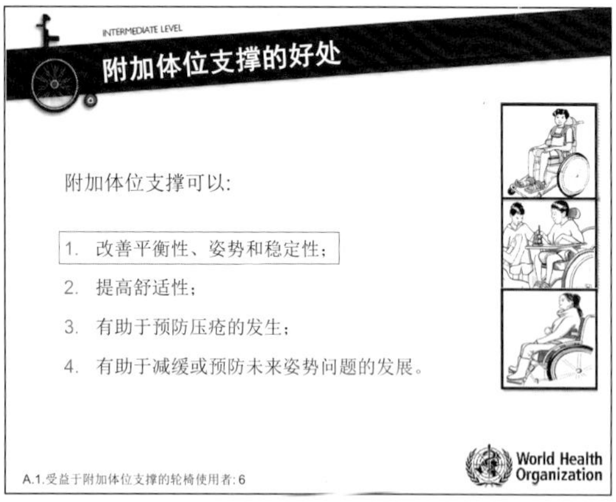

说明：体位支撑的一个重要好处是改善平衡性、姿势和稳定性。

提问：哪些活动需要良好的平衡性、姿势和稳定性？鼓励回答。

回答：

● 书写；

● 推动轮椅；

● 做饭；

● 吃饭和喝水；

● 沟通。

说明：我们将尝试两项活动（扔球和喝水），它将帮助学员感受在良好平衡性、姿势和稳定性以及在较差平衡性、姿势和稳定性下开展这些活动有何不同。

小组活动：	
分组	学员分为3人一组。
指导	让学员翻阅《实训手册》（A. 1：受益于附加体位支撑的轮椅使用者）。 说明：有两项活动，扔球和喝水。 说明每组应该在布置的场地开展活动（指出位置）。 让学员在他们的《实训手册》上写下问题的答案。 说明学员应该在10分钟之内完成两项活动。
监督	密切地监督各组。 确保每组清楚该活动。 提醒学员思考他们《实训手册》上的问题： ● 如何才能容易地扔球和接球？ ● 第2和3步变得更难了吗？ ● 不同的位置和姿势如何影响喝水的容易程度？ 一旦每组完成一项活动，让各组换位置。让各组很快地换位置因此每组在有限的时间完成每项活动。 如果必要，给予学员指导。
时间	允许活动10分钟和反馈10分钟。

续表

反馈	1. **扔球**： **提问**：当你的稳定性改变时（当你的椅子倾斜并摇动时），扔球和接球变得困难了吗？ 鼓励回答（扔球变得更难，需要更专心和耗费更多的气力）。 **说明**：通过在骨盆以及其他需要支撑的地方提供体位支撑有助于增加稳定性。随着稳定性的增加，做事情更容易，包括：推动轮椅、书写、做饭，甚至讲话。 2. **喝水**： **提问**： ● 尝试在不同坐姿喝水时的感觉如何？ ● 是否有人感觉他/她将哽噎或水进入气道？ 鼓励回答（不同的坐姿喝水可能感觉不舒适和可能使人惊恐）。 **说明**： ● 对于坐直有困难的人士，吃饭和喝水可能不舒适，有时惊恐，通常比较危险。 ● 当人们难以安全地吞咽时，一小块食物和水可能进入肺。这可能导致胸部感染，使人患重病。轮椅上的附加体位支撑确保该人士可以坐直，当吃饭和喝水时可以真正给予帮助。 ● 提供良好的体位支撑应该改善头部控制，它使吞咽和吃东西更容易和安全。 **注意**：改善体位支撑只是吞咽有困难人士的解决方法之一。具有吞咽困难的儿童或成人应该转介至具有这方面经验的专业人士。包括儿科医生、言语治疗师或在处理吞咽困难方面具有知识和接受过培训的社区卫生工作者。

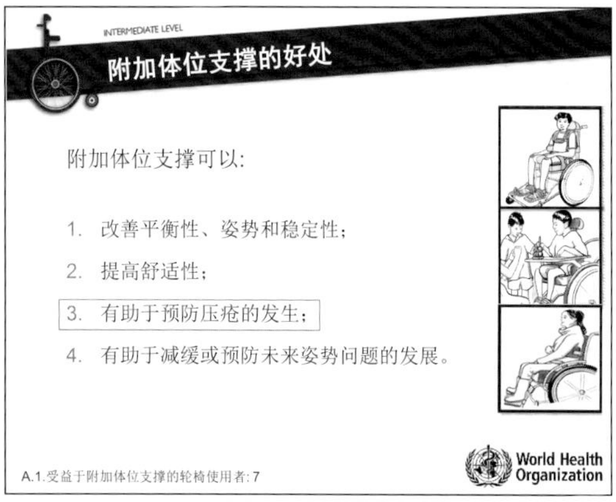

说明：

● 附加体位支撑的另一个重要的好处是预防压疮的发生。

● 压疮的风险因素在《轮椅服务初级教程》涉及了。

提问：压疮的主要风险因素是什么（使轮椅使用者更容易发生压疮的事件）？

感谢正确的回答。

回答：

- 感觉丧失（感觉减退）；
- 不能移动；
- 汗水、水或大小便失禁导致的潮湿；
- 不良饮食和不充足饮水；
- 衰老；
- 体重：过轻或超重；
- 不良姿势；
- 以前或现在患有压疮；
- 外伤、碰撞、撞击；
- 热/发热；
- 昆虫叮咬。

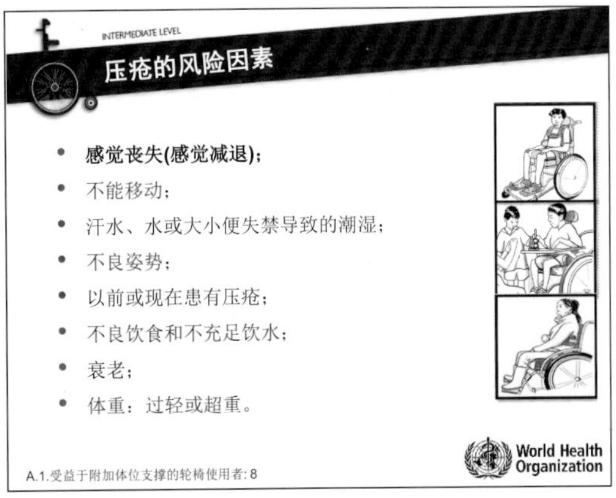

说明：

- 这是《轮椅服务初级教程》中讲过的风险因素。
- “感觉丧失（感觉减退）”是黑体字，因为所有感觉减退的轮椅使用者不自觉地具有发生压疮的风险。
- 具有三种或更多其他风险因素的轮椅使用者也可能有发生压疮的风险。

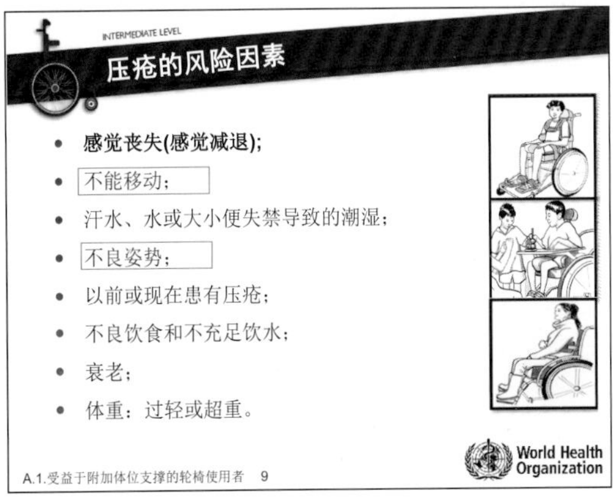

说明：

- 需要附加体位支撑的很多轮椅使用者可能不能移动，并且容易有不良姿势。
- 这里有两种压疮风险因素。
- 这意味着使用附加体位支撑的很多轮椅使用者有发生压疮的风险。
- 改善姿势将有助于降低这种风险。

提问：不良姿势为什么是一个风险因素？（不良姿势如何导致压疮？）

回答：
不良姿势可以导致： ● 在轮椅上滑动，这样会形成剪切力。 ● 不均衡的体重分布会导致某一区域下高压力（例如，一侧坐骨下压力大于另一侧），并且可以很快导致压疮。

说明：评估压疮的风险，找到有助于预防压疮的方法和为轮椅使用者提供如何预防压疮的信息是中级轮椅供应体系的重要内容。

4. 轮椅使用者需要什么？（15 分钟）

说明：

- 我们将讨论附加体位支撑可以为轮椅使用者提供帮助的不同方式。
- 然而，有时轮椅使用者发现自己很难习惯有附加体位支撑的轮椅。有时轮椅被弃用。

提问：有人曾经有过提供附加体位支撑的轮椅，但是被轮椅使用者弃用的经验吗？他们认为可能的原因是什么？

鼓励回答。由于原因已经讲出来了，向学员提问，如何才能避免这种问题的发生。如果可能，提供一些案例。

回答：	
轮椅使用者弃用附加体位支撑轮椅的原因：	**如何才能避免**：
● 轮椅使用者发现轮椅或附加体位支撑不舒适。	● 让使用者尽可能地参与。 ● 在轮椅完成之前尝试安排一次短期的装置试用。如果有问题可以在试用后进行解决。
● 轮椅使用者的姿势发生了改变；以及轮椅/附加体位支撑不再舒适。	● 定期随访可以有助于确保装置仍然适配和舒适。

续表

回答：	
● 轮椅使用者发现附加体位支撑不再发挥作用。 ● 该问题可能有不同的原因。 两个常见的原因是： — 附加体位支撑可能不切实际并使完成功能困难。例如，体位支撑可能使得上下轮椅困难。 — 轮椅/附加体位支撑可能“过度支撑”轮椅使用者（使他们远离习惯的姿势）和轮椅使用者在新的姿势位置感觉不舒适/不平衡。	● 在装置最后完成之前检查轮椅使用者是否可以完成他/她想做的事情（例如转移）。 ● 避免对一个人已经较长时间习惯的姿势做非常大的调整。 ● 思考在较长时间渐进地调整而不是一次调整到位。
● 轮椅使用者不喜欢附加体位支撑的外观。	● 让轮椅和所有的附加体位支撑尽可能地小和整洁。
轮椅使用者弃用轮椅的原因：	**如何才能避免：**
● 轮椅使用者（或他们的家人）认为轮椅使他们变得“懒散”或虚弱。	● 说明附加体位支撑的好处。 ● 打消轮椅使用者（和他们的家人）的疑虑，正确处方时，附加体位支撑不会使他们变得虚弱。 ● 轮椅服务人员可以说明，如果一个人不良的坐姿，肌肉和关节不在正常的位置，这导致肌肉紧张并被拉伸，使他们更弱。良好的体位支撑让身体处于良好的对线。这有助于保持肌肉和关节处于正确的良好工作位置。
● 环境（家、家附近或社区）有障碍	● 轮椅服务人员可以向轮椅使用者和家人提供一些如何使家和附近环境无障碍的信息。 ● 转介轮椅使用者至任何可以协助促进无障碍的机构，例如，社区康复项目/人员。

说明：总之，轮椅和附加体位支撑应该：

- 实用和容易使用；
- 舒适和不会导致其他不适；
- 有助于轮椅使用者做他们想做的事情并且不困难；
- 外观好看又不要太"显眼"。

说明：

确保轮椅使用者使用附加体位支撑的最好办法是：

- 让轮椅使用者完全参与他们的评定、处方和适配过程；
- 协助轮椅使用者理解附加体位支撑为什么会为他们带来帮助，以及如何对他们有益；
- 应该让轮椅使用者做最后的决定。

介绍 DVD：使用体位支撑装置的人士。本 DVD 介绍一些在之前 DVD 中出现过的轮椅使用者。轮椅使用者和家人谈论他们为什么觉得具有正确体位支撑的轮椅对自己有帮助。

播放 DVD。

询问是否有任何问题。

提问：轮椅使用者（或他们的护理者）认为体位支撑对他们有用的原因是什么？

鼓励回答。

回答：

- 侯赛因的父亲说他（侯赛因）的轮椅很适配。他感觉很舒适并且没有再受到由于轮椅支撑不足造成的伤害了。
- 查理说她的躯干支撑帮助她变得更强壮。
- 米歇尔（雪莱）的妈妈说米歇尔的轮椅有助于她得到好的生活质量；她可以安全地呼吸和吃东西；她的体位得到良好的支撑。
- 茹安的妈妈说轮椅有助于她儿子吃东西更容易。
- 巴斯拉说她的轮椅有助于她工作。

让学员看《学员手册》上第 11 页的检查表。检查表可以有助于轮椅服务人员，确保他们选择的所有附加体位支撑对于轮椅使用者都是最有效的。

5. 要点概括（2 分钟）

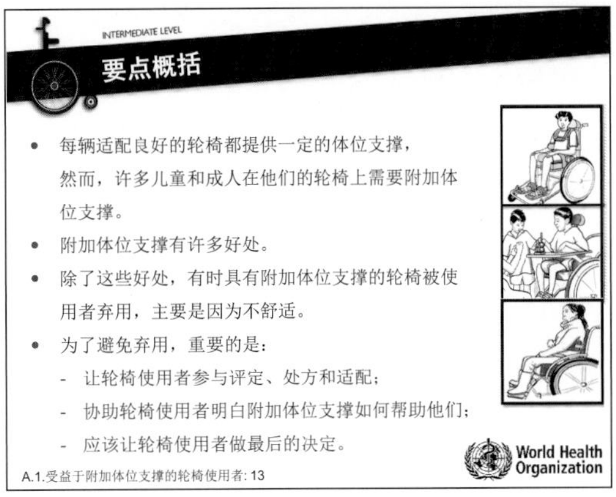

讲出关键点。

询问是否有任何问题。

A.2：残障儿童

目标	本单元结束后，学员将能够： □描述轮椅对于儿童重要的至少 5 种特征； □说明为什么早期转介对于儿童重要的至少两个原因； □列出为儿童服务中展示儿童安全和尊重的 7 种方法。
资源	本单元： □幻灯片：A. 2：残障儿童； □《学员手册》； □海报：儿童与轮椅； □海报：不同的姿势； □中级轮椅转介表。
情境	根据学员将工作的情境修改本单元。思考： □主办/培训机构或学员的机构是否有儿童的安全策略。例如，在儿童的实操单元开始之前，重要的是所有的学员都收到和签署儿童安全策略书。

续表

准备	□收集培训资源，检查幻灯片并浏览单元计划。 □把儿童与轮椅的海报挂起来。 □把不同姿势的海报挂起来。	
大纲	1. 前言	2
	2. 满足儿童需求的轮椅	10
	3. 不同的姿势	15
	4. 儿童早期转介的重要性	10
	5. 为儿童服务	20
	6. 要点概括	3
	总单元时间	**60**

1. 前言（2 分钟）

说明：许多需要轮椅的儿童也需要附加体位支撑。因为这个原因，当讨论轮椅服务中级教程时，我们需要思考儿童可能有什么需求。

本单元，我们将学习：

- 儿童的生活和需求与成人有何不同，以及一辆适用的轮椅如何能够满足他们的个性化需求；
- 这些不同如何影响轮椅服务人员为残障儿童服务的方式，以及影响轮椅和附加体位支撑的选择；
- 早期转介的重要性；
- 如何以尊重和保护儿童权利的方式与儿童相处。

2. 满足儿童需求的轮椅（10 分钟）

说明：幼儿的生活与成人不同。儿童受到成人的照顾。根据年龄，他们在成人的帮助下做决定。儿童频繁地变换活动，到处移动和玩耍。最重要的是，儿童需要去上学。

儿童使用的轮椅应该有助于他们参与每天的正常活动。

提问：轮椅上的什么特点对儿童重要？

鼓励回答。

回答：

- 如果儿童自己推轮椅，轮椅应该：
  - 非常合适让他们舒适地伸到手推圈；
  - 对儿童足够轻便易于控制，尤其是上下斜坡。
- 如果可能，轮椅服务应该强调儿童，而不是轮椅本身。
- 拉高把手可以有助于家人/护理者推轮椅时不用过于弯腰。
- 轮椅可以通过不平坦和柔软地面（例如草地和沙地），使儿童更容易和他们的朋友们玩耍。
- 儿童的轮椅应该使他们上学更容易：
  - 如果儿童所在社区的大多数儿童走路去上学，思考轮椅是否可以通过这些道路？儿童需要一辆适合粗糙地面的轮椅吗？
  - 如果儿童使用交通工具（例如，汽车、公交车、人力车、出租车）上学，思考轮椅如何运输。
- 轮椅应该使他们在学校更方便。思考轮椅是否可以靠近课桌，或儿童的轮椅上是否需要一个桌面板作为工作台。

概括：

理想的，儿童轮椅应该：

- 能够让儿童自己推轮椅（如果他们能）；
- 强调儿童，而不是轮椅；
- 有把手让成人给予协助；
- 能够通过不平坦和柔软地面，例如草地和沙地；
- 使儿童上学更容易；
- 使儿童在学校更方便。

3. 不同的姿势（15 分钟）

说明：

- 儿童通常并不总是坐着。一天里他们会不断地改变活动和体位。
- 这意味着尽管轮椅很重要，儿童也不应该整天都坐在轮椅上。
- 轮椅服务人员应该与儿童也和他们的家人/护理者一起找到儿童白天能够采取的不同姿势。
- 特别重要的是如果儿童只有非常有限的运动，始终以同一个姿势坐着并且无法改变体位。

坐位

说明：

与坐在轮椅上一样，需要附加体位支撑的儿童可以以不同的方式得到支撑。

例如：

- 跨坐在一个滚筒或卷紧的毯子上。
- 坐时要借助家人/护理者的支撑。幻灯片中的图示显示一位妈妈，用她的双腿支撑她的残疾小孩，帮助她坐起来吃饼干，同时还抱着更小的孩子。

- 提供一个低至地面的支撑椅座，它：
  - 像这样的椅座比带支撑椅座的轮椅便宜，对于幼儿是一个不错的选择。

站立位

说明：站立是儿童另一个重要体位。

说明：

- 站立是每位儿童发展的重要部分。
- 站立有助于形成髋关节和躯干的正常曲度。
- 任何人长时间坐着会发生髋、膝和踝关节强直。站立时拉伸髋、膝和踝关节周围的肌肉并有助于预防这些关节变得僵硬。

说明：

- 当儿童不能独自站立时，站立架可以给予帮助。
- 为了开具站立架处方，轮椅服务人员需要全面熟悉站立姿势和站立支撑的不同方法。这并不在本教程中介绍。
- 然而，如果提供一个站立架，应该检查是否有压力直接作用在儿童的膝盖上。支撑腿部预防膝盖弯曲的最佳位置是在膝盖下方的胫骨上给予支撑。

说明：

当为 5 岁以下儿童提供站立架时，应该记住以下事项：

- 儿童的双腿应该分开并且双脚应该至少与髋部同宽；
- 儿童的双脚和双膝应该稍向外；
- 儿童的髋关节和膝关节应该稍屈曲；
- 不要强迫幼儿的膝关节和髋关节完全伸直。

说明：

- 如果使用站立架，轮椅服务人员应该告知其家人/护理者，儿童应该每天使用站立架多长时间。

这是通常的指引：

— 当首次使用时每天 5～10 分钟；

— 决不能让儿童站在站立架上超过一个小时；

— 鼓励家人/护理者找到一项儿童可以在站立架上玩的有趣活动，以及在可能情况下提供一个桌子或桌面板用于儿童活动。

提问：学员当地有站立架吗？鼓励回答。

卧位

说明：卧位是另一个重要的体位。儿童趴在地上玩耍是很正常的。

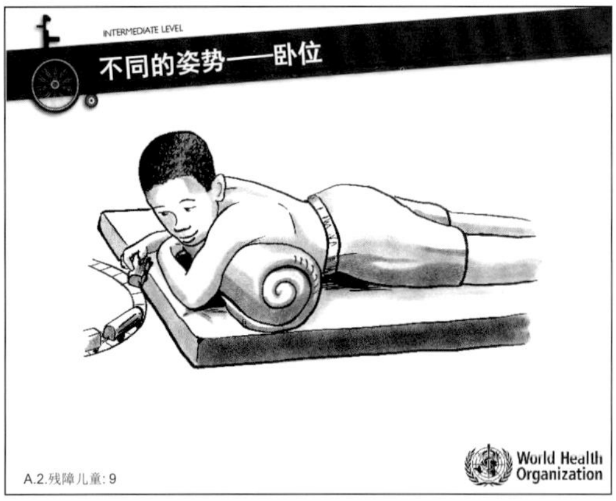

说明：

- 肢体残障的儿童可能需要一些支撑才能舒适地趴在地上；
  — 图中所示，该儿童趴着时前面给予了支撑。
- 5 岁以下儿童俯卧位时，应该在胸部下方用滚筒支撑以保持他们的髋关节处于稍微屈曲的姿势。

提问：家人/护理者可以使用什么东西以帮助儿童在地上玩耍？

回答：

- 毯子；
- 泡沫塑料；
- 毛巾；
- 枕头。

说明：

- 图示中，支撑儿童侧躺着。
- 儿童花很多时间睡觉。如果儿童每晚以同一个姿势睡觉，他们可能固定或强直在那个体位。
- 当儿童睡觉时如何以不同方式摆放他们，轮椅服务人员可以向家人/护理者提出建议。

4. 儿童早期转介的重要性（10 分钟）

说明：让我们现在来讨论如何以及什么时候儿童转介接受轮椅服务。

提问：根据学员的经验，儿童应当年幼时转介至轮椅服务，还是等到儿童变得太重而无法搬动时才转介至轮椅服务？

鼓励回答。

提问：为什么一些家长不愿意带幼儿接受轮椅评定？

鼓励回答。

回答：

● 家长可能希望孩子能治愈并能开始走路； ● 家长可能认为如果他们给孩子一辆轮椅，他/她将不再尝试行走； ● 当儿童年幼和体重轻的时候，比较容易搬动他们而不是用轮椅来通过难走的地面和有障碍的环境； ● 家长可能没有钱买一辆轮椅而一直耽搁，直到变得越来越困难而无法搬动孩子； ● 家长可能觉得愧疚或担忧，如果他们的孩子被人看到有残疾，他们将被别人看到负面的形象。

说明：

- 在儿童早期转介的重要性方面，轮椅服务人员在教育家长和转介资源中可以扮演重要的角色。
- 以下是早转介比晚转介好的几个原因：
  - 坐直困难的儿童如果没有得到良好的支撑，就会有姿势问题。如果儿童转介晚了，有些姿势问题就会变成不可逆转②。即使给予支撑，儿童也很难舒适地坐着。
  - 如果缺少坐和移动的经历，儿童的发育将会迟缓③。
  - 对于那些有行走能力的儿童，使用轮椅可以让他们的日常生活更容易，并且允许白天做更多的事情。
- 重要的是消除家长和转介来源的顾虑，轮椅不会降低儿童的行走能力。当儿童学习行走的时候，通过轮椅来移动的经验将在其他很多方面有助于他们的发展。

提问：健康的儿童通常在几岁时能够：

- 没有支撑自己坐直？鼓励回答。
- 自己站起来？鼓励回答。
- 独自行走？鼓励回答。

回答：

● 大部分儿童：	● 6～8 个月没有支撑可以自己坐直； ● 8～10 个月可以自己拉起站立； ● 10～12 个月没有任何支撑可以独自站，并且可以牵着手走； ● 12～18 个月可以独自行走。

---

② 世界卫生组织（1996）。促进脊柱裂和脑积水婴儿和幼儿的发展，检索来自于 http：//whqlib-doc. who. int/hq/1996/WHO _ RHB _ 96. 5. pdf。

③ 肌肉萎缩运动（2011）。为肌肉萎缩和其他神经肌肉状况的儿童和成人提供轮椅：最佳实践准则。检索来自于 http：//www. muscular－dystrophy. org/

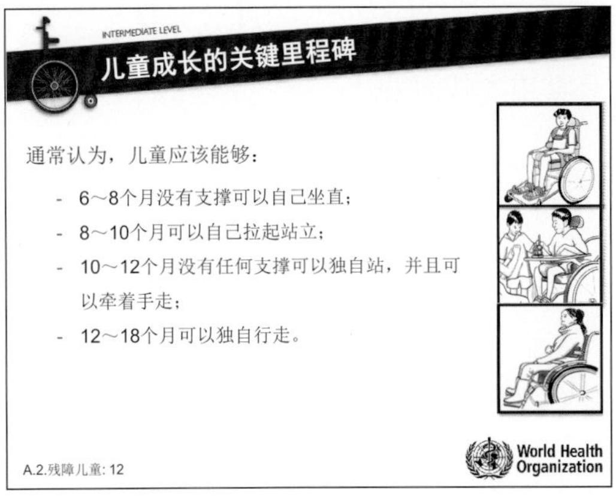

说明：这些都是对转介来源的孩子进行识别的关键里程碑。

说明：轮椅服务单位可以鼓励转介网络转介有以下情况的儿童：

- 坐直困难或到 1 岁还不能拉起站立；
- 2 岁仍不能独自行走。

如果有早期干预筛查的项目（例如，培训社区卫生工作者筛查需要早期干预的儿童），轮椅服务单位可以提供更加详细的信息给这些网络。例如，轮椅服务单位可以建议所有发现有明显肢体问题或发育迟缓的儿童，都应该转介至轮椅服务单位进行评定或建议。

教师提示： 学员可能要求得到更多的信息。幼儿可能受益于早期提供支撑性椅座的两个附加标志是：

- 婴儿（1 岁以内）始终以一种姿势（姿势过于伸直（伸展）或过于屈曲（弯曲）），他们不能容易地活动自己的四肢，伸展或屈曲，或有无法控制的运动。
- 能坐的儿童，然而以一种姿势坐和无法轻松地改变姿势。始终以一种姿势坐会导致问题。

让学员看中级轮椅转介表。

说明：

- 本表是用于转介机构来转介轮椅使用者至轮椅服务单位；
- 服务单位可以根据他们的服务修改本表；
- 这个表包含上面提到的关键阶段。

说明：对于非常轻，能抱的小婴儿，轮椅服务单位可以提供支持性椅座代替轮椅。它可以在家里使用，并且在户外时儿童仍然可以被抱着。

5. 为儿童服务（20 分钟）

说明：无论何时，重要的是以尊重和保护儿童的方式为儿童服务。

提问：轮椅服务人员可以做些什么以确保儿童得到尊重和保护？鼓励回答。

回答：

- 应该向儿童说明你将做什么以及为什么要这样做；
- 以适合儿童年龄的方式让儿童参与决定；
- 以儿童能够明白的方式进行交谈，这意味着根据他们的年龄和理解水平，找到一种方式向儿童说明正在发生什么；
- 在评定和适配过程中预留时间休息；
- 当为儿童服务时应该让儿童的家人/护理者在场；
- 把你接待儿童的空间营造得尽可能的友善，例如，有一些与儿童年龄相适应的玩具/活动；以儿童喜欢的方式展示海报/图片；
- 在为他们拍照之前，征得儿童和家长/护理者的同意。

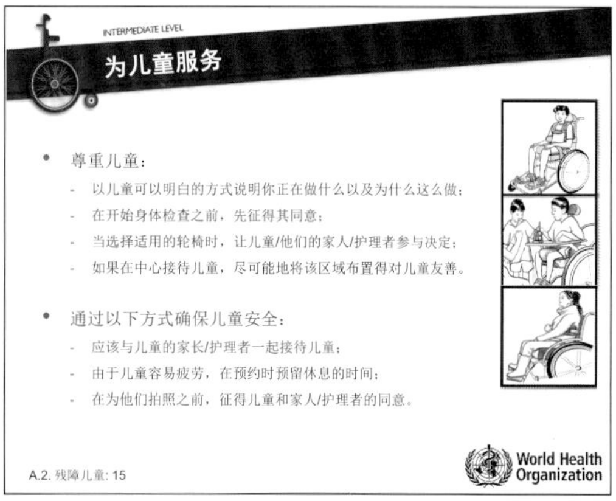

说明：应记住的主要事情：

通过以下方式尊重儿童：

- 以儿童可以理解的方式说明你正在做什么以及为什么这么做；
- 在开始身体检查之前，应征得同意；
- 当选择适用的轮椅时，让儿童/他们的家人/护理者参与决定；
- 如果在中心接待儿童，尽可能地将该区域布置得对儿童亲切。

通过以下方式确保儿童安全：

- 应该与儿童的家长/护理者一起接待儿童；
- 由于儿童容易疲劳，在预约时预留休息的时间；
- 在拍照前应征得儿童和家长/护理者的同意。

6. 要点概括（3 分钟）

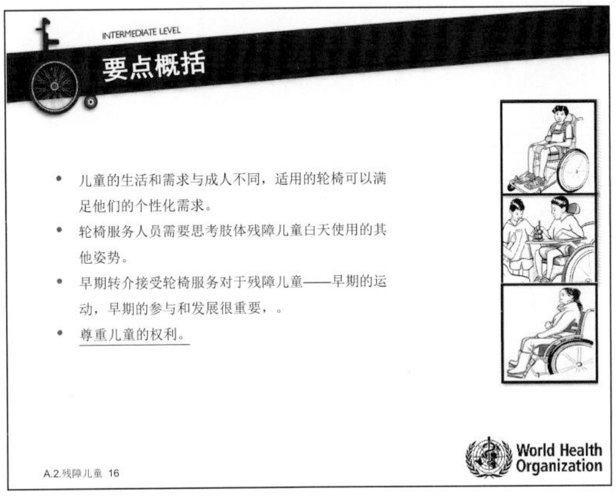

讲出要点。

询问是否有任何问题。

B：轮椅服务步骤

B.1：评定概述和面谈评估

目标	本单元结束后，学员将能够： ☐ 概述转介和预约； ☐ 简要地概括中级评定的两部分； ☐ 列出可能影响轮椅使用者的 8 项诊断或身体问题，以及描述这些问题对轮椅供应体系造成的影响； ☐ 列出轮椅服务人员可以在评定过程中提高他们沟通技巧的不同方法。
资源	本单元： ☐ 幻灯片：B. 转介和预约以及 B. 1：评定概述和面谈评估； ☐《学员手册》； ☐《实训手册》； ☐ DVD：良好的沟通； ☐ 中级轮椅评定表。
情境和以前学过的内容	以前学过的内容： ☐ 熟悉不同诊断/身体问题的特征，包括：脑损伤、脑性瘫痪、肌肉萎缩症、小儿麻痹症、脊柱裂、脊髓损伤、中风、下肢截肢。 ☐ 熟悉轮椅服务 8 个步骤的第 1 步，《轮椅服务初级教程》“转介和预约”部分。 ☐ 初级评定，包括： ● 熟悉轮椅使用者生活方式和环境与轮椅处方之间的关系，参考《轮椅服务初级教程》； ● 评估现有的轮椅以确定它是否满足轮椅使用者的需求。 根据学员将工作的情境修改本单元。思考： ☐ 如果一种特定类型的残疾/肢体问题在当地非常普遍，应该增加到轮椅评定表中并在单元中说明。

续表

准备	☐ 收集资源，检查幻灯片，观看 DVD 并浏览单元计划。 ☐ 仔细地检查中级轮椅评定表并练习开展面谈评估。 ☐ 检查《轮椅服务初级教程》之《教师手册》第 99～102 页上的身体状况信息。	
大纲	1. 前言	10
	2. 评定	10
	3. 面谈评估	50
	4. 面谈评估中良好的沟通技巧	15
	5. 要点概括	5
	总单元时间	**90**

1. 前言（10 分钟）

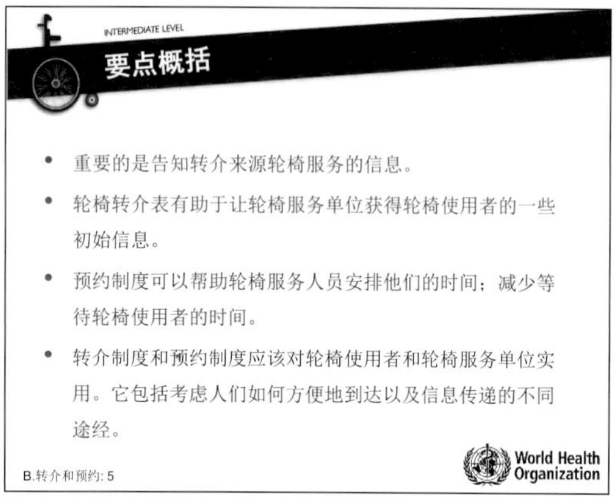

说明：转介和预约是提供轮椅服务的第一步。

播放《轮椅服务初级教程》中的幻灯片 B. 1 转介和预约，以提示和重复步骤 1 的重要性。

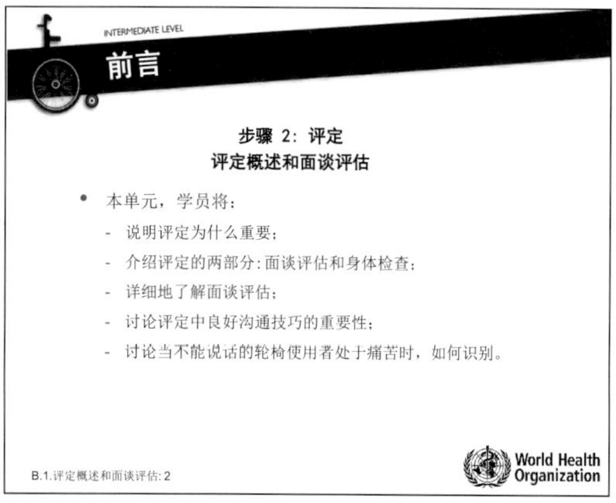

说明：本单元，学员将：

- 介绍评定的两部分：面谈评估和身体检查；
- 详细查看面谈评估，并讨论面谈评估中收集的信息如何影响轮椅处方；
- 评定过程中良好沟通技巧的重要性；
- 当轮椅使用者疼痛时，能识别。

2. 评定（10 分钟）

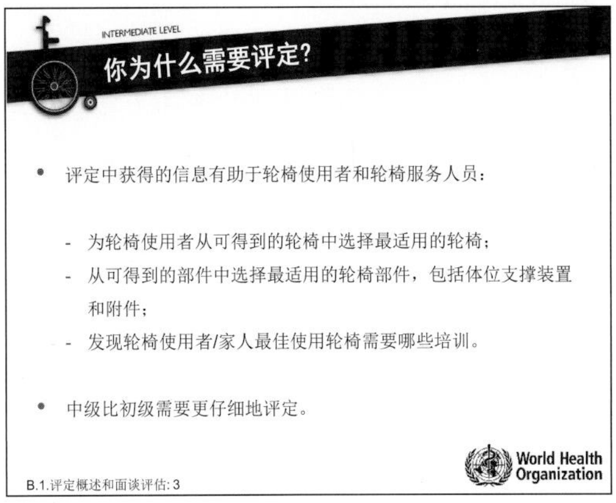

说明：评定是 8 个轮椅服务步骤的第 2 步。评定中收集的信息对轮椅服务人员和轮椅使用者都非常有用。

- 从评定获得的信息有助于轮椅服务人员和轮椅使用者：
  - 从可得到的轮椅中选择最适用的轮椅；
  - 从可得到的轮椅部件中选择最合适的轮椅部件，包括体位支撑装置和附件；
  - 发现轮椅使用者/家人最佳使用轮椅需要哪些培训。

说明：初级和中级评定都是分两部分实施：

- 面谈评估；
- 身体检查。

3. 面谈评估（50 分钟）

说明：评定的第一部分是面谈评估。在这项评估过程中，轮椅服务人员收集轮椅使用者的信息。该信息有助于为轮椅使用者找到最适用的轮椅。

说明：

- 初级和中级面谈评估的内容非常相似。包括：
  - 轮椅使用者的相关信息；
  - 身体状况；
  - 生活方式和环境；
  - 现有的轮椅。
- 在中级教程中，我们将不再重复《轮椅服务初级教程》中已经讲过的所有信息。
- 学员应该熟悉如何收集这些信息以及它如何影响轮椅的处方。
- 简要概述与增加的一些中级信息都已列在《学员手册》中。

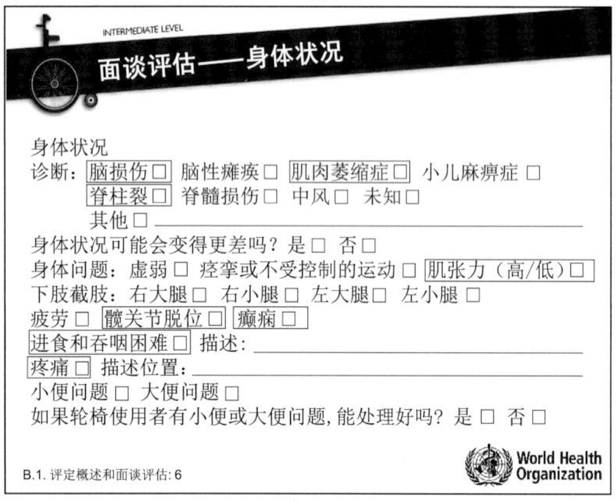

说明：

尽管初级和中级面谈评估的内容非常相似，但是中级需要收集更多关于轮椅使用者诊断和所有身体问题的信息。

小组活动	
分组	**学员分成** 2～4 **人一组**。
指导	为每组编号（1～5）并分配《实训手册》上适当的任务（B. 1：评定概述和面谈评估）。 让学员回答《实训手册》上分配给他们组的问题。 说明：学员可以用以下资源来帮助他们完成： ●《学员手册》； ● 他们自己的知识和工作经验，以及向具有不同诊断/身体问题的轮椅使用者/人士学习。 说明：学员有 20 分钟来回答布置的问题。每组将向所有小组反馈以及当为有特殊诊断/身体问题的人士开具轮椅处方时，提供最多 3 个需要关注的方面。

续表

监督	密切地监督各组。 确保每组明白问题。 鼓励各组使用《学员手册》和他们自己的知识。 如果需要，指导学员。
时间	允许 20 分钟让各组准备。 允许 10 分钟让每组反馈和讨论。 请注意本活动允许的时间是以 4 组学员参与为基础计算的，如果少于或超出 4 组，相应地调整时间。
反馈	当为特定诊断/身体问题的轮椅使用者开具轮椅处方时，让每组轮流描述应该关注的 3 个方面。 感谢正确的回答并纠正/说明一些错误的理解。 允许一些讨论，但是不要超出时间。 **注意**：教师应该使用《学员手册》中提供的备注以确保每组都找到了合适的答案。

4. 面谈评估中良好的沟通技巧（15 分钟）

说明：

拥有良好的沟通技巧是非常重要的，它有助于以一种对轮椅使用者的感受和需求保持尊重和敏感性的方式收集正确的信息。有助于面谈评估顺利进行的一些方法是：

- 应该向轮椅使用者提问，除非他们是婴幼儿或他们无法理解或回答你的问题；
- 向轮椅使用者说明，他们提供的信息将有助于选择最适用的轮椅来满足他们的需求；
- 不必按照中级轮椅评定表中的顺序提问。有时候轮椅使用者在你提问之前会主动提供信息，或许以不同的顺序提问更自然。
- 有时，语言沟通可能困难。例如，轮椅使用者可能无法听到或无法说得清楚而让你明白。
- 当沟通困难时，尝试找到一种直接与轮椅使用者沟通的方式。询问非常了解轮椅使用者的人，问他如何与他们进行沟通。花点时间来了解轮椅使用者如何沟通。
- 如果你无法找到一种直接沟通的方式，确保有非常了解轮椅使用者的人一直在旁边。请这个人帮助你与轮椅使用者沟通。

介绍 DVD：良好的沟通。本录像介绍人们彼此沟通的许多不同方法。

根据学员坐的位置（学员不需要移动），把所有人员分成两组。

说明：每组应该仔细地观看 DVD 并注意人们沟通的不同方式。学员应该寻找：

- 沟通的不同方法（例如，手语）；
- 良好沟通技巧的不同案例（例如，恰当的眼神接触）。

播放 DVD。

询问是否有任何问题。

给每组几分钟时间用于写下沟通的不同方法和良好沟通技巧的不同案例。

提问：DVD 中人们不同的沟通方式有哪些？让一组说出他们的答案。把答案写在白板上。如果其他组也有相同的答案，在这个答案旁边画勾。如果他们有其他答案，向第二组提问。

回答：

- 不同的语言沟通：
  - 清晰地表达辅以示范；
  - 说明和演示；
  - 声音（发声）。
- 不同的非语言沟通：
  - 手势；
  - 用眼指示；
  - 点头；
  - 用手描述；
  - 接触；
  - 面部表情；
  - 手语；
  - 眼神接触；
  - 触摸；
  - 提问时，轮椅使用者可以用“是”或“否”来回答问题；他/她也可以用任何系统来表达是或否
- 特殊的沟通系统：
  - 沟通板；
  - 头部控制杆；
  - 电脑系统。

- 以下方式使沟通更好：
  - 恰当的眼神接触；
  - 弯腰或蹲下来与轮椅使用者处于同一水平面上；
  - 开放和放松以及积极反应的肢体语言（面向轮椅使用者，表示关注）；
  - 给沟通困难的人士充足的时间来回答问题。

介绍 DVD：良好的沟通。学员将再次观看 DVD 并发现自己答对了多少。

播放 DVD。

确认学员在他们第一次观看时发现了多少种沟通方式。

说明：当轮椅使用者不能说话时，他们可能难以表达自己经受的痛苦。因此，当为轮椅使用者服务时，轮椅服务人员需要知道他们正在做的事情是否导致或增加轮椅使用者的疼痛。**提问**：当人们疼痛时他们通常的表现是什么？鼓励回答。

回答：

- 哭；
- 喊叫；
- 坐立不安；
- 出汗；
- 推开评估者的手或试图离开；
- 抗拒一个动作或不能保持一种特定的姿势；
- 面部表情，皱眉/或痛苦的表情；
- 坐位、站立或行走的方式。

提问：为了确保你没有导致疼痛或增加现有的疼痛，你可以怎样做？

回答：

- 如果轮椅使用者在评定过程中疼痛，鼓励他/她让你知道；
- 如果沟通困难，在开始评定之前就疼痛的信号达成一致；
- 避免使疼痛加重的体位；
- 采用使疼痛减轻的体位或活动。

5. 要点概括（5 分钟）

讲出要点。

询问是否有任何问题。

B.2：身体检查——无支撑坐姿

目标	本单元结束后，学员将能够： ☐ 列出儿童与成人坐直姿势的 3 个区别； ☐ 用文字、绘画或图文并茂来观察和记录坐姿。
资源	本单元： ☐ 幻灯片：B. 2：身体检查——无支撑坐姿； ☐《学员手册》； ☐《实训手册》； ☐ DVD：身体检查概述； ☐ 中级轮椅评定表； ☐ 检查床，每组一张； ☐ 一套足垫块。

续表

<table>
<tr><td>情境和以前学过的内容</td><td colspan="2">以前学过的内容：
☐ 完成身体检查的“压疮的出现、风险或病史”部分，以及了解获得的信息会如何影响轮椅供应体系。
☐ 完成身体检查的“推轮椅的方法”部分，以及了解获得的信息会如何影响轮椅供应体系。
☐ 基本的坐姿：
　☐ 如何识别和描述坐直的姿势；
　☐ 了解坐直的好处。
☐ 如何识别骨性标记，包括髂前上棘（ASIS）、髂后上棘（PSIS）和坐骨结节（ITs）。
根据学员将工作的情境修改本单元。思考：
☐ 当让学员相互之间找髂前上棘（ASIS）、髂后上棘（PSIS）和在志愿者身上演示这项活动时，注意身体接触引起的文化问题。</td></tr>
<tr><td>准备</td><td colspan="2">☐ 收集资源，检查幻灯片，观看 DVD 并浏览单元计划。
☐ 仔细地检查中级轮椅评定表并练习描述或绘画无支撑坐姿。
☐ 把检查床摆放在培训教室的前面。
☐ 布置培训教室，让学员面向教室前面坐成半圆形。
☐ 把检查床放在培训教室周围（或教室外面/邻近的房间里）。</td></tr>
<tr><td rowspan="9">大纲</td><td>1. 前言</td><td>5</td></tr>
<tr><td>2. 复习压疮的出现、历史或病史和推轮椅的方法</td><td>5</td></tr>
<tr><td>3. 身体检查概述</td><td>5</td></tr>
<tr><td>4. 坐直的姿势</td><td>20</td></tr>
<tr><td>5. 幼儿的坐直位</td><td>5</td></tr>
<tr><td>6. 骨盆是坐姿的基础</td><td>20</td></tr>
<tr><td>7. 观察坐姿</td><td>8</td></tr>
<tr><td>8. 记录姿势</td><td>20</td></tr>
<tr><td>9. 要点概括</td><td>2</td></tr>
<tr><td></td><td>总单元时间</td><td>90</td></tr>
</table>

1. 前言（5 分钟）

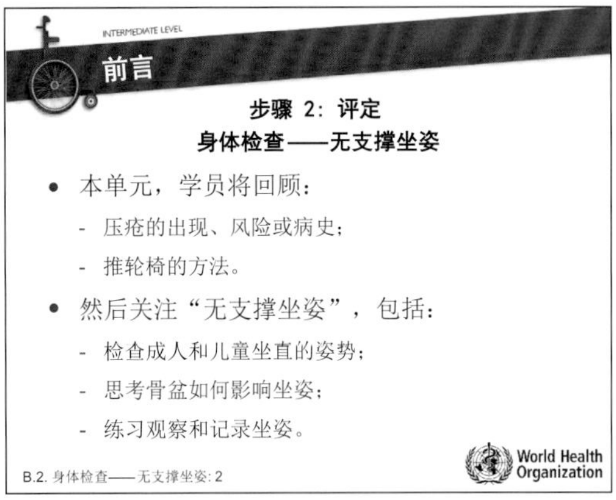

本单元，我们将介绍身体检查，它是评定的第二部分。

我们将简要地回顾在《轮椅服务初级教程》中介绍的身体检查的两部分：

- 压疮的出现、风险或病史；
- 推轮椅的方法。

说明：我们将关注身体检查的“无支撑坐姿”部分。我们将：

- 检查成人和儿童坐直的姿势；
- 思考骨盆如何影响坐姿；
- 练习观察和记录坐姿。

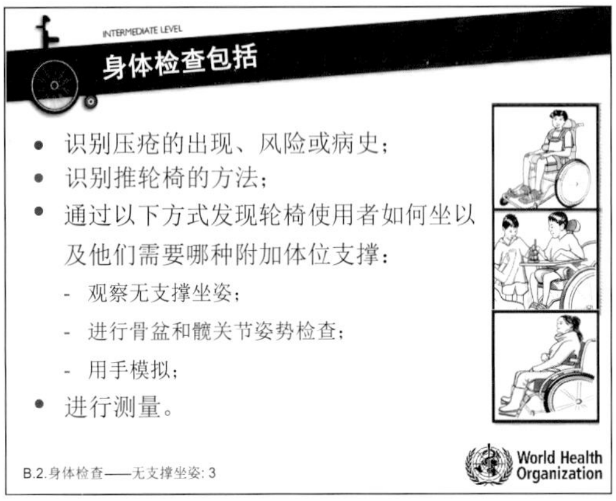

说明：身体检查包括：

- 识别压疮的出现、风险或病史；
- 识别推轮椅的方法；
- 发现轮椅使用者如何坐以及他/她可能需要哪种附加体位支撑：
  - 观察无支撑坐姿；
  - 进行骨盆和髋关节姿势检查；
  - 用手模拟；
- 进行测量。

提问：有人知道“用手模拟”一词是什么意思吗？

鼓励回答。

回答：

用手模拟是指用双手来作为轮椅和附加体位支撑可能提供的支撑。

2. 复习压疮的出现、风险或病史和推轮椅的方法（5 分钟）

说明：中级身体检查的前两部分与初级检查是一样的。它包括：

- 压疮的出现、风险或病史；
- 推轮椅的方法。

说明：在中级教程中我们将不再复习《轮椅服务初级教程》中已经讲过的知识。学员应该熟悉收集这些信息以及它们如何影响轮椅的处方。

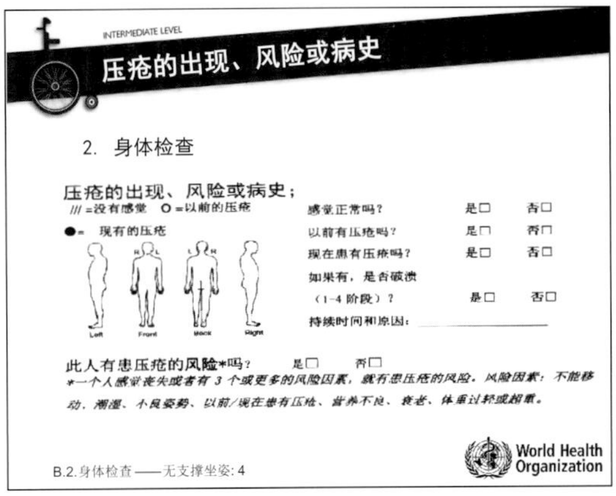

说明：重要的是发现轮椅使用者是否有发生压疮的风险。

提问：有人对检查压疮的内容有问题吗？回答所有问题。

提醒学员：

- 如果轮椅使用者说他曾经有过压疮，或他现在有压疮，请求允许看一下压疮。
- 重要的是确保轮椅服务人员确切地知道压疮在哪里以及是否有必要转介治疗。

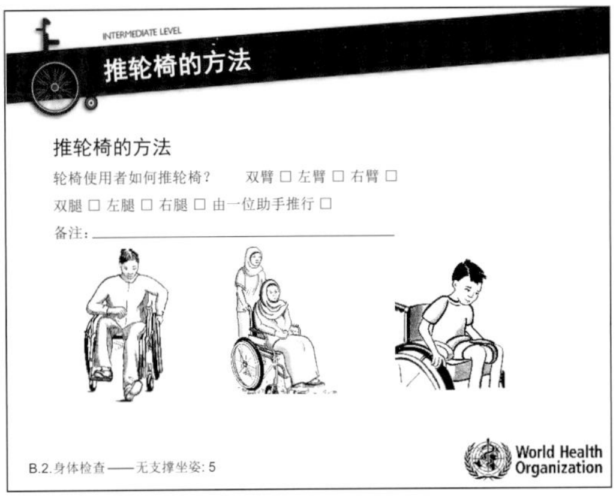

说明：与初级轮椅供应体系一样，重要的是识别轮椅使用者推轮椅的最好方法。

提问：有人对这方面检查有问题吗？回答所有问题。

提醒学员：

- 能够尽可能独立地移动是基本的人权。即使是少量独立地推行也值得拥有。
- 良好的支撑可以提升轮椅使用者自己推行的能力，当评估轮椅使用者自己如何推动，以多大的力量推动时，这应该要考虑到。

3. 身体检查概述（5 分钟）

介绍 DVD：身体检查概述。我们现在将观看 DVD 短片，它简要地概括了轮椅服务人员如何与轮椅使用者一起发现轮椅使用者如何坐，以及他/她可能需要哪种附加支撑。DVD 中的小女孩名叫恩尼斯。面谈后，评估者按照以下步骤：

- 观察无支撑坐姿；
- 进行骨盆和髋关节姿势检查；
- 用手模拟。

播放 DVD。

说明：

- DVD 展示了轮椅服务人员观察恩尼斯在她轮椅上的姿势。由于恩尼斯已经有了一辆轮椅，重要的是知道恩尼斯已经有哪些体位支撑以及支撑的程度如何。
- 我们应该假设当恩尼斯在检查床上时，在开始骨盆和髋关节姿势检查之前，轮椅服务人员已经观察了他的姿势。

询问是否有任何问题。

4. 坐直的姿势（20 分钟）

让一位志愿者到培训教室前面来，并以坐直的姿势坐在检查床上。

让学员在侧面从骨盆开始描述志愿者的姿势。学员可能需要站起来并走动来观察。

回答（涵盖所有这些内容）：

侧视图：

- 骨盆直立；
- 躯干直立；
- 背部呈自然弯曲；
- 头和颈直立且在身体上方保持平衡；
- 髋关节屈曲接近 90 度；
- 膝关节和踝关节屈曲接近 90 度；
- 双脚平放于地面（或脚有支撑）。

让学员从前面描述志愿者的姿势。再一次，让学员从骨盆开始。

回答（涵盖所有这些内容）：

正视图：

- 骨盆水平；
- 肩膀水平，放松及手臂自由活动；
- 双腿平行或稍微外展；
- 头部中立且在身体上方保持平衡。
- 躯干呈一条直线（不弯曲或倾向一侧）。

感谢志愿者。

说明：学员应该将刚刚描述的直立姿势用作指导。当为轮椅使用者服务时，目标是支撑每位轮椅使用者尽可能安全、舒适和功能性地接近这个姿势。

说明：

- 我们已经讲过坐直为什么重要，然而并不是每个人都可以坐直；
- 接受中级轮椅服务的轮椅使用者可能呈现一系列的不同坐姿；
- 不同的坐姿是由一个（或部分）身体部位没有处于中立位引起的；
- 在评定过程中，轮椅服务人员和轮椅使用者需要找到最佳的坐直姿势，使得轮椅使用者可以安全和舒适地达到和维持功能，而不是失去功能；
- 轮椅和 PSDs 应该支撑这个姿势；
- 当评估姿势时，可以发现有 3 个不同的最终结果。

它们是：

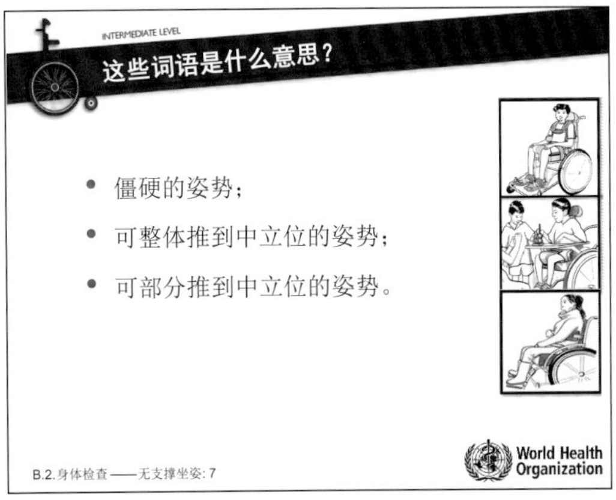

- 僵硬的姿势；
- 可整体推到中立位的姿势；
- 可部分推到中立位的姿势。

<table>
<tr><th colspan="3">小组活动</th></tr>
<tr><td>分组</td><td colspan="2">学员分成 3 人一组。</td></tr>
<tr><td>指导</td><td colspan="2">让学员在他们中间讨论这 3 个词的意思：
● 僵硬的姿势；
● 可整体推到中立位的姿势；
● 可部分推到中立位的姿势。
让他们不要查阅《学员手册》，而是找到自己对这些词汇的理解。
说明：每组的学员有 10 分钟时间讨论，然后各组再回来反馈。</td></tr>
<tr><td>监督</td><td colspan="2">停留在 3 个词汇的幻灯片处以提醒各组的问题。
密切地监督各组。
确保学员明白问题。
如果必要，指导学员。</td></tr>
<tr><td>时间</td><td colspan="2">允许 10 分钟活动。
允许 5 分钟反馈。</td></tr>
<tr><td rowspan="5">反馈</td><td colspan="2">让一组提供他们关于僵硬姿势的定义或描述。
● 如果定义/描述是清晰和正确的，感谢回答。如果不是，询问其他小组是否可以帮助厘清。如果必要，教师可以阐明。
让另外的小组提供他们对于可整体推到中立位姿势的定义或描述。
● 如果定义/描述是清晰和正确的，感谢回答。如果不是，询问其他小组是否可以帮助厘清。如果必要，教师可以厘清。
让另外的小组提供他们对于可部分推到中立位姿势的定义或描述。
● 如果定义/描述是清晰和正确的，感谢回答。如果不是，询问其他小组是否可以帮助厘清。如果必要，教师可以厘清。</td></tr>
<tr><td colspan="2">回答：</td></tr>
<tr><td>僵硬的姿势</td><td>● 轮椅使用者身体某个部位是“僵硬的”。用轻柔的力量无法推动（不要用大力）。</td></tr>
<tr><td>可整体推到中立位的姿势</td><td>● 用轻柔的力量，不在中立位的轮椅使用者身体部位能推到中立位。</td></tr>
<tr><td>可部分推到中立位的姿势</td><td>● 用轻柔的力量，不在中立位的轮椅使用者的身体部位仅能部分推到接近中立位。</td></tr>
</table>

说明：

- 这些词在《学员手册》中有描述。对轮椅服务人员来说，重要的是在支撑轮椅使用者时要仔细考虑，如何柔性地把轮椅使用者推向中立位。

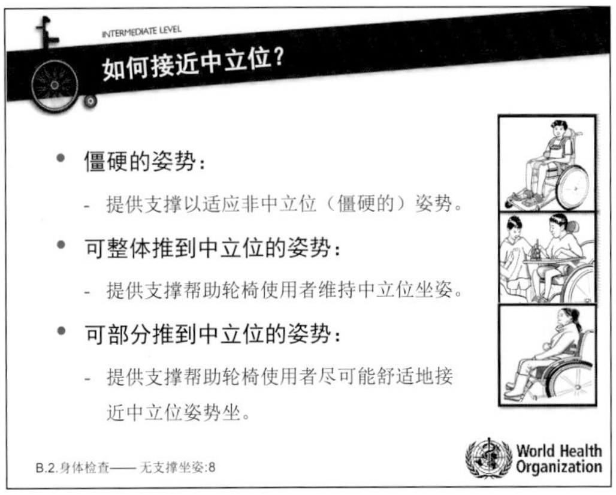

- 对于僵硬的姿势，轮椅使用者某部分身体是僵硬的。用轻柔的力量无法推动（不要用大力）。轮椅服务人员应该提供支撑以适应这种非中立位（僵硬的）姿势。
- 对于可整体推到中立位的姿势，用轻柔的力量，不在中立位的轮椅使用者身体部位能推到中立位。这种情况下，应该提供正确的支撑帮助轮椅使用者维持中立位坐姿。
- 对于可部分推到中立位的姿势，用轻柔的力量，不在中立位的轮椅使用者的身体部位仅能部分推到接近中立位。这种情况下，提供支撑有助于轮椅使用者尽可能接近中立位坐姿，这样他们更舒适和更易发挥功能。
- 记住，如果轮椅使用者被支撑处于接近中立位的姿势，而不是让他们更舒适和更易发挥功能，可能会产生新的问题。因此，评定非常重要，需要考虑轮椅使用者的舒适和功能性以及他/她如何能够接近“直立的坐姿”。

5. 幼儿的坐直位（5 分钟）

说明：5 岁以下的儿童与大龄儿童和成人的坐直姿势不一样。坐姿在儿童 5 岁后形成。

说明：本幻灯片中，该儿童 3 岁。幻灯片中的儿童和成人都是坐直的。

提问：学员可以看到儿童和成人坐姿有何差异？

鼓励回答。

回答：	
5 岁以下儿童	**成人**
● 躯干直立，但是没有腰椎或胸椎曲线； ● 儿童的耳朵和臀部成一直线，然而他们的肩部略向前； ● 双腿外展并分开，不平行。	● 躯干直立，背部呈自然弯曲； ● 耳朵，双肩和臀部成一直线； ● 双腿相互平行或稍微外展。

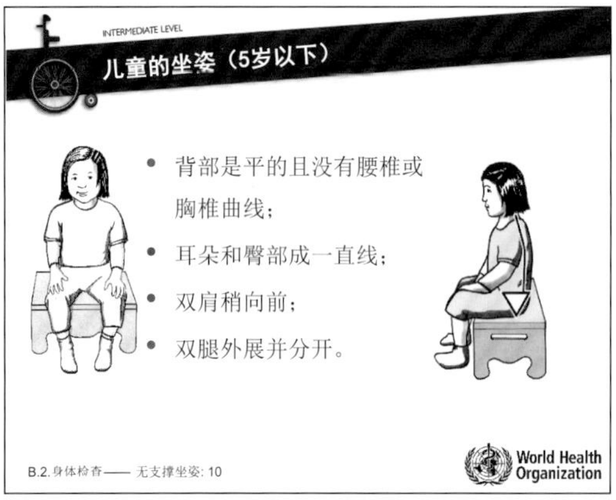

说明：

在 5 岁之前最大的不同是：

- 儿童的背部是平的以及没有腰椎或胸椎曲线；
- 儿童的耳朵和臀部成一条直线，然而他们的肩部稍微向前；
- 双腿外展并分开，不平行。

说明：当为 5 岁以下的儿童检查时，轮椅服务人员需要记住，5 岁以下的儿童不应该被支撑得像成人那样坐直。这可能会不舒适并给儿童带来伤害。

6. 骨盆是坐姿的基础（20 分钟）

提问：骨盆姿势的变化会影响身体的其他部分吗？

回答：
● 是，骨盆姿势的移动或改变总是影响身体的其他部分； ● 骨盆是坐姿的基础。

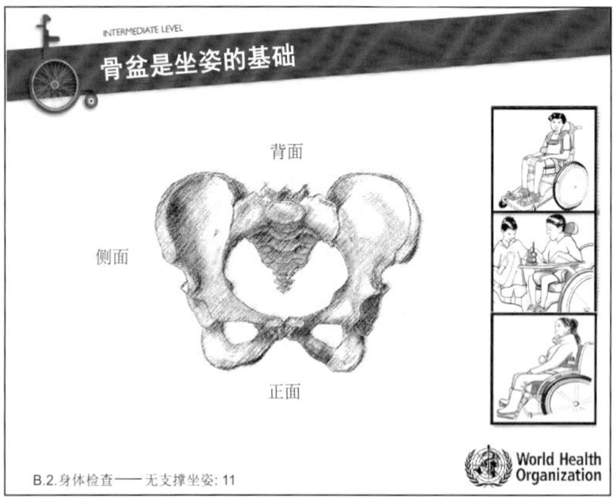

说明：

我们现在来仔细地看骨盆。

了解骨盆如何影响身体其他部分是中级教程的重要内容。

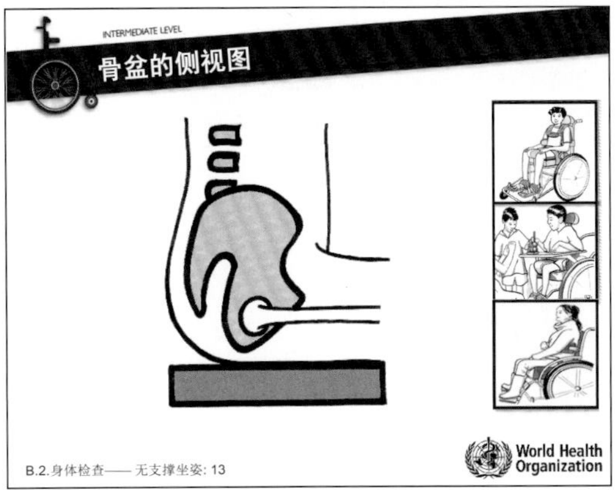

提问：插图中髂前上棘和髂后上棘在哪里？

说明：从侧面看，髂前上棘和髂后上棘在同一高度。

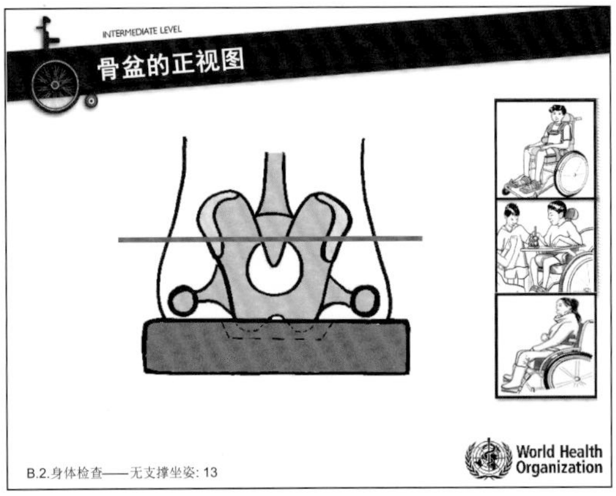

说明：从正面看，左右髂前上棘是水平的。

让一位志愿者到教室前面来，并以坐直的姿势坐在检查床上。在志愿者身上演示并指出髂前上棘和髂后上棘。把你的手放在志愿者的骨盆上并演示你如何能够轻轻地用双手控制骨盆。拇指放在髂前上棘上并且手指弯曲在骨盆后面。

让学员相互练习（如果对这项技术不熟悉），确保每位学员可以在他们的同伴身上找到髂前上棘和髂后上棘。

感谢志愿者。

提问：除了直立或中立，还有其他哪些骨盆姿势？

回答（涵盖所有的内容）：
● 骨盆前倾（髂前上棘比髂后上棘低，或骨盆上端向前运动）； ● 骨盆后倾（髂后上棘比髂前上棘低，或骨盆上端向后运动）； ● 侧向倾斜（骨盆一侧比另一侧低）； ● 旋转（相对于一侧，骨盆另一侧向前旋转/向后旋转）。

本单元中常用的缩写

解剖结构	缩写
髂前上棘	ASIS
髂后上棘	PSIS
坐骨结节	IT

小组活动	
分组	把学员分成 4 人一组。
指导	让学员看《实训手册》(B. 2：身体检查，无支撑坐姿：坐姿的基础)。 说明：当骨盆姿势从直立变化到前倾、后倾、侧倾和旋转时，每组应该共同来找出直立的坐姿有什么变化。 说明：每组学员有 10 分钟来做这项活动，然后各组将一起回来反馈。
监督	密切地监督各组。 确保每组理解问题。 如果必要，引导学员。
时间	允许 10 分钟让各组准备。 允许 5 分钟反馈和讨论。
反馈	提问：每组是否发现随着不同的骨盆姿势，身体其他部分发生的变化？ 向第一组提问：向前倾斜时姿势会发生什么变化？ 向第二组提问：向后倾斜时姿势会发生什么变化？ 向第三组提问：侧面倾斜时姿势会发生什么变化？ 向第四组提问：旋转时姿势会发生什么变化？

续表

回答：	
骨盆姿势： ● 前倾 ● 后倾 ● 侧倾 ● 旋转	整个身体姿势（重点关注躯干周围） ● 躯干拉伸，腰部的弯曲度增加（脊柱前凸）； ● 躯干弯曲，导致“下滑”姿势（脊柱后凸）； ● 躯干向一侧弯曲（脊柱侧弯）； ● 躯干也旋转。

说明：

- 最重要是记住骨盆的姿势将影响身体的其他部分。
- 当评估轮椅使用者姿势时，应该从检查骨盆的姿势开始。当提供姿势支撑时，应该首先支撑骨盆。

7. 观察坐姿（8 分钟）

说明：观察轮椅使用者的无支撑坐姿是了解轮椅使用者坐姿和需要什么支撑的起点。

说明：

- 在评定甚至面谈过程中，轮椅服务人员将开始观察轮椅使用者的姿势。
- 身体检查之前，让轮椅使用者转移至检查床上。
- 确保轮椅使用者是安全的并且他们的双脚得到支撑。
- 提供足够的支撑以确保轮椅使用者安全地坐并且不会跌倒。协助者或家庭成员/护理者可以提供这种支撑。
- 观察无支撑坐姿的目的是了解轮椅使用者的姿势偏好/习惯。
- 观察姿势是一项技术，需要时间和实践来掌握。
- 我们将看到 4 种不同的坐姿，并且知道我们观察不同姿势的技术如何。

教师提示：

- 强调首先观察骨盆的姿势，然后躯干、头、颈和腿；
- 如果学员发现进行这项活动困难，建议他们对着镜子观察自己的姿势，这样他们可以进行感受。这也可以用于他们理解和观察不同的坐姿。

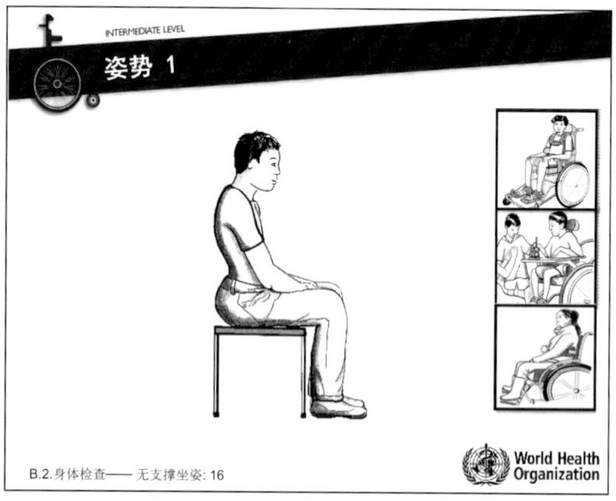

提问：学员观察这个人是什么姿势？

回答：

- 骨盆前倾；
- 腰前凸；
- 双肩内收；
- 颈部前伸。

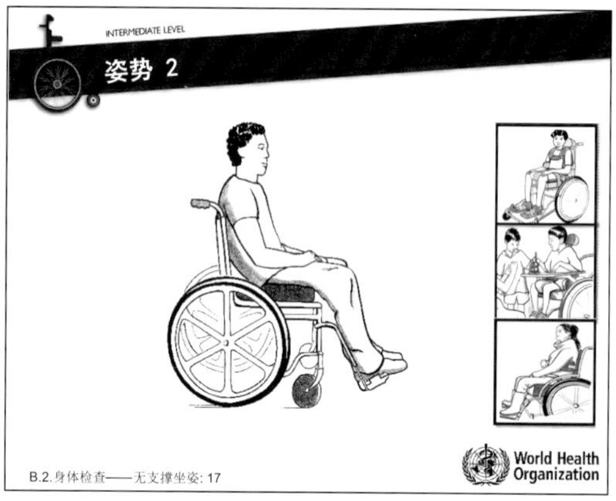

提问：学员观察这个人是什么姿势？

回答：

- 骨盆后倾；
- 髋关节超过中立位（躯干与大腿之间的角度超过 90 度）；
- 腰部后凸；
- 颈部稍前伸。

提问：学员观察这个人是什么姿势？

答案：

- 骨盆右倾（通常说低的一侧）；
- 骨盆右侧向后旋转（旋转通常与对称坐姿联系起来，但是也不总是这样）；
- 脊柱侧弯，向右凸；
- 双肩不水平（右侧低）。

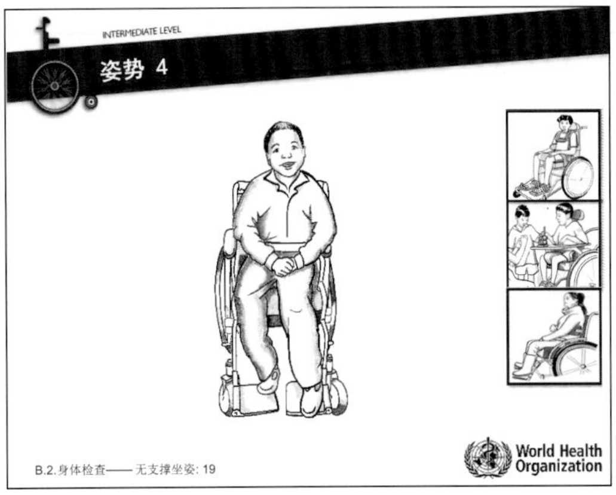

提问：学员观察这个人是什么姿势？

回答：

- 骨盆右侧向后旋转（应该说出方向和哪侧，例如，右侧向后）；
- 部分躯干旋转（左侧向后）；
- 右腿快要掉下来了并且外旋，左腿内旋。

教师提示： 对于最后一种姿势，如果学员无法轻易地注意到躯干的旋转，提问：

看起来就好像该男孩的后背平靠在靠背上，他的整个后背是相同的压力。

8. 记录姿势（20 分钟）

说明：

- 中级轮椅评定表上有一个空白处用于记录轮椅使用者的无支撑坐姿。
- 该记录可以有助于轮椅服务人员：
  - 记住评定后轮椅使用者的坐姿；
  - 追踪随时间推移而坐姿的变化。

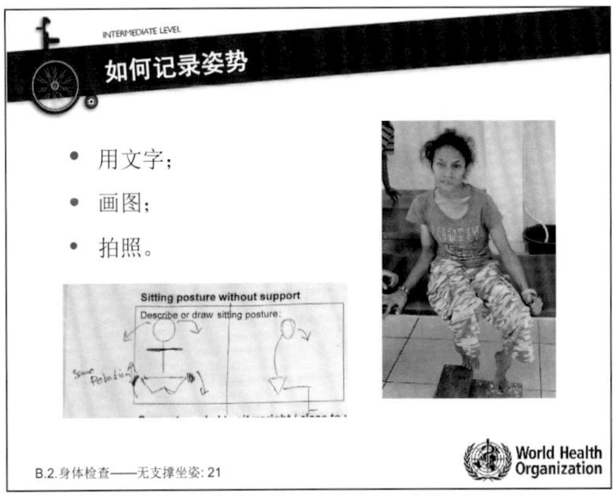

这里有几种不同记录坐姿的方式，包括：

- 用文字描述坐姿，这是我们已经练习过的方式；
- 画图；
- 拍照（只有轮椅使用者同意时）。

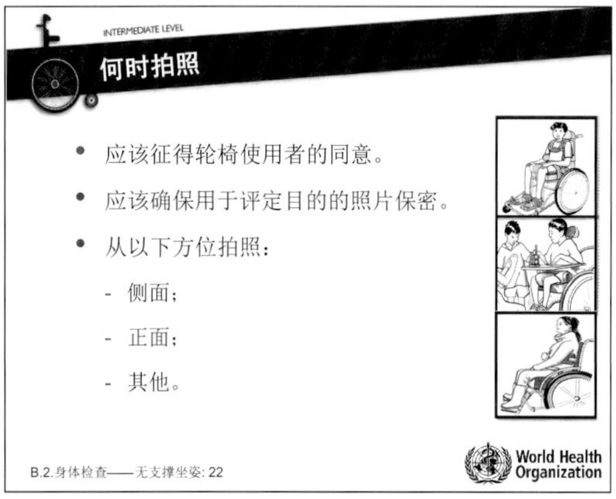

说明：

- 如果可以用拍照的方式，轮椅服务单位需要建立拍照和保存照片的一项明确制度；
- 应该取得轮椅使用者的允许；或如果他们是儿童，应取得轮椅使用者家人/护理者的同意；
- 应该确保用于评定目的的照片保密；
- 如果没有取得轮椅使用者的特定允许，不得将照片用于培训目的（或其他目的）；
- 拍照时要记录侧面和正面姿势的照片。其他位置的拍照可能也有用。

说明：绘画姿势需要一些练习。然而这里有一种简易的线条绘画方式来记录姿势。学会线条绘画方法对轮椅服务人员非常有用，并且可以容易和有效地使用。

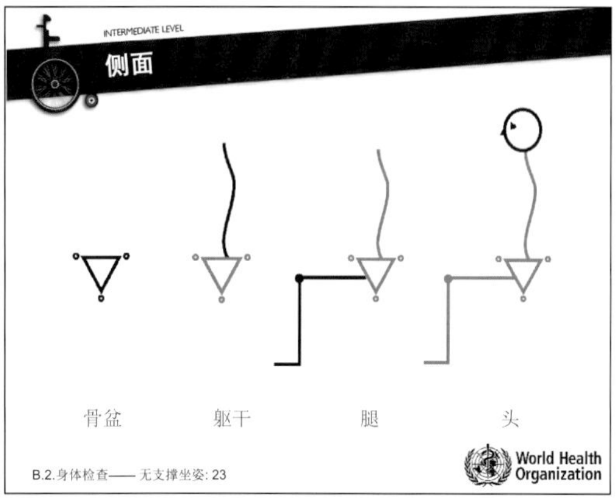

说明：这是一种简易的方式来画坐直姿势的侧视图。

- 用一个三角形来代表骨盆；
- 用一条波浪线来代表脊柱；
- 用直线来代表双腿；
- 用一个圈代表头。

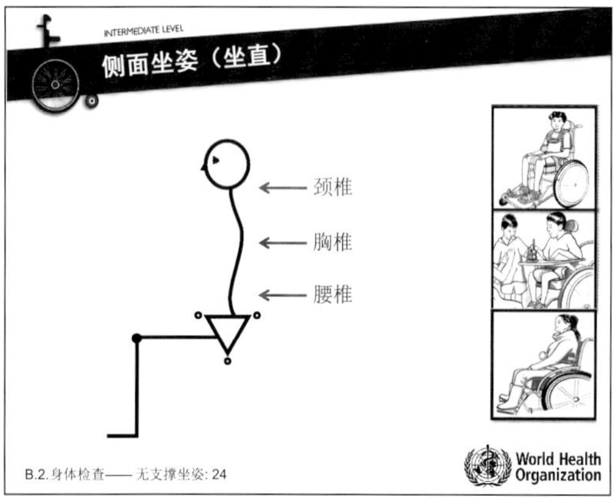

说明：

- 代表脊柱的波浪线显示脊柱的正常曲线（颈椎、胸椎和腰椎）。
- 坐骨结节、髂前上棘和髂后上棘由三角形上的点来代表。

让学员画线条图。

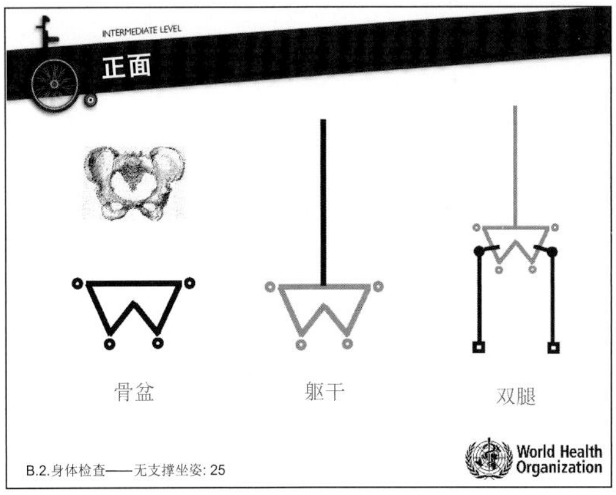

说明：这是一种简易的方式来画坐直姿势的正视图。

- 用两个三角形来代表骨盆；
- 用一条线来代表躯干；
- 用线条来代表大腿（图中的短线条）和小腿（见下面的教师提示）；
- 图中膝关节用大腿和小腿线连接点的小圈来代表，双脚用小方格来代表。

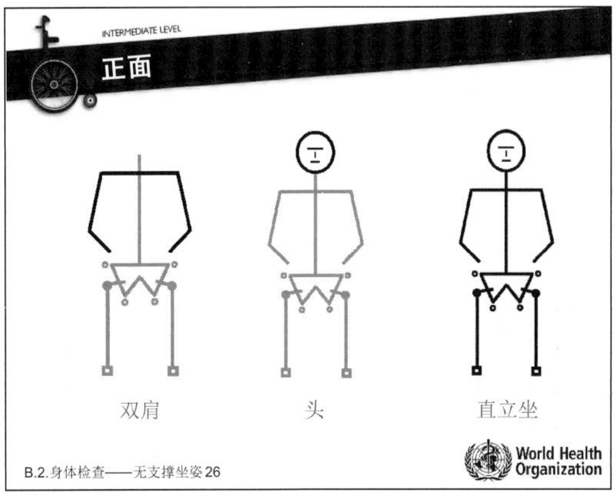

- 用一边到另一边的直线代表肩膀；
- 用一个圈代表头。

让学员看《实训手册》（B. 2：身体检查——无支撑坐姿：姿势绘画）并且在他们的练习本上每幅图旁边画他们自己的线条图。

说明：学员可以用这种绘画姿势的简易方式来记录不同的姿势，并且我们将在后面的单元进行练习。

说明：如果轮椅使用者的骨盆是旋转的，可能要画一个像图中显示的弯曲箭头，一侧的骨盆向后旋转。让学员把这个图模仿画在他们的练习本上。

教师提示： 本单元中讲的线条图例子可以修改/调整用于不同的人。例如，一些人可能喜欢从上面开始画大腿姿势。这避免了当从正面画时对大腿造成“投影缩短”的影响。在描述的系统中，大腿看起来比小腿短，并且大腿稍微外展。

小组活动	
分组	把学员分成 3 人一组。
指导	让每组看《实训手册》上的姿势（B. 2：身体检查——无支撑坐姿：姿势绘画）。 说明这些都是真实的人物插图。让各组一起工作，在他们的《实训手册》的中级轮椅评定表上“无支撑坐姿”部分用线图记录坐姿。 说明：每组学员有 10 分钟时间开展这项活动，然后各组将返回进行反馈。
监督	密切地监督各组。 确保每组明白这项活动。 如果必要，引导学员。
时间	允许 10 分钟活动。 允许 5 分钟反馈。
反馈	如果有白板，把每个插图（每次一张）投影到白板上。让每组一位学员在每幅投影的姿势上画线条图。如果没有白板，当教师在板上说明/画的时候，让学员在他们的练习本上画。 讨论学员在画线条图中遇到的困难。 说明把线条图和语言结合起来可能是有用的。

教师线条绘画范例：

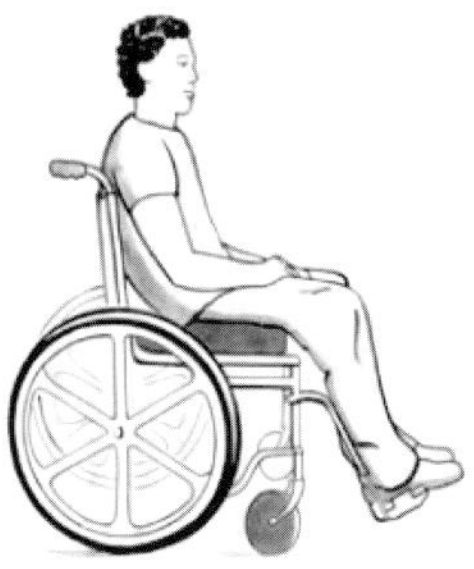

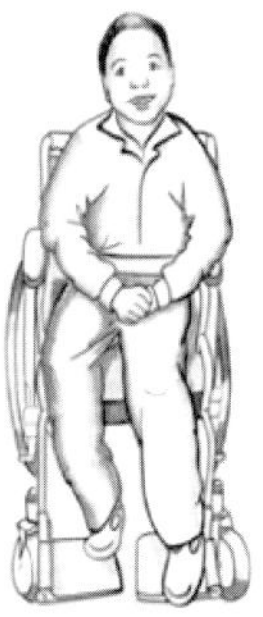

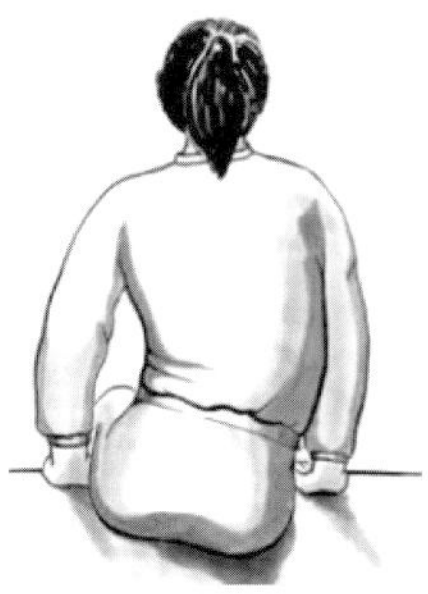

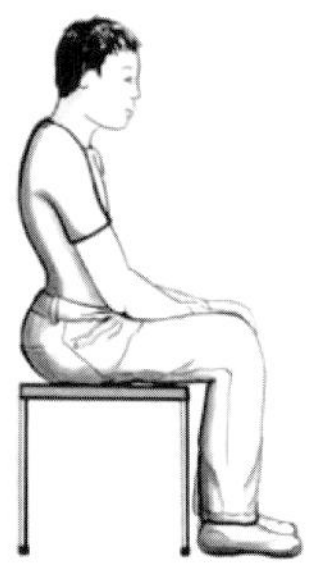

9. 要点概括（2 分钟）

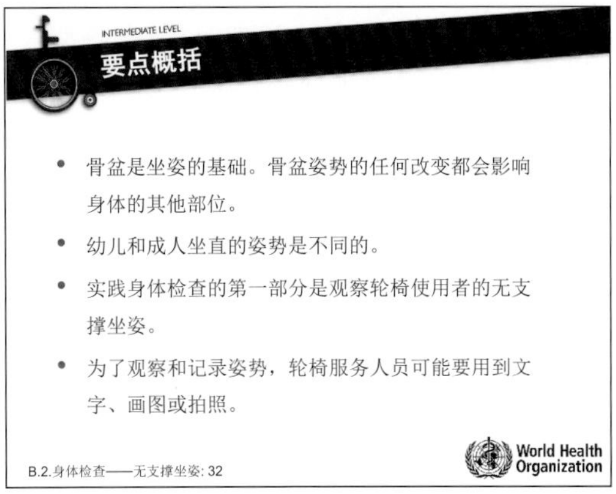

讲出要点。

询问是否有任何问题。

B.3：身体检查——骨盆和髋关节姿势检查

目标	本单元结束后，学员将能够： □ 演示轮椅使用者骨盆和髋关节姿势检查来发现： ● 轮椅使用者的骨盆是否可以水平； ● 两侧的髋关节是否可以屈曲至中立位坐姿。 □ 当一侧或两侧髋关节不能屈曲至中立坐姿时（躯干与大腿之间的角度大于 90 度），演示做临时支撑以适应不水平的骨盆。
资源	本单元： □ 幻灯片：B.3 身体检查——骨盆和髋关节姿势检查； □《学员手册》； □《实训手册》； □ DVD：骨盆和髋关节姿势检查； □ DVD：临时支撑； □ 中级轮椅评定表； □ 检查床——每组 1 个； □ 量角器/纸板量角器——每组 1 个； □ 多块硬泡沫塑料——每组 1 块； □ 楔形硬泡沫塑料块——每组 1 块； □ 用于支撑僵硬的不水平骨盆的改制坐垫； □ 用于支撑髋关节不能屈曲至中立位姿势的改制坐垫（躯干与大腿之间角度大于 90 度）； □ 用于支撑单侧或两侧髋关节不能伸展至中立位坐姿的改制坐垫（躯干与大腿之间角度小于 90 度）。

续表

情境和以前学过的内容	以前学过的内容： □ 能够使用量角器是有用的，但不是必需的。 根据学员将工作的情境修改本单元： □ 考虑在哪里开展检查； □ 当在志愿者身上演示临时支撑时，让学员相互开展骨盆和髋关节姿势检查，注意由于身体接触引起的文化问题。	
准备	□ 收集资源，检查幻灯片，观看 DVD 并浏览单元计划。 □ 仔细地检查中级轮椅评定表并练习开展骨盆和髋关节姿势检查。练习提供临时支撑。 □ 布置一个检查床在教室前面。 □ 把硬泡沫塑料块和楔形块放在检查床上，准备用于演示。 □ 布置教室让学员坐成半圆形面向教室前面。 □ 把检查床放在教室四周（或教室外面/临近的房间），用于学员开展小组活动。	
大纲	1. 前言	2
	2. 骨盆和髋关节姿势检查	40
	3. 为僵硬的不水平骨盆或不能屈曲至中立位坐姿的髋关节（躯干与大腿之间角度大于 90 度）提供临时支撑	5
	4. 僵硬的不水平骨盆临时支撑的演示	10
	5. 不能屈曲至中立位姿势髋关节（躯干与大腿之间角度大于 90 度）临时支撑的演示	30
	6. 练习临时支撑	30
	7. 要点概括	3
	总单元时间	**120**

1. 前言（2 分钟）

说明：本单元我们将继续学习身体检查的内容。

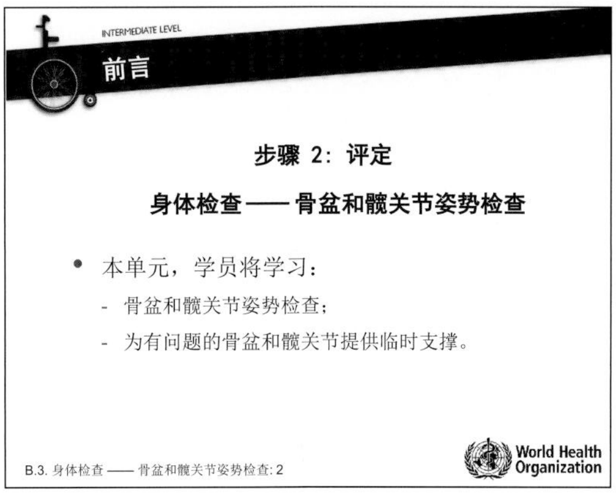

本单元，学员将学习：

- 骨盆和髋关节姿势检查；
- 为有问题的骨盆和髋关节提供临时支撑。

2. 骨盆和髋关节姿势检查（40 分钟）

教师提示：本教程中讲的骨盆和髋关节姿势检查不是完整的运动评定。

骨盆：

- 检查是用于识别骨盆是否可以水平；
- 这是因为如果没有调节好不水平的骨盆，很难开展下一步的身体检查（用手模拟）。

髋关节：

- 只检查髋关节的屈曲；
- 这是因为当髋关节屈曲的时候，如果没有调节好任何僵硬的限制，很难开展下一步的身体检查（用手模拟）；
- 参考点或起点是髋关节屈曲至中立位坐姿（躯干与大腿之间为 90 度）。教会学员识别：
  — 轮椅使用者是否可以在支撑下坐在中立位？
  — 如果不能，他/她能够接近中立位坐姿的程度如何？
- 它直接和轮椅椅座与靠背之间的角度有关。

让学员看一下他们中级轮椅评定表上的“骨盆和髋关节姿势检查”部分。

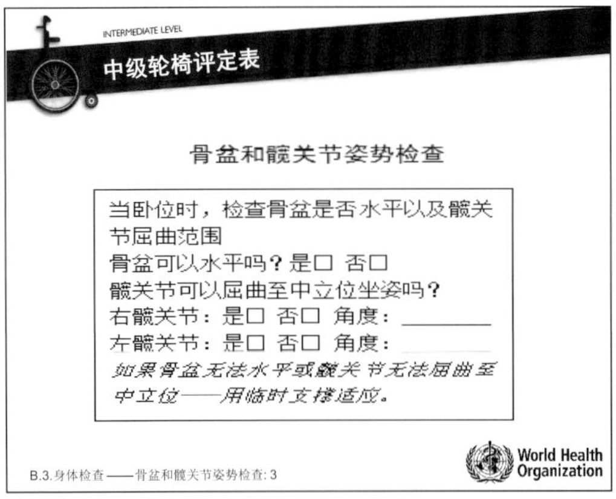

说明：我们知道坐姿受骨盆和髋关节周围病变的影响。在本部分检查中，轮椅服务人员需要了解：

- 在有或无支撑的情况下从正面看，轮椅使用者的骨盆是否水平；
- 在有或无支撑的情况下，轮椅使用者的髋关节是否能够屈曲至中立位坐姿。

说明：

- 你可以看到这位儿童的骨盆是水平的，他的髋关节处于中立位坐姿。
- 注意轮椅服务人员把她的拇指放在该儿童的髂前上棘（ASIS）上，这样她可以清楚地看到骨盆是否水平。

提问：该男子的骨盆水平吗？并且他的髋关节处于中立位坐姿吗？

回答：
不是。

如果骨盆不水平或髋关节不能屈曲至中立位坐姿（躯干与大腿之间的角度大于 90 度），轮椅服务人员必须了解更多的信息。重要的是知道：

- 轮椅使用者能在支撑下坐在中立位的姿势吗？
- 如果不能，他/她能够多大程度地接近中立位坐姿？

说明：我们知道骨盆可以以不同的方式运动，包括前倾、后倾、侧倾和旋转。

让学员向不同的方向移动他们的骨盆并思考运动真正从哪里产生。他们可以把手放在自己的坐骨下或观察坐在自己旁边的人来帮助获得答案。

提问：骨盆运动发生在哪里？鼓励回答。

最重要的回答：

- 骨盆上方（腰椎）；
- 骨盆底部（髋关节）。

说明：

如果轮椅使用者无法以中立位姿势坐，我们需要发现这是否是由于骨盆上方或骨盆底部受限引起的。

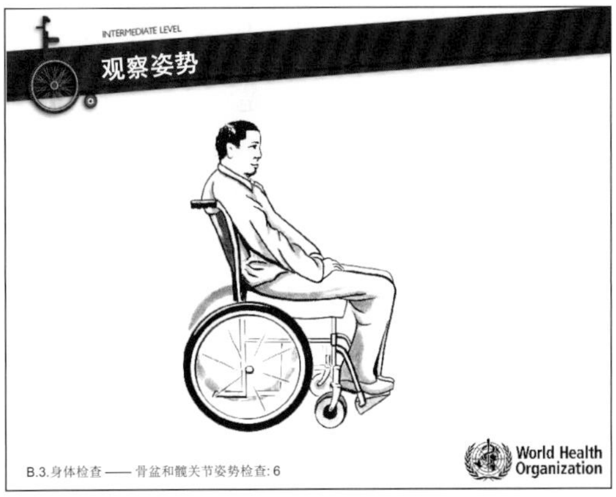

说明：这是一个案例：

- 该男子是下滑的坐姿并且他的骨盆后倾；
- 仅从观察我们不能判断该姿势是否是由于骨盆上方或骨盆下面（髋关节）受限引起的。这意味着骨盆和髋关节姿势检查是必要的。

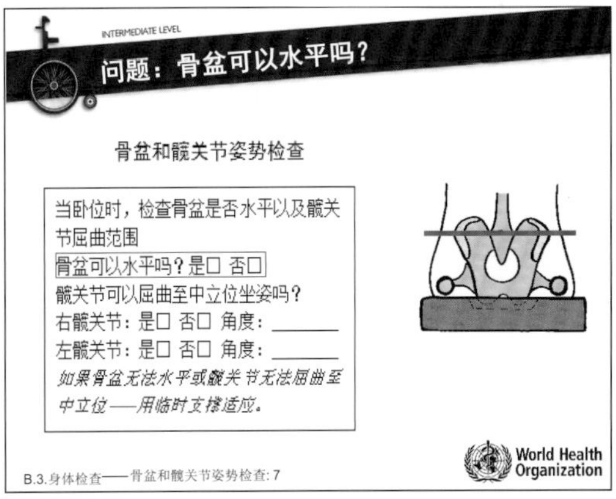

说明：中级轮椅评定表上这部分的第一个问题是：

- 骨盆能水平吗？

提问：发现该问题为什么重要？

最重要的回答：

- 如果某人的骨盆不能水平，这将影响他的坐姿。

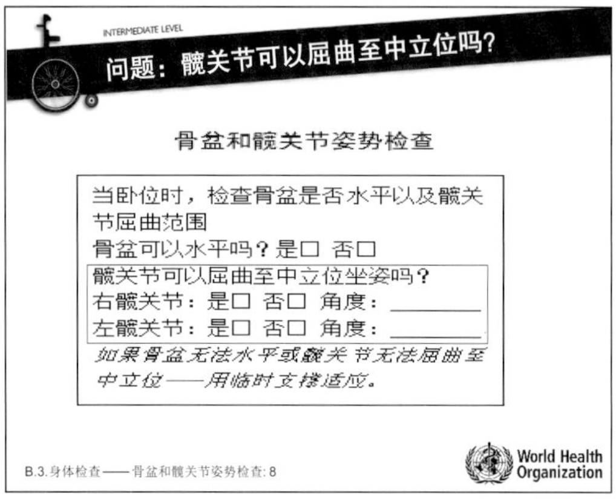

说明：检查完骨盆是否可以水平后，轮椅服务人员需要确认髋关节是否可以屈曲至中立位坐姿。

强调：这项检查不是完整的运动评定。只检查在屈曲位置的髋关节以发现：

- 轮椅使用者是否可以在支撑下以中立位姿势坐？
- 如果不能，他/她能够在多大程度上接近中立位姿势？

说明：这张幻灯片中线条图显示一侧的髋关节没有处于中立位坐姿（显示浅灰色的腿）。

提问：躯干与大腿（浅灰线）之间的角度大于或小于 90 度？鼓励回答。

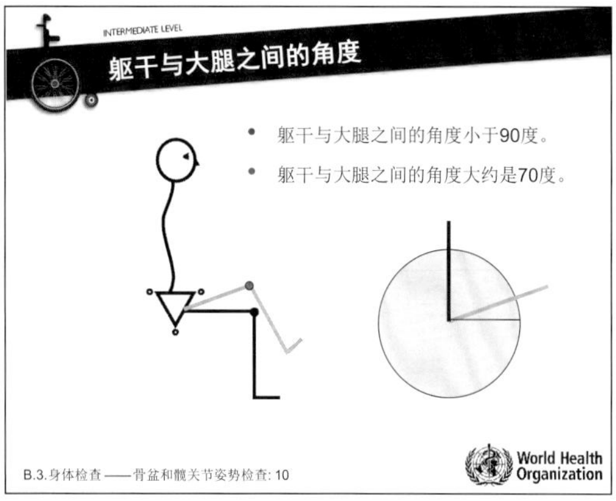

回答：

- 小于 90 度（大约 70 度）。

说明：这张幻灯片中线条图显示一侧的髋关节没有处于中立位坐姿（显示浅灰色的腿）。

提问：躯干与大腿（浅灰线）之间的角度大于或小于 90 度？鼓励回答。

回答：

- 大于 90 度（大约 100 度）。

提问：发现髋关节是否可以屈曲至中立位坐姿为什么重要？鼓励回答。

回答：

- 如果一侧或两侧髋关节不能屈曲至中立位坐姿（躯干与大腿之间的角度大于 90 度），这将影响轮椅使用者坐直的能力。
- 髋关节将需要进行调节，以便轮椅使用者可以以骨盆直立的方式坐（如果这对于他们可能）。

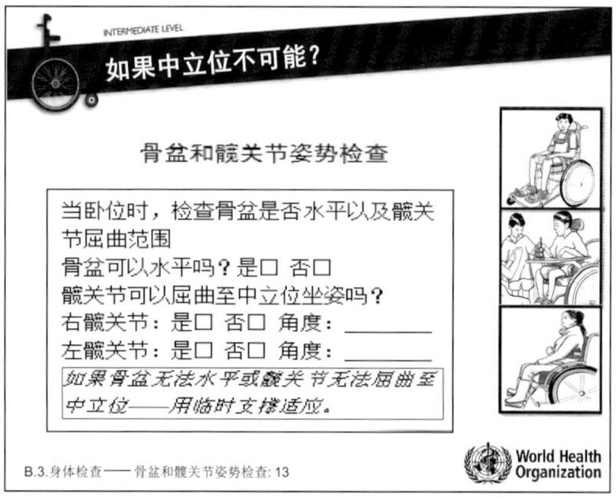

- 如果骨盆不能水平或如果一侧的髋关节不能屈曲至中立位坐姿（躯干与大腿之间的角度大于 90 度），它将需要在最后的轮椅中支撑于非中立位坐姿。
- 为了继续这项检查，需要提供临时支撑用于轮椅使用者坐在上面。
- 这将在本单元稍后说明。

VIDEO

介绍 DVD：骨盆和髋关节姿势检查。本 DVD 短片将演示骨盆和髋关节姿势检查。

让学员仔细观看因为他们将在之后相互练习。

播放 DVD。

询问是否有任何问题。

<table>
<tr><th colspan="2">小组活动</th></tr>
<tr><td>分组</td><td>把学员分成 3 人一组。</td></tr>
<tr><td>指导</td><td>让学员看《实训手册》（B. 3：身体检查——骨盆和髋关节姿势检查：进行检查）。
让学员轮流扮演轮椅使用者、协助人员和轮椅服务人员。练习开展骨盆和髋关节姿势检查。
让学员在《实训手册》上的中级轮椅评定表“骨盆和髋关节姿势检查”部分记录对轮椅使用者的检查结果。
说明：每组学员有 20 分钟开展这项活动，然后各组将返回进行反馈。</td></tr>
<tr><td>监督</td><td>密切地监督各组并确保扮演轮椅服务人员的学员：
● 正确地站位；
● 把他们的手正确地放在轮椅使用者的骨盆、髋和四肢上；
● 在膝关节处弯曲轮椅使用者的大腿（在膝关节下放一个卷/支撑）；
● 手要“轻柔”且不要抓或捏轮椅使用者；
（用“开展骨盆和髋关节姿势检查”中的教师提示来确保各组遵循正确的步骤）。
确保各组清楚该活动。
如果必要，引导学员。</td></tr>
</table>

续表

时间	允许 20 分钟活动。 允许 5 分钟反馈。
反馈	询问是否有任何问题。 提问：对于关节没有受限的轮椅使用者，各组如何完成中级轮椅评定表上的“骨盆和髋关节姿势检查”部分？（把空白的中级轮椅评定表投影在白板上）。 **回答：骨盆水平在“是”下画勾，左右髋关节可以屈曲至中立位坐姿在“是”下画勾。** 提问：有人还有其他部位受限吗？如果有，从小组中寻求更多的信息。

教师提示： 教师可以选择是否用量角器或纸板量角器来教评定中的髋关节姿势检查部分。如果学员已经熟悉量角器的使用，这是最合理的选择。如果学员没有用过量角器，使用有 45 度间隔角度的纸板量角器就足够了。

教师提示： 开展骨盆和髋关节姿势检查；当监督以上的小组活动时，确保学员按照以下描述的内容开展骨盆和髋关节姿势检查。

准备：

- 向轮椅使用者说明你将要做什么，以及这样做的重要性；
- 让轮椅使用者躺在检查床上。

请注意开展骨盆和髋关节姿势检查的人称为“评定者”，协助评定者的人称为“助手”，他们可以是同事、经过培训的助手、家人或护理者。

骨盆姿势检查：

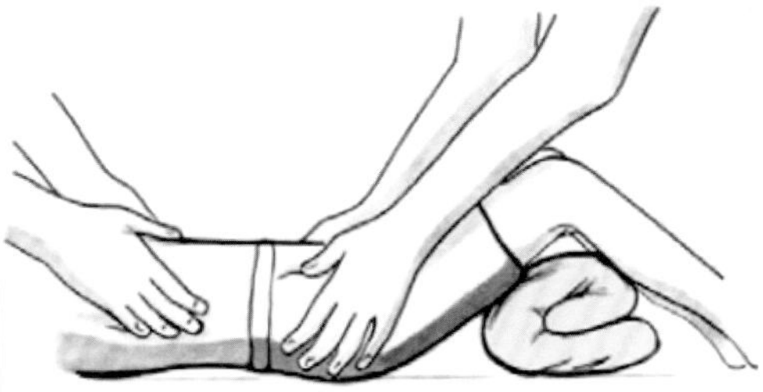

- 评定者稍微屈曲轮椅使用者的双膝并提供支撑，这有助于减轻对髋关节的拉伸；
- 助手把双手紧紧地放在轮椅使用者的躯干上，大约肋骨下部；
- 评定者轻轻地抓住骨盆，拇指放在髂前上棘上；
- 评定者检查拇指/髂前上棘是否水平；
- 如果不是水平的，评定者设法轻柔而稳定的调节骨盆使两侧髂前上棘水平；
- 助手报告他/她是否感觉到躯干移动，这意味着这个动作有些受限；
- 标记可能使骨盆接近中立位/水平位的程度；
- 评定者在中级轮椅评定表上记录骨盆能否水平。

续表

髋关节姿势检查：	
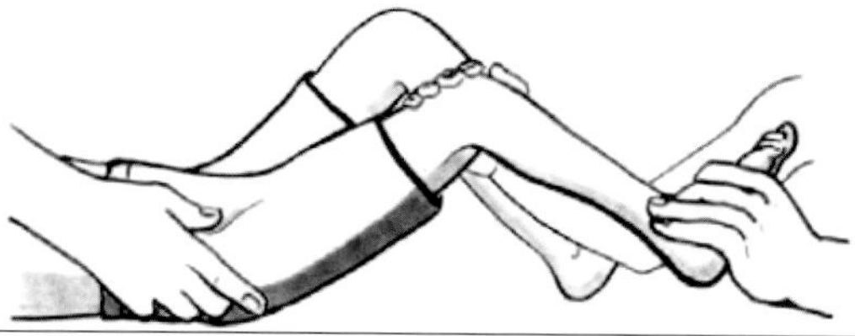	● 助手轻柔而紧紧地按住轮椅使用者的骨盆； ● 评定者稍微屈曲未检查腿的膝关节，把脚放在垫子上。这有助于降低受检查髋关节的张力。这条腿可能需要支撑。
	● 评定者轻柔地活动检查腿至中立位坐姿； ● 助手报告他/她是否感觉到骨盆活动，如果骨盆活动，这意味着这个动作有些受限； ● 评定者感觉髋关节能够活动的自由程度； ● 评定者重复另一侧并比较； ● 评定者在中级轮椅评定表上记录左右髋关节是否都可以屈曲至中立位坐姿。
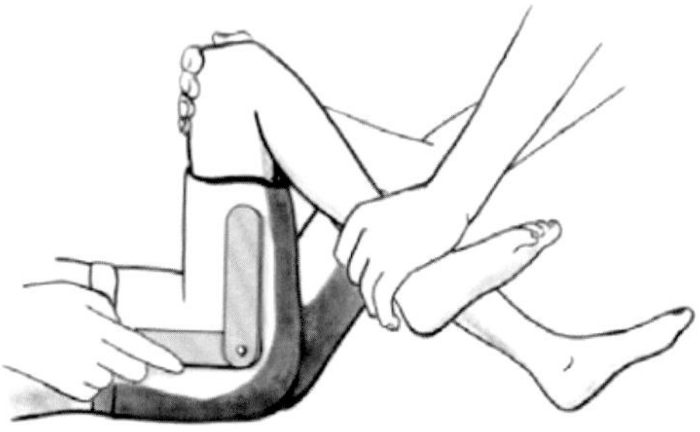	● 评定者在助手的帮助下用量角器记录每侧髋关节能达到中立位姿势的程度； ● 评定者把量角器的轴心放在大转子处。评定者把量角器的一边靠在大腿上，另一边与躯干平行； ● 评定者用力地握住量角器的两条边； ● 评定者在中级轮椅评定表上记录左右髋关节的角度测量值。评定者也可以把量角器的角度画在另外一张纸上或在中级轮椅评定表的背面。

3. 为僵硬的不水平（侧倾）骨盆或不能屈曲至中立位坐姿的髋关节提供临时支撑（5 分钟）

说明：如果骨盆不能水平或单侧或双侧髋关节不能屈曲至中立位坐姿（躯干与大腿之间的角度大于 90 度），它将在最终的轮椅上被支撑于非中立姿势。为了继续评定，应该为轮椅使用者做一个临时支撑使其坐在上面。

提问：为什么要让轮椅使用者坐在临时支撑上继续进行评定呢？

回答：

- 在评定过程中，临时支撑将：
  - 帮助轮椅使用者坐得更稳定和更平衡；
  - 阻止轮椅使用者补偿不水平的骨盆或补偿不能屈曲至中立位坐姿的髋关节（躯干与大腿之间的角度大于 90 度）；
  - 让轮椅服务人员进行评定并且专注于轮椅使用者姿势的其他部分，包括：骨盆、躯干、头、颈和腿。

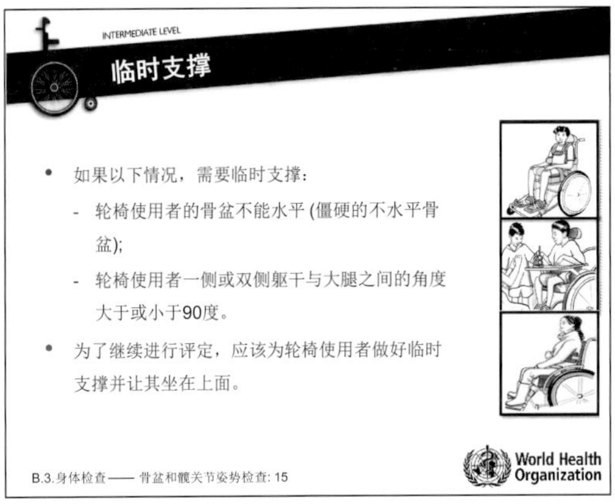

说明：临时支撑用于：

- 僵硬的不水平骨盆（侧倾）；
- 不能屈曲至中立位坐姿（躯干与大腿之间的角度大于 90 度）的单侧或双侧髋关节；
- 不能伸展至中立位坐姿（躯干与大腿之间的角度小于 90 度）的单侧或双侧髋关节。

评定后，这种临时支撑将固定下来并将被加入到轮椅使用者的坐垫中。

说明：

- 临时支撑可以由一块硬泡沫塑料制成；
- 它最好由与坐垫底座相同的材料制成；
- 通过使用相同的材料，由于材料的压缩比是相同的，材料的确切尺寸可以在评定中确定下来；
- 因为这个原因，在评定过程中获得一些硬泡沫塑料块和楔形块是有用的；
- 各种不同厚度的泡沫塑料块（例如：10mm、20mm、30mm）可以组合成不同整体厚度的块。

展示不同的硬泡沫塑料块和楔形块。

4. 僵硬的不水平骨盆临时支撑的演示（10 分钟）

让一位志愿者到教室前面并坐在检查床上。

	演示	说明
	● 让志愿者以僵硬的不水平骨盆（侧倾）方式坐。	对于僵硬的不水平骨盆的轮椅使用者： ● 一侧的骨盆和大腿比另一侧承担更多的重量。这会导致压疮风险。轮椅使用者也不稳定，因为他/她只坐在一侧上。 ● 目标是提升座面以支撑较高的坐骨。
	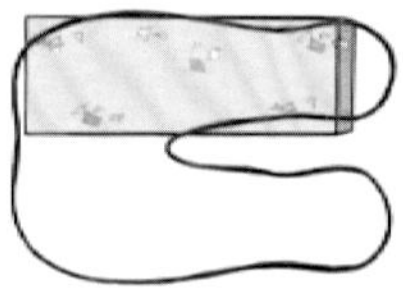 ● 把临时支撑放在志愿者较高一侧的坐骨下。 ● 确保临时支撑向前伸以支撑大腿（正好放在膝关节后面）。	● 临时支撑在较高大腿一侧下形成了一个补高。 ● 临时支撑应该在坐骨和大腿下。支撑并不改变骨盆的姿势。 ● 现在在升高的坐骨下有支撑并且由于两侧坐骨下的压力均等，轮椅使用者将感到更平衡。
	● 把手指放在两侧的坐骨下（手掌向上）与座面之间演示测试压力。	● 在支撑好躯干并坐直的前提下，通过把手指放在每侧的坐骨下（手掌向上）进行测试。

感谢志愿者。

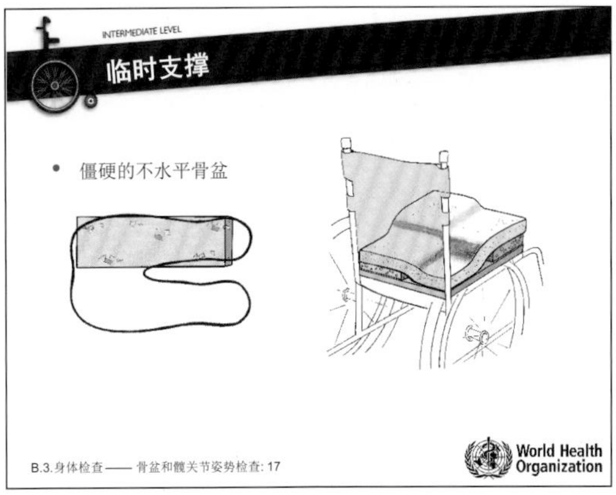

说明：

- 轮椅服务人员可以评估骨盆和躯干的其余部分；
- 在最后的轮椅上，这种支撑将被固定在坐垫上。

如果可能，展示一个已经经过改制，支撑僵硬不水平骨盆的坐垫。

教师提示：

- 当一个人是僵硬的不水平骨盆，临时支撑是适应这种姿势而不是纠正这种姿势。
- 在最后的轮椅上，轮椅使用者将仍然是非对称姿势。一侧的骨盆和大腿比另一侧高。这一侧的膝关节和脚踏板也将比另一侧高。
- 当为僵硬的不水平骨盆提供临时支撑时：
  - 确保支撑延伸至整个大腿下部。如果支撑没有延伸至前端，两侧大腿下的压力将不相同，这会有危险；
  - 确保有一个坐骨前垫高。这将有助于减少向前滑的趋势，前滑会产生剪切力并导致压疮。

5. 不能屈曲或伸展至中立位坐姿的髋关节临时支撑的演示（30 分钟）

说明：现在我们将看到为不能屈曲至中立位坐姿（躯干与大腿之间的角度大于 90 度）的髋关节做临时支撑。让一位志愿者到教室前面并坐在检查床上。

	演示	说明
	● 让志愿者以右髋关节屈曲时，躯干与大腿之间的角度大于 90 度坐。	● 当坐着时，一侧僵硬的髋关节不能屈曲至中立位（躯干与大腿之间的角度大于 90 度），骨盆将向一侧倾斜并且可能向后滚并旋转。 ● 这会导致骨盆和躯干的不良姿势并且坐骨下不均匀的承重。

续表

	演示	说明
	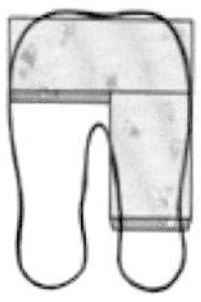 ● 把临时支撑放在两侧的坐骨和左大腿下（该侧髋关节能屈曲至中立位坐姿）	● 补高放在两侧的坐骨和髋关节能屈曲至中立位姿势一侧的大腿下。僵硬地处于超过中立角度的髋关节可以放下来了。 ● 补高的高度应该足够高以支撑髋关节受限的角度。
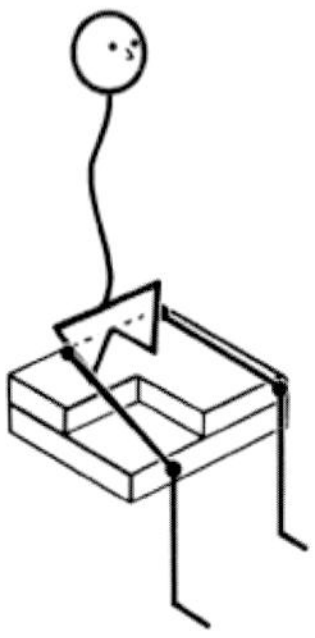	● 展示右大腿和检查床之间的三角形间隙。	● 大腿与检查床之间有一个三角形间隙。 ● 这应该与髋关节姿势检查记录的角度一样。 ● 僵硬的髋关节现在适应了并且不会导致非中立的骨盆姿势。轮椅服务人员可以评估骨盆和躯干的其余部分。

感谢志愿者。

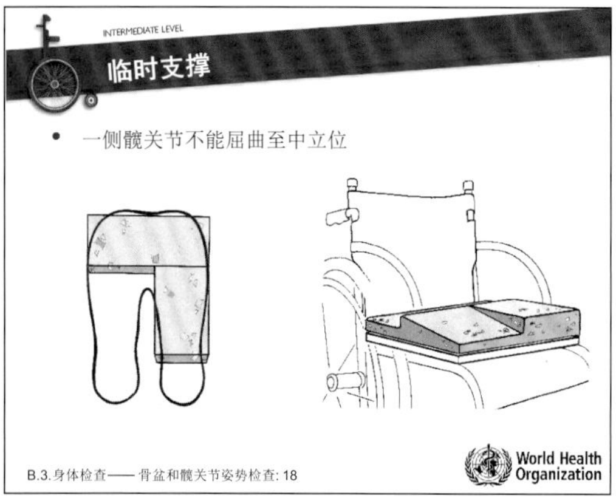

说明：

- 在最终的轮椅上，该临时支撑将固定在坐垫上提供永久的支撑。
- 在坐垫上做一个楔形垫，以支撑在评定过程中发现的躯干与大腿之间角度大于 90 度一侧的大腿。插图展示了如何做楔形垫的一个案例。注意，软泡沫塑料层应该放在硬泡沫塑料的上面。确保坐垫没有尖锐边角。

如果可能，展示一个已经改制好的坐垫。

教师提示：

- 学员可能想知道为什么楔形支撑没有作为临时支撑。说明如果轮椅使用者坐在没有经过调整的平面上，有必要在大腿下切割一个楔形支撑，这侧大腿髋关节的活动范围是有限的。在检查床上切割当然是不太现实的。因此升高轮椅使用者坐的表面来适应强直的髋关节。
- 为了节省时间和资源，大腿下有一个间隙，临时支撑将放在坐骨和另一侧大腿下。大腿掉下来在临时支撑上形成一个角度。在最终的坐垫上大腿下的间隙将被填满并且大腿下将有一个楔形支撑。
- 永久性支撑是一个非对称坐垫。这意味着一侧的膝关节和脚踏板比另一侧低。这可能会导致稍微不稳和剪切力，可以考虑其他体位支撑装置例如骨盆带。这将在本教程的稍后部分介绍。

说明：我们现在思考为双侧髋关节不能屈曲至中立位坐姿（躯干与大腿之间的角度大于 90 度）的轮椅使用者做临时支撑。

提问：当双侧髋关节不能屈曲至中立位坐姿（躯干与大腿之间的角度大于 90 度）时，可以使用哪种临时支撑？

鼓励 1～2 位志愿者上前来演示。其余的小组成员可以通过提供建议来协助。

确保学员找到正确的答案。

回答：

当双侧髋关节不能屈曲至中立位坐姿（两侧躯干与大腿之间的角度大于 90 度）时的临时支撑：

- 在双侧坐骨下用一个补高以临时支撑髋关节的受限量；
- 补高的高度应足够高以支撑髋关节受限的角度；
- 在大腿和检查床之间将有一个三角间隙；
- 它应该与量角器记录的角度相同；
- 检查可以继续。

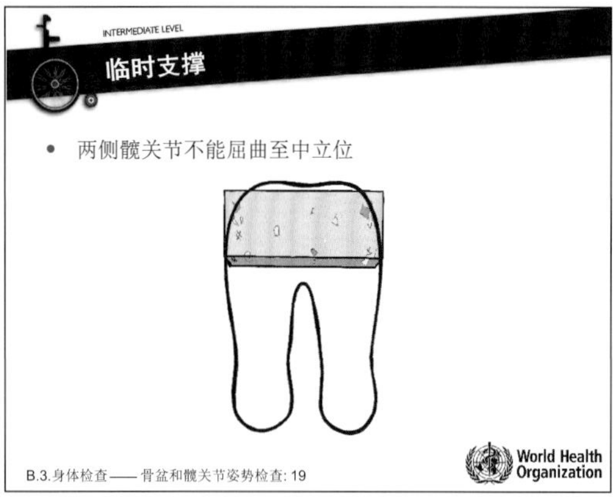

说明：

- 如果双侧髋关节不能屈曲至中立位坐姿（躯干与大腿之间的角度大于 90 度），那么可以由坐骨下的补高进行临时支撑。

说明：在最终的轮椅上，该支撑将不固定在坐垫上。通过增加椅座与靠背之间的角度来提供支撑。

提问：永久性支撑为什么不像临时支撑那样固定在坐垫上？

回答：

轮椅使用者可能向前滑出他们的椅座。这可能使他们坐在轮椅上困难并产生剪切力，并可能导致压疮的产生。

提问：如果一侧或双侧的髋关节不能伸展至中立位坐姿（躯干与大腿之间的角度小于 90 度），应该使用哪种临时支撑？

鼓励 1～2 位志愿者上前来演示。其余的小组成员可以通过提供建议来协助。

确保学员找到正确的答案。

回答：

当单侧或双侧髋关节不能伸展至中立位坐姿（躯干与大腿之间的角度小于 90 度）时的临时支撑：

- 在坐骨前和大腿下提供临时支撑；
- 一块硬泡沫塑料楔形垫最好；
- 评定可以继续。

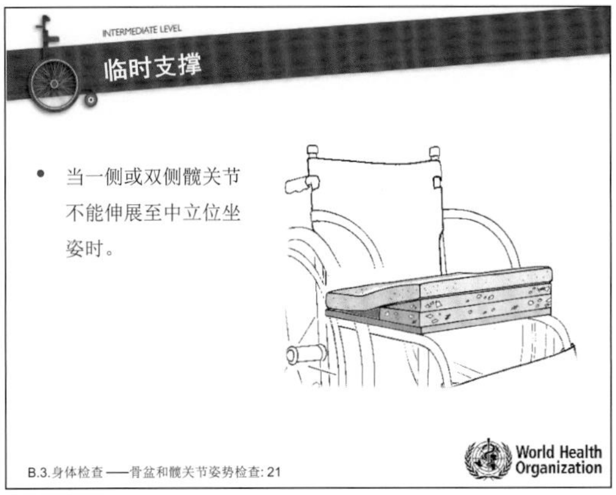

说明：

- 如果单侧或双侧的髋关节不能伸展至中立位坐姿（躯干与大腿之间的角度小于 90 度），在坐骨前和大腿下提供临时支撑；
- 如果可能，可以用一块硬泡沫塑料楔形垫；
- 如果不行，最好用一块长方形的硬泡沫塑料作为临时支撑。

说明：

- 幻灯片中的插图展示楔形垫固定在轮椅上的坐垫是怎么样的。

如果有的话，展示一个已经改制好的坐垫。

教师提示：

学员可能想知道，如果只有一侧髋关节受限，为什么在两侧大腿下提供支撑。

答案：

- 坐垫在双侧大腿下通常呈楔形，因为这有助于轮椅使用者保持平衡。
- 然而，在有些情况下，最好只在受限的大腿下放楔形垫，例如，如果楔形垫让轮椅使用者转移困难。

介绍 DVD：临时支撑。本短片介绍理查德。理查德的骨盆是水平的；然而他双侧的髋关节不能屈曲至中立位坐姿（躯干与大腿之间的角度大于 90 度）。在 DVD 中你将看到轮椅服务人员如何与理查德一起开展骨盆和髋关节姿势检查；然后如何提供临时支撑。

播放 DVD。

询问是否有任何问题。

6. 练习临时支撑（30 分钟）

<table>
<tr><th colspan="2">小组活动</th></tr>
<tr><td>分组</td><td>把学员分成 2～3 人一组。</td></tr>
<tr><td>指导</td><td>让学员阅读《实训手册》上的每个轮椅使用者故事。（B. 3：身体检查——骨盆和髋关节姿势检查：练习临时支撑）。
说明：对于每位轮椅使用者，学员将需要决定轮椅使用者的骨盆是否可以水平以及髋关节是否可以屈曲至中立位坐姿。
让学员完成中级轮椅评定表上的“骨盆和髋关节姿势检查”部分并决定轮椅使用者是否需要临时支撑。
让学员安装临时支撑以适应每位轮椅使用者。
让学员检查每个临时支撑。
每位学员应该坐在临时支撑上体会是什么感觉。
说明：每组学员有 20 分钟开展这项活动，然后各组将返回原位进行反馈。</td></tr>
<tr><td>监督</td><td>密切地监督各组。
确保每组明白活动。
如果必要，指导学员。
确保学员正确地安装临时支撑。</td></tr>
<tr><td>时间</td><td>允许 20 分钟开展活动。
允许 10 分钟反馈。</td></tr>
<tr><td>反馈</td><td>让一组描述为萨姆安装的临时支撑；
让另一组描述为玛莎安装的临时支撑；
让另一组描述为赛恩安装的临时支撑；
让另一组描述为乔安装的临时支撑；
询问是否有任何问题。</td></tr>
</table>

萨姆	骨盆和髋关节姿势检查
萨姆 4 岁，他患有脑瘫并且无法独立地坐直。通过骨盆和髋关节姿势检查你会发现： ● 萨姆的骨盆可以水平（两侧 ASIS 水平）； ● 萨姆的左髋关节可以舒适地屈曲至中立位坐姿。萨姆的右髋关节疼痛，不能屈曲至中立位坐姿（躯干与大腿之间的角度大于 90 度）。躯干与大腿之间的角度大约是 105 度。	当卧位时检查骨盆是否水平和髋关节屈曲范围： 骨盆是否可以水平？是√ 否□ 髋关节是否可以屈曲至中立位坐姿？ 左髋关节：是√ 否□ 角度：90 度 右髋关节：是□ 否√ 角度：105 度 如果骨盆不能水平或髋关节不能屈曲至中立位坐姿，用临时支撑来适应。
萨姆是否需要临时支撑？ 是√ 否□	
支撑正好放在双侧的坐骨和左大腿下。右大腿下没有支撑，它放下来时有一个角度。	

玛莎	骨盆和髋关节姿势检查
玛萨 57 岁，她有严重的关节炎。她能走几步，然而走起来很疼。通过骨盆和髋关节姿势检查你会发现： ● 玛萨的骨盆可以水平（两侧 ASIS 水平）； ● 玛萨两侧的髋关节不能屈曲至中立位坐姿（躯干与大腿之间的角度大于 90 度）。两侧躯干与大腿之间的角度大约是 100 度。	当卧位时检查骨盆是否水平和髋关节屈曲范围： 骨盆是否可以水平？是√ 否□ 髋关节是否可以屈曲至中立位坐姿？ 左髋关节：是□ 否√ 角度：100 度 右髋关节：是□ 否√ 角度：100 度 如果骨盆不能水平或髋关节不能屈曲至中立位坐姿，用临时支撑来适应。
玛萨是否需要临时支撑？ 是√ 否□	
支撑正好放在双侧的坐骨下。双侧大腿下没有支撑，双侧大腿放下来时有一个角度。	

赛恩	骨盆和髋关节姿势检查
赛恩 16 岁。她小时候得了小儿麻痹症，现在双腿严重挛缩。赛恩通过盘腿坐的方式四处移动并且在地面挪动。通过骨盆和髋关节姿势检查你会发现： ● 赛恩的骨盆不能水平。右侧骨盆比左侧骨盆高 20mm； ● 赛恩的两侧髋关节可以屈曲至中立位坐姿。	当卧位时检查骨盆是否水平和髋关节屈曲范围： 骨盆是否可以水平？是□ 否√ 髋关节是否可以屈曲至中立位坐姿？ 左髋关节：是√ 否□ 角度：90 度 右髋关节：是√ 否□ 角度：90 度 如果骨盆不能水平或髋关节不能屈曲至中立位坐姿，用临时支撑来适应。

赛恩是否需要临时支撑？ 是√ 否□
支撑正好放在右侧骨盆和大腿下。

乔	骨盆和髋关节姿势检查
乔 25 岁。他小时候得了小儿麻痹症，现在双腿有严重的挛缩。通过骨盆和髋关节姿势检查，你会发现： ● 乔的骨盆可以水平（两侧 ASIS 水平）； ● 乔右侧的髋关节可以舒适地屈曲至中立位坐姿。然而他的左髋关节不能伸展至中立位（躯干与大腿之间的角度小于 90 度）。躯干与大腿之间的角度是 70 度。	检查当卧位时骨盆是否水平和髋关节屈曲范围： 骨盆是否可以水平？是√ 否□ 髋关节是否可以屈曲至中立位坐姿？ 左髋关节：是□ 否√ 角度：70 度 右髋关节：是√ 否□ 角度：90 度 如果骨盆不能水平或髋关节不能屈曲至中立位坐姿，用临时支撑来适应。
乔是否需要临时支撑？ 是√ 否□	
楔形支撑放在乔的坐骨前面和双侧大腿下面。楔形垫的角度应该接近 70 度（如果乔愿意，或者如果两侧大腿下的楔形垫影响乔的转移，楔形垫放在左大腿下面也是可以的）。	

7. 要点概括（3 分钟）

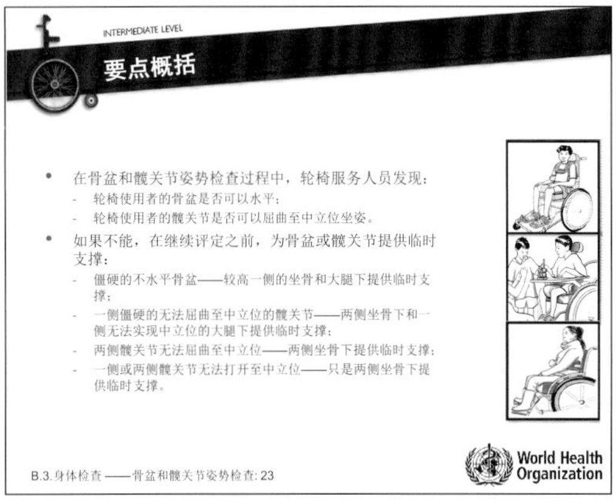

讲出要点。

询问是否有任何问题。

B.4：身体检查——用手模拟

<table>
<tr><td>目标</td><td colspan="2">本单元结束后，学员将能够：
□ 描述如何用他们的双手（用手模拟）来发现：
● 轮椅使用者是否可以在支撑下以中立位坐姿坐；
● 如果不能，轮椅使用者如何尽可能舒适地接近中立位坐；
● 需要哪种支撑以及在哪里。
□ 在中级轮椅评定表上记录用手模拟的结果。</td></tr>
<tr><td>资源</td><td colspan="2">本单元：
□ 幻灯片：B. 4：身体检查——用手模拟；
□《学员手册》；
□ DVD：用手模拟演示——迪帕克；
□ DVD：用手模拟演示——恩尼斯；
□ DVD：用手模拟演示——巴哈迪；
□ 中级轮椅评定表。</td></tr>
<tr><td>情境和以前学过的内容</td><td colspan="2">根据学员将工作的情景修改本单元。思考：
□ 用做临时支撑垫的材料应该与轮椅使用者最终轮椅上的坐垫底座的材料相同。这将带来更加真实的效果。</td></tr>
<tr><td>准备</td><td colspan="2">□ 收集资源，检查幻灯片，观看 DVD 和浏览单元计划。
□ 仔细地检查中级轮椅评定表并练习开展用手模拟。</td></tr>
<tr><td rowspan="5">大纲</td><td>1. 前言</td><td>5</td></tr>
<tr><td>2. 如何开展用手模拟</td><td>15</td></tr>
<tr><td>3. 记录用手模拟的结果</td><td>35</td></tr>
<tr><td>4. 要点概括</td><td>5</td></tr>
<tr><td>总单元时间</td><td>60</td></tr>
</table>

1. 前言（5 分钟）

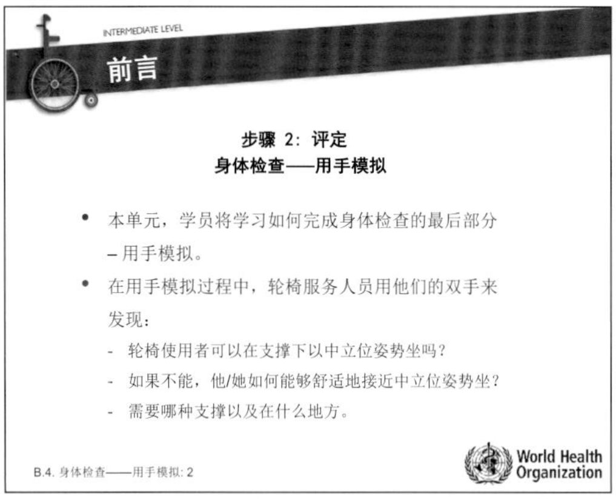

说明：

- 本单元，我们将学习如何完成身体检查的另一个内容，称为“用手模拟”。
- 在用手模拟过程中，轮椅服务人员用他们的双手来了解：
  - 轮椅使用者可以在支撑下以中立位姿势坐吗？
  - 如果不能，他/她如何能够舒适地接近中立位姿势坐？
  - 需要什么支撑以及在哪里支撑。

在用手模拟的过程中，轮椅服务人员与轮椅使用者以及协助者或家人/护理者共同用双手提供支撑。

说明：

- 这是中级轮椅评定表的部分内容，用于记录用手模拟的结果。
- 我们将在本单元的稍后部分更多地学习记录用手模拟的结果。

2. 如何开展用手模拟（15 分钟）

介绍 DVD：用手模拟演示——迪帕克。现在我们将观看轮椅服务人员为一位叫迪帕克的年轻男子开展用手模拟。迪帕克没有坐直。让学员仔细地观看评估者和协助者如何做。

播放 DVD。

询问是否有任何问题。

说明：

- 重要的是仔细地思考你的双手在做什么。你双手提供的支撑稍后将由轮椅和 PSDs 来提供。

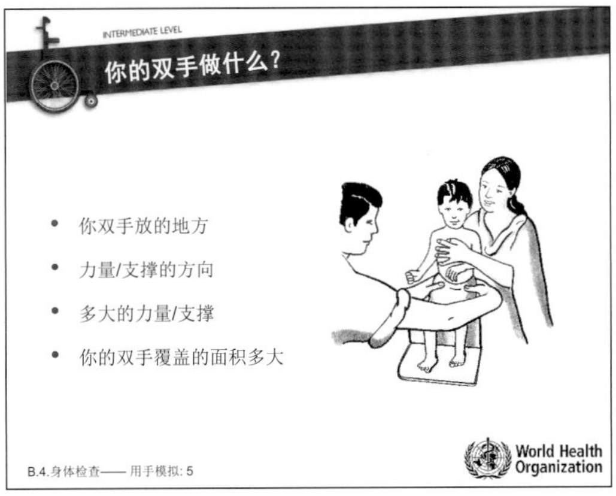

- 在用手模拟过程中，特别注意：
  - 你双手放的地方；
  - 力量/支撑的方向；
  - 用多大的力量/支撑；
  - 你的双手覆盖的面积多大（例如，你只用一根手指或一整只手）；
- 这些信息有助于你开具最终的轮椅和 PSDs 处方。

向学员提问：刚刚播放的 DVD 中，轮椅服务人员首先支撑迪帕克的哪部分身体？鼓励回答。

回答：

- 骨盆。

说明：

- 应该首先支撑骨盆。这是因为骨盆的姿势将影响身体的其他部位。
- 如果轮椅使用者的骨盆不在中立位，用你的双手使骨盆接近中立位。

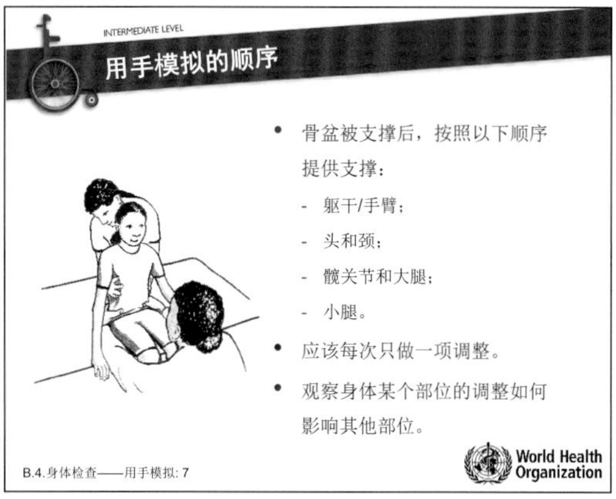

- 当骨盆得到支撑后，关注身体其他部位的顺序是：
  - 躯干/手臂；
  - 头和颈；
  - 髋关节和大腿；
  - 小腿。

- 应该每次只做一项调整。例如，不要尝试在调整骨盆的同时调整躯干。
- 由协助者参与，他可以是家人/护理者。
- 观察身体某个部位的调整如何影响其他部位。
- 询问轮椅使用者的反馈。
- 从侧面观察骨盆和躯干的轮廓。重要的是设计靠背的形状以提供最佳支撑。

3. 记录用手模拟的结果（35 分钟）

说明：用手模拟的结果记录在中级轮椅评定表上。表上的空白：

- 勾选记录在用手支撑下，轮椅使用者的每个身体部位是否能够达到中立位坐姿；
- 描述或线条画出轮椅使用者在用手支撑下实现的最后坐姿；
- 描述或线条画出轮椅使用者实现这种坐姿提供的支撑。

介绍 DVD：用手模拟演示——恩尼斯。现在我们将观看另一个用手模拟。

说明：

- 现在我们将看到恩尼斯的更多情况。在录像剪辑中，恩尼斯与她妈妈一起来接受评定。在面谈评估过程中，恩尼斯和她妈妈告知恩尼斯的右髋关节脱臼，并且很疼。任何运动都疼。
- 轮椅服务人员观察恩尼斯没有支撑无法坐直。她坐着的时候骨盆后倾，躯干向前弯，她的双腿“风吹样”偏向左。
- 进行骨盆和髋关节姿势检查。发现恩尼斯的骨盆是水平的并且她双侧的髋关节可以屈曲至中立位坐姿。然而，她的右髋关节内收（风吹样到中线）并且这种姿势是僵硬的（不能被纠正）。
- 仔细地观察，随后我们将讨论轮椅服务人员通过用手模拟发现的更多信息。

播放 DVD。

询问是否有任何问题。

提问：恩尼斯的起始姿势是怎样的？

回答：

- 僵硬的骨盆后倾；
- 骨盆不水平，右侧稍高；
- 躯干前屈/下滑/倾倒；
- 双肩水平（恩尼斯的妈妈握住恩尼斯的肩膀来支撑她。如果她妈妈放手，恩尼斯的姿势可能改变）；
- 右髋关节内收（风吹样偏向左）；
- 右大腿比左大腿短。

提问：轮椅服务人员首先、其次、第三和第四支撑哪里（恩尼斯身体的哪部分）？

回答：

- 首先：支撑骨盆后面；
- 其次：支撑躯干后面；
- 第三：支撑躯干的两侧；
- 第四：支撑手臂。

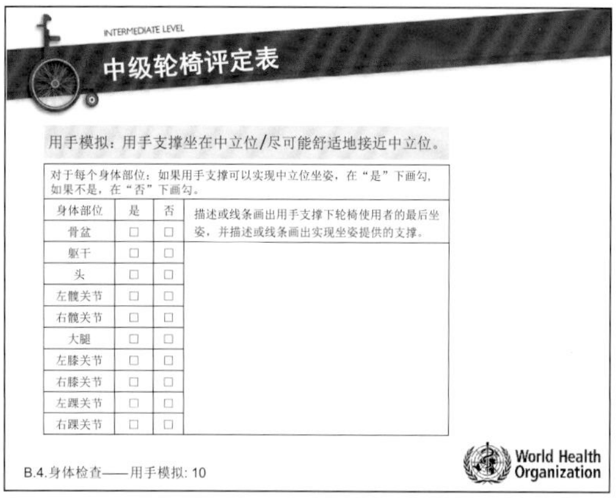

投影这张幻灯片到白板上（如果有）。

说明：我们将为恩尼斯完成中级轮椅评定表上的用手模拟部分内容。

提问：在手支撑下恩尼斯（身体的每个部位）是否能够达到中立位坐姿。

由于已经给出了正确答案，在“是”下画勾。

提问：我们如何描述恩尼斯的最后姿势？

在白板上中级轮椅评定表的空白处写下/描述恩尼斯的姿势。

如果没有白板，当教师在板上说明/画的时候，让学员在他们的练习本上画。

教师提示： 对于这个练习，你也可以邀请学员上前来并把恩尼斯的最终姿势画在白板上。

回答：

<table>
<tr><td colspan="4">用手模拟：用手支撑坐在中立位/尽可能舒适地接近中立位。</td></tr>
<tr><td colspan="4">对于每个身体部位：借助手支撑，如果能实现中立位坐姿，勾“是”，如果不能，勾“否”。</td></tr>
<tr><th>部位</th><th>是</th><th>否</th><td rowspan="11">描述或线条绘画由手支撑实现的轮椅使用者的最终坐姿以及描述或线条绘画实现坐姿所提供的支撑。
姿势：
● 骨盆后倾；
● 躯干与大腿之间的角度大于 90 度；
● 躯干下部平直（无腰椎曲线）和倾斜（不直立）；
● 躯干上部直立；
● 头直立（用手支撑）；
● 右腿向中线内收（风吹）；
注意：恩尼斯的右大腿比左大腿短。
提供的支撑：
● 稳固地支撑在恩尼斯骨盆的后部；
● 支撑在恩尼斯躯干后部；
● 在躯干侧面轻度支撑；
● 提供手臂支撑（恩尼斯的手臂在她的前面）。</td></tr>
<tr><td>骨盆</td><td>□</td><td>√</td></tr>
<tr><td>躯干</td><td>□</td><td>√</td></tr>
<tr><td>头</td><td>√</td><td>□</td></tr>
<tr><td>左髋</td><td>√</td><td>□</td></tr>
<tr><td>右髋</td><td>√</td><td>□</td></tr>
<tr><td>大腿</td><td>□</td><td>√</td></tr>
<tr><td>左膝</td><td>√</td><td>□</td></tr>
<tr><td>右膝</td><td>√</td><td>□</td></tr>
<tr><td>左踝</td><td>√</td><td>□</td></tr>
<tr><td>右踝</td><td>√</td><td>□</td></tr>
</table>

教师提示：

学员可能会问是否应该为恩尼斯的右大腿提供支撑，以便把它放在中立位姿势。评定过程中恩尼斯髋关节疼痛的信息（任何运动或矫正）表明只需要提供很轻微的支撑（如果有）。

介绍 DVD：用手模拟演示——巴哈迪。现在我们将观看另一个用手模拟的案例。

说明：

- 巴哈迪在当地一所大学学习管理。
- 她的旧轮椅已经用坏了，不能给她提供良好的体位支撑。
- 在面谈评估过程中，巴哈迪告知她在自己的轮椅上坐一天后感到非常疲惫。她想要一辆能够帮助她长时间坐得更加舒适的轮椅，这将有助于让她不那么累，更能够学习。
- 仔细观看，随后我们将讨论轮椅服务人员通过用手模拟发现了什么。

播放 DVD。

询问是否有任何问题。

提问：巴哈迪的起始姿势是怎样的？

回答：

- 下滑的坐姿；
- 骨盆后倾；
- 躯干弯曲；
- 随着双腿转向左侧，右髋关节屈曲大于中立位坐姿；
- 随着双腿转向左侧，左髋关节屈曲小于中立位坐姿。

提问：轮椅服务人员首先、其次和第三在哪里提供支撑（巴哈迪身体的哪部分）？

回答：

- 1：支撑骨盆后面；
- 2：支撑腰部后面；
- 3：支撑手臂。

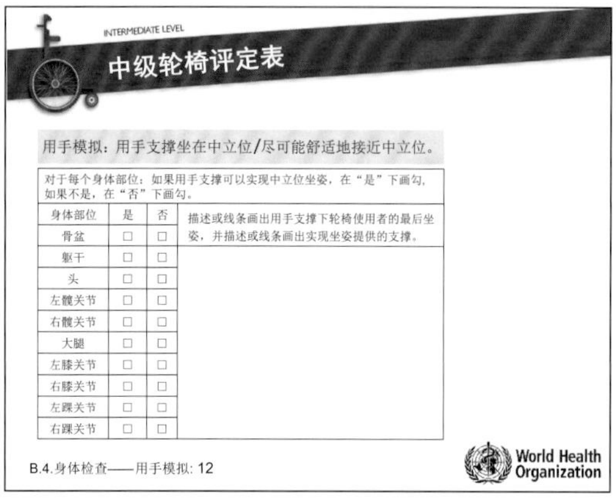

投影这张幻灯片在白板上（如果有）。

说明：与恩尼斯一样，我们将为巴哈迪一起完成中级轮椅评定表上的用手模拟部分。

提问：在手支撑下巴哈迪（每个身体部位）是否能够实现中立位坐姿。

由于已经给出了正确答案，在“是”下画勾。

提问：我们如何描述巴哈迪的最后姿势？

在白板上中级轮椅评定表的正确空白处写/画描述巴哈迪的姿势。

提问：有人对于完成中级轮椅评定表的这部分有任何问题吗？回答任何问题。

如果没有白板，当教师在板上说明/画的时候，让学员在他们的练习本上画。

教师提示：对于这个练习，你也可以邀请学员上前来并把巴哈迪的最终姿势画在白板上。

回答：

<table>
<tr><td colspan="4">用手模拟：用手支撑坐在中立位/尽可能舒适地接近中立位。</td></tr>
<tr><td colspan="4">对于每个身体部位：借助手支撑，如果能实现中立位坐姿，勾“是”，如果不能，勾“否”。</td></tr>
<tr><th>部位</th><th>是</th><th>否</th><td rowspan="11">描述或线条绘画由手支撑实现的轮椅使用者的最终坐姿以及描述或线条绘画实现坐姿所提供的支撑。
姿势：
● 骨盆直立并水平；
● 躯干直立；
提供的支撑：
● 在骨盆后部稳定的支撑；
● 支撑腰部；
● 支撑手臂有助于巴哈迪维持稳定的上部躯干。</td></tr>
<tr><td>骨盆</td><td>√</td><td>☐</td></tr>
<tr><td>躯干</td><td>√</td><td>☐</td></tr>
<tr><td>头</td><td>√</td><td>☐</td></tr>
<tr><td>左髋</td><td>√</td><td>☐</td></tr>
<tr><td>右髋</td><td>√</td><td>☐</td></tr>
<tr><td>大腿</td><td>√</td><td>☐</td></tr>
<tr><td>左膝</td><td>√</td><td>☐</td></tr>
<tr><td>右膝</td><td>√</td><td>☐</td></tr>
<tr><td>左踝</td><td>√</td><td>☐</td></tr>
<tr><td>右踝</td><td>√</td><td>☐</td></tr>
</table>

教师提示： 巴哈迪的骨盆后部和腰部需要稳定的支撑以维持直立的坐姿。她的上部躯干不完全稳定，向前。在手臂的支撑下，她的腰部稳定。

4. 要点概括（5 分钟）

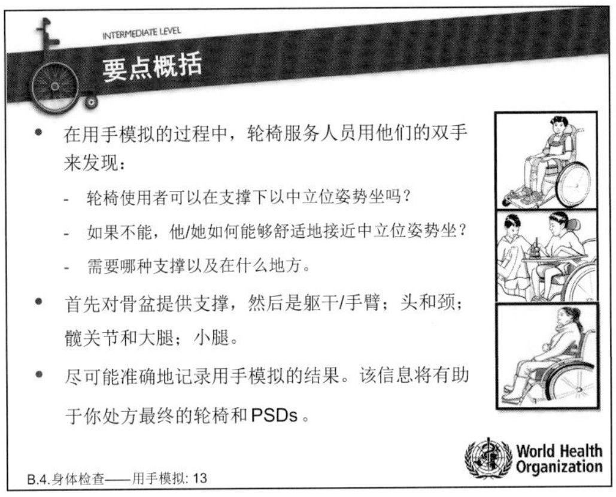

讲出要点。

询问是否有任何问题。

B.5：身体检查——进行测量

目标	本单元结束后，学员将能够： ☐ 说明进行测量的目的； ☐ 演示所选择的测量方法，用于选择 PSDs 的正确尺寸和位置； ☐ 演示进行测量； ☐ 用中级轮椅评定表记录身体测量值。
资源	本单元： ☐ 幻灯片：B. 5：身体检查——进行测量； ☐《学员手册》； ☐《实训手册》； ☐ 中级轮椅评定表； ☐ 卷尺（或如果有，常用的游标卡尺），每组 1 把； ☐ 检查床，每组 1 张。

续表

情境和以前学过的内容	以前学过的内容： ☐ “如何进行身体测量”已经在轮椅服务初级教程中学习了（臀宽、臀后到腘窝、腘窝到足底、座面到胸腔下缘和肩胛下角） 根据学员将工作的情境修改本单元。思考： ☐ 当在志愿者身上演示测量和让学员相互练习测量时，注意由于身体接触引起的文化问题。	
准备	☐ 收集资源，检查幻灯片并浏览单元计划。 ☐ 仔细地检查中级轮椅评定表并练习进行测量。 ☐ 在教室前面布置好检查床。 ☐ 布置好教室让学员面向教室前面坐成半圆形。 ☐ 把检查床放在教室四周（或教室外面/临近的房间），准备让学员用于练习测量。	
大纲	1. 前言	2
	2. 测量轮椅使用者以选择正确的轮椅尺寸和PSDs的位置	25
	3. 练习测量	30
	4. 要点概括	3
	总单元时间	**60**

1. **前言**（2**分钟**）

说明：本单元，我们将学习如何对轮椅使用者进行身体测量以选择最合适的轮椅尺寸和体位支撑装置（PSDs）。

2. 测量轮椅使用者以选择正确的轮椅尺寸和 PSDs 的位置（25 分钟）

> ***教师提示：*** 这里介绍的前 5 种测量方法已经在《轮椅服务初级教程》中讲过了。学员应该能够自信和准确地进行这些测量。如果不能，教师应该为那些不能自信和准确地进行测量的学员讲授《轮椅服务初级教程》“身体检查”单元，并重点强调“如何进行身体测量”部分。

让学员看他们中级轮椅评定表上的“进行测量”部分。

说明：

- 在中级轮椅评定表上列出了 12 个身体部位的测量。
- 5 个测量与之前在《轮椅服务初级教程》中介绍的是一样的。

- 靠背高度测量增加到中级轮椅评定表中。是指座面到肩峰的身体测量，它用于测量需要高靠背的轮椅使用者。
- 还有其余 6 个测量，它们将有助于决定 PSDs 的尺寸和位置。
- 可能还需要进行更多的测量，这取决于 PSDs 处方。
- 中级轮椅评定表上空白处用于记录其他部位的测量。

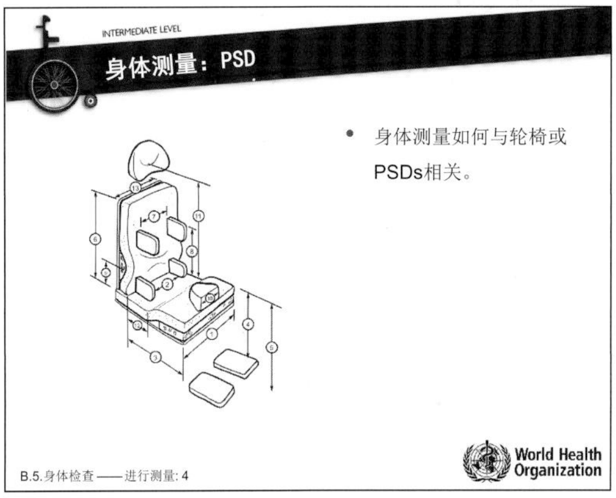

说明：中极轮椅评定表中的插图显示了身体测量如何与轮椅/PSDs 相关。

提问：例如，如何测量 G：与轮椅相关的躯干宽度（这将有助于找到哪个轮椅部件？）鼓励回答。

> **回答：**
>
> - 躯干侧垫或楔形垫之间的距离。

指出中级轮椅评定表上的“进行测量”部分：

● 身体测量列在左侧，以及与身体测量相关的轮椅部件测量列在右侧。

● 一些案例中有公式用于计算轮椅部件的尺寸。例如，坐深（臀后到腘窝）减去30mm～50mm等于轮椅的座深。

说明：

● 对于一些用公式来帮助计算轮椅部件尺寸的身体测量，当进行身体测量时，计算出理想的轮椅部件尺寸是有用的。

● 这将有助于后面准备轮椅使用者的处方。

● 这些身体测量是：

— B（臀后到腘窝）；

— H（座面到腋下）；

— L（骨盆后面到坐骨）。

让一位志愿者到教室前面来并坐在检查床上。

简要地演示如何进行每项测量，用下面的教师提示来做指导。确保所有的学员都可以看清楚。

> ***教师提示：*** 确保强调以下要点：
>
> ● 当进行身体测量时，座面是坐骨坐的表面。
>
> ● 测量时轮椅使用者应该坐直，以及在用手模拟过程中他们处于最直立、舒适和功能性的体位。
>
> ● 当测量坐直困难的人士时，可能需要一位协助者。
>
> ● 对于所有的纵向测量（C、D、E、F、H、I、K），对应部件的位置将受椅座和坐垫高度调整的影响。
>
> ● 所有轮椅部件的确切位置应该在适配过程中检查。

如何测量	轮椅部件	备注
A：**臀宽**	**椅座（宽度）**	
测量前检查轮椅使用者的口袋，里面不要放东西。测量轮椅使用者的臀部或大腿最宽的部位。 拿两块硬板紧贴轮椅使用者两侧有助于获得准确的测量值。也可以使用卡尺。	臀宽等于座宽或骨盆侧垫之间的距离。	如果有骨盆侧垫，轮椅座宽可能需要加宽。 应该设法保持轮椅座宽在最小。在气候寒冷穿厚衣服的国家，可能需要一些预留量。
B：**臀后到腘窝**	**椅座（深度）**	
放一块硬板在轮椅使用者的后背有助于获得准确的测量值。测量从轮椅使用者骨盆后部到他/她腘窝的直线距离。 应该测量双腿。 如果两侧的测量值不同，检查轮椅使用者是否骨盆水平坐直。如果仍然不同，按照短边开具轮椅处方。	臀后到腘窝的距离减去30mm～50mm等于轮椅椅座的深度。	对于膝关节屈曲远远小于90度的轮椅使用者，座深可能需要稍短些。 参见《学员手册》第65页“僵硬骨盆后倾或僵硬躯干前屈的轮椅使用者”框图。
C：**腘窝到足底**	**脚踏板（高度）**	
测量轮椅使用者腘窝到他/她脚后跟底部的距离。确保轮椅使用者的脚踝屈曲90度（如果可能）。 应该测量两条腿。如果轮椅使用者穿鞋，穿他/她平时经常穿的鞋子测量。 如果脚固定在跖屈（向下），测量到脚尖的距离。	该长度等于座面顶端到脚踏板的高度或座面顶端到地面的高度（如果轮椅使用者用脚推轮椅）。	脚踏板的确切位置将取决于当轮椅使用者坐在轮椅上时坐垫被压缩多少而稍稍变化。 在适配时应该需要进行最终的调整。

续表

如何测量	轮椅部件	备注
D、E和F	靠背（高度）	
D：座面到胸腔下缘： 测量轮椅使用者座面到胸腔下缘的距离。 为了帮助找到胸腔下缘，把双手放在骨盆两侧。双手轻轻地向内挤压并向上滑动。胸腔下缘恰好在腰部的正上方。 **E：座面到肩胛下角：** 测量轮椅使用者座面到肩胛下角的垂直距离。 为了帮助找到肩胛下角，让轮椅使用者耸耸肩。 **F：座面到肩峰** 测量轮椅使用者座面到肩峰的距离。	测量D、E和F有助于确定靠背的高度。 高度取决于轮椅使用者的需求。 从评定获得的信息将有助于轮椅服务人员决定，需要多高的靠背才能为轮椅使用者提供正确的支撑。	如果需要靠背后倾或整体后倾，靠背高度必须至少是标准的（至轮椅使用者的肩胛下角）；如果轮椅使用者自己推轮椅，记得考虑。如果是这样，他们需要自由地活动肩胛骨。
G：**躯干宽度**	**躯干侧垫或楔形垫（间距）**	
测量轮椅使用者腋下（腋窝）的躯干宽度。	躯干宽度是躯干侧垫或楔形垫之间的距离。	如果躯干侧垫或楔形垫放置的位置比腋下低，它们的最终位置在适配时可能需要调整。
H：**座面到腋下（腋窝）**	**躯干侧垫或楔形块（高度）**	
测量座面到腋下（腋窝）的距离。	座面到腋下的测量值减去30mm是座面顶端和躯干侧垫/楔形垫顶端之间的最大距离。	该测量值是一个指导。最终的高度取决于评定和适配。 躯干侧垫不应该太高而对腋下（腋窝）施加压力。这可能会不舒适并导致永久神经损害。躯干侧垫顶端与腋窝之间应该有至少30mm的间隙。 参见《学员手册》第67页“为脊柱侧弯的轮椅使用者测量躯干侧支撑”框图。

续表

如何测量	轮椅部件	备注
I：座面到髂嵴（PSIS）。	**骨盆后垫（中间高度）**	
测量座面到髂嵴（PSIS）的距离。	座面到髂嵴（PSIS）的测量用于找到骨盆后垫中间高度的位置。	骨盆后垫的厚度取决于评定的结果。
J：两膝间距离	**膝分隔垫**	
在两膝放置于接近中立位且对轮椅使用者来说是舒适的情况下，测量两膝间距离。	两膝间的距离等于膝分隔垫的宽度。 距离将取决于轮椅使用者的坐姿。	
K：座面到颅底	**头靠（高度）**	
测量座面到颅底的距离。	测量座面到颅底的距离有助于定位头靠的位置。	
I：骨盆后到坐骨	**坐骨前垫高**	
测量从骨盆后到坐骨的距离。 从轮椅使用者侧面将你的手（手掌向上）放在轮椅使用者的臀下面寻找坐骨。用一根手指定位坐骨，然后收回你的手到轮椅使用者的侧面。测量轮椅使用者骨盆后部到定位在坐骨的手指之间的距离。 轮椅服务人员可以用某种方式（例如用一支粉笔）在与轮椅使用者坐骨旁边平行的位置在检查床上做记号，然后测量从标记点到骨盆后的距离。	骨盆后到坐骨的距离加20mm～40mm是靠背支撑到坐骨前垫高起点的距离。	如果轮椅使用者的骨盆僵硬后倾或躯干僵硬前屈，测量值可能会不同（见《学员手册》第65页上的“僵硬骨盆后倾或僵硬躯干前屈的轮椅使用者”框图。）

感谢志愿者。

提问：如果学员试图测量一位沮丧或扭来扭去的儿童，他们应该怎么办？

回答：
● 如果可能，花些时间来解决好儿童； ● 让儿童休息一下，他/她休息了一会儿/吃或喝点儿东西再开始； ● 让家人/护理者来帮助支撑儿童，让他们感觉安全； ● 对于一些幼儿，可以让他们家人/护理者抱着进行测量。然而，轮椅服务人员必须非常小心，让儿童处于与用手模拟中找到的同样的最终姿势。

3. 练习测量（30 分钟）

小组活动	
分组	所有学员分成 3 组。
指导	让学员阅读《实训手册》上马达维的故事（B. 5：身体检查——进行测量）。每组分配一个卷尺（如果有且常用，则用游标卡尺）。 说明学员需要： ● 读一遍为马达维完成的用手模拟结果。 ● 为了帮马达维选择一辆轮椅，决定他们需要进行哪些身体测量。 ● 为本组的至少一位学员进行所有的测量并把结果记录在《实训手册》上中级评定表“进行测量”部分。 说明： ● 马达维的骨盆轻度僵硬后倾。学员需要思考他们如何为马达维进行正确的座深测量。 ● 马达维要求一个桌面板，因此为她准备桌面板，学员也需要思考他们需要进行哪些测量。 说明：学员有 20 分钟来完成这个活动，然后各组将返回进行反馈。

续表

<table>
<tr><td rowspan="2">监督</td><td colspan="2">密切地监督各组。
确保每组了解活动。
在必要时纠正测量技术。
如果必要，指导学员。</td></tr>
<tr><td colspan="2">教师提示：学员应专注于想出他们认为需要哪些测量。本阶段，他们不需要对不同的体位支撑方法想得太深入，因为这将在下一单元学习。</td></tr>
<tr><td>时间</td><td colspan="2">允许活动 20 分钟。
允许反馈 10 分钟。</td></tr>
<tr><td rowspan="4">反馈</td><td colspan="2">提问：学员认为需要进行哪些测量？</td></tr>
<tr><td colspan="2">回答：测量 A、B、C、F、G、H、I、J、L</td></tr>
<tr><td colspan="2">提问：学员如何确保他们进行正确的座深测量？鼓励回答并允许简短地讨论。播放幻灯片以厘清要点。</td></tr>
<tr><td>
</td><td>说明：如果轮椅使用者的骨盆僵硬后倾或躯干僵硬前屈，轮椅服务人员需要思考如何在轮椅中调适。这可能要改变座深测量的方法：
● 如果靠背倾斜来适应骨盆/躯干，测量从骨盆后到腘窝的直线距离。
● 如果靠背不能后倾，座深空间内将提供支撑以适应骨盆/躯干。正如幻灯片中显示的，从身体（躯干/骨盆）最远端测量以确保允许足够的座深。</td></tr>
</table>

<table>
<tr><td rowspan="2">反馈</td><td colspan="2">提问：学员需要进行哪些测量以描述马达维桌板的高度和尺寸/形状？鼓励回答，并允许简短地讨论。播放幻片灯以厘清要点。</td></tr>
<tr><td></td><td>说明：
为了决定桌面板的理想高度，测量肘的高度：
● 当肘屈曲 90 度以及肩放松时，椅座顶部到肘的高度；
● 根据用手模拟中找到的需要支撑（例如一些人可能从稍微高些的桌面板获益，以提供更多的前臂支撑）。
为了决定桌面板离马达维的躯干多近：
● 测量马达维躯干的深度（从后到前）。
如果桌面板围绕马达维的躯干（如幻灯片中图示）：
● 测量她躯干的宽度（已经是轮椅评定表的一部分）。</td></tr>
</table>

4. 要点概括（3 分钟）

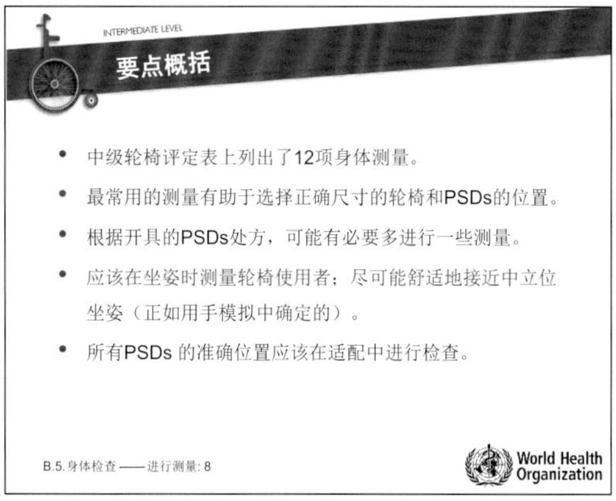

讲出要点。

询问是否有任何问题。

B.6：选择轮椅和坐垫

目标	本单元结束后，学员将能够： ☐ 描述当地可得到的轮椅和坐垫的特点和可调节性； ☐ 列出可以提供附加体位支撑的标准轮椅的有用特点。	
资源	本单元： ☐ 幻灯片：B. 6：选择轮椅和坐垫； ☐《学员手册》； ☐《实训手册》； ☐ 中级轮椅处方（选择）表； ☐ 当地可得到的轮椅和坐垫，每种一个； ☐ 由供应商提供轮椅的文字资料（例如轮椅小册子/产品说明书）； ☐ 当地可得到每辆轮椅已填好和空白的《中级轮椅参数表》。	
情境和以前学过的内容	以前学过的内容： ☐ 初级轮椅处方（选择）的相关工作知识对于学员开展本单元非常重要。参考《轮椅服务初级教程》之《学员手册》“步骤 3：处方（选择）”，建议没有参加过轮椅服务初级教程培训的学员提前阅读。 根据学员将工作的情境修改本单元。思考： ☐ 学员工作环境可得到的轮椅和坐垫。 ☐ 为学员准备中级轮椅处方（选择）的样表，该样表包含他们当地服务机构/地区可得到的轮椅和坐垫选项。	
准备	☐ 收集资源，检查幻灯片并浏览单元计划。 ☐ 为当地可得到的每辆轮椅完成中级轮椅参数表。教师应当熟悉每个产品。他们应该知道轮椅的尺寸、可调范围、特点和选项或可获得的 PSDs。 ☐ 当地可得到的轮椅和坐垫布置在教室的不同地方。确保它们处于良好的工作状态。把供应商提供的轮椅资料放在轮椅上（如果有）。为每辆轮椅做标记（例如，轮椅 1、2、3、4）。	
大纲	1. 前言	8
	2. 轮椅和坐垫的类型	50
	3. 要点概括	2
	总单元时间	**60**

1. 前言（8 分钟）

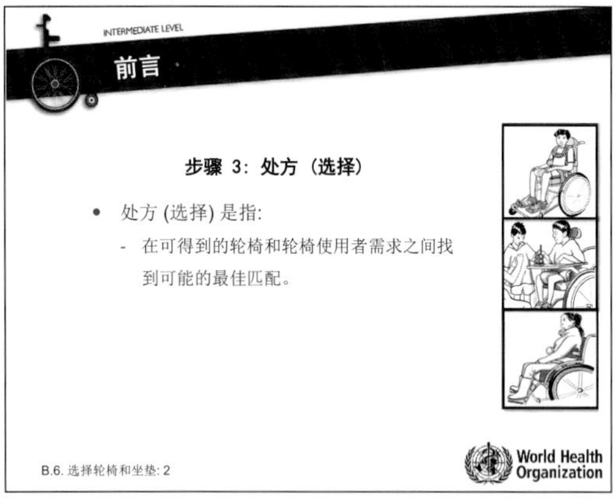

说明：

处方（选择）是提供轮椅服务的第 3 步。

处方是指在可得到的轮椅和轮椅使用者需求之间尽可能选出最佳匹配。

让学员看他们的中级轮椅处方表。

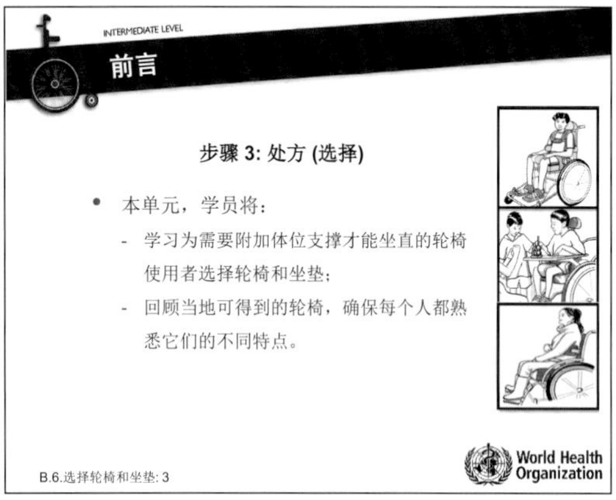

说明：

- 本单元我们将学习为需要附加体位支撑才能坐直的轮椅使用者选择轮椅和坐垫。
- 我们也将回顾当地可得到的轮椅，确保每个人都熟悉它们的不同特点。

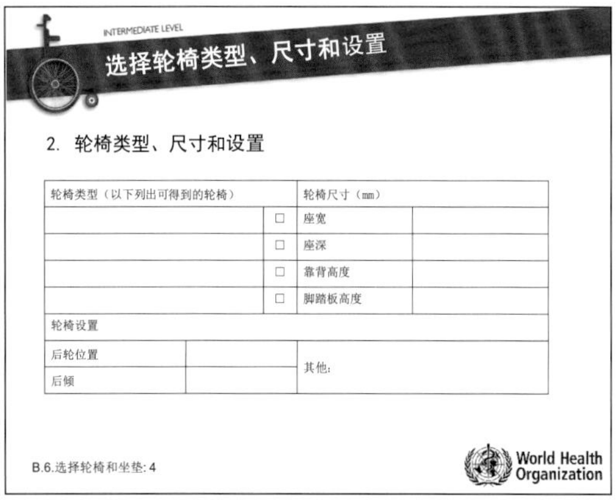

说明：

处方包括：

- 选择最适合轮椅使用者的轮椅类型和尺寸；
- 描述该轮椅的所有特殊设置。

提问：在中级轮椅处方表上的这部分应该记录些什么？

回答：

- 后轮位置（安全/灵活）；
- 后倾。

说明：这里没有位置用于记录 PSDs 的细节，它会放在后面的表格中。

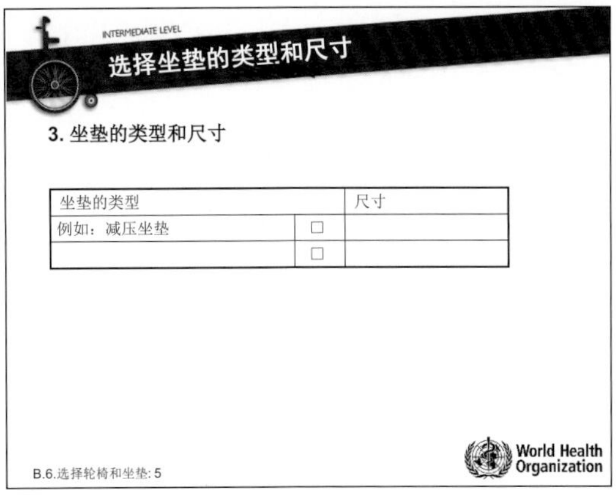

说明：

处方也包括：

- 选择坐垫的类型和尺寸。

说明： 如果坐垫需要修改以制作正确的 PSDs，PSDs 的细节描述在后面的《中级轮椅处方表》上。

说明：

处方也包括：

- 选择需要哪些 PSDs 或改制以提供轮椅使用者需要的附加体位支撑。

说明：

- 这个幻灯片只显示了中级轮椅处方表的一部分。
- 我们将在下一单元详细地介绍如何完成表格的这部分以及将在实操单元练习完成它。

说明：

- 《轮椅服务初级教程》教轮椅服务人员如何为不需要附加体位支撑能够坐直的轮椅使用者选择最适合的轮椅和坐垫。选择适合的轮椅是基于轮椅使用者的身体、生活方式和环境需求。
- 在中级教程中，轮椅服务人员需要考虑更大的体位支撑需求。
- 同时，轮椅使用者的生活方式和环境需求也必须要考虑。

提问：“生活方式和环境”需求的例子是什么？

回答：

- 轮椅使用者在哪里使用他们的轮椅（例如，家里、户外、粗糙地面）；
- 轮椅使用者每天出行的距离；
- 轮椅使用者在轮椅上多长时间；
- 他/她如何转移；
- 轮椅使用者使用的厕所类型；
- 他/她是否需要经常使用公共交通工具；
- 轮椅使用者最想在他们的轮椅上开展哪些活动。

记住：

- 处方通常是在与轮椅使用者充分沟通的情况下决定的；
- 本教程中使用的中级轮椅处方表上，需要签 3 个名；
- 包括轮椅使用者、评定人（轮椅服务人员）和评定组长。

2. 轮椅和坐垫的类型（50 分钟）

说明：我们将看到当地可得到的不同轮椅。为了开具轮椅处方，轮椅服务人员需要知道轮椅的以下信息：

简要说明：

- 轮椅架的类型。例如，四轮或三轮轮椅；交叉折叠或固定式框架；后倾式框架；长或短轴距。

- 可得到的尺寸和尺寸范围。轮椅尺寸通常由轮椅座宽和座深所描述。轮椅座宽是测量一侧椅座固定杆外缘到对侧椅座固定杆外缘或两侧扶手之间的距离（如果扶手在椅座固定杆的上面）。轮椅椅座深度是测量椅座前面到靠背的距离。
- 可利用的功能部件。例如，椅座类型、靠背、脚踏板、扶手、前小脚轮、后轮和 PSDs（例如，躯干侧垫、头靠、带子）的类型。
- 可能的调整和调整范围。重要的是知道哪些部件可以调整以及调整的范围。

说明：

- 一些手动轮椅比其他轮椅有更多的可调部件或功能部件。
- 一些可调部件或功能部件对于需要附加体位支撑的轮椅使用者非常有用。
- 我们现在将看到一些特殊有用的功能部件和可调部件。

说明以下的每个要点：

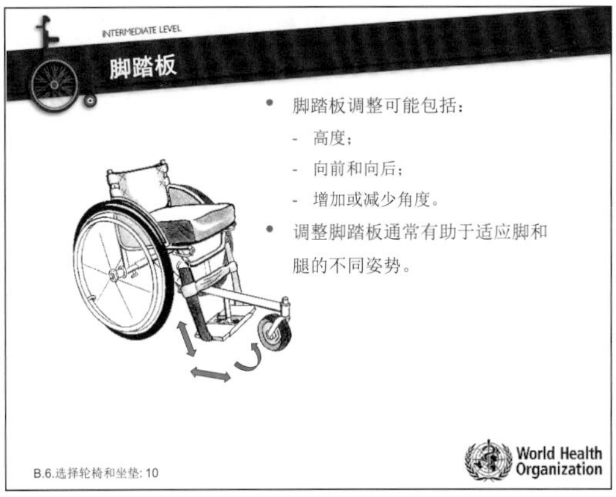

大多数轮椅都有上下可调的脚踏板。

一些轮椅有附加的调节包括：

- 高度；
- 脚踏板可以向前或向后调；
- 脚踏板的角度可以增加或减少。

这些调节让轮椅使用者双脚的放置位置有更大的灵活性。

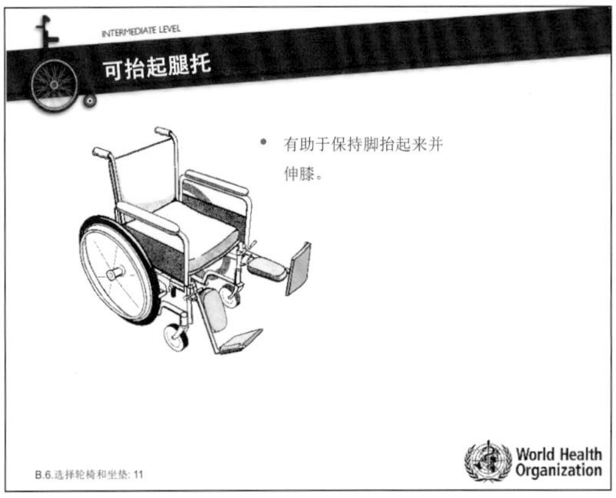

可抬起腿托可以有助于保持脚抬起来并伸膝。这对于坐着时膝关节无法屈曲至中立位的轮椅使用者非常有用。

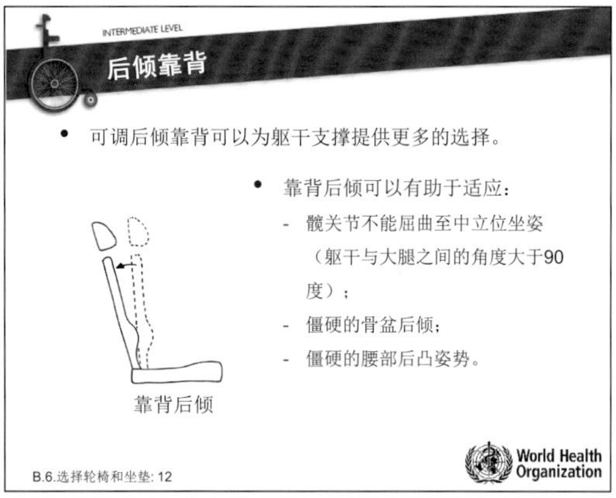

可调后倾靠背可以为躯干支撑提供更多的选择。

靠背后倾可以有助于适应：

- 髋关节不能屈曲至中立位坐姿（躯干与大腿之间的角度大于 90 度）；
- 僵硬的骨盆后倾；
- 僵硬的腰部后凸姿势。

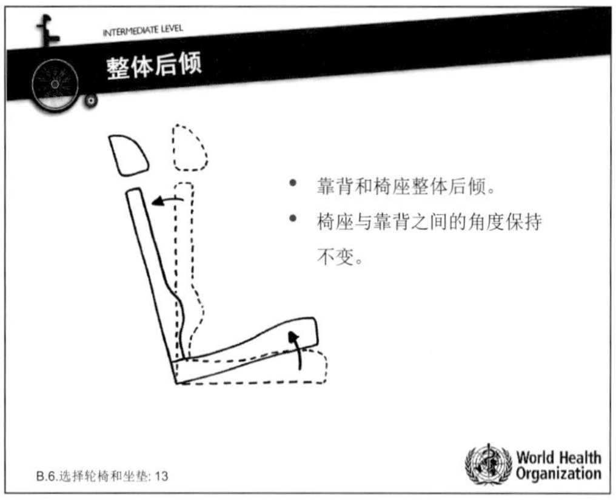

一些轮椅具有所谓的“整体后倾”功能。

这意味着靠背和椅座可以整体向后倾。椅座与靠背之间的角度保持不变。后倾型椅座有助于：

- 僵硬的骨盆后倾伴有髋关节和膝关节屈曲挛缩；
- 正常坐姿的低耐受性或不舒适；
- 增加舒适性和休息。

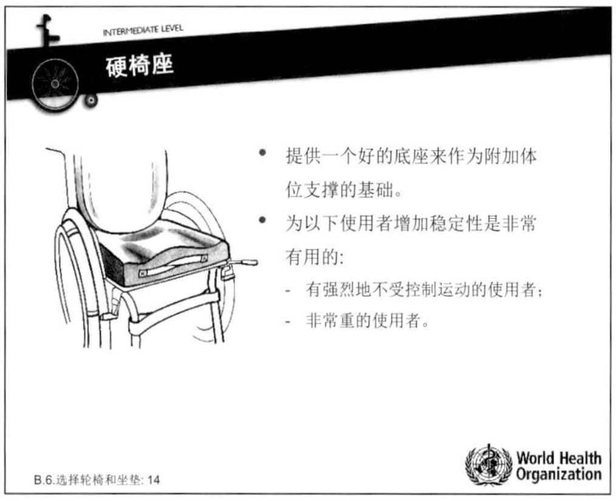

一些轮椅是硬椅座而不是悬吊式椅座。它能提供：

- 一个良好的底座，用于为骨盆和髋关节提供附加体位支撑；
- 比悬吊式椅座更稳定。如果轮椅使用者有强烈地不受控制的运动或体重较重时，这可能非常有用。

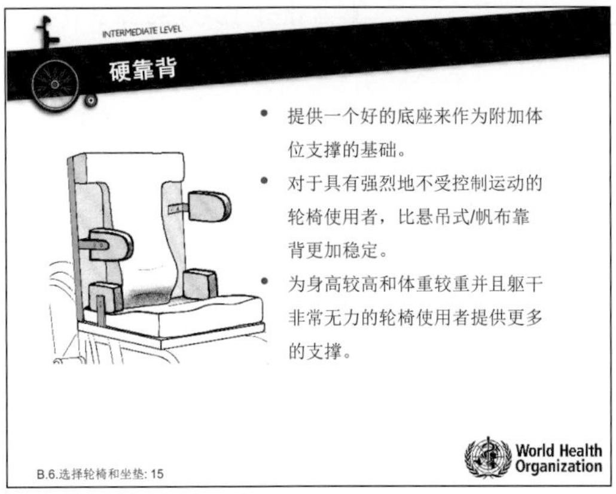

一些轮椅是硬靠背。硬靠背是一个不错的底座，用于提供附加体位支撑。

硬靠背也可以提供：

- 比悬吊式/帆布靠背更稳定。如果轮椅使用者有强烈地不受控制的运动，这可能有用；
- 为身高较高和体重较重和/或躯干非常无力的轮椅使用者提供更多的支撑。

幻灯片中的插图展示了硬靠背上增加了泡沫塑料到正确的位置为躯干提供支撑，以及用螺栓把侧支撑垫固定在靠背上。

一些轮椅有张力可调的靠背而不是简单的悬吊式靠背。

张力可调的靠背允许靠背的张力可以轻松地调整。独立的绑带被拉紧或放松来增加或减少支撑。

一些轮椅有各种附加部件用于提供附加体位支撑。我们将在下一单元介绍不同的体位支撑。

小组活动	
分组	学员分成 3 人一组。
指导	让每组看《实训手册》(B. 6：选择轮椅和坐垫)。 让学员仔细地看当地可得到的每种轮椅，并共同回答《实训手册》上的问题。 说明：每组学员有 30 分钟来开展这项活动，然后各组将返回进行反馈。
监督	密切地监督各组。 确保每组理解问题。 如果必要，引导学员。
时间	允许 30 分钟活动。 允许 15 分钟反馈。 教师提示： ● 如果当地超过 4 种轮椅，允许更多的时间。
反馈	按照以下内容，与所有学员一起检查每个问题： ● 让学员主动回答； ● 检查是否每个学员都同意； ● 是否有不同意见，感谢回答（如果是正确的）并进入下一个问题。 ● 如果不是每个人都有相同的答案，引导正确的答案并厘清。 允许简短地讨论。 说明： ● 重要的是轮椅服务人员充分认识到可得到轮椅的不同特点。只有非常熟悉这些轮椅，他们才可以帮助轮椅使用者找到最适合于他们需求的轮椅。 ● 指出《实训手册》上的中级轮椅参数表或一套轮椅服务表。说明学员可以在培训结束后为他们当地可得到的轮椅完成这个表格。 *教师提示：* ● 参考以下的教师答案提示并确保强调要点。 ● 本单元结束后，把完成的每辆轮椅的中级轮椅参数表钉起来。这可以用于在实操单元让轮椅使用者查阅。

教师提示：	
1. 生活方式和环境	
问题：	教师强调的答案/要点：
哪种轮椅（或哪些轮椅）最适合在粗糙/不平坦地面使用？ 为什么？	有助于轮椅在粗糙地面使用的特点包括： ● 三轮框架； ● 长轴距； ● 宽的前小脚轮； ● 宽的后轮（“山地自行车”类型）； ● PU 胎可以减少扎破的问题并且耐用； ● 耐用并且能够在当地维修，应该也要考虑到由于在粗糙地面使用，轮椅的磨损和撕裂会增加。
哪种轮椅（或哪些轮椅）最有利于站立式转移？ 为什么？	有利于站立式转移的特点包括： ● 可外转的脚踏板； ● 可升高的扶手可能有用。
哪种轮椅（或哪些轮椅）最有利于侧向转移？ 为什么？	有利于侧向转移的特点包括： ● 可拆卸或可上翻的扶手； ● 轮形扶手。
每种轮椅如何折叠或为了运输如何拆卸？	通常的方法包括： ● 不能折叠； ● 交叉折叠； ● 靠背向下折叠； ● 快拆轮。
你们小组认为哪种轮椅（或哪些轮椅）在公共交通工具上最好运输？ 为什么？	鼓励学员思考： ● 折叠/拆卸轮椅需要的时间； ● 折叠/拆卸后部件有多轻； ● 部件是否会丢失（例如轮椅拆散成许多不同的部件）。 ● 折叠/拆卸后，轮椅有多小。
哪种轮椅（如果有）是气胎？	
哪种轮椅（如果有）是 PU 胎？	
哪种轮椅（如果有）是实心胎？	

续表

2. 减压	
问题：	**教师强调的答案/要点：**
你在教室中看到了哪种类型的坐垫？	坐垫可以按照以下描述： ● 主要的材料： — 泡沫塑料坐垫； — 椰子纤维（椰壳纤维）制成的坐垫； — 空气填充的坐垫； — 流体或凝胶填充的坐垫。 ● 形状： — 平面坐垫； — 波形坐垫； — 模塑坐垫； — 多层坐垫。
其中的哪些可以称为减压坐垫？为什么？	减压坐垫可能包括： ● 泡沫塑料波形坐垫； ● 波形底座加流体或凝胶的坐垫； ● 空气填充的坐垫。 学员应该知道坐垫减压的原因。原因包括： ● 波形/有形包括： — 坐骨下的“槽”（坐骨槽）； — 坐骨前垫高； — 大腿根部下的支撑； — 放置大腿的凹槽或沟槽。 ● 凝胶/流体块有助于分散压力。（注意——凝胶/流体块应该放在上面所描述的波形硬泡沫塑料底座的上面）。
减压坐垫中（如果有），哪个相对容易调整实现以下功能： ● 增加减压； ● 提供附加体位支撑。	通常泡沫塑料波形坐垫容易调整，因为泡沫塑料可以切割或增加一个垫高块用于减压。 如果空气/凝胶连接层是独立的单元，也容易调整底座，增加一个垫高层等。并更换连接层。 （更多的信息参见《轮椅服务初级教程》“坐垫”单元部分）。

续表

2. 减压	
教室中不同坐垫套的特点是什么？	学员可以找到这些特点： ● 防水； ● 耐用； ● 有弹性（容易适应坐垫的波形）； ● 可拆洗。
3. 推动	
问题：	**教师强调的答案/要点：**
在轮椅上坐直。后轮处于良好的位置便于你自己推动吗？检查： ● 让你的手臂放下来。你的手处于轮轴线上吗？ ● 握住手推圈最高点的手在你肩膀的正下方。你的肘关节屈曲在 90～120 度之间吗？ ● 后轮的位置可调吗？如果可调，这能改善推动位置吗？	为了自己推动轮椅，确保学员注意到是否可以通过调整轮轴的位置而改善后轮的位置。
教室中的哪些轮椅椅座高度可调？ 这在什么时候有用？	椅座高度可调可能有助于为用脚推动的轮椅使用者获得正确的设置。 然而这种轮椅在许多资源有限地区并不容易获得。
4. 体位支撑特点	
问题：	**教师强调的答案/要点：**
哪种轮椅（如果有）具有可升降的腿托？	
哪种轮椅（如果有）有硬椅座？	
哪种轮椅（如果有）有张力可调的靠背？	
为了实现提供附加体位支撑的功能，哪种轮椅（如果有）有附加的部件设计？	

5. **可调性**	
问题：	**教师强调的答案/要点：**
哪种轮椅（如果有）具有以下的可调性？	
● 脚踏板高度 ● 脚踏板角度 ● 脚踏板向前/向后移动 ● 靠背高度升或降 ● 靠背后倾 ● 整体后倾（椅座和靠背倾斜）	当为需要附加体位支撑的轮椅使用者服务时，轮椅部件更多的可调性是有用的。 教师提示：现在可能是很好的时机来整理使用者培训的以下要点： ● 应该向轮椅使用者和他们的家人/护理者说明，轮椅安装（或调整）的方式将影响轮椅使用者的体位支撑。除非必要，可调部件不应该重调。重要的是让装置保持最后适配的状态，并检查/加固可调部件以确保它们不滑脱。

3. 要点概括（2 分钟）

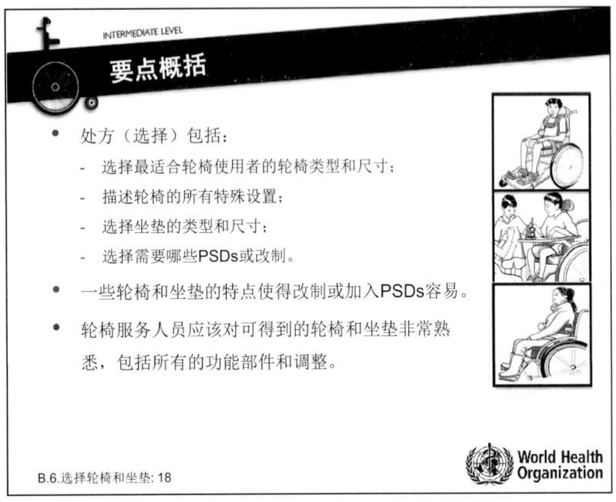

讲出要点。

询问是否有任何问题。

B.7：体位支撑装置（PSDs）的处方（选择）——介绍

目标	本单元结束后，学员将能够： ☐ 定义“体位支撑装置”； ☐ 说明中级轮椅处方（选择）表的目的。

续表

资源	本单元： ☐ 幻灯片：B. 7：PSDs 的处方（选择）——介绍； ☐《学员手册》； ☐ 海报：体位支撑装置（PSD）表； ☐ 中级轮椅处方（选择）表； ☐ 塑封的体位支撑装置（PSD）表——每位学员 1 张； ☐ PSD 套件。	
情景和以前学过的内容	本单元可根据学员将工作的情境进行修改。思考： ☐ PSDs，学员工作当地可得到的 PSDs 材料和制作方法。 ☐ 学员将在哪里进行轮椅使用者适配——例如，在社区/使用者家中，在工场或轮椅服务中心。这可能会影响他们工作的方式和 PSDs 的选择。 ☐ 准备一张包含学员当地可得到 PSD 选项的中级轮椅处方（选择）样表。	
准备	☐ 收集资源，检查幻灯片和浏览单元计划。 ☐ 把体位支撑装置（PSD）表海报钉起来。 ☐ 把 PSDs 样品从放在一起的 PSD 套件中取出来，并把它们放在教室前面的桌子上，以便你可以容易拿到。 ☐ 布置教室让学员坐成半圆面向教室前面。	
大纲	1. 前言	2
	2. 什么是 PSD 或 PSDs?	10
	3. 在中级轮椅处方（选择）表上记录 PSDs	15
	4. 要点概括。	3
	总单元时间	**30**

1. 前言（2 分钟）

说明：

- 下面的 5 个单元，我们将继续学习提供轮椅服务的第 3 步——处方（选择）。上一单元我们看到了为轮椅使用者选择最适合于他们的轮椅和坐垫的类型。
- 本单元，我们将学习：
  - “体位支撑装置（PSD/PSDs）”一词是什么意思；
  - 中级轮椅处方表的最后部分。
- 下面的每个单元，我们将仔细地介绍这些 PSDs。
- 记住，在开具最后的处方之前，重要的是确保在已经选定的轮椅上可以提供需要的体位支撑。

2. 什么是 PSD（10 分钟）

给每位学员塑封的体位支撑装置（PSD）表（以下称为 PSD 表）。

提问：什么是“体位支撑装置”？鼓励回答。

回答：

- 体位支撑装置（PSD——单数和 PSDs——复数）是：
  - 任何物理器具，它增加到轮椅上以提供附加体位支撑；
  - PSDs 的例子包括：头靠、骨盆带、骨盆侧垫；
  - 记住，轮椅椅座、靠背、脚踏板、扶手也同样提供体位支撑。

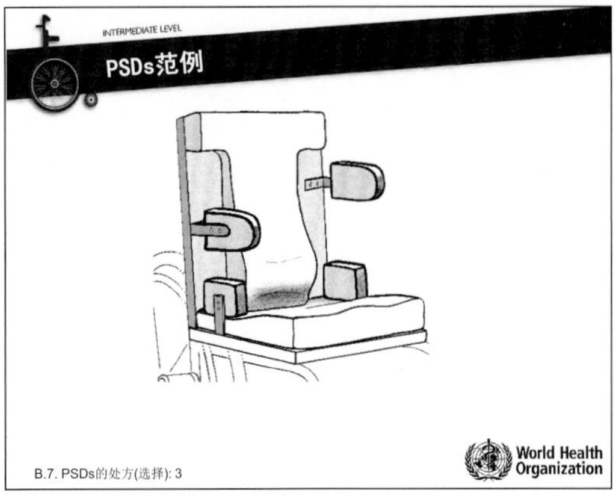

说明：幻灯片中插图展示了 PSDs 的一些例子。

提问：学员可以看到哪些 PSDs?

回答（学员可能用不同的名称/术语）：

- 躯干侧垫；
- 波形/塑型的靠背和波形坐垫；
- 骨盆侧垫；
- 坐骨前垫高。

说明：

- PSDs 的不同设计和轮椅安装的不同方法为轮椅使用者提供附加体位支撑。
- 本教程介绍一些经常使用的 PSDs。
- 本教程中使用的词语是简单描述性用语。学员可能听说过其他词语来描述同样的事物。在每个轮椅服务单位，轮椅服务人员和轮椅使用者可以使用自己最熟悉和最舒适的词汇。
- 我们将在本教程的后面部分介绍这些 PSDs 如何制作。
- 记住，许多轮椅使用者可能需要不止一种我们将介绍的 PSD 解决方法，多种 PSD 组合为他们提供正确而全面的解决方案。

3. 在中级轮椅处方（选择）表上记录 PSDs（15 分钟）

说明：

- 中级轮椅处方表的目的是为轮椅服务人员准备轮椅提供以下信息：
  — 轮椅类型、尺寸和设置（前面介绍过）；
  — 坐垫的类型和尺寸（前面也介绍过）；
  — PSDs 或需要的改制。

说明：

- 在中级轮椅处方表上所有从评定中收集的信息都要转换为轮椅使用者所需要轮椅的清晰描述。
- 中级轮椅处方表上提供的信息越详细，初次适配准备的轮椅就越精准。
- 中级轮椅处方表并不需要列出 PSDs 应该如何制作。它可以在准备轮椅的服务人员和进行评定的轮椅服务人员之间讨论来决定。
- 不同的轮椅服务单位通常用不同的方式来记录轮椅处方信息。

让学员查看他们《学员手册》本单元最后部分已完成的中级轮椅处方表中的案例。

说明：

轮椅服务人员可以用中级轮椅处方表上的“PSDs 或需要的改制”部分来：

- 选择他们希望从常见的 PSDs 列表中处方/选择（使用勾选框）哪种 PSDs。在“其他”下面也有空白处用于列出其他类型的 PSDs；
- 在阴影图上绘画以显示已经处方（选择）PSDs 的形状和提供的尺寸；
- 写下或素描所有的附加信息。
- 在 PSD 清单旁边，学员需要提供尺寸，以使 PSD 可以制成正确的尺寸并安装在轮椅上的正确位置。
- PSD 表上尺寸素描是一个引导，来帮助学员思考每个 PSD 需要的不同尺寸。

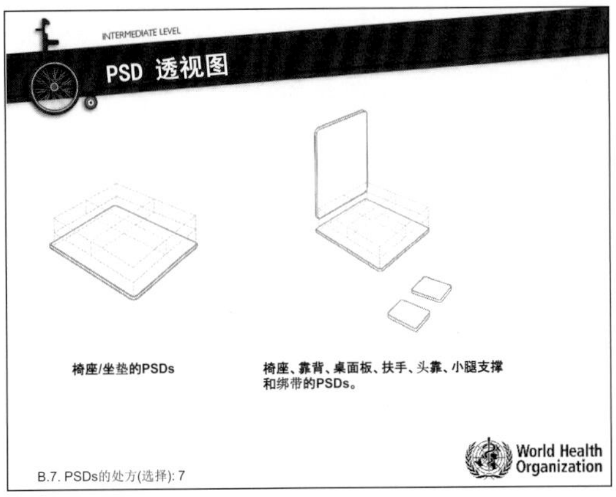

- 表上的两个“透视图”可以用作引导，让学员绘画处方的 PSDs 并提供尺寸。

- 例如，这张幻灯片显示中级轮椅处方表上的透视图和 PSD 清单如何用于描述坐骨前垫高和右侧的降低椅座前部。
- **提问**：有人能够想起为什么轮椅使用者需要用这种方式降低一侧椅座？
- 感谢正确的回答。

回答：

- 轮椅使用者的右髋关节不能完全接近 90 度。

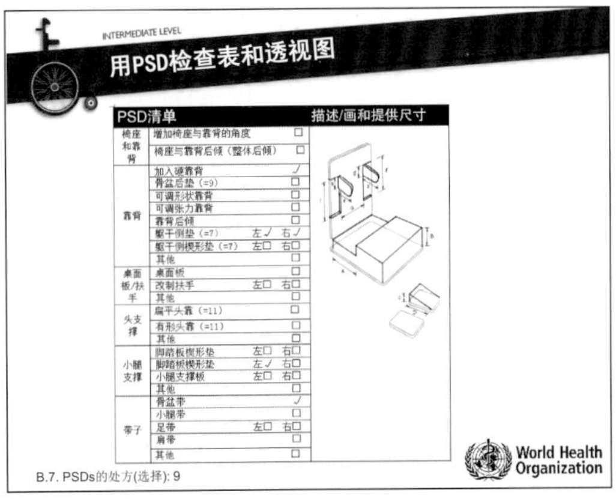

说明：这个案例显示如何使用《中级轮椅处方表》第 2 页的透视图和 PSD 清单。

提问：表上记录了哪些 PSDs？如果学员不清楚，鼓励他们查看《学员手册》的 PSD 表和 PSD 参考表。感谢正确的回答。

回答：

- 坐骨前垫高（这可以从表上第 1 页的 PSD 清单中选择）；
- 左右躯干侧垫；
- 左脚踏板楔形垫；
- 骨盆带。

说明：图上画出的每一条尺寸线都显示出制作这些 PSDs 时需要的具体尺寸。

说明：在我们仔细检查下一单元的时候，我们将更多地介绍需要哪些尺寸有助于描述 PSDs 的尺寸和位置。学员也将在实操单元进行练习。

4. 要点概括（3 分钟）

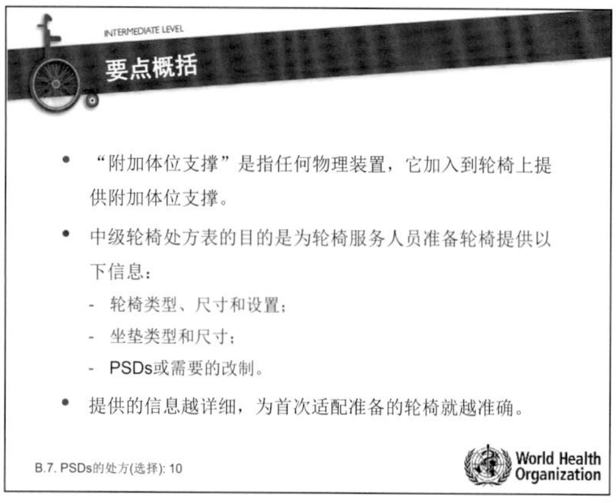

讲出要点。

询问是否有任何问题。

B.8：体位支撑装置（PSDs）的处方（选择）——稳定骨盆

目标	本单元结束后，学员将能够： ☐ 描述有助于稳定和支撑骨盆的 PSDs； ☐ 具体说明坐骨前垫高和骨盆后垫的尺寸。
资源	本单元： ☐ 幻灯片：B. 8 PSDs 的处方（选择）——稳定骨盆； ☐《学员手册》； ☐《实训手册》； ☐ DVD：骨盆前倾的体位支撑解决方法； ☐ 海报：体位支撑装置（PSD）表； ☐ 塑封的体位支撑装置（PSD）表——每位学员 1 张； ☐ PSD 套件； ☐ 骨盆带——每组 1 个； ☐ 检查床——每组 1 张； ☐ 硬泡沫塑料块——每组一些，硬泡沫塑料楔形块——每组 1 块； ☐ 轮椅——每组 1 辆（如果可能，至少 3 种类型的代表）。

续表

情境和以前学过的内容	根据学员将工作的情境修改本单元。思考： ☐ 学员工作环境可得到的 PSDs、PSD 材料和制作方法。 ☐ 学员将在哪里开展轮椅使用者适配——例如在社区/使用者家中、工场或诊所。这将影响他们工作的方式和 PSD 的选择。 ☐ 当演示/让学员为志愿者提供支撑时，注意由于身体接触引起的任何文化问题。	
准备	☐ 收集资源，检查幻灯片，观看 DVD 并浏览单元计划。 ☐ 把体位支撑装置（PSD）表海报钉起来。 ☐ 把 PSDs 样品从放在一起的 PSD 套件中取出来，并把它们放在教室前面的桌子上，以便你可以容易拿到。 ☐ 布置教室让学员坐成半圆面向教室前面。	
大纲	1. 前言	2
	2. 问题：骨盆后倾或向前滑动	45
	3. 问题：骨盆侧倾（僵硬的不水平骨盆）	5
	4. 问题：骨盆向一侧移动	10
	5. 问题：骨盆前倾（骨盆向前倾）	25
	6. 要点概括	3
	总单元时间	**90**

1. 前言（2 分钟）

说明：

- 本单元我们将学习用于提供骨盆支撑的一些 PSDs。
- 记住，尽管本单元和下一单元我们将单独介绍 PSDs，但是许多 PSDs 是在一起使用。

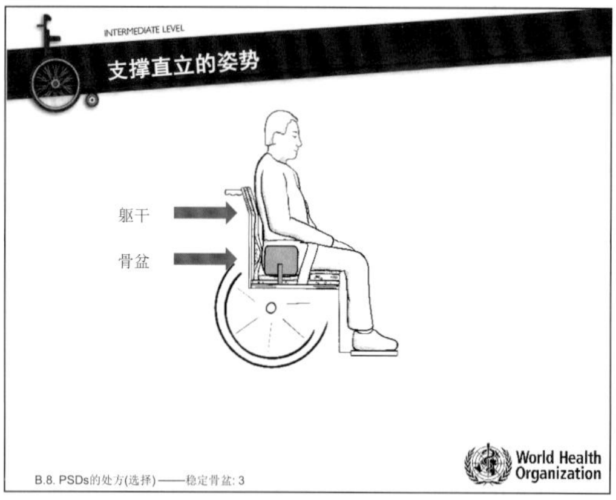

说明：

为了支撑成年人坐直，有两个身体部位最需要支撑。它们是：

- 骨盆；
- 躯干。

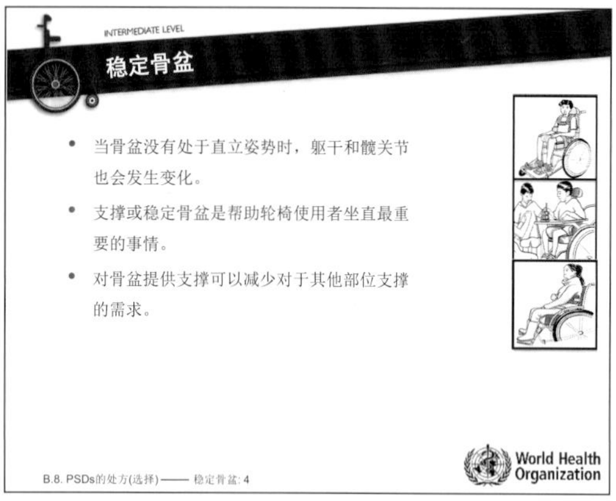

说明：

我们将首先看骨盆：

- 当骨盆不在直立姿势时，躯干和髋关节的姿势也会发生变化；
- 因此支撑或稳定骨盆是帮助轮椅使用者坐直最重要的事情；
- 对骨盆提供支撑可以减少对于其他部位支撑的需求。

说明：从本单元一直到单元“B. 11：PSDs的处方（选择）——支撑头部、大腿和小腿”，我们将按照提出问题、支撑需求和PSD解决方案的顺序进行介绍。有一些单元形式会稍微不同。

2. 问题：骨盆后倾或向前滑动（45分钟）

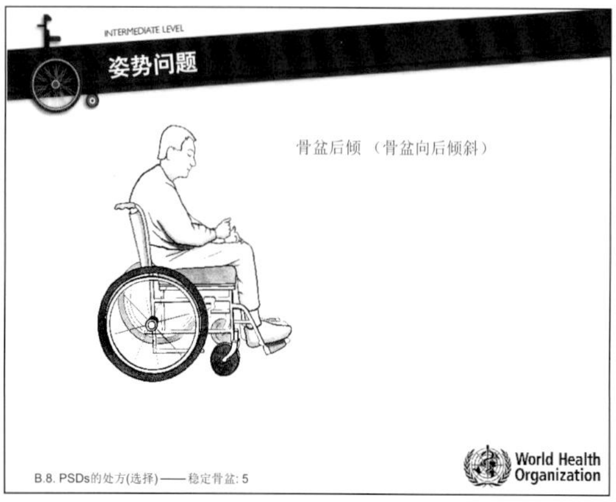

起始体位：

- 骨盆后倾。

让一位志愿者到教室前面并演示问题。

向学员提问，可以提供哪些支撑（用手支撑）帮助志愿者的骨盆更接近中立位坐姿？

邀请1或2位学员到教室前面并用手演示为志愿者提供支撑。

如果需要，鼓励所有学员提供建议。

受邀的学员应该在骨盆后部提供支撑。

感谢正确的演示。

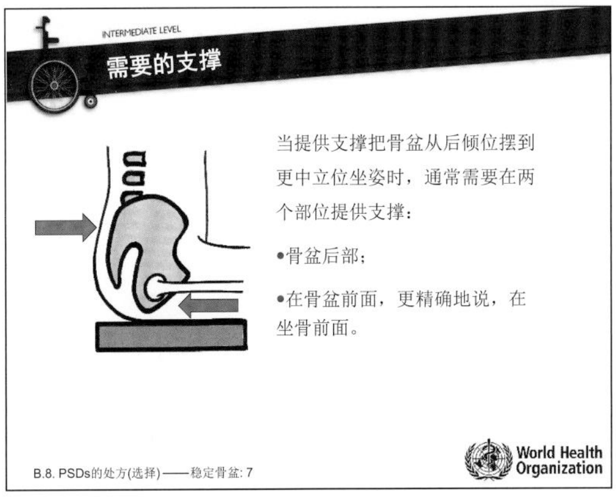

说明：

当提供支撑把骨盆从后倾位摆到更中立位坐姿时，通常需要在两个部位提供支撑：

- 在与PSIS水平的骨盆后部，正如受邀学员做的那样；
- 在骨盆前部，更精确地说，在坐骨前面（坐骨结节）。

如果缺少坐骨前面的支撑，骨盆可能移动或向前滑动，远离骨盆后面提供的支撑。

提问：如图所示，如何在坐骨前面提供支撑？

邀请1或2位学员（志愿者）到教室前面并用硬泡沫塑料块演示如何在坐骨前提供支撑。同时，另一位受邀的学员应该在骨盆后部提供支撑。如果需要，鼓励所有学员提出建议。

感谢正确的演示。

感谢志愿者。

向学员提问哪些PSDs可以提供这种支撑？学员可以查看PSD表或PSD参考表找到答案。

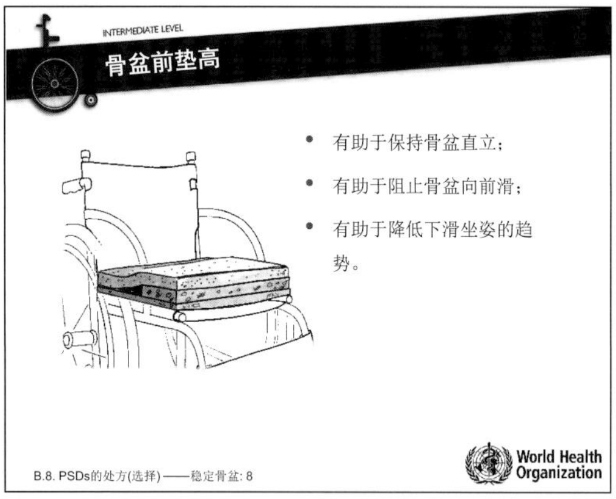

坐骨前垫高在坐骨前提供支撑。

它有助于：

- 保持骨盆直立；
- 阻止骨盆前滑；
- 降低下滑坐姿的趋势。

坐骨前垫高刚好位于坐骨前面。

提问：为了决定坐骨前垫高应该在坐垫的哪个位置，你需要测量身体的哪部分尺寸？

回答：

- 骨盆后部与坐骨之间的距离。

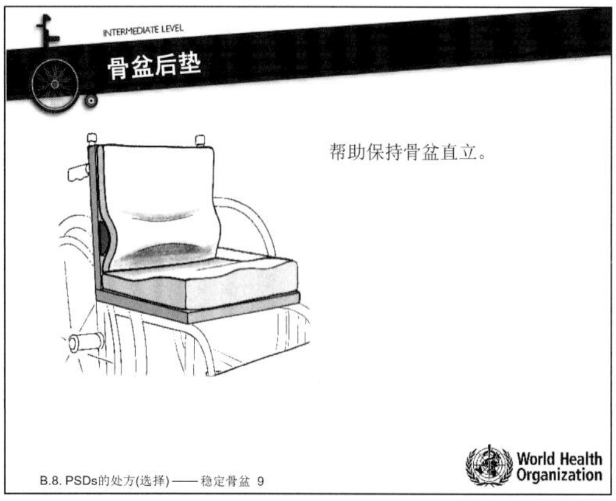

说明：

骨盆后垫在髂嵴（与 PSIS 水平处）提供支撑。

它有助于：

- 保持骨盆直立。

说明：

- 这里你可以看到为之前幻灯片中的同一位轮椅使用者提供两个 PSDs。
- 有了坐骨前垫高和骨盆后垫的支撑，轮椅使用者可以坐直。
- 注意到靠背的角度如何向后调，以允许轮椅使用者直立躯干的自然弯曲。
- 良好的躯干支撑是整体解决方案的重要部分。我们将在后面的单元介绍更多的躯干支撑。

说明：

- 坐骨前垫高和骨盆后垫常一起使用帮助轮椅使用者坐时骨盆更直立（他们的起始姿势不是僵硬的）和更稳定。
- 下一次活动，学员将制定出他们如何在中级轮椅处方表上描述这两个常用 PSDs 的尺寸和位置。

<table>
<tr><th colspan="3">小组活动</th></tr>
<tr><td>分组</td><td colspan="2">学员分成 2 人一组</td></tr>
<tr><td>指导</td><td colspan="2">让学员阅读实训手册上的马丽安故事（B. 8：PSDs 的处方（选择）——稳定骨盆）。
让学员在一起工作并使用中级轮椅评定表上“进行测量”部分的结果，将合适的尺寸增加到提供的草图上。
说明：学员可以使用以下来帮助他们开展这项活动：
● PSD 表；
● PSD 参考表。
说明：每组的学员有 10 分钟来开展这项活动，然后各组将返回原位进行反馈。</td></tr>
<tr><td>监督</td><td colspan="2">密切地监督各组。
确保每组明白该活动。
鼓励各组使用《学员手册》和他们自己的知识。
如果必要，引导学员。</td></tr>
<tr><td>时间</td><td colspan="2">允许 10 分钟活动。
允许 5 分钟反馈。</td></tr>
<tr><td rowspan="2">反馈</td><td>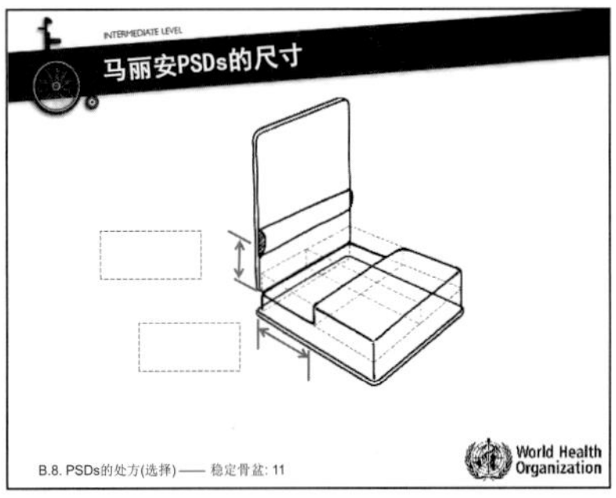
</td><td>播放幻灯片：
向学员提问：
● 对于马丽安，靠背和坐骨前垫高开始位置之间的距离是多少？
● 对于马丽安，座面顶端与骨盆后垫之间的距离是多少？
● 其他哪些尺寸或信息也有用？</td></tr>
<tr><td colspan="2">说明：当完成整个处方（选择）表后，学员可能完成了许多尺寸草图和注释，例如这张图用于给出 PSDs 的尺寸和位置。</td></tr>
</table>

回答

- 对于马丽安，靠背和坐骨前垫高开始位置之间的距离应该是 170mm～190mm（身体测量 L 加 20mm～40mm）。
- 对于马丽安，座面顶端（坐骨坐的地方）与骨盆后垫之间的距离应该是 160mm。
- 其他有用的尺寸或信息：
  - 具体说明泡沫塑料的类型（例如，软泡沫塑料下的硬泡沫塑料用于制作坐骨前垫高和骨盆后垫）；
  - 具体说明骨盆前垫高的高度。对于成年人，通常是 20mm～30mm。
  - 具体说明骨盆后垫的深度。它将取决于用手模拟/轮椅使用者的需求。

说明：我们现在将看到坐骨前垫高和骨盆后垫。

提问：如果使用这些支撑的轮椅使用者有不受控制的运动，或高肌张力，或让他们身体变直（伸肌模式）的痉挛，会发生什么？

回答：

- 轮椅使用者可能移动远离坐骨前垫高和骨盆后垫。

提问：在哪个方向提供支撑有助于阻止这种情况的发生？

让 1 或 2 位志愿者到教室前面来并演示在哪里提供支撑。

回答：

- 在大腿顶部向下支撑。

感谢正确的演示。

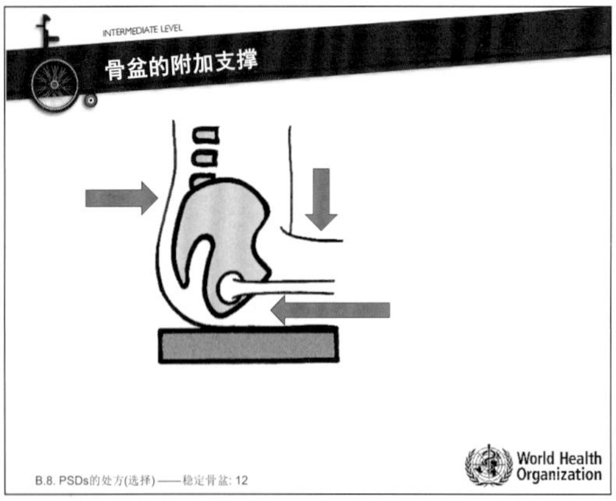

说明：上面的垂直箭头显示可以提供附加支撑以帮助保持轮椅使用者的骨盆在原位，并且在骨盆后部和坐骨前部提供反向支撑。

提问：哪种 PSD 提供这种支撑？

回答：

- 骨盆带。

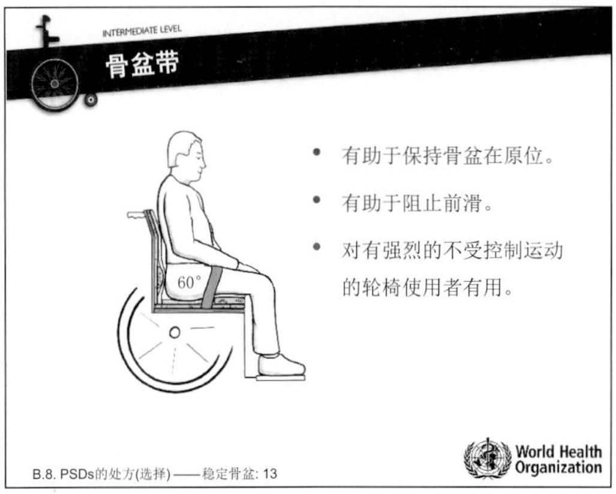

说明：

- 骨盆带有助于保持骨盆在适当的位置。
- 骨盆带对于那些有不受控制运动或可能向前滑的轮椅使用者非常有用。
- 骨盆带有助于保持骨盆在适当的位置，这样坐骨前垫高和骨盆后垫持续提供支撑。
- 带子固定在轮椅上的位置将影响拉力的角度/方向。这会直接影响骨盆带工作的方式。

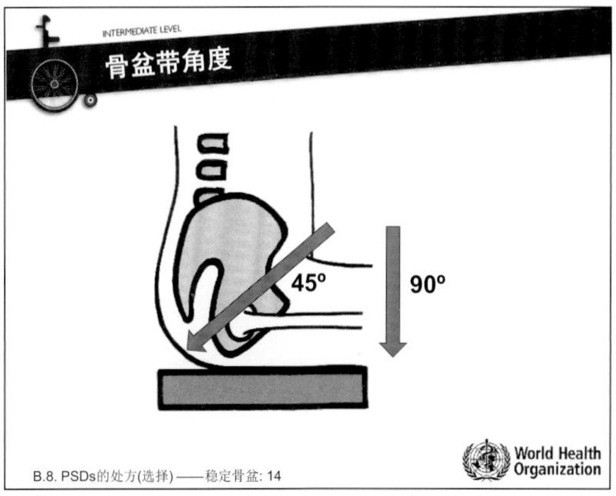

- 角度可能在45～90度之间。
- 根据轮椅使用者需求的不同，最有效的角度将不同。
- 应该评估、讨论，并且如果可能与轮椅使用者一起试用骨盆带的角度，哪个角度对于轮椅使用者最有效和最舒适。

用一个案例来演示。

小组活动	
分组	学员分成3人一组
指导	提供每组一辆轮椅（最好是不同类型的轮椅）和骨盆带。为了实现以下角度的拉力，让学员思考骨盆带应该放在他们轮椅的什么位置： ● 45度； ● 60度； ● 90度。 说明：每组学员有5分钟开展这项活动，然后返回原地进行反馈。
监督	密切地监督各组。 确保每组理解该活动。 如果必要，引导学员。

续表

时间	允许 5 分钟活动。 允许 5 分钟反馈。
反馈	让一组用每种类型的轮椅来展示，骨盆带放在什么位置可以实现 45 度、60 度和 90 度的拉力角度。 感谢正确的演示。 说明：不同类型的轮椅需要不同的解决方法。然而，拉力的角度应该由轮椅使用者的需求决定，而不是由轮椅的设计决定。

说明：

- 髋关节屈曲角度的增加有时可以降低不受控制的运动、高肌张力或痉挛。
- 它可以通过升高椅座前部来实现——在轮椅使用者的大腿下放一个楔形垫。
- 注意，正如幻灯片中的图所示，楔形垫应该起始于坐骨前面。坐骨应该坐在平面上。

提问：如果轮椅使用者的骨盆僵硬的后倾并且他/她坐着时骨盆无法直立，你应该如何提供支撑？鼓励回答。

回答：

- 对于僵硬的骨盆后倾的轮椅使用者，可能需要进一步的调整以适应这种姿势。
- 一种解决方法是增加椅座与靠背之间的角度来适应骨盆的姿势，并提供支撑以阻止其进一步向后滚。这可以被称为“增加椅座与靠背的角度”（见 PSD 参考表）。
- 必须小心以确保轮椅使用者不会在轮椅上向前滑。这会导致“剪切力”，并会产生压疮。
- 坐骨前垫高、骨盆带和升高椅座前部都将有助于阻止其向前滑。

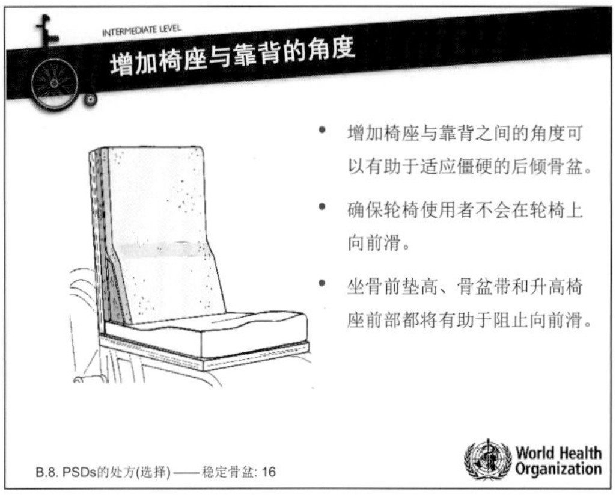

说明：

- 这个插图显示了增加椅座与靠背之间角度的一种方法。
- 记住，泡沫塑料应该塑形以在轮椅使用者需要的位置提供支撑。

3. 问题：骨盆侧倾（僵硬的不水平骨盆）（5 分钟）

说明：我们现在看到与骨盆相关的另一种姿势问题。记住，轮椅使用者可能有不止一种姿势问题。

我们看下面的姿势问题：

骨盆侧倾/僵硬的不水平骨盆（一侧的 ASIS 比另一侧高）。

说明：如何支撑这种姿势已经在单元“B. 3：身体检查——骨盆和髋关节姿势检查”中介绍过了。

提问：PSD 的解决办法是什么？

感谢回答。

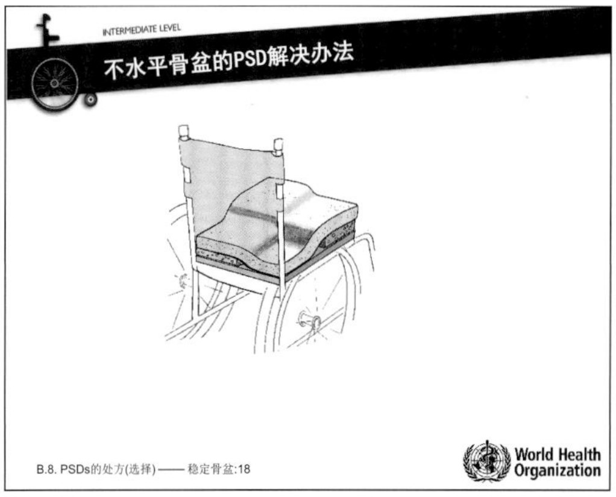

较高骨盆一侧下的补高将有助于：

- 增加轮椅使用者的稳定性；
- 避免较低侧骨盆下的不安全压力。

说明：两侧坐骨和大腿下应该是均匀的压力。可能需要调整脚踏板（一侧脚踏板可能需要比另一侧高）。

说明幻灯片中的照片是从轮椅的后面拍摄。

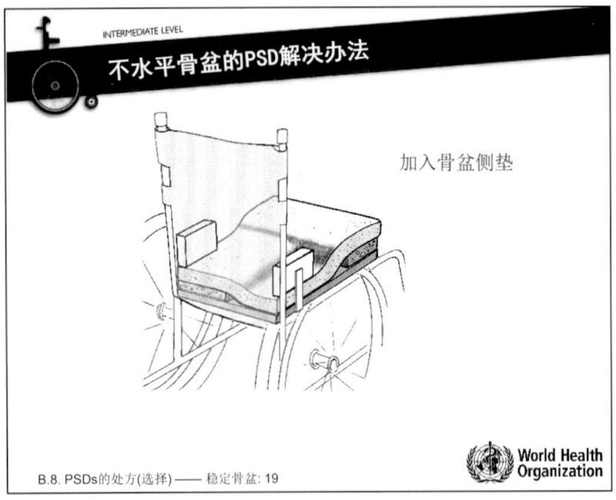

说明：

骨盆侧垫也将有助于支撑骨盆，所以应该适配给骨盆下补高的人士。

4. 问题：骨盆向一侧移动（10 分钟）

说明：我们现在看与骨盆有关的另一个姿势问题。

姿势问题：

- 骨盆向一侧移动。

说明：

- 这个问题产生有许多不同的原因。
- 这个问题通常与其他姿势问题相关联。
- 幻灯片中，你可以看到：
  - 与之前是同一个人，他的骨盆侧倾（僵硬的不水平骨盆）并且他的骨盆更转向左侧；
  - 这位女士她的脊柱侧弯。她的骨盆也更转向左侧。

提问：可以在哪里提供支撑帮助保持骨盆在轮椅中间？感谢正确的回答。

回答：

- 应该在髋关节的两侧提供支撑。

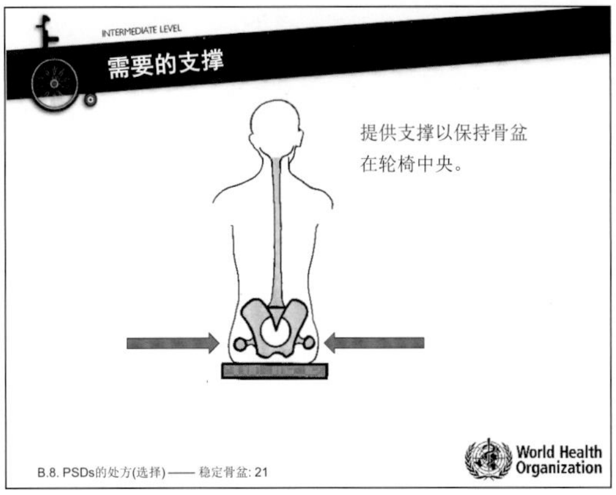

提问：

PSD 的解决办法是什么？学员可以查阅 PSD 参考表。

感谢正确的回答。

回答：

- 骨盆侧垫。

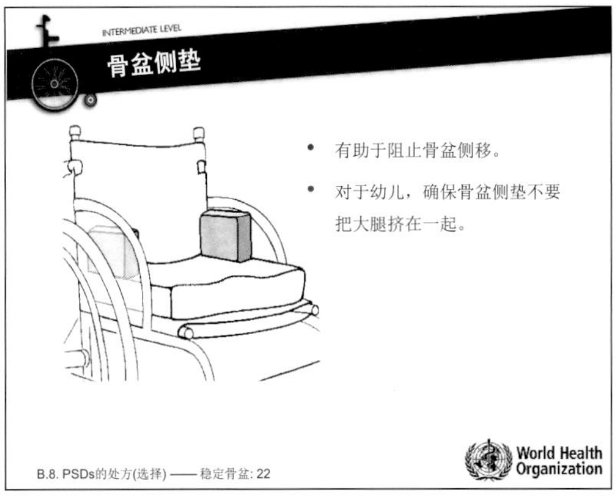

说明：

骨盆侧垫有助于阻止骨盆向两侧移动。

骨盆侧垫应该在骨盆两侧紧密地接触。

记住：

幼儿坐着时他们的大腿分得比成人开些。这对于他们髋关节的健康和发育很重要。对于儿童尤其重要的是，骨盆侧垫不要把儿童的大腿挤在一起。

5. 骨盆前倾（骨盆向前倾）（25 分钟）

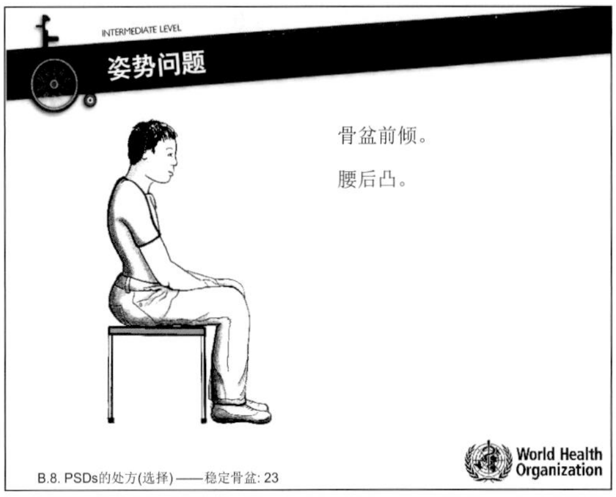

说明：

另一个姿势问题是骨盆前倾（骨盆向前倾）。

向学员提问，提供哪些支撑可以有助于促使骨盆处于更加中立的坐姿？感谢回答。

回答：

- 在骨盆（ASIS）前面提供支撑向后推；
- 向后倾斜的楔形垫。

介绍 DVD：骨盆前倾的体位支撑解决方法。本录像中，我们将看到一位叫卡罗的轮椅使用者，她的骨盆前倾。仔细地观看为她提供的 PSD 解决方法。观看录像后，我们将进行讨论。

播放 DVD。

询问是否有任何问题。

向学员提问，提供哪种支撑可以帮助卡罗坐着时骨盆更接近中立位坐姿？

回答：

- 卡罗尝试了带骨盆前倾楔形垫的坐垫（向后倾斜的楔形垫），来看这是否有助于让她的骨盆更直立。
- 然后，轮椅服务人员尝试使用骨盆带，确认在前面的四点带提供的附加支撑是否可以进一步地帮助卡罗。

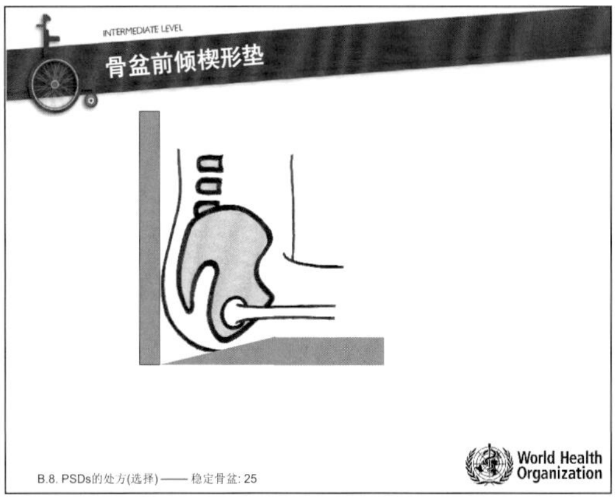

说明：

- 把骨盆前倾楔形垫（向后倾斜的楔型垫）放在坐骨下。它可以有助于前倾的骨盆朝靠背的方向向后滚。
- 骨盆前倾楔形垫应该刚好终止于坐骨的前面并且在大腿下水平。
- 当考虑使用 PSD 时，与轮椅使用者一起来检查：
  - 感觉怎么样；
  - 是否有效；
  - 轮椅使用者感觉舒适的角度是多少。

注意，在 DVD 中，轮椅服务人员询问卡罗坐垫是否让她坐得更舒适。

说明：

- 这个插图显示如何用硬泡沫塑料和软泡沫塑料来制作楔形垫。

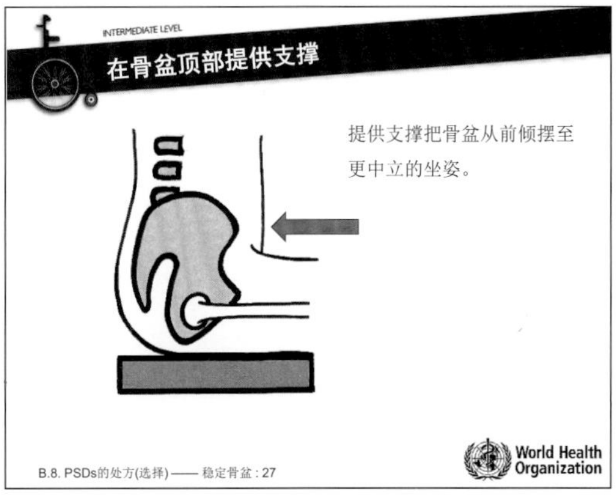

说明：

也可以在骨盆前面的上部提供支撑以帮助将骨盆摆在一个更加中立位坐姿。

注意，在DVD中，轮椅服务人员用这种方式提供支撑并询问卡罗感觉如何。

向学员提问，哪种PSD可以提供这种支撑？

回答：

- 骨盆前倾四点带。

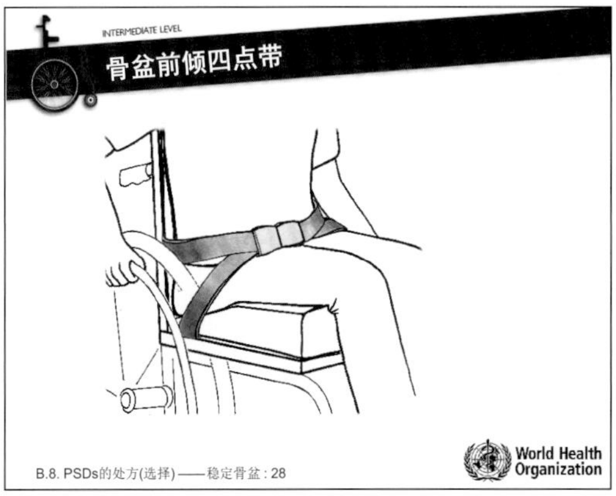

说明：

- 这种绑带特别适合于骨盆前倾。
- 注意插图中，带子向下固定在椅座固定杆上，向后固定在靠背杆上。
- 这样防止绑带向上滑到轮椅使用者的腹部，否则会很不舒服。
- 重要的是，在髂前上棘上提供支撑的任何绑带都应该用软垫包好，以降低压疮的风险。

教师提示： DVD 中演示了一个简易的绑带。它只用于评估绑带对于卡罗是否舒适以及拉力的方向。如果有问题，向学员说明，需要为了上面所述的原因而制作四点绑带。

小组活动	
分组	学员分成 3 人一组
指导	每组发一些硬泡沫塑料块；一个硬泡沫塑料楔形垫（足够大可以坐在上面）；以及一条骨盆带。 让每组学员短暂地在一起工作： ● 为了促使骨盆从前倾“滚”到更直立的姿势（模拟前倾的楔形垫），让他们用泡沫塑料来试验应如何布置座面； ● 用骨盆带试验来感受最有效的拉力方向，以促使骨盆从前倾到更加中立的坐姿。 说明：每组学员有 10 分钟来开展活动，然后返回原地进行反馈。
监督	密切地监督各组。 确保每组理解活动。 确保每位学员有机会感受楔形垫对于维持他们骨盆姿势的效果。 如果必要，引导学员。
时间	允许 10 分钟活动。 允许 5 分钟反馈。
反馈	向所有学员提问，坐在骨盆前倾楔形垫上会促使他们的骨盆向后滚吗？感谢回答。 向所有学员提问，骨盆带最有效的拉力角度是多少？感谢回答。

6. 要点概括（3 分钟）

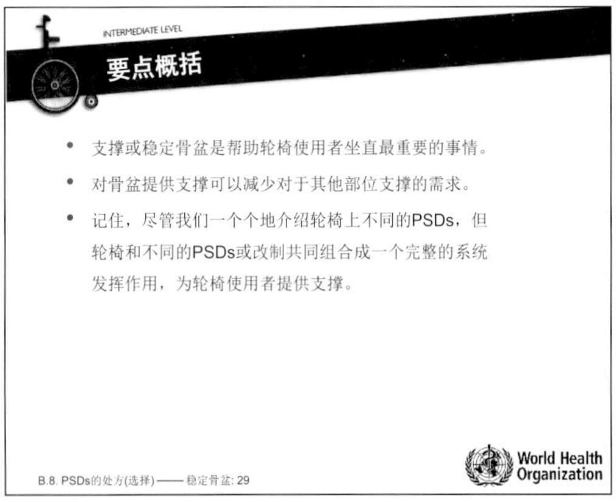

讲出要点。

询问是否有任何问题。

B.9：体位支撑装置（PSDs）的处方（选择）——支撑髋关节

目标	本单元结束后，学员将能够： ☐ 描述为髋关节提供支撑的 PSDs； ☐ 具体说明制作至少两个 PSDs 需要的尺寸。	
资源	本单元： ☐ 幻灯片：B. 9 PSDs 的处方（选择）——支撑髋关节； ☐《学员手册》； ☐《实训手册》； ☐ 海报：体位支撑装置（PSD）表； ☐ 塑封的体位支撑装置（PSD）表，每位学员 1 张； ☐ PSD 套件。	
情境和以前学过的内容	根据学员将工作的情境修改本单元。思考： ☐ PSDs，学员工作环境可得到的 PSD 材料和制作方法。 ☐ 学员将在哪里开展轮椅使用者适配，例如在社区/使用者的家中，在工场或诊所。这可能会影响他们工作的方法和 PSDs 的选择。	
准备	☐ 收集资源，检查幻灯片和浏览单元计划。 ☐ 把体位支撑装置（PSD）表的海报钉起来。 ☐ 把 PSDs 从 PSD 套件中取出来，并把它们放在教室前面的桌子上，以便你可以容易拿到。	
大纲	1. 前言	2
	2. 支撑髋关节	25
	3. 完成中级轮椅处方表上的“PSDs 或需要的改制”部分	15
	4. 要点概括	3
	总单元时间	**45**

1. 前言（2 分钟）

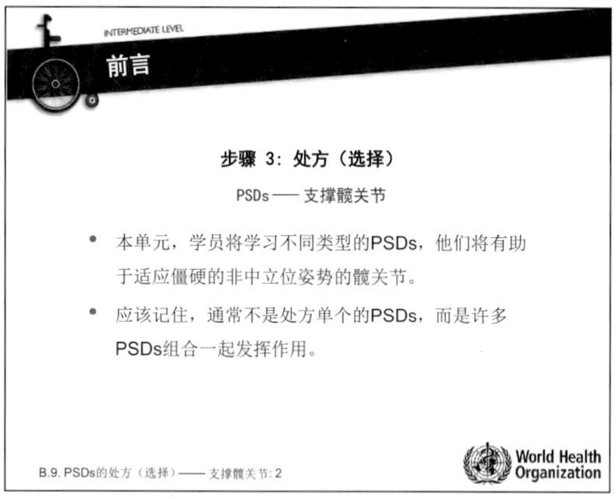

说明：

- 本单元中，我们将看到一些 PSDs，它们将有助于适应僵硬的非中立位髋关节，包括：
  - 一侧髋关节不能屈曲至中立位坐姿（躯干与大腿之间的角度大于 90 度）；
  - 两侧髋关节不能屈曲至中立位坐姿（躯干与大腿之间的角度大于 90 度）；
  - 一侧或双侧髋关节不能伸展至中立位坐姿（躯干与大腿之间的角度小于 90 度）。

- 记住，如果不进行调节，任何僵硬/非中立姿势的髋关节将影响骨盆的姿势。在 B. 3 单元“身体检查——骨盆和髋关节姿势检查”，我们将看如何提供临时支撑以适应这种姿势。
- 在本单元，我们将看到这些临时支撑如何变成永久的 PSDs。
- 应该记住，通常不是处方（选择）单个的 PSDs——而是许多 PSDs 组合一起发挥作用。

2. 支撑髋关节（25 分钟）

问题：一侧髋关节不能屈曲至中立位坐姿（躯干与大腿之间的角度大于 90 度）

说明：如果一侧的髋关节不能屈曲至中立位坐姿（仅有一侧髋关节的躯干与大腿之间的角度大于 90 度），我们现在将看到可以怎么办。

提问：正如之前讨论的，为这种姿势问题提供什么临时支撑？鼓励回答。

回答：

- 放置一个补高（泡沫塑料）在两侧坐骨下和能屈曲至中立位坐姿（躯干与大腿之间的角度大于 90 度）一侧髋关节的大腿下。

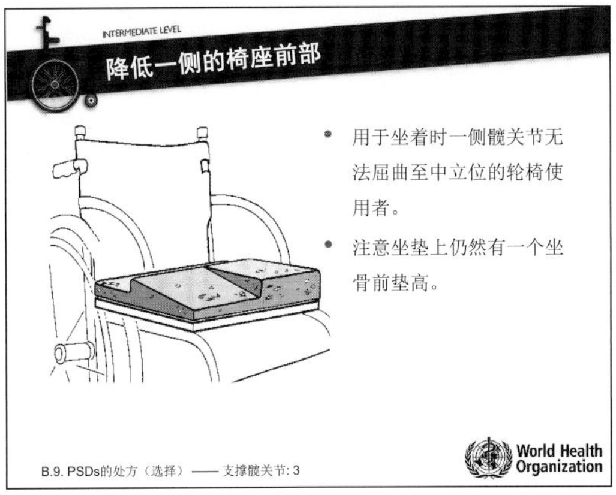

说明：

- 通过降低一侧的椅座前部，以适应不能屈曲至中立位坐姿（躯干与大腿之间的角度大于 90 度）的髋关节，且这种支撑可以成为坐垫的一部分。
- 降低椅座前部：泡沫塑料切掉的角度将取决于轮椅使用者躯干与大腿之间的角度，因此应该在身体检查的时候确定。
- 注意这个坐垫上仍然有一个坐骨前垫高。

问题：两侧髋关节不能屈曲至中立位坐姿（躯干与大腿之间的角度大于 90 度）

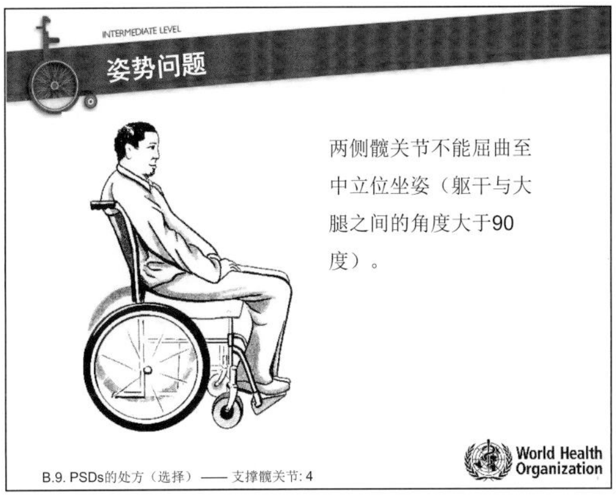

问题：

- 两侧的髋关节不能屈曲至中立位坐姿（躯干与大腿之间的角度大于 90 度）

提问：为这种姿势问题提供什么临时支撑？

回答：

- 放一个补高垫（泡沫塑料）在两侧的坐骨下。

提问：这可以作为长期的解决方案吗？以及为什么或为什么不？

回答：

- 不，轮椅使用者可能会向前滑出他们的椅座。

提问：怎么能够代替？

回答：

- 增加椅座和靠背之间的角度以适应躯干与大腿之间的角度；
- 提供良好的背部支撑以帮助使用者尽可能地坐直。

如果两侧的髋关节不能屈曲至中立位坐姿，可能的解决办法是打开（增加）椅座与靠背之间的角度：

- 增加椅座与靠背之间的角度将适应躯干与大腿之间更大的角度；
- 角度将取决于轮椅使用者躯干与大腿之间的角度，这应该在评定过程中决定；
- 处方坐骨前垫高和骨盆带将有助于阻止向前滑。

问题：一侧或双侧的髋关节不能伸展到中立位坐姿

说明：当一侧或双侧的髋关节不能伸展到中立位坐姿（躯干与大腿之间的角度小于 90 度）时，我们将看到与髋关节有关的更多问题。

当他们坐着的时候，让所有学员演示这种姿势。检查每位学员让他们的髋关节屈曲，以使他们的膝关节比髋关节高。

提问：有人可以提出一个解决方案吗？思考之前讨论过的暂时性解决方法。鼓励回答。

回答：

- 放一个补高垫（硬泡沫塑料楔型垫）在坐骨前面和在不能伸展到中立位坐姿（躯干与大腿之间的角度小于 90 度）一侧/双侧的大腿下。

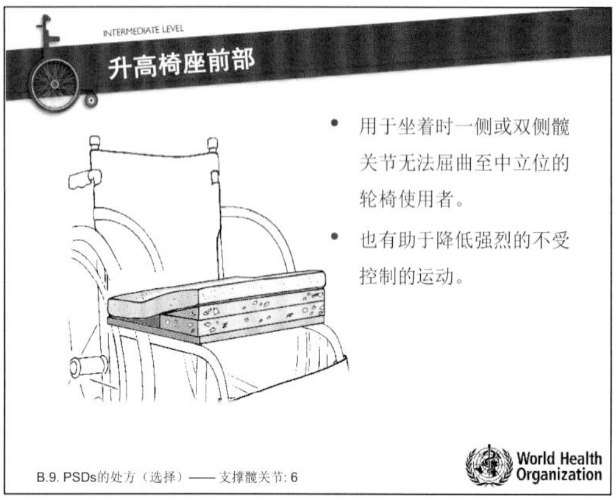

说明：

- 可能长期的解决方案是放一个楔形垫在坐骨前面和大腿下面以升高椅座前部。
- 这减少了椅座和靠背之间的角度。椅座前部的升高量将取决于轮椅使用者躯干与大腿之间的角度。这应该在评定过程中决定。
- 升高椅座前部也可以有助于降低强烈的不受控制的运动或身体拉直部位的高肌张力。

3. 完成中级轮椅处方表上的“PSDs 或需要的改制”部分（15 分钟）

<table>
<tr><th colspan="3">小组活动</th></tr>
<tr><td>分组</td><td colspan="2">把学员分成 2 或 3 人一组。</td></tr>
<tr><td>指导</td><td colspan="2">让学员阅读《实训手册》上的轮椅使用者故事（B. 9：PSDs 的处方（选择）——支撑髋关节）。
让学员一起描述中级轮椅处方表上的“PSDs 或需要的改制部分。
说明：学员可以使用以下资料帮助他们开展活动：
● PSD 表；
● PSD 参考表。
说明：每组学员有 10 分钟开展活动，然后各组将返回原地进行反馈。</td></tr>
<tr><td>监督</td><td colspan="2">密切地监督各组。
确保每组明白活动。
鼓励各组使用 PSD 表和 PSD 参考表。
如果必要，引导学员。</td></tr>
<tr><td>时间</td><td colspan="2">允许 10 分钟活动。
允许 5 分钟反馈。</td></tr>
<tr><td rowspan="2">反馈</td><td colspan="2">问学员他们感觉 PSDs 画的怎么样。
对于很多人来说，需要长期的练习才能够精准地描绘 PSDs。</td></tr>
<tr><td>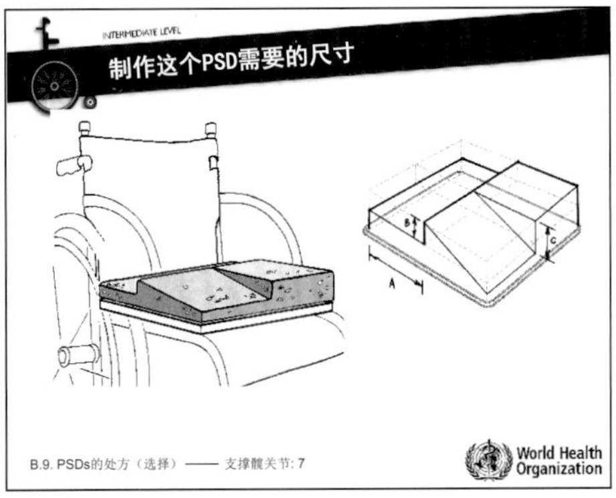
</td><td>播放幻灯片。
说明：重要的尺寸是：
● A：坐骨前垫高应该从哪里开始。
● B：坐骨前垫高应该多高。
● C：左右髋关节椅座前部高度的差异。该角度用于适应西耶娜的右髋关节。
提问：这些尺寸如何决定？</td></tr>
</table>

续表

反馈

回答：

- A：根据西耶娜的身体测量（骨盆后部到坐骨），你可以决定坐骨前垫高应该从哪里开始。
- B：坐骨前垫高的高度通常是 25mm～30mm。
- C：测量临时支撑的高度以决定 C 的高度。

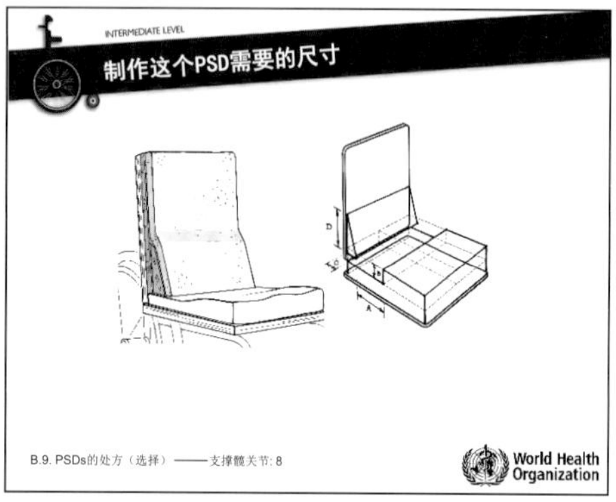

播放幻灯片

说明：重要的尺寸是：

A：坐骨前垫高应该从哪里开始。

B：坐骨前垫高应该多高。

C 和 D 共同决定制作楔形垫需要的尺寸，这将增加椅座与靠背之间的角度。

提问：这些尺寸如何决定？

回答：

- A：根据罗伯特的身体尺寸（骨盆后部到坐骨），你可以决定坐骨前垫高应该从哪里开始。
- 注意：该尺寸必须考虑加入到靠背的楔形垫会增加椅座与靠背之间的角度。
- B：坐骨前垫高的高度通常是 25mm～30mm。
- C 和 D：决定这些尺寸的最好方法是模拟楔形垫并让轮椅使用者试用。

说明：当制作像这样的 PSDs 时，在完成第一次适配之前，不要在原位粘贴泡沫塑料。这是因为 PSD 可能仍然需要调整，以确保它对于轮椅使用者是适配的。

教师提示：在为罗伯特尺寸绘画的案例中，靠背上的楔形垫允许放置一层软泡沫塑料在靠垫的顶部，并塞进楔形垫下面。有不同的方法构建这个 PSD，教师可能需要说明由于情境、材料和常用的技术方法会导致个体的差异。

4. 要点概括（3 分钟）

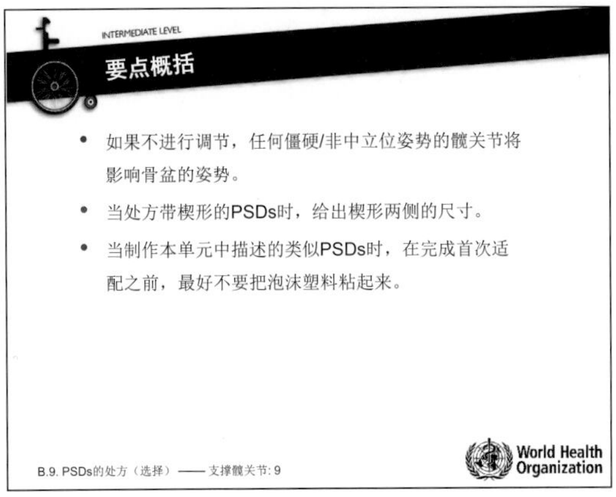

讲出要点。

询问是否有任何问题。

B.10：体位支撑装置（PSDs）的处方（选择）——支撑躯干

目标	本单元结束后，学员将能够： ☐ 描述有助于轮椅使用者支撑躯干在中立位坐姿（如果可能）或适应躯干尽可能舒适地接近中立位坐姿来改制和制作 PSDs。 ☐ 开始要解决的问题是以不同方式来改制或制作 PSDs，让它们为骨盆、髋关节和躯干提供支撑； ☐ 在帮助下完成中级轮椅处方（选择）表。
资源	本单元： ☐ 幻灯片：B. 10：PSDs 的处方（选择）——支撑躯干； ☐《学员手册》； ☐《实训手册》； ☐ 海报：体位支撑装置（PSD）表； ☐ 中级轮椅处方（选择）表； ☐ 塑封的体位支撑装置（PSD）表，每位学员 1 张； ☐ PSD 套件； ☐ PSD 材料； ☐ 轮椅——每组 1 辆（尽可能地接近每个轮椅使用者故事中描述的轮椅）； ☐ 硬泡沫塑料垫——几个 ☐ 硬泡沫塑料楔形垫——几个

续表

情境和以前学过的内容	根据学员将工作的情境修改本单元。思考： ☐ PSDs，学员工作环境可得到的 PSD 材料和制作方法。 ☐ 学员将在哪里开展轮椅使用者适配，例如在社区/使用者的家中，在工场或诊所。这可能会影响他们工作的方法和 PSDs 的选择。	
准备	☐ 收集资源，检查幻灯片和浏览单元计划。 ☐ 把体位支撑装置（PSD）表的海报钉起来。 ☐ 打开 PSDs 套件，把材料、硬泡沫塑料块和楔形垫放在教室前面的桌子上。 ☐ 把轮椅整齐地排在教室前面。	
大纲	1. 前言	2
	2. 支撑躯干	115
	3. 完成中级轮椅处方（选择）表	30
	4. 要点概括	3
	总单元时间	**150**

1. 前言（2 分钟）

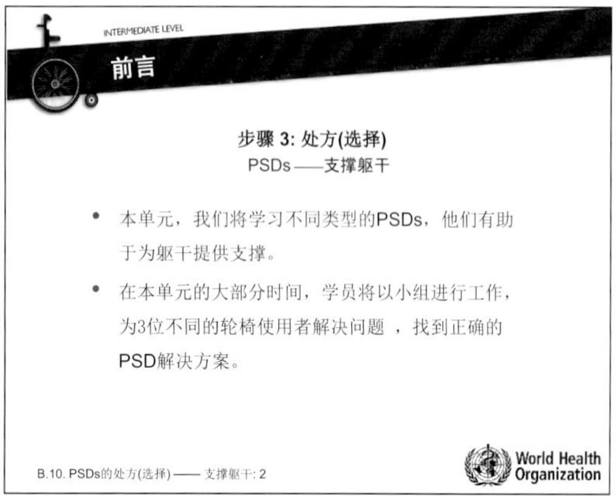

说明：

我们已经看过了不同的 PSDs，它们有助于稳定骨盆和支撑髋关节。

本单元，我们将：

- 学习为躯干提供支撑的 PSDs。
- 讨论为什么总是先考虑如何稳定骨盆，然后支撑躯干，该顺序的重要性。对于很多人，与躯干相关的姿势问题可以通过良好的骨盆支撑得到解决或改善。

大多数单元，学员将以小组进行工作，为 3 个不同的轮椅使用者解决问题，找到正确的 PSD 解决方案。

通过本单元，学员应该看到躯干的 PSDs 并不单独起作用，但是通常是组合式 PSDs，它们支撑骨盆，有时也支撑髋关节。

2. 支撑躯干（115 分钟）

<table>
<tr><th colspan="3">全体学员活动</th></tr>
<tr><td>分组</td><td colspan="2">本活动由全体学员一起完成。</td></tr>
<tr><td>指导</td><td colspan="2">让学员找到一块平的墙并把一张桌子/工作台靠墙放。让每位学员坐在桌子/工作台上并且他们的骨盆直立靠在墙上。说明学员应该尽可能地坐直。
说明：学员将以这种姿势坐大约 5 分钟，然后进行反馈。</td></tr>
<tr><td>监督</td><td colspan="2">密切地监督各组。
确保每位学员了解活动。
确保桌子/工作台靠墙并且每位学员坐着时骨盆直立并接触墙面。
如果必要，引导学员。</td></tr>
<tr><td>时间</td><td colspan="2">允许 5 分钟活动。
允许 5 分钟反馈。</td></tr>
<tr><td rowspan="4">反馈</td><td colspan="2">提问：像这样坐舒适吗？可能坐直吗？</td></tr>
<tr><td colspan="2">回答：</td></tr>
<tr><td colspan="2">● 学员应该感觉到好像墙在向前推他们的上半身；
● 他们感觉到，为了坐直他们不得不向前移动骨盆。</td></tr>
<tr><td>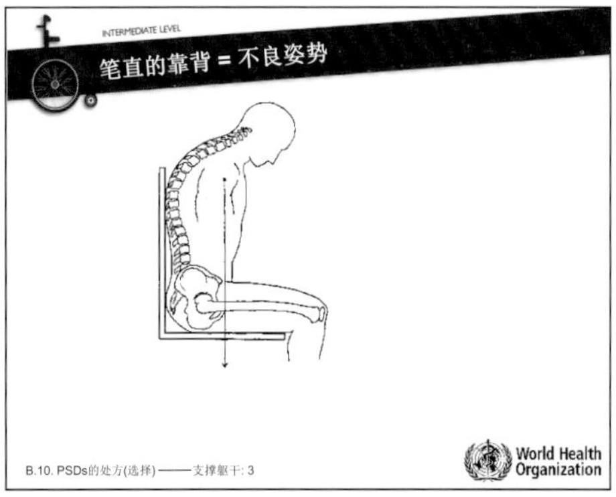
</td><td>说明：
● 不舒适的原因是平的墙面阻碍了直立的坐姿。
● 墙面不允许背部向后移动，超过骨盆线。
● 这与人们坐在直背的轮椅上是同样的道理。</td></tr>
</table>

说明：我们已经看到稳定骨盆的不同方法。然而非常重要的是看到躯干如何支撑在骨盆上方，如处于中立位坐姿（如果可能）或支撑下尽可能接近中立位坐姿。

小组活动	
分组	把学员分成 3 组。
指导	给每组编一个号码（1～3）并且分配《实训手册》（B. 10：PSDs 的处方（选择）——支撑躯干）中一个适合的轮椅使用者故事。 给每组一辆轮椅，满足（尽可能接近）分配给他们的轮椅使用者故事中描述的轮椅。为每组分配 PSD 材料、硬泡沫塑料块和楔形块。 说明： ● 每组仔细地阅读他们的轮椅使用者故事。 ● 每组有个性化需求的不同轮椅使用者。故事中描述的每位轮椅使用者需要支撑他们的骨盆和躯干。其中的两位轮椅使用者有僵硬髋关节的问题。 ● 根据故事中描述的轮椅使用者需要，每组应决定如何才能提供对应的支撑。 ● 每组应该尝试思考不同的选择和方法来制作 PSDs。 说明： ● 学员应该使用可得到的不同材料在提供给他们的轮椅上“模拟”至少 1 种解决方案（教师应该指出可得到的材料）。 ● 鼓励学员在任何时候向教师提问。 ● 学员应该准备向其余的组员展示他们的轮椅使用者故事和解决办法。 说明： ● 学员有 60 分钟来完成分配的轮椅使用者故事和有关的任务。每组将向全体学员反馈针对姿势问题可能的解决方案。让学员先不要完成每个轮椅使用者故事后面的中级轮椅处方表。在每位学员向全体学员反馈并且处方（选择）解决方案得到全体学员的同意后，方可完成该表。
监督	密切地监督各组。 确保每组明白活动。 鼓励每组使用他们得到的轮椅和材料来“模拟”PSDs，为他们的轮椅使用者提供支撑。 确保每组按照顺序：骨盆＋髋关节→躯干。 如果必要，引导学员。
时间	允许 60 分钟活动。 允许 45 分钟反馈。

续表

反馈	让每组向其余的小组展示他们的轮椅使用者故事。 学员应该： ● 简要概括他们的轮椅使用者情况； ● 展示他们想出的解决办法来为轮椅使用者提供他/她需要的支撑。 每组提出一个解决办法后，向全体学员提问： ● 他们同意这种解决办法吗？为什么？ ● 还有其他办法可以提供这种支撑吗？ 鼓励学员考虑不同的技术方案，这可能取决于可得到的材料和设备。 确保提供正确的答案。如果有困惑，鼓励全体学员一起解决问题。下面的教师提示作为引导。 总之，强调每组的第一优先是（或应该是）稳定骨盆。

教师提示：

马克16岁，是一位高位脊髓损伤者。他有一辆悬吊式椅座和靠背的轮椅。他的轮椅尺寸是正确的并且有一个软的、平面的泡沫塑料坐垫。

马克发现自己很难坐直。他的腰弯着，他在轮椅上会向前滑。他坐骨下和肩胛骨旁的皮肤上有红斑。

提供哪种PSDs有助于马克在他的轮椅上坐直？

马克的评定显示他能够在支撑下以中立位姿势坐。用于支撑他中立位坐姿的PSDs是：

骨盆：

● 坐骨前垫高，支撑骨盆在中立位坐姿并阻止骨盆前倾；

● 骨盆后垫，支撑骨盆上部保持在中立位坐姿并且阻止骨盆前倾；

● 骨盆带（如果必要），保持骨盆在正确的坐姿并且阻止马克滑出骨盆后垫和坐骨前垫高。

躯干：

● 增加靠背高度，在他的肩胛骨后面提供支撑（注意，马克在良好的骨盆支撑下时坐得更直，他将需要增加靠背高度）。

续表

这些支撑如何加入到马克的轮椅中？
1. 椅座/坐垫： ● 为马克制作一个新的，带坐骨前垫高和软泡沫塑料顶层的波形坐垫。 2. 靠背： 骨盆后垫可以用不同的方式加入，包括： ● 选项1：把一个可调垫块带加入到靠背面料的后面并且围绕靠背杆固定它； ● 选项2：固定一块硬泡沫塑料在靠背面料的后面，用一根带子围绕靠背杆固定它； ● 选项3：增加一个可调张力的靠背，并且调整它使其为马克的骨盆上端提供稳定的支撑； ● 选项4：用一个硬靠背替换悬吊式靠背。该靠背是由一层硬泡沫塑料和一层软泡沫塑料组成，并且在它们之间加入一层硬泡沫塑料骨盆后垫。用可清洗面料来做靠背套。这个选项意味着轮椅不能再折叠了。 靠背高度可能用不同方式升高： ● 选项1：如果靠背杆延伸到需要的高度，则增加一段面料并固定在靠背杆上； ● 选项2：如果靠背杆不够高，则要延长靠背杆。这可能通过切断靠背杆并且插入一个稍微细的硬木棒或中间空的金属管。在适当的位置用螺钉固定（如果是木棒）或焊接（取决于金属的类型）放入的管子，并且增加附加的靠背面料，或用一个延长到需要高度的靠背来更换原有的靠背（例如，张力可调靠背）； ● 选项3：取下现有的靠背面料，然后配一个正确高度的硬靠背并用螺栓固定在靠背杆上，或用托架固定。这个选择意味着轮椅不能再折叠。 3. 带子： ● 在椅座固定杆上安装骨盆带。

约瑟芬35岁，是一位脊髓损伤者。她生活在农村，是当地教堂的一位活跃成员。她以前得到了一辆长轴距的轮椅，由于她家人可以容易地推着这辆轮椅经过粗糙的乡村地面，所以她很喜欢。当在家中的平坦地面时，她可以自己推一会儿。轮椅的尺寸对她合适，有一个硬靠背和椅座。她有一个厚的平面泡沫塑料坐垫。

约瑟芬在轮椅上不舒适，并且她发现很难推动自己。她坐着时骨盆向后滚（骨盆后倾）并且她的躯干向前弯。

续表

为了帮助约瑟芬尽可能地在她的轮椅上坐直，应该提供哪种 PSDs?
在约瑟芬的评定过程中，发现她无法以完全中立位坐姿坐。她的骨盆是僵硬的后倾并且她无法使右髋关节完全屈曲至中立位坐姿（角度 100 度）。然而，她的坐姿可以通过在坐骨下给予临时支撑、稳固的骨盆支撑和躯干后部支撑得到改善（变得更直立）。 PSDs 可以帮助支撑约瑟芬更接近中立姿势坐，并且更加稳定和使她具有更好的功能性，包括： 骨盆＋髋关节： ● 坐骨前垫高，促进更中立的坐姿和阻止她的骨盆向前滑； ● 降低右侧椅座前部的高度以适应僵硬的右髋关节； ● 也可以加入一条骨盆带，让她的骨盆向后坐在椅座上并且阻止约瑟芬从坐骨前垫高上滑开。 躯干： ● 增加椅座与靠背的角度以适应她僵硬的骨盆后倾； ● 调整靠背形状，支撑她的圆形躯干； ● 如果约瑟芬在这些支撑下坐得更直，但是她的头并不舒适，在适配过程中还要考虑椅座和靠背后倾（整体后倾）。
这些支撑如何加入到约瑟芬的轮椅中?
1. 椅座/坐垫 ● 修改约瑟芬现在的坐垫或制作一个带有坐骨前垫高和降低右侧椅座前部的新坐垫； ● 该坐垫应该有一个硬泡沫塑料层并覆盖一层软泡沫塑料层。 2. 椅座和靠背 ● 增加椅座与靠背之间的角度： — 选项 1：如果轮椅的设计允许椅座与靠背之间的角度可调，调整轮椅使椅座与靠背之间的角度增加以适应约瑟芬需要后倾的角度； — 选项 2：制作一个硬泡沫塑料楔形垫，以支撑约瑟芬的骨盆到她舒适的最直立的姿势并粘贴在硬靠背上。用一层软泡沫塑料覆盖硬泡沫塑料楔形垫和适合约瑟芬躯干形状的泡沫塑料。再用可清洗的面料装饰。 ● 调整靠背形状： — 塑造靠背表面的形状以支撑和适应她的圆形躯干。根据需要支撑的力度，在需要的地方用硬泡沫塑料垫高以塑造形状。当完成时，放一个软泡沫塑料层在靠背的整个表面。确保加入的任何泡沫塑料不会把约瑟芬向前推。

续表

注意：

- 以上对椅座和靠背的修改可能减少椅座的深度。
- 如果椅座深度不够，学员应该考虑怎么办。
- 选项有：
  - 选项 1：检查椅座板是否可以向前移（然后检查推动的位置和双脚是否可以到达脚踏板）；
  - 选项 2：把靠背向后移。一种方法是用托架把靠背固定在靠背杆上。这种情况下，检查约瑟芬的上臂/躯干是否受到靠背杆的限制，她是否能够自由地移动双肩。

3. 带子：

- 在椅座固定杆上安装一条骨盆带。

希恩是一位 3 岁的脑瘫儿童。他有一辆儿童尺寸、可外翻脚踏板、悬吊式椅座和靠背的交叉折叠轮椅。没有桌面板和坐垫。轮椅座深对他合适，但是有点儿宽。他父母没有小汽车，他们走路去大部分地方。他们可以在社区推他，尽管有时他们只是抱他。当在平坦地面时，希恩可以自己推一会儿轮椅。

希恩在没有支撑下可以坐直一会儿。10 分钟后他的躯干开始塌陷，他通常向前和向左倾斜。这导致他的骨盆右侧抬起，他左侧坐骨承受更多的体重。他的后背有与他年龄相符的正常弯曲。希恩的妈妈希望他能够与其他孩子一起户外玩耍并且推他的轮椅。

为了帮助希恩在轮椅上尽可能地坐直，应提供哪种 PSDs?

骨盆＋髋关节：

- 坐骨前垫高——保持希恩的骨盆在中立位坐姿和在椅座的后部；
- 骨盆侧垫——帮助支撑他的骨盆保持在中立位坐姿，右侧不抬起；
- 骨盆带——为了安全（因为他才 3 岁）并且如果他抬起骨盆远离支撑，骨盆带也是必要的。
- 升高椅座前部——适应希恩左右髋关节躯干与大腿之间 80 度的角度；

躯干：

- 左右躯干侧垫——帮助保持希恩的躯干在中立位坐姿和阻止他倒向左侧；
- 桌面板——桌面板有助于为希恩的手臂提供支撑和让他保持良好的平衡来帮助他保持直立时间更久。
- 肩带——可能至少刚开始时需要，或当希恩特别累时，帮助保持他的胸部和肩靠在靠背上；
- 椅座与靠背后倾（整体后倾）——如果希恩继续向前和向左倒，可以加上整体后倾。

续表

这些支撑如何加到希恩的轮椅上？
1. 椅座/坐垫： ● 为希恩做一个坐垫，它有： — 坐骨前垫高； — 升高椅座前部（通过在坐骨前垫高开始的地方加入一个楔形垫并延伸到坐垫的前部，它适合希恩躯干与大腿之间的角度）。 ● 坐垫应该放在硬板上，硬板放在悬吊式椅座上。这将比坐垫放在悬吊式椅座上提供更多的支撑。如果没有使用硬板，确保坐垫的底座有稍微的弧度以贴合悬吊式椅座的形状。 ● 制作骨盆侧垫——把装饰过的硬泡沫塑料块固定在以下任何地方： — 扶手/侧边挡板（用胶水）； — 用支架固定在椅座或靠背上。 2. 靠背： ● 增加躯干侧垫： — 选项 1：用硬靠背替换悬吊式靠背并且固定躯干侧垫到硬靠背上，可能要切割靠背垫以允许躯干侧垫放在正确的位置（尽可能靠近希恩的身体）。确保所有的支架都用软垫包好； — 选项 2：用支架把躯干侧垫固定在靠背杆上。确保支架形状有助于躯干侧垫靠近希恩的身体。 3. 椅座与靠背后倾（整体后倾）： ● 如果椅座与靠背后倾（整体后倾）是必须的，这可以通过上面描述的用一个硬椅座和硬靠背来实现。用支架来固定椅座和靠背，定好位置放好倾斜的椅座和靠背。椅座与靠背之间的角度不能调整。 ● 记住，如果倾斜角度增加了，希恩应该有一个头靠。 4. 带子： ● 安装一条骨盆带到椅座固定杆上； ● 把肩带固定在硬靠背上（顶部和底部）。 5. 桌面板： ● 为希恩装一个桌面板，环绕他的身体，因此他可以把肘和前臂放在上面作为附加的支撑； ● 桌面板应该安装到轮椅扶手上，且要能够容易地装上和取下。

3. 完成中级轮椅处方（选择）表（30 分钟）

小组活动	
分组	让学员按照上次活动同样的分组。
指导	让学员为马克/约瑟芬/希恩完成《实训手册》上的中级轮椅处方（选择）表。 说明：每组只为他们之前服务过的故事中的轮椅使用者完成一张轮椅处方（选择）表。 说明：学员没有对每位轮椅使用者进行身体测量，因此他们不能提供尺寸。然而，学员应该描述/画出需要哪些尺寸。
监督	密切地监督各组。 确保每组理解活动。 活动的反馈环节之前，在各组之间巡视并检查每组的中级轮椅处方表，以检查各组如何能够顺利地完成。注意学员面临的所有困难。 如果必要，引导学员。
时间	允许 20 分钟活动。 允许 10 分钟反馈。
反馈	对于完成中级轮椅处方表，询问学员是否有任何问题。厘清你在活动过程中注意到的所有困难的地方。

4. 要点概括（3 分钟）

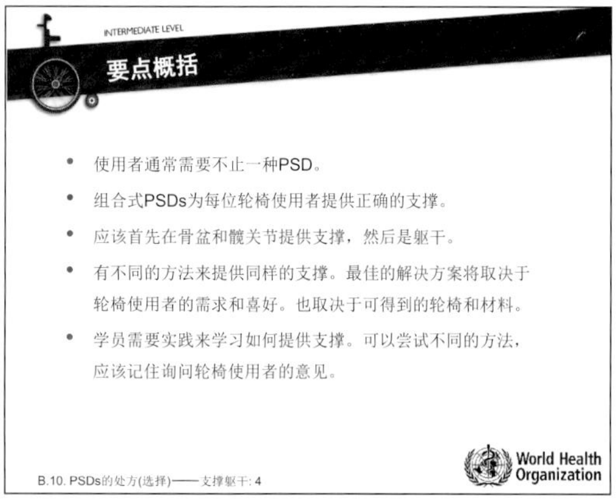

讲出要点。

询问是否有任何问题。

B.11：体位支撑装置（PSDs）的处方（选择）——支撑头部、大腿和小腿

目标	本单元结束后，学员将能够： ☐ 描述为轮椅使用者头部、大腿和小腿提供支撑的 PSDs 和改制。
资源	本单元： ☐ 幻灯片：B. 11：PSDs 的处方（选择）——支撑头部、大腿和小腿； ☐《学员手册》； ☐《实训手册》； ☐ DVD：头部支撑； ☐ 海报：体位支撑装置（PSD）表； ☐ 塑封的体位支撑装置（PSD）表，每位学员 1 张； ☐ PSD 套件； ☐ 轮椅——每组 1 辆； ☐ 泡沫塑料坐垫——每组 1 个。
情境和以前学过的内容	根据学员将工作的情境修改本单元。思考： ☐ PSDs，学员工作环境可得到的 PSD 材料和制作方法。 ☐ 学员将在哪里开展轮椅使用者适配，例如在社区/使用者的家中，在工场或诊所。这可能会影响他们工作的方法和 PSDs 的选择。
准备	☐ 收集资源，检查幻灯片和浏览单元计划。 ☐ 把体位支撑装置（PSD）表的海报钉起来。 ☐ 把 PSDs 样品从 PSD 套件中取出来，并把它们放在教室前面的桌子上，以便你可以容易拿到。 ☐ 把轮椅样品整齐地摆放在教室前面。

续表

大纲	1. 前言	2
	2. 支撑头部	25
	3. 支撑大腿	60
	4. 支撑小腿和双脚	30
	5. 要点概括	3
	总单元时间	120

1. 前言（2 分钟）

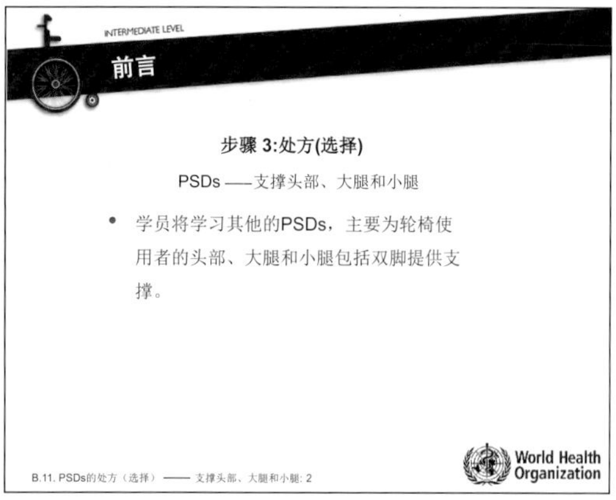

说明：

- 我们已经学习过不同的 PSDs，它们有助于稳定骨盆、支撑有问题的髋关节和支撑躯干。
- 我们将学习其他的 PSDs，主要为轮椅使用者的头部、大腿和小腿包括双脚提供支撑。

2. 支撑头部（25 分钟）

说明：

- 我们在案例故事中看到的轮椅使用者没有一位需要头靠。
- 然而，一些儿童和成人需要头靠。

提问：有学员曾经服务过的儿童或成年人需要头靠的吗？感谢回答并允许简短地讨论。

问题：

- 头会向后、向前或向侧面倒。

说明：

- 幻灯片显示了一个幼儿的插图，他很难保持自己的头直立。
- 插图中，你可以看到他妈妈用手臂支撑他的头。

提问：这位儿童，可能的解决方案是什么？鼓励回答。

回答：

- 首先，提供良好的骨盆和躯干支撑，确保儿童尽可能地稳定。这可能包括：
  - 骨盆：骨盆后垫、坐骨前垫高和骨盆带；
  - 躯干：调整靠背形状为儿童的躯干提供最优支撑，肩带，可能整体后倾。
- 这些 PSDs 可能改善他的头部控制。
- 如果发现儿童保持自己头部直立仍然有困难，提供一个头靠。

教师提示： 强调提供正确的骨盆和躯干支撑的重要性，然后考虑是否仍然有头靠的需求。

提问：头部的哪个地方可以提供支撑？

回答：

- 首先——在颅底提供支撑；
- 如果必要，支撑可以延伸围绕轮椅使用者的头部侧面。

教师提示： 一些学员可能建议使用头带。这应该进行阻止，因为这种形式的支撑可能会不舒适并且有潜在的危险。头带只可以在非常特定的环境并且在密切的监督下使用。

说明：

- 本插图显示了头靠支撑在颅底。

有许多不同类型的头靠。本教程中，我们将介绍两种类型的头靠。

说明：

- 一种是扁平头靠：
  - 它是靠背的延伸；
  - 靠背塑形为骨盆、躯干上下部提供支撑，并且延伸为头部提供支撑；
  - 扁平头靠为头部提供休息的地方并且阻止头部后仰。

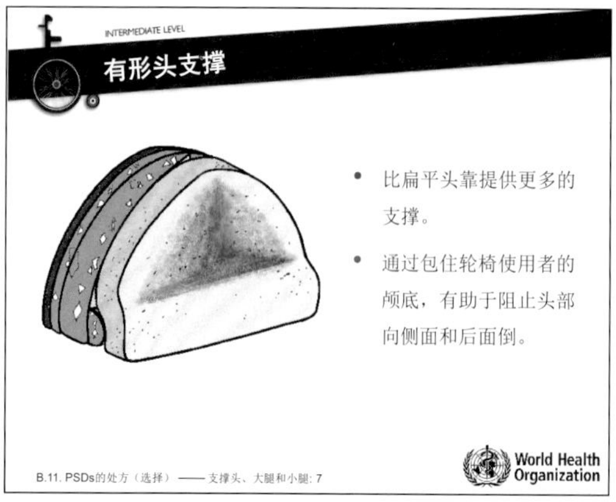

- 另外一种是有形头靠。
  - 它形状像“杯”状用于托住头的底部；
  - 有形头靠可以延伸到两侧，在头部侧面提供更多的支撑；
  - 有形头靠通过包住轮椅使用者的颅底，比扁平头靠提供更多的支撑。

教师提示： 如果当地有其他类型的头靠（并且出现在培训过程中），把它们展示给学员并说明其所有特性。

介绍 DVD：头部支撑。录像中，我们将看到一位幼儿名叫迈克尔，他的妈妈带他来参加评定，因为他很难坐直并且抬起头困难。在身体检查的过程中，轮椅服务人员发现：

- 迈克尔的骨盆僵硬后倾；
- 迈克尔的骨盆有向前的趋势并且在轮椅上滑动；
- 迈克尔的上躯干和头向前倒，当他试图把自己的头直立时，他失去对头的控制，他的头向后倒。

观看轮椅服务人员仔细检查的过程，以发现迈克尔需要哪种支撑以及如何在他的轮椅上提供这些支撑。

播放 DVD。

询问是否有任何问题。

3. 支撑大腿（60 分钟）

说明：

我们已经学习过稳定骨盆，支撑髋关节、支撑躯干和提供头靠。

现在我们将特别介绍支撑大腿。

小组活动	
分组	学员分成 3 组。
指导	给每组一辆轮椅和一个泡沫塑料坐垫。让每组看并回答《实训手册》上的 3 个问题（B. 11：PSDs 的处方（选择）——支撑头部、大腿和小腿）。 说明： ● 每组应该看他们得到的轮椅和泡沫塑料坐垫，并思考为了给轮椅使用者提供需要的支撑，他们可以对轮椅和泡沫塑料坐垫（以及其他材料或部件）做些什么。 ● 思考： — 常规轮椅安装； — 轮椅使用者的整个身体； — 大腿需要哪种 PSDs。 说明：每组学员有 30 分钟的时间开展这个活动，然后各组返回原地进行反馈。

监督	密切地监督各组。 确保每组理解活动。 如果必要，引导学员。	
时间	允许 30 分钟活动。 允许 30 分钟反馈。	
反馈		让一组描述他们为乔纳准备的解决方案。询问其他组是否有其他建议。确保学员涵盖所有的关键学习要点（请见下面的教师提示）。
	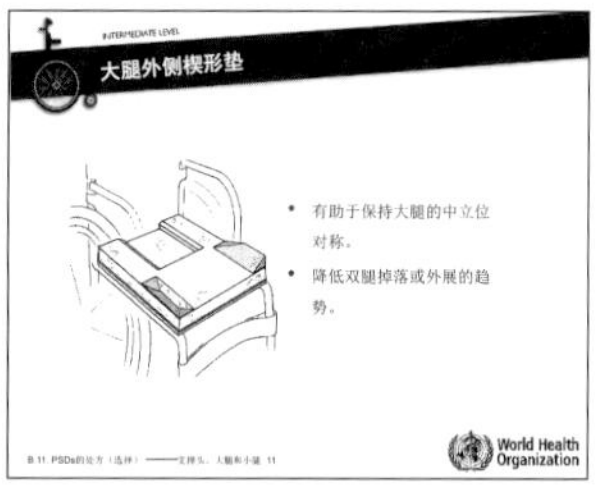	播放大腿外侧楔形垫的幻灯片。
	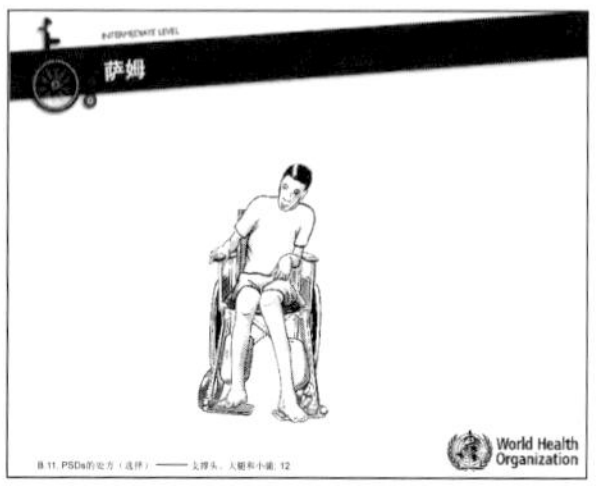	让另一组描述他们为萨姆准备的解决方案。询问其他组是否有其他建议。 确保学员涵盖所有的要点（请见下面的教师提示）。
	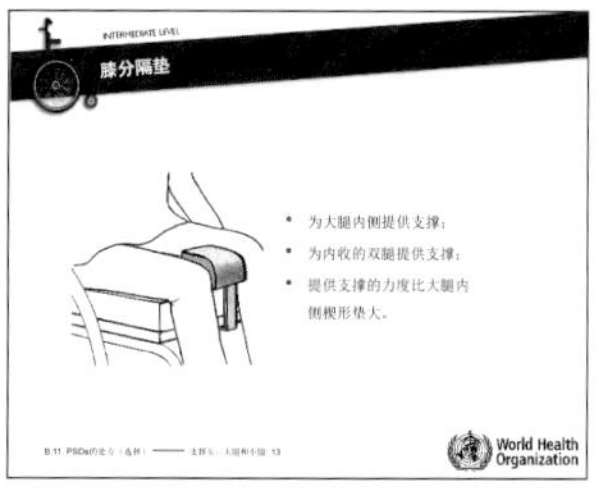	播放膝分隔垫的幻灯片。
	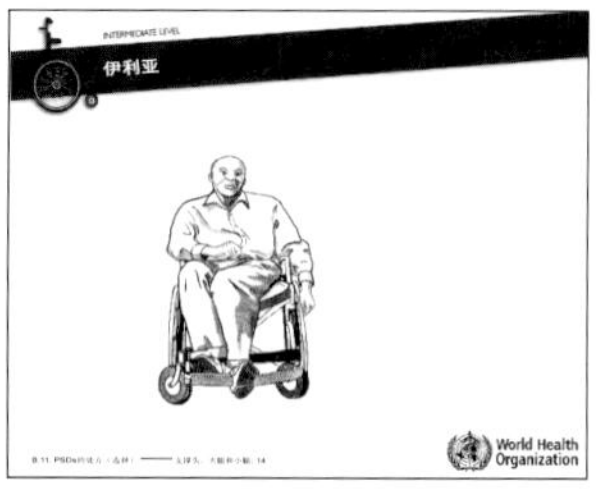	让另外一组描述他们为伊利亚准备的解决方案。 询问其他组是否有其他建议。 确保学员涵盖所有的要点（请见下面的教师提示）。

续表

反馈	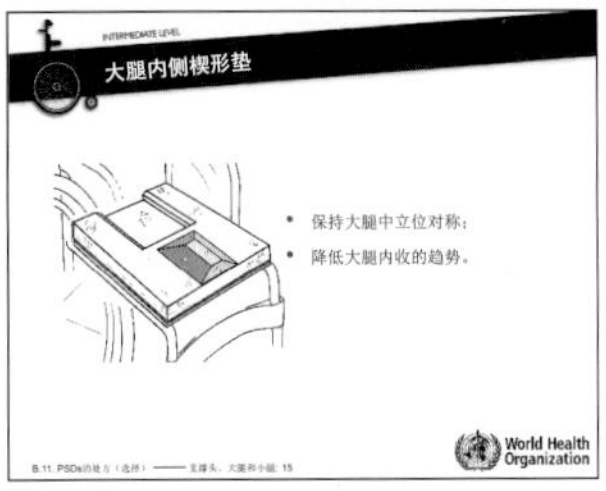	播放大腿内侧楔形垫的幻灯片。

教师提示：

	● 乔纳来参加评定。在用手模拟的过程中，你发现乔纳的双腿向外倒（外展），但是轻轻地支撑你可以把他的双腿放到中立位坐姿（膝关节靠在一起）。 ● 你认为可以对他的轮椅和坐垫做哪些调整以帮助他坐着时双腿放在中立位？	对乔纳轮椅可能的调整： ● 靠背降低些； ● 椅座深度看起来太短，应该加长些； ● 脚踏板看起来太高，这会导致腿的不良姿势； ● 整体——这辆轮椅对他太小了，他可能需要一辆大些的轮椅。 对乔纳坐垫可能的调整： ● 坐骨前垫高可以帮助他坐得更直立（仅从前面难以判断，然而他看起来有下滑趋势）； ● 大腿外侧楔形垫保持大腿在正确的位置。 大腿外侧楔形垫如何制作？ ● 把楔形垫粘在坐垫顶层并确保它们是牢固的并有一个紧密合适的套； ● 在坐垫前部切一个口子后插入硬泡沫塑料楔形垫并进行粘贴。 要点： ● 乔纳需要在他的大腿上有支撑，然而整个画面需要处理。 ● 乔纳大腿上只需要柔和的支撑，因此楔形垫就足够了（乔纳的案例中，不需要用大腿外侧垫）。

续表

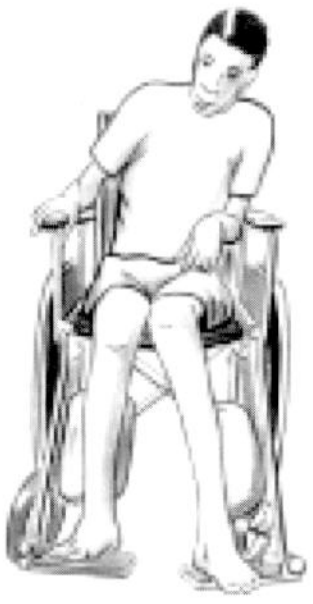	● 萨姆使用这辆轮椅已经两年了。他是脑损伤，他的双腿很僵硬和强直。在评定中你发现萨姆的双腿内收但是你可以把他的双膝分开处于更中立的坐姿。然而，这需要相当大的力量。当他的膝关节处于更加中立的坐姿时，萨姆感觉更平衡了。 ● 你认为你可以对他的轮椅和坐垫做哪些调整，以帮助他坐的时候双腿处于中立位坐姿？	萨姆轮椅可能的调整： ● 萨姆需要一个坐垫； ● 更多的靠背支撑包括躯干侧垫/楔形垫； ● 萨姆的轮椅太宽； ● 脚踏板不在同一水平，可能需要维修或更换； ● 可以考虑更换悬吊式椅座为硬椅座来帮助减少大腿内收（在悬吊式椅座中会促进这种姿势）； ● 整体——对于长期的轮椅使用者这不是一辆理想的轮椅。 萨姆坐垫可能的调整： ● 坐骨前垫高有助于支撑姿势； ● 膝分隔垫可以保持萨姆的大腿分开，只是大腿持续受力。 膝分离垫如何制作？ ● 考虑把悬吊式椅座更换为硬椅座并且安装一个膝分隔垫在上面（安装到椅座下面的托架上，萨姆坐上去后就锁好，他转移时拿掉）。 学习要点： ● 对于乔纳——整体形象需要处理。 ● 把萨姆大腿分开需要的强大力量显示，在他的案例中，需要用膝分隔垫的方式提供有力的支撑而不是由大腿内侧垫提供的柔和支撑。

续表

	● 伊利亚很满意，他的轮椅可以折叠，并且他能够把它放进汽车往返工场。然而他的后背疼痛并且发现他的双腿相互交叉在一起。在评定过程中，你发现伊利亚能以中立位坐姿坐，在柔和的支撑下他的双腿能坐到中立位坐姿。 ● 你认为你可以对他的轮椅和坐垫做哪些调整以帮助他坐的时候双腿处于中立位坐姿？	伊利亚轮椅可能的调整： ● 拉紧悬吊式椅座以减少下垂； ● 检查脚踏板高度。 对伊利亚坐垫可能的调整： ● 坐骨前垫高有助于支撑姿势； ● 尝试在坐垫中加入大腿内侧楔形垫，有助于保持大腿在中立位坐姿。 大腿内侧楔形垫如何制作？ ● 把楔形垫粘在坐垫顶层并确保它们牢固并有一个紧密合适的套； ● 在坐垫前部切一个口子后插入硬泡沫塑料楔形块并进行粘贴。 学习要点： ● 对于其他——整体形象需要处理。 ● 伊利亚喜欢他的轮椅可以折叠——因此加入一个硬椅座可能使折叠变得困难。然而，一块薄板放进坐垫套内，在坐垫下面，可以提供更多的支撑并且不会造成转移困难。

4. 支撑小腿和双脚（30 分钟）

说明：

我们现在将介绍 PSDs，它为小腿提供支撑，包括支撑或适应僵硬的非中立位坐姿的双脚和膝关节。

记住——这些解决方法应该根据需要，与轮椅使用者骨盆、躯干、头和颈的支撑一起提供。

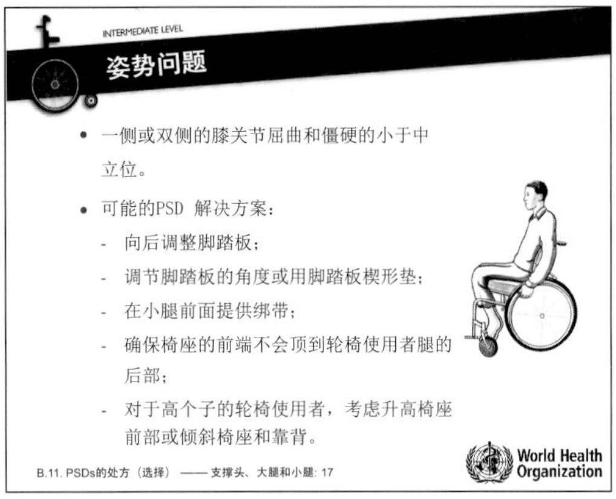

问题：

- 一侧或双侧的膝关节屈曲和僵硬的小于中立位坐姿。

可能的 PSD 解决方案：

- 如果可能，向后调整脚踏板。
- 如果可能，调整脚踏板的角度以适应脚的位置，如果不行，则用脚踏板楔形垫。
- 加一条绑带在小腿前面用于支撑和保护。
- 如果椅座的前端压迫轮椅使用者腿/双腿后面。可能需要把椅座稍微缩短并向后斜切坐垫。
- 对于高个子的轮椅使用者，考虑升高椅座前部或倾斜椅座和靠背。通过这样做，轮椅使用者的双脚抬高了、更向前了并且可能在标准脚踏板的调整范围内。

当进行这些调整时，确保小脚轮仍然可以自由转动而不碰到脚踏板或轮椅使用者的双脚。

如果这些调整在现有的轮椅上不可能或不能提供足够的调整，可能需要一些改制。

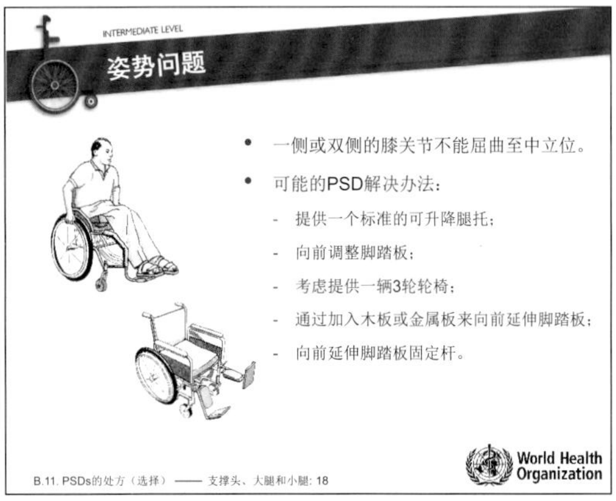

问题：

- 一侧或双侧的膝关节不能屈曲至中立位坐姿。

可能的 PSD 解决办法：

- 如果有，提供一个标准的可升高腿托。
- 如果可能，向前调整脚踏板。
- 如果有，考虑提供一辆 3 轮轮椅。把脚踏板加在中间横杆的上面。
- 通过加入木板或金属板来向前延伸脚踏板。
- 向前延伸脚踏板固定杆，这可能需要焊接并且应该由具有丰富技术知识和技能的金属加工工人来实施。

无论决定用何种解决方法，重要的是设法确保轮椅的总长度维持在最小。

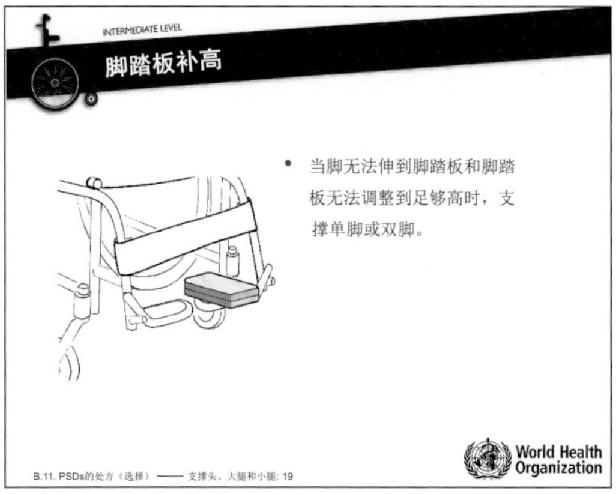

问题：

- 一侧或双侧的脚不能伸到脚踏板和脚踏板无法调整到足够高。

可能的 PSD 解决办法：

- 脚踏板补高——脚踏板可以双脚或单脚补高（如幻灯片所示）。

问题：

- 踝关节僵硬的非中立位姿势。

PSD 解决办法：

- 脚踏板楔形垫——可以用于支撑现在的姿势和帮助预防踝关节的进一步变化。

根据轮椅使用者脚需要的支撑，大部分脚踏板楔形垫需要个性化制作。

脚踏板楔型垫的目的是增加轮椅使用者脚在脚踏板上的接触面积。

问题：

- 脚向后掉。

PSD 解决办法：

- 小腿带——小腿带通常与轮椅配套提供或可以用皮带材料和魔术贴做成。

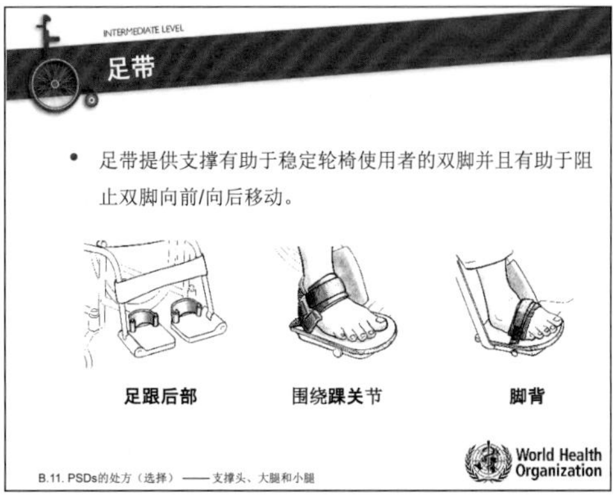

问题：

- 脚在脚踏板上有不随意的运动或不稳定。

PSD 解决办法：

- 足带。

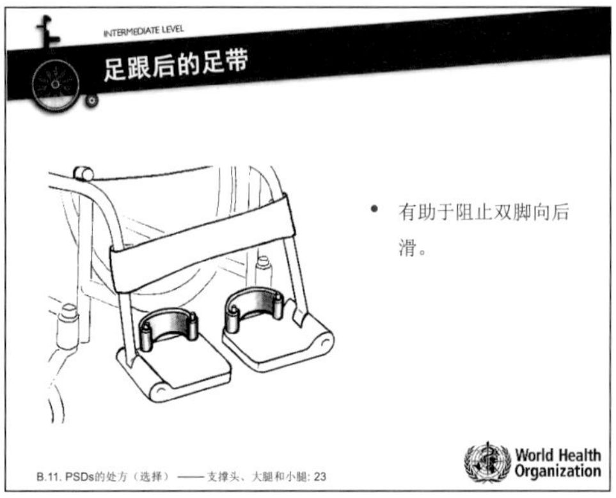

足带在足跟后面有助于预防足向后滑落。

绕踝足带有助于防止足部向前滑动并阻止足跟抬起来。

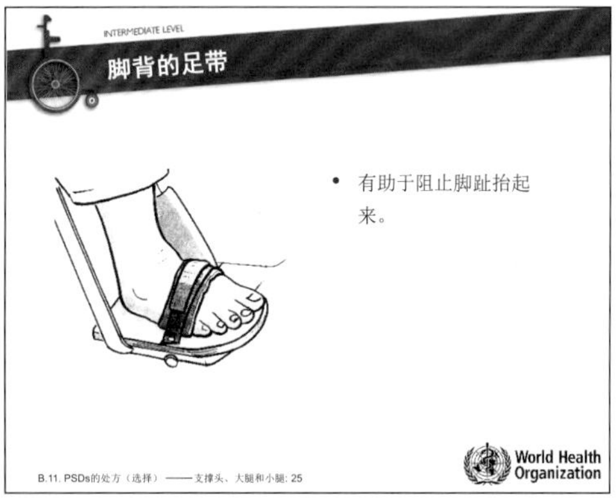

足带在足前部有助于阻止脚趾抬起。

5. 要点概括（3 分钟）

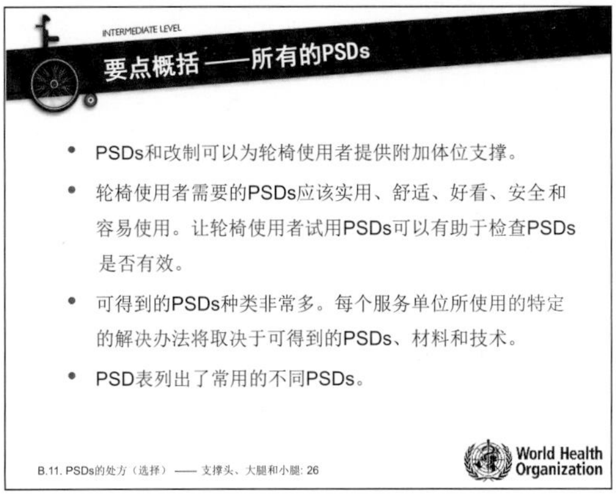

说明：

这些要点与之前介绍 PSDs 的所有单元密切相关。

讲出要点。

询问是否有任何问题。

实操一：评定和处方（选择）

目标	本单元结束后，学员将能够： ☐ 在小组中和协助下演示中级轮椅评定。 ☐ 在小组中和协助下演示制定中级轮椅处方。
资源	☐ 教师观察表：实操一； ☐ 肖像同意表； ☐ 中级轮椅评定表和中级轮椅处方（选择）表； ☐ 海报：体位支撑装置（PSD）表； ☐ 塑封的体位支撑装置（PSD）表——每位学员 1 张； ☐ 清洁和私密的检查空间和检查床以及每位轮椅使用者的私密屏风； ☐ 一些硬泡沫塑料块——整组几块； ☐ 一些硬泡沫塑料楔形块——整组几块； ☐ 轮椅和坐垫样品（如果评定不是在社区进行）； ☐ 数码相机； ☐ 卷尺或游标卡尺——每组 1 个，足垫块——每组 1 套。

续表

情境和以前学过的内容	根据学员将工作的情境修改本单元。思考： ☐ 文化因素——例如，不同性别的学员同组开展评定是否合适； ☐ 当学员为轮椅使用者开展轮椅评定时，注意由身体接触引起的任何文化问题； ☐ 语言因素——例如，参与的轮椅使用者是否与所有学员讲相同的语言； ☐ 当评定或处方轮椅时，主办/培训机构可能需要的所有文件，例如服务机构需要收集轮椅使用者取得服务的任何附加信息（例如，转介来源）； ☐ 教师将如何处理在评定/处方中出现的问题，这些问题无法在单元或培训项目中得到解决。例如，轮椅使用者可能有其他需求，在单位或培训项目中无法提供或完成需要的转介或移动设备/PSDs。	
准备	☐ 与轮椅使用志愿者确定时间和行程安排。确保为轮椅使用者和他们的家人/护理者提供茶点。 ☐ 当轮椅使用者到达的时候指定专人去迎接他们，并引导他们在单元开始之前可以待在某个地方。 ☐ 为每组准备一张检查床以及保护隐私的屏风。把所有需要的检查设备放在检查床上。 ☐ 确保轮椅和坐垫样品都安全可靠。 ☐ 如果有超过3组学员，让其他教师来协助管理。 ☐ 决定哪些学员与轮椅使用者在一起工作。 ☐ 把体位支撑装置（PSD）表海报钉起来。	
大纲	1. 评定和处方（选择）实操：	
	● 指导和安装	15
	● 评定	45
	● 处方（选择）	30
	● 反馈	30
	总单元时间	**120**

1. 评定和处方（选择）实操（120 分钟）

教师提示：

1. 拍照：

- 要求每位轮椅使用者签署肖像同意表才进行拍照。确保轮椅使用者明白他们的同意是自愿的并且照片将用于本教程的进一步培训。
- 对已经签署同意的每位轮椅使用者，实操过程中按照以下流程进行拍照：
  - 在他们现在的轮椅上（如果他们有）（正面和侧面）；
  - 在身体检查的过程中（无支撑坐姿）。

2. 观察学员的实操：

- 使用实操一的《教师观察表》来确保各组在实操中执行所有的步骤，并且注意常见的良好实操或需要改进的实操用于反馈。

小组活动	
分组	● 把学员分成 3 人一组。 ● 每组指定一位组长。 ● 告诉每组他们将服务的轮椅使用者姓名。 ● 分配每组一个工作的场地。 ● 向学员说明他们可以在哪里找到必要的器材。
指导	说明以下的所有内容： 单元目标： ● 本实操单元的目标是为一位轮椅使用者进行评定和处方（选择）一辆轮椅。 ● 本训练项目之后，学员将与今天一起工作的同一位轮椅使用者继续工作，适配今天选择的轮椅和提供轮椅使用者培训。 ● 不太可能在本教程中完全完成轮椅使用者的轮椅，应与轮椅使用者进行安排确保完成他们的轮椅。学员应该尽可能多做工作。 组长： ● 每组的组长负责确保评定和轮椅处方（选择）的所有步骤都完成。 ● 组长应该是与轮椅使用者和他们家人/ 护理者之间的主要沟通者。这将避免太多人同时讲话，这可能会造成混乱。

续表

	教师观察和支持： ● 学员可以在任何时候请求协助或解释。 ● 在整个单元，教师将监督每组并根据需要尽可能地提供支持和建议。 ● 完成评定后，学员应该请一位教师来检查他们的中级轮椅评定表。 ● 完成处方后，学员应该请一位教师来检查他们的中级轮椅处方表。 允许的时间： ● 学员应该在 45 分钟内完成评定，30 分钟内完成处方（选择）。 向学员提问：评定的步骤是什么？感谢正确的回答。 向学员提问：处方（选择）的步骤是什么？感谢正确的回答。 服务表格： ● 向每组的组长分发中级轮椅评定表和中级轮椅处方（选择）表。 ● 实操结束后，收集填写的服务表并在下一实操单元分发。 提醒学员他们应该让轮椅使用者积极地参与到每个步骤中。 提问：有问题吗？回答问题。 让每组准备他们将工作的场地，然后把他们介绍给轮椅使用者并开始工作。
监督与支持	密切地监督各组，确保安全地实操，观察和评估学员的技能。 用教师观察表记录你对每组的观察。 整个单元： ● 给予时间提示（口头或写在学员可以看到的白板上）以帮助学员管理他们的时间。 ● 确保轮椅使用者积极地参与。 ● 确保每组成员都积极地参与。 本单元结束后，让学员感谢轮椅使用者的参与，并说明现在将为他们准备轮椅处方（选择），当他们参与下一单元时让他们试用。 在本单元中，为已经签署了肖像同意表的轮椅使用者拍照。

续表

时间	允许 15 分钟指导和安装，45 分钟完成评定，30 分钟完成处方（选择），30 分钟反馈。 用教师观察表追踪时间。
反馈	评价你在实操单元看到的良好实操案例。 注意学员可以改进的任何特别地方——不要强调个人。 提问：有问题吗？

教师提示： 在实操单元重要的是密切地关注时间。上面给出的时间是一个指导——然而，根据学员的经验，轮椅使用者的需求，安装需要的时间，所需要的时间会变化。教师可以根据需要进行调整。

B.12：产品（轮椅）准备

目标	本单元结束后，学员将能够： □ 描述为需要附加体位支撑的轮椅使用者准备轮椅和 PSDs 的过程。
资源	本单元： □ 幻灯片：B. 12：产品（轮椅）准备； □《学员手册》； □ DVD：产品（轮椅）准备； □ DVD：脚踏板修改的制作； □ 海报：体位支撑装置（PSD）表； □ 塑封的体位支撑装置（PSD）表——每位学员 1 张； □ 塑封的中级轮椅安全和准备检查表——每位学员 1 张； □ PSD 套件； □ PSD 材料； □ 工作台或结实的桌子。

续表

情境和以前学过的内容	以前学过的内容： ☐ 有关调整手动轮椅来满足轮椅使用者尺寸的知识已经在《轮椅服务初级教程》中讲过。本单元，学员应该已经能够： — 调整一辆轮椅以适配不需要支撑能够坐直的轮椅使用者； — 用中级轮椅安全和准备检查表来确保轮椅安全和准备使用。 根据学员将工作的情境修改本单元。思考： ☐ 当地可得到的轮椅类型。 ☐ PSDs 和改制在哪里进行，如何开展以及用哪些材料制作。	
准备	☐ 收集资源，查看幻灯片，观看 DVD 并浏览单元计划。 ☐ 把体位支撑装置（PSD）表的海报钉起来。 ☐ 把 PSDs 样品从 PSD 套件中取出来，并把它们放在教室前面的桌子（工作台）上，以便你可以容易拿到。	
大纲	1. 前言	7
	2. 计划和进行轮椅及 PSDs 准备	10
	3. 当制作 PSDs 时应记住什么	10
	4. 用于制作 PSDs 和改制的材料	30
	5. 要点概括	3
	总单元时间	**60**

1. 前言（7 分钟）

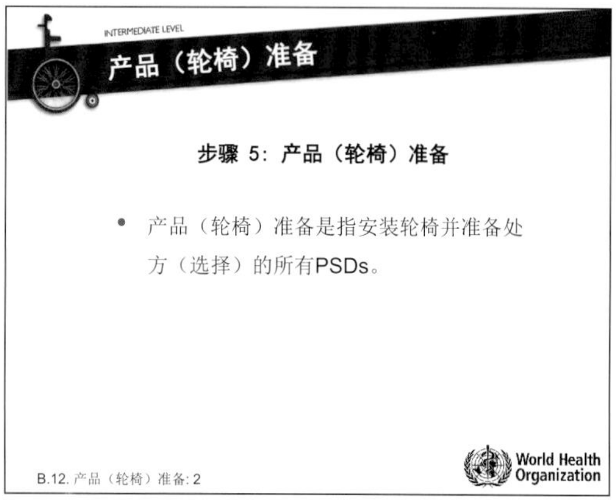

说明：

- 轮椅服务的第五步是产品（轮椅）准备。
- 产品（轮椅）准备是指安装轮椅并准备已经处方（选择）的所有 PSDs。

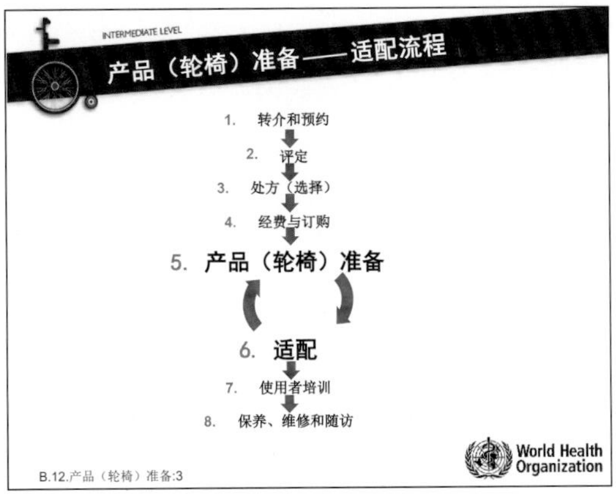

- 在中级教程中，在需要进行适配之前通常只可能准备轮椅到一定程度。
- 轮椅服务步骤中的“产品准备”和“适配”可能需要多次重复直到轮椅正确适配。
- 通常第一次适配之前，PSDs 不完全固定到位。这是为了确保适配后可以对轮椅和 PSDs 进行调整。

提问：当轮椅使用者坐在轮椅上时，学员认为哪些 PSDs 最可能需要进行调整？感谢回答。

答案可能包括以下列出的 PSDs 和其他：

- 头靠、坐骨前垫高、躯干侧垫、脚踏板高度和任何脚踏板的改制等等。

说明：当为需要附加体位支撑的人士准备一辆轮椅时，这是需要记住的重要事情。如果可能，在适配之前尝试准备尽可能多的轮椅和 PSDs，然而不要固定或装饰任何东西，否则再调整是不容易的。

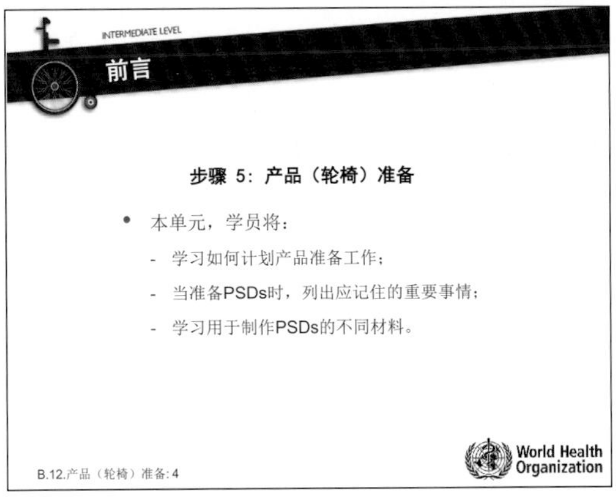

说明：

本单元我们将：

- 学习如何计划产品准备的工作；
- 当准备 PSDs 时，列出需要记住的重要事情；
- 介绍可以用于制作 PSDs 的不同材料。

说明：

本单元结束后，学员将为实操一单元中评定的轮椅使用者准备轮椅。

介绍 DVD：产品（轮椅）准备。

- 本录像中我们将看到准备一辆轮椅的案例。DVD 中的儿童叫阿里。他返回轮椅服务单位检查轮椅的原因是，这辆轮椅不能像他需要的那样提供支撑。
- 阿里脊柱侧弯（脊柱向一侧弯曲）并且他的骨盆移向一侧且僵硬。他的躯干肌肉力量很差。轮椅服务人员为他增加轮椅上的支撑。
- 注意两位轮椅服务人员如何密切地合作，包括阿里和他母亲参与所有的讨论。
- 同时注意 PSDs 的适配如何在每次改变/调整的时候进行检查。

播放 DVD。

询问是否有任何问题。

2. 计划和进行轮椅及 PSDs 准备（10 分钟）

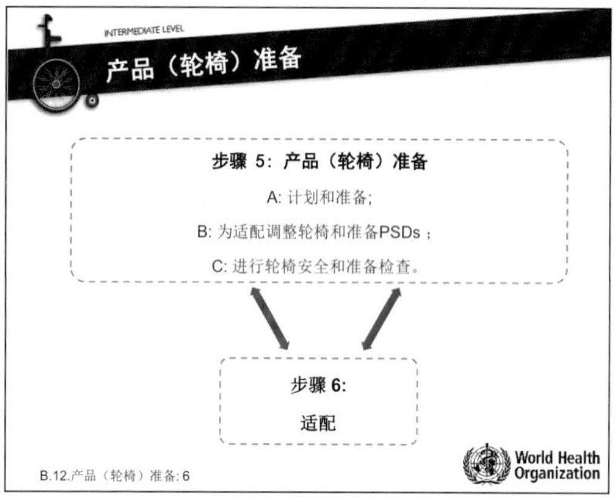

说明：

- 本教程中我们将按照以下顺序工作：

  A：计划和准备；

  B：为适配调整轮椅和准备 PSDs。

  C：进行轮椅安全和准备检查。

A：计划和准备

- 开始准备轮椅前，重要的是计划工作。
- 如果轮椅准备工作交给其他人做（例如车间的技术员），或如果不止一个人在准备轮椅，详细计划尤为重要。

计划和准备可能包括以下的步骤：

- 检查中级轮椅处方（选择）表：
  - 确保每个人都理解表上的所有信息；
  - 确保表上有足够的信息来准备轮椅。例如，所有需要的尺寸都有吗？不同 PSDs 的描述够详细吗？可能需要进一步的讨论或厘清。

● 决定在选择的轮椅上如何实现必要的支撑：

  — 观察将要使用的轮椅并提问：

    — 对实际的轮椅可以做哪些调整以提供必要的支撑？

    — 轮椅上已经有了哪些 PSDs？

  — 如果改制或需要增加 PSDs，决定：

    — 有预制的支撑可以使用吗？如果有，如何安装到轮椅上？

    — 如果改制或 PSDs 需要由原材料制作，将使用什么材料，并且 PSDs 如何固定到轮椅上？

    — 记住思考 PSDs 和轮椅将如何一起发挥作用。

● 准备任务列表：

  — 列出准备轮椅需要完成的任务；

  — 如果不止一人做这项工作，决定谁负责哪项任务。

B：为适配调整轮椅和准备 PSDs

● 请参考《学员手册》第 112－127 页上“如何制作 PSDs”部分。

C：进行轮椅安全和准备检查

轮椅安全和准备检查表已经在轮椅服务初级教程中讲过了。让学员参考《轮椅服务中级教程》之《学员手册》上的中级轮椅安全和准备检查表。

提问：有人对使用这个检查表熟悉吗？有人对于完成这个检查表有问题吗？回答任何问题。

● 这个检查表应该在轮椅使用者来适配之前完成。

● 每次适配之后，可能需要进一步的调整。

● 在轮椅使用者试用轮椅之前，每次轮椅调整或修改后，都应该进行检查确保安全和准备使用。

说明：记住，在轮椅正确地适配之前，“产品准备和适配”步骤可能需要重复好几次。

3. 当制作 PSDs 时应记住什么（10 分钟）

说明：教程开始的时候，我们已经讨论了轮椅使用者的需求。我们讨论过重要的是确保轮椅和附加体位支撑应该：

- 实用和方便使用；
- 舒适和不会导致其他的不舒适；
- 有助于轮椅使用者做想做的事情并且不困难；
- 好看又不要太“显眼”。

说明：当准备一辆具有附加体位支撑的轮椅时，以下技巧有用：

（1）PSDs 应该提供足够的支撑

提问：当你在实操单元为轮椅使用者服务时，你总是用整只手来提供支撑吗？鼓励回答。

回答：

- 有时候整只手；
- 有时候只是手指尖；
- 有时候部分手。

说明：每位轮椅使用者的支撑程度会有所不同。PSDs 应该在正确的地方以及正确的接触表面区域为每位轮椅使用者提供需要的支撑。

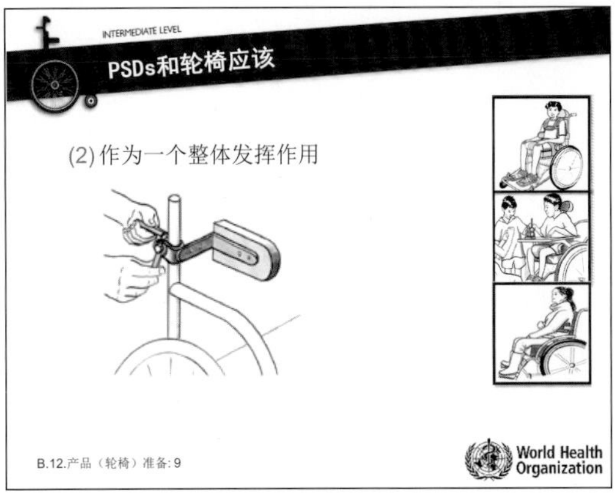

（2）PSDs 和轮椅作为一个整体系统发挥作用

- 轮椅加入附加体位支撑会改变整体系统。例如：
  - 加入 PSDs 可能改变轮椅的内部尺寸。

提问：哪些 PSDs 最可能影响一辆轮椅的内部部件尺寸（例如座宽和座深）？感谢回答。

回答：

- 加入骨盆侧垫会减少座宽；
- 在靠背表面加入任何 PSDs 可能减少座深，包括：
  - 骨盆后垫；
  - 加入一个楔形垫以增加椅座与靠背的角度；
- 加入一个坐垫或增加坐垫的高度将升高轮椅中的轮椅使用者，实际上缩短了坐垫顶端到靠背顶端的距离。

说明：轮椅和 PSDs 相互影响的其他例子是：

- 加入 PSDs 会改变轮椅的重心，使其容易或难以翻倒（例如加入头靠或重的部件）。

（3）避免产生高压区域

PSDs 有时会在轮椅使用者身体的特定部位产生压力。例如：

- 如果轮椅使用者需要很多支撑以防止其偏向一侧，他的躯干侧垫可能处于高压力区域。在这种情况下，考虑通过增加表面积来分散压力。应该确保在 PSDs 表面和绑带下有足够的衬垫。

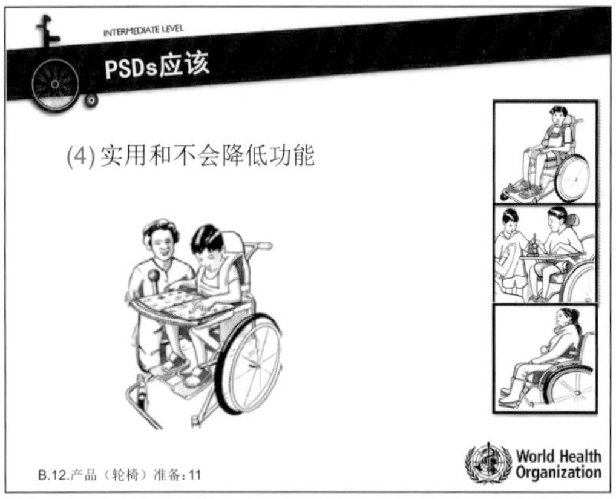

（4） 确保 PSDs 实用和不会降低功能

提问：确保 PSDs 实用和不会降低功能，需要考虑哪些事情？

回答：

- 如果轮椅使用者现在用汽车行李箱运输他们的轮椅，确保加入的所有 PSDs 同样能放进去。
- 如果轮椅使用者现在独立地转移，加入的所有 PSDs 让他/她转移变得困难吗？
- 轮椅使用者（或他/她的护理者）仍然容易地够到刹车吗？
- 如果轮椅使用者能够自己推动轮椅，他/她仍然能够这样做吗？

说明：

记住，轮椅使用者需要轮椅和椅座实用并且容易使用，并且有助于他们尽可能地活跃。

说明：

- 一些 PSDs 非常简单，可以在简易的工场制作。其他可能比较复杂需要更多的技能和设施。
- 轮椅服务人员不必亲自改制或制作 PSDs。他们可以与技术人员合作。轮椅服务人员可以说明他们需要什么以及如何发挥作用，技术员应该想出办法如何用当地可得到的材料和工具制作出来。

4. 用于制作 PSDs 和改制的材料（30 分钟）

教师提示：

- 本部分将根据学员当地可得到的材料而调整，并且这些材料可以用于本教程的演示。
- 本单元最好在实操二中制作 PSDs 的同一工场进行。把材料放置在一张大工作台上，并让学员聚在一起。

介绍 DVD：脚踏板修改的制作。本录像中我们将看到轮椅服务人员为塔西进行脚踏板改制，他的踝关节有明显的僵硬且不处于中立位。仔细地观看使用的材料。播放 DVD。

提问：使用了什么材料来进行脚踏板改制？

回答：

- 硬“EVA”泡沫塑料；
- 也可以用橡胶人字拖鞋；
- 泡沫塑料胶水/黏合剂。

展示下面列出的不同材料的例子和使用这些材料来制作的不同 PSDs。

说明选择材料可以用于制作什么以及选择材料时要关注哪些内容。

使用下面的注释来指导你。

材料	用于制作 PSDs 或改制的材料	当制作 PSDs 或改制选择材料时的关注要点
金属/塑料/木材	金属/塑料/木材形成 PSD 的结构，例如硬椅座和靠背。 木材或金属可以用来制作支架，固定躯干侧垫到靠背上。	12mm 的胶合板用来制作硬椅座和靠背非常有用。它很坚固但是重量相对较轻。船用胶合板最耐用，但是比较贵。 如果有，3mm 的铝板和 6mm 的亚克力板或 ABS 塑料板也能用于制作硬靠背。在板中加入一层可以增加刚度。

续表

泡沫塑料/衬垫	泡沫塑料用于包覆 PSDs 与轮椅使用者身体直接接触的区域。 硬泡沫塑料能保持其形状，用于实现 PSDs 需要的形状来提供正确的支撑。 较软的泡沫塑料用于增加舒适性并降低压力。 使用泡沫塑料的例子： ● 软泡沫塑料应该加到带子上以分散压力和增加舒适性； ● 硬泡沫塑料可以用于制作躯干侧楔形垫，加入到坐垫上做成大腿外侧楔形垫或大腿内侧楔形垫； ● 非常硬的泡沫塑料（例如，EVA）可以用于制作脚踏板补高或脚踏板楔形垫和躯干侧垫。	在当地市场寻找并参观泡沫塑料、鞋、床垫和家具厂发现当地可得到的泡沫塑料。 尝试找到当地不同厚度（25mm 和 50mm）和不同硬度的泡沫塑料样品。EVA 是非常硬泡沫塑料的样品，它对提供坚固的支撑和 PSD 的结构有用。EVA 有时可以在生产鞋的工厂找到。用于制作人字拖的硬橡胶可以用来代替 EVA。 质量好的聚合泡沫塑料是中等硬度泡沫塑料的实例。聚合泡沫塑料可以用作波形/多层坐垫的底座，制作骨盆后垫或坐骨前垫高，或在硬靠背上塑造轮廓。 软“床垫泡沫塑料”是软泡沫塑料用于舒适层的实例。 如果没有硬泡沫塑料底座，最常用、便宜的“非常软”的泡沫塑料不太适合单独用于制作减压坐垫。 椰壳纤维（椰子纤维）可以用来代替硬泡沫塑料。
面料	面料用于包覆 PSDs。	寻找一种耐用和便于清洁的面料（通过擦拭或取下清洗）。如果轮椅使用者大小便失禁，防水面料对于椅座、坐垫和靠背都有用。柔软的、T 恤类材料（棉或棉/莱卡）可以用作头靠和躯干侧垫和躯干侧楔形垫。有弹性的面料更容易适应 PSDs 的形状。 合成面料通常比天然面料让人感觉更热。 如果可能，尝试提供至少几种不同的颜色让轮椅使用者选择。

续表

尼龙带/尼龙搭扣/带扣	尼龙带/尼龙搭扣/带扣用于制作绑带，包括骨盆带、肩带、小腿带和足带。	25mm、35mm 和 50mm 的尼龙带是有用的。带子越宽压力越均匀。熔化尼龙带的切割端以防磨损。棉织带效果差些。 插扣（例如背包上使用的）非常容易使用。如果有，使用质量好的插扣将会更耐用。通过把它们合在一起和分开来测试。它们应该容易地分和合，除非松开否则不被拉开。 尼龙搭扣是一个好的紧固件，然而，它需要保持清洁，否则会失效。 软泡沫塑料垫应该放在所有的织带下面以保护轮椅使用者的身体。
黏合剂	黏合剂用于粘合木材和泡沫塑料。	有木材胶（通常称为白胶水或 PVA）和泡沫塑料胶（接触黏合剂、鞋胶水或黄胶水）。 确保使用黏合剂的所有人都知道如何正确地使用。
紧固件	紧固件用于安装 PSDs 在轮椅上。	有用的紧固件包括： ● 螺栓及螺母（最好是锁紧螺母）和垫圈。 ● T 形螺母（取代螺母钉进胶合板）； ● 订书针（用于固定装饰面料）。 避免使用尖的螺钉，因为如果 PSD 损坏了，它们会导致危险。

5. 要点概括（3 分钟）

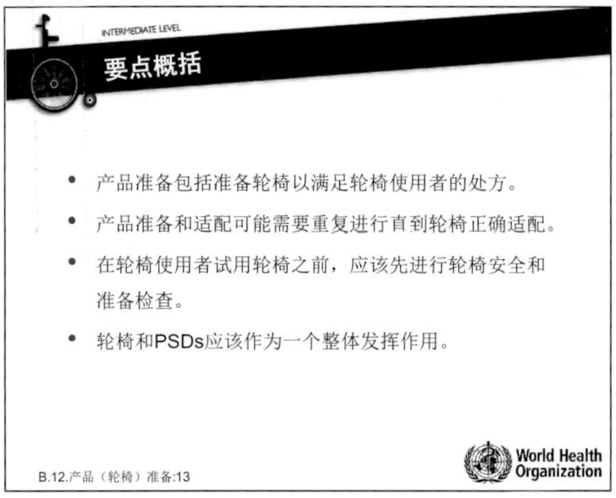

讲出要点。

询问是否有任何问题。

实操二：产品（轮椅）准备

目标	本单元结束后，学员将能够： ☐ 在小组中和协助下演示为需要附加体位支撑的轮椅使用者准备轮椅和 PSDs 。
资源	☐《实训手册》； ☐《教师观察表》：实操二； ☐ 实操一的空白和完成的中级轮椅评定表和中级轮椅处方（ 选择）表； ☐ 海报：体位支撑装置（PSD ）表； ☐ 塑封的体位支撑装置（PSD ）表，每位学员 1 张； ☐ 塑封的中级轮椅安全和准备检查表，每位学员 1 张； ☐ PSD 套件； ☐ 轮椅和 PSD 材料； ☐ 工作台和工具箱，每组 1 个。
情境和以前学过的内容	以前学过的内容： ☐ 初级产品（轮椅）准备，参考《轮椅服务初级教程》； ☐ 如何实施轮椅安全和准备检查表，参考《轮椅服务初级教程》。 根据学员将工作的情境修改本单元。思考： ☐ 在他们工场将使用的轮椅、PSD 材料和工具； ☐ 轮椅组装的数量或生产需要原材料的数量。教师需要根据这些因素调整本单元的时间(它可能影响整个培训的课程表)。
准备	☐ 安排一位在产品（轮椅）准备方面具有专长的技术员支持教师和协助学员。 ☐ 在本实操单元之前让学员穿上全包鞋。 ☐ 把选择好的轮椅带到工场。 ☐ 为每组准备一个工作场地以及工作台和工具箱，为学员把 PSD 材料摆放好以有效率地工作。 ☐ 把 PSDs 样品从 PSD 套件中取出来，并把它们放在教室前面的桌子（工作台）上，以便你可以容易拿到。 ☐ 把体位支撑装置（PSD ）表海报钉起来。

续表

大纲	1. 产品（轮椅）准备： ☐ 指导和安装； ☐ 计划和准备； ☐ 为适配调整轮椅和准备 PSD； ☐ 开展轮椅安全和准备检查； ☐ 反馈。	 10 15 80 15 30
	总单元时间	**150**

1. 产品（轮椅）准备（150 分钟）

教师提示： 观察学员的实操： ● 用实操二的教师观察表来确保各组执行实操中的所有步骤，并注意良好实操或需要改进实操的例子用于反馈。

小组活动	
分组	● 把学员按照实操一进行同样的分组。 ● 每组指定一位组长（可以与实操一的组长相同或不同）。 ● 分配每组一个场地进行工作。 ● 向学员说明哪里可以找到材料和工具。
指导	说明以下的内容： 单元目标： ● 本实操单元的目标是为实操一中评定的轮椅使用者准备轮椅和 PSDs 。 工场安全： 在开始用工具和材料工作之前，学员需要记住以下 5 个安全规则： ● 在车间穿全包鞋； ● 当切割或钻孔时，确保你的加工件安全； ● 当使用电动工具或其他任何锋利的工具时，戴上防护眼镜； ● 保持工作区域和走道整齐和干净； ● 不要对着自己或他人切割。 组长： ● 每组的组长负责确保所有的步骤都实施来准备轮椅。

续表

	教师观察和支撑： ● 学员可以在任何时候请求协助或厘清。 ● 本单元中教师将监督每组并给予需要的支持和意见。 服务表： ● 向每组组长分发实操一中已完成的中级轮椅评定表和中级轮椅处方（选择）表； ● 实操结束之前收集填写的表格并在下一次实操单元分发。 提问：有问题吗？回答问题。
监督和支持	密切地监督各组，确保安全实操，观察和评价学员的技能。 用教师观察表记录你对每组的观察。 整个单元： ● 给予时间提示（口头或写在所有学员可以看到的白板上）以帮助学员管理他们的时间。 ● 确保每组学员都积极地参与。 教师提示：一些学员的技术水平可能比其他学员差。在可能和适当的时候，鼓励所有学员练习准备轮椅和 PSDs 。尽可能多地给予需要的技术支持。
时间	● 学员应该按照以下描述的时间顺序： — A ：计划和准备（15 分钟）。 — 让学员在《实训手册》上写下需要完成的任务（实操二：产品（轮椅）准备—— 任务清单）。 — B ：为适配调整轮椅和准备 PSDs（允许 80 分钟）。 — C：进行轮椅安全和准备检查（允许 15 分钟）。 — 让学员使用他们《实训手册》上的中级轮椅安全和准备检查表（实操二：产品（轮椅）准备—— 中级轮椅安全和准备检查表）。 — 完成每步之后在实施下一步之前，学员应该与教师确认。 — 30 分钟反馈。 ● 如果许多产品（轮椅）需要准备，将需要更多的时间。

续表

反馈	让每组向其他组简要地展示他们准备的轮椅。每组应该说明： ● 做了哪些改制或 PSDs，以及为什么。 ● 改制或 PSDs 如何制作（使用的材料和他们如何被安装/固定到轮椅上）。 （每组允许 5～7 分钟）。 每次展示后，允许几分钟让全体学员向展示组提问。 简要地点评你在实操单元中看到的良好实操的案例。 简要地提出学员可以改进的任何特别的地方——不要针对个人。 提问：有没有任何问题？

教师提示： 实操过程中重要的是密切地注意时间。上面给出的时间只是一个指导——然而，根据学员的经验、轮椅使用者的需求、安装需要的时间，所需要的时间会变化。教师可以根据需要进行必要的调整。

B.13：适配

目标	本单元结束后，学员将能够： □ 描述如何检查一辆带 PSDs 的轮椅，并如何适配给一位需要附加体位支撑的轮椅使用者。
资源	本单元： □ 幻灯片：B. 13：适配； □《学员手册》； □ DVD：适配演示——迪帕克； □ DVD：适配演示——卡琳； □ 海报：体位支撑装置（PSD）表； □ 塑封的体位支撑装置（PSD）表——每位学员 1 张； □ 塑封的中级轮椅适配检查表——每位学员 1 张。

续表

情境和以前学过的内容	以前学过的内容： □《轮椅服务初级教程》主要为能够坐直且不需要附加支撑的轮椅使用者进行轮椅适配。中级服务步骤是一样的，然而，本单元增加一些更详细的内容。 □ 如何实施压力测试以检查轮椅使用者坐骨下的压力。学员应该在本单元之前熟悉如何实施。 根据学员将工作的情境修改本单元。思考： □ 通常可得到的轮椅和 PSDs 的类型。	
准备	□ 收集资源，检查幻灯片，观看 DVDs 并浏览单元计划。 □ 把体位支撑装置（PSD）表的海报钉起来。	
大纲	1. 前言	2
	2. 如何开展适配	55
	3. 要点概括	3
	总单元时间	**60**

1. 前言（2 分钟）

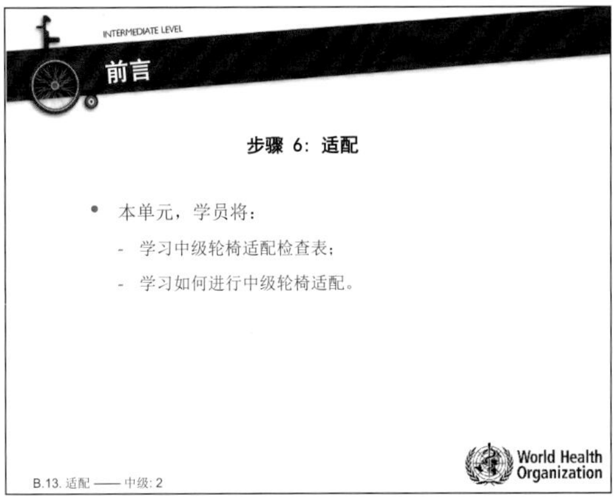

说明：

- 适配是轮椅服务 8 个步骤中的第 6 步。
- 在适配过程中，轮椅使用者和轮椅服务人员确保轮椅和 PSDs 良好地适配，并且支撑轮椅使用者尽可能舒适地接近中立位坐姿。
- 本单元，我们将介绍中级轮椅适配检查表和讨论如何开展轮椅适配。

2. 如何开展适配（55 分钟）

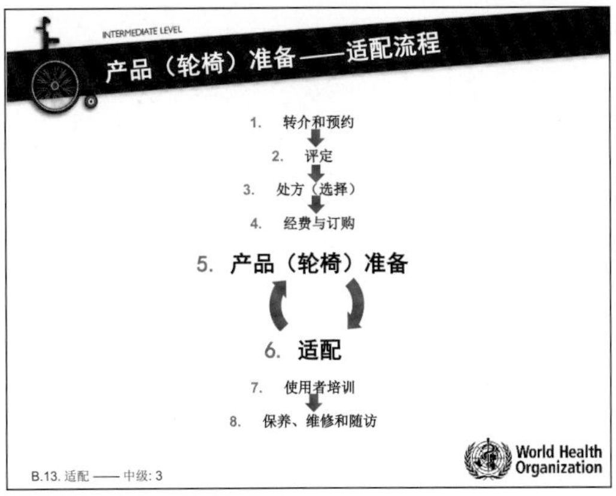

说明：

- 学员应该熟悉开展轮椅适配的过程。
- 在中级服务中，适配可能时间长些，并且可能需要进行多次。

分发塑封的中级轮椅适配检查表。

- 该检查表是一个指导，它有助于轮椅服务人员记住轮椅适配中最重要的事情。
- 通过实践，这个过程会变得更快更容易。
- 一开始，按照检查表确保不遗漏任何事情。

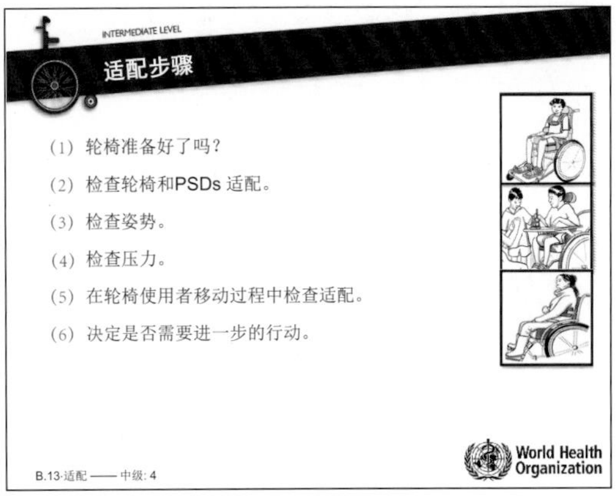

指出检查表中显示的适配步骤：

（1）轮椅准备好了吗？

（2）检查轮椅和 PSDs 适配。

（3）检查姿势。

（4）检查压力。

（5）在轮椅使用者移动过程中检查适配。

（6）决定是否需要进一步的行动。

提问：学员可能在轮椅使用者家中或在轮椅服务中心开展轮椅适配吗？鼓励回答。

说明：无论在轮椅使用者家中或在轮椅服务中心开展轮椅适配，确保你有以下的工具：

- 轮椅使用者中级轮椅评定表和中级轮椅处方（选择）表；
- 卷尺或游标卡尺；
- 用于调整轮椅或 PSDs 的任何工具。

准备几块泡沫塑料也有用，以防你需要尝试其他的附加体位支撑。

介绍 DVD：适配演示——迪帕克。我们现在将观看一个短片，该短片演示为迪帕克（我们之前见过）适配轮椅。

让学员仔细观看。

播放 DVD。

询问是否有任何问题。

提问：在迪帕克的右脚下面加入一些泡沫塑料垫为什么是重要的？

回答：当双脚完全支撑的时候，更舒适和容易平衡。如果没有泡沫塑料垫，迪帕克只能一只脚接触脚踏板。

提问：轮椅服务人员把一些附加的泡沫塑料垫放在靠背上为迪帕克的躯干提供更好的支撑。它如何长期地固定到靠背上？

回答：泡沫塑料可以粘在靠背上，在装饰面料里面。

提问：在适配检查过程中，让轮椅使用者推动他们的轮椅（或如果他/她不能自己推动，由他人推行）为什么重要？

回答：一旦轮椅移动或产生推动效果的时候，个人的姿势会发生改变。

说明：

(1) 轮椅准备好了吗？

说明：

- 应该确保轮椅为轮椅使用者试用准备好了。
- 这意味着已经完成了中级轮椅安全和准备检查表。
- 通过不断实践，这步检查将变得更快。

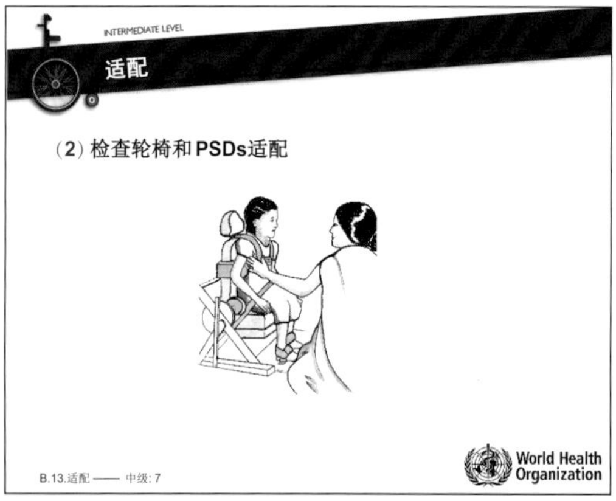

(2) 检查轮椅和 PSDs 适配

说明：

- 在轮椅适配过程中，轮椅服务人员需要仔细地检查轮椅适配是否正确。
- 下面几张幻灯片，我们将复习如何检查轮椅和 PSD 适配。

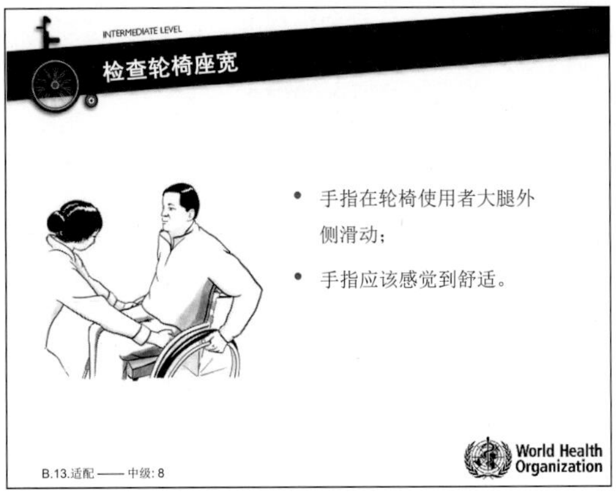

当检查轮椅座宽时，确保：

- 轮椅使用者的臀部舒适地坐在扶手之间或骨盆侧垫之间；
- 轮椅使用者的大腿舒适地放在扶手、挡泥板/护裙板之间或骨盆侧垫之间，不会挤在一起。如果骨盆侧垫向前伸得太长，两腿就会挤在一起。
- 轮椅使用者的躯干舒适地靠在靠背立杆之间或躯干侧垫之间。

为了检查轮椅/臀的宽度：

- 手指在轮椅使用者大腿外侧滑动；
- 手指应该感觉到舒适。

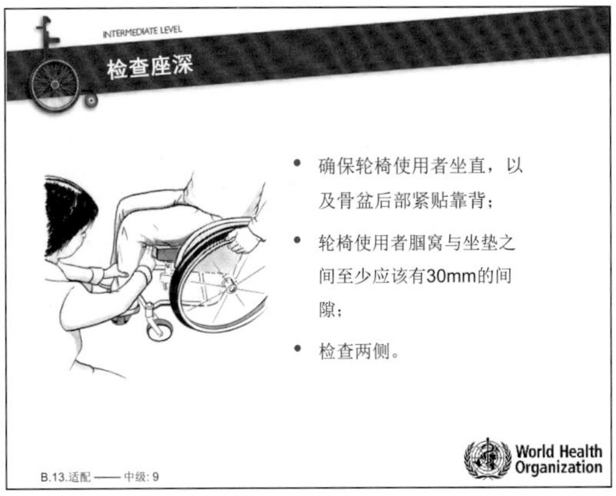

当检查座深时，确保：

- 轮椅使用者舒适地坐在接近中立位坐姿；
- 椅座/坐垫前部与轮椅使用者腘窝之间至少有30mm 的间隙。长腿的轮椅使用者可能需要较大的间隙，60mm 以下都可以接受。

为了检查椅座深度：

- 手在坐垫与腘窝之间滑动。数一下有几根手指。
- 手在小腿后部向下滑动并确保小腿不碰到椅座/坐垫；
- 检查两侧。
- 如果左右两腿长度不同，根据较短腿的测量值开具处方。

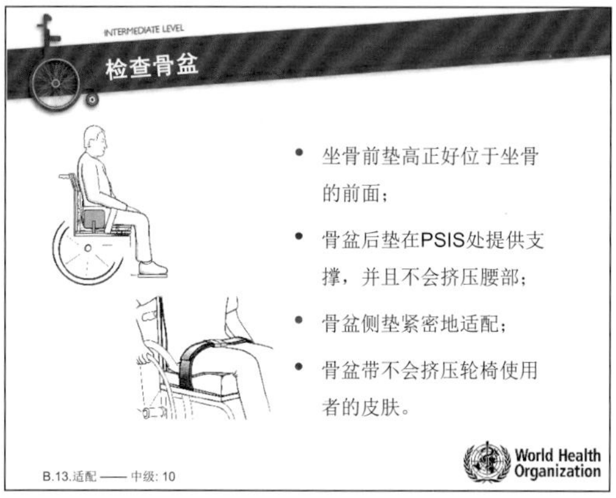

当检查骨盆时，确保：

- 坐骨前垫高正好位于坐骨的前面（把你的手放在轮椅使用者的臀部下面来检查）；
- 骨盆后垫在 PSIS 处提供支撑，并且不会挤压腰部；
- 骨盆侧垫紧密贴合并且不高于髋关节；
- 骨盆带可以牢固地拉紧并且不会挤压轮椅使用者的皮肤（在带子和轮椅使用者之间用手进行检查）。

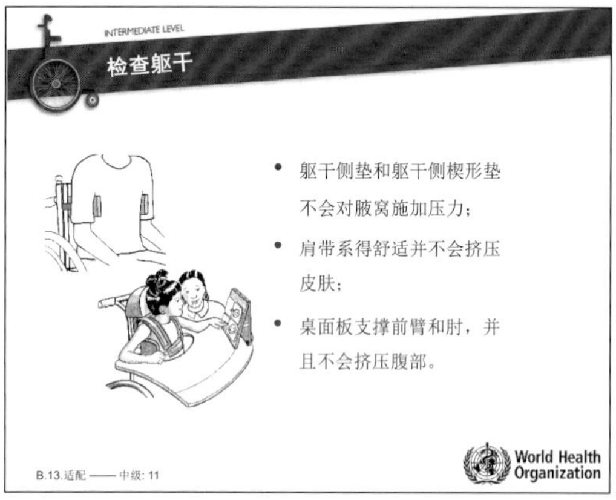

当检查躯干时，确保：

- 躯干侧垫和躯干侧楔形垫不要对腋窝施加压力。轮椅使用者腋窝和躯干侧垫顶端应该至少 30mm 的间隙；
- 肩带舒适的穿上并且不会挤压皮肤；
- 桌面板支撑整个前臂和肘关节，并且不会挤压腹部。经过切割改制的桌面板可以靠近身体，然而它不应该碰到或摩擦轮椅使用者的皮肤。

检查靠背高度和后倾角度。

检查头靠适配：

- 头靠应该在颅底支撑轮椅使用者的头。
- 头靠应该支撑轮椅使用者的头使其处于平衡和直立的姿势。

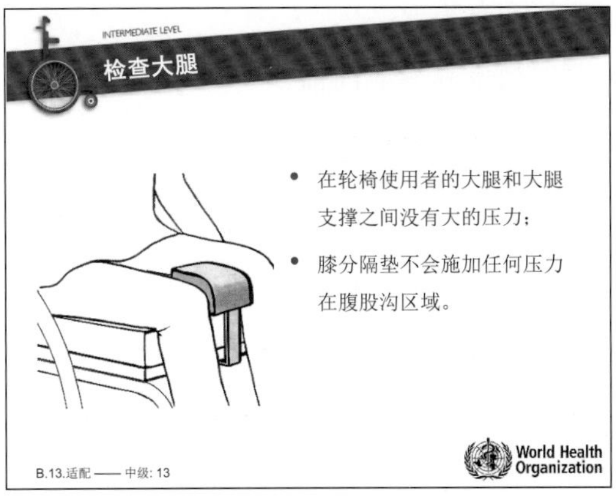

当检查轮椅使用者大腿时，确保：

- 轮椅使用者大腿和大腿支撑之间没有大的压力（包括大腿外侧垫、大腿内侧楔形垫或膝分隔垫）；
- 膝分隔垫不会施加任何压力在腹股沟区域。

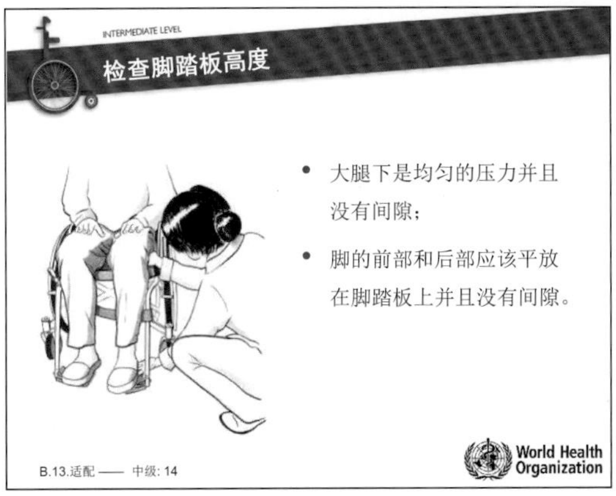

最后，检查脚踏板高度：

- 检查轮椅使用者的大腿完全支撑在椅座/坐垫上没有间隙，并且他们的双脚完全支撑在脚踏板上没有间隙。
- 如何检查：
  - 手在大腿和椅座/坐垫之间滑动。整个大腿的压力应该均等并且没有间隙；
  - 查看脚踏板上的每只脚。脚的前部和后部应平放在脚踏板上并且没有间隙。

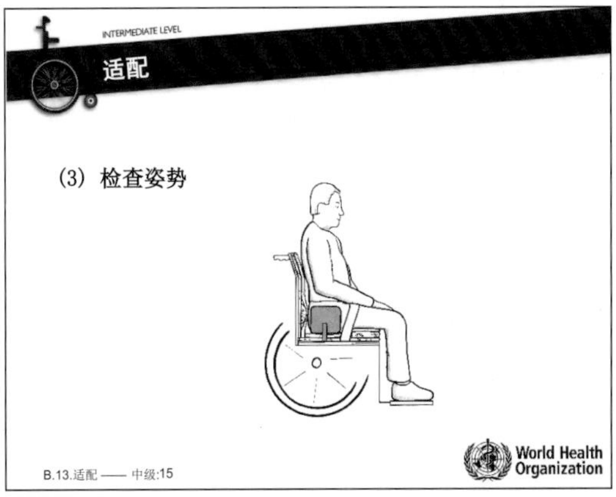

（3）检查姿势

- 检查完轮椅和 PSDs 的适配后，轮椅服务人员应该检查轮椅使用者的姿势是否舒适地坐直。

- 从前面和侧面观察轮椅使用者的姿势。
- 要检查轮使用者是否舒适地坐直。这应该接近于用手模拟确定的姿势。
- 具体来说，从前面到侧面进行检查：
  - 一 骨盆直立和水平吗（如果可能）？
  - 一 躯干直立和对称吗（如果可能）？
  - 一 头部平衡和直立吗（如果可能）？
- 双腿和双脚尽可能地接近直立坐姿吗？
- 询问轮椅使用者感觉如何。

- 观察轮椅使用者的整个坐姿后，检查每个 PSD 是否按照计划提供支撑。
- 具体来说，记住检查（如果已经提供）：
  - 一 靠背高度、后倾和调整靠背形状；
  - 一 整体后倾；
  - 一 头靠；
  - 一 骨盆侧垫和躯干侧垫；
  - 一 所有的大腿和小腿支撑。

（4）检查压力

● 对于有发生压疮风险的每位轮椅使用者，适配步骤包括检查坐骨下的压力是否安全（用《轮椅服务初级教程》中讲过的徒手压力测试方法）和其他所有的风险部位（例如髋关节或尾骨下）。

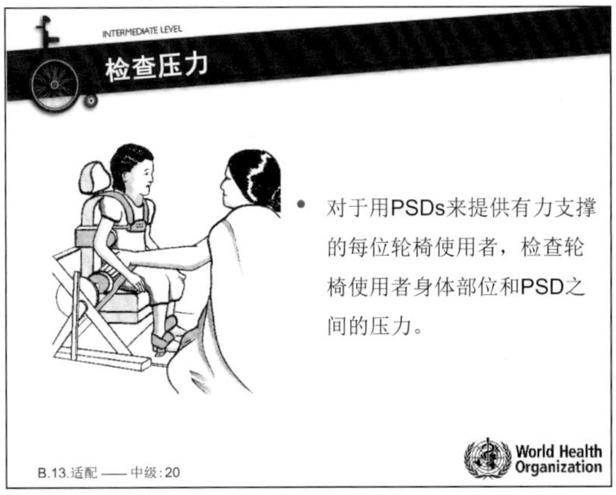

● 对于用 PSDs 来提供稳固支撑的每位轮椅使用者，检查轮椅使用者身体部位与 PSD 之间的压力。应该感觉支撑稳定，但不紧。

教师提示： 如何检查所有具有压疮风险的轮椅使用者坐骨下的压力已经在《轮椅服务初级教程》中讲过了。简要地展示压力测试方法/播放初级 DVD“压力测试演示”或让一位学员来演示。

VIDEO

介绍 DVD：适配演示——卡琳：观看本短片，它演示了轮椅服务人员为一位叫卡琳的女孩进行轮椅适配。轮椅服务人员检查所有部件的适配并仔细地确保所有的带子安装牢固——但不是太紧。

播放 DVD。

询问是否有任何问题。

(5) 在轮椅使用者移动过程中检查适配

- 轮椅适配的最后部分是在轮椅使用者移动过程中检查轮椅适配情况。

检查的内容包括：

- 靠背允许轮椅使用者自由地移动双肩来推轮椅吗？
- 轮椅的移动或推行动作会导致轮椅使用者改变他们的姿势或感觉不舒适或不稳定吗？

- 手推轮椅：后轮的位置对于轮椅使用者推轮椅是否正确以及他/她能推动吗？
- 脚推轮椅：对于用脚推行的轮椅使用者，椅座的高度和椅座深度正确吗？
- 体位支撑允许不受限和安全的轮椅移动吗？

说明：如果轮椅使用者不能自己推轮椅，当你观察的时候，让一位家人/护理者来推他们。

（6）决定是否需要进一步的行动

说明：

- 所有的检查进行完后，轮椅使用者和轮椅服务人员需要决定是否需要进一步的行动。
- 对于需要附加体位支撑的轮椅使用者，首次适配后，通常需要进行一些调整。
- 如果进行了调整，适配步骤应该从头开始再次重复。
- 通过练习，这个过程会变得更快，因为轮椅服务人员将变得更熟练，关注到哪些适配和哪些需要调整。

说明：在本教程中，学员将与轮椅使用者一起练习开展两次适配。

3. 要点概括（3 分钟）

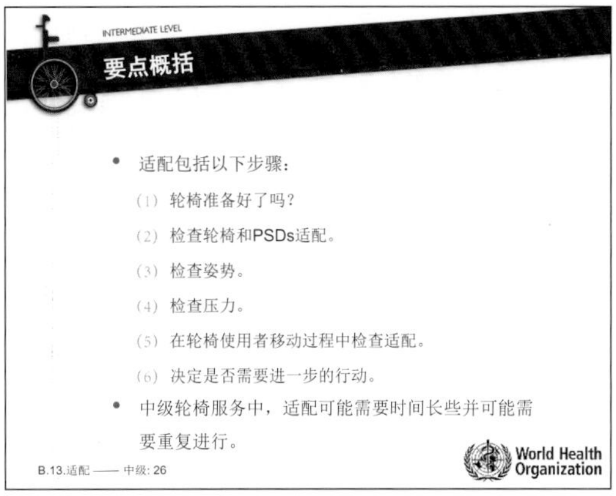

讲出要点。

询问是否有任何问题。

B.14：使用者培训

<table>
<tr><td rowspan="1">目标</td><td colspan="2">本单元结束后，学员将能够：
□ 对于那些接受轮椅改制或 PSDs 的轮椅使用者，强调轮椅服务人员可以教给他们的 6 项技能；
□ 演示教一位同事至少 3 项轮椅技能。</td></tr>
<tr><td>资源</td><td colspan="2">本单元：
□ 幻灯片：B. 14 ：使用者培训；
□《学员手册》；
□《实训手册》；
□ 海报：中级轮椅使用者培训检查表；
□ 塑封的中级轮椅使用者培训检查表—— 每位学员 1 张；
□ 轮椅—— 每组 1 辆。</td></tr>
<tr><td>情境和以前学过的内容</td><td colspan="2">以前学过的内容：
□ 轮椅使用者培训的更多信息包含在《轮椅服务初级教程》中。
□ 教师应该确保学员已经熟悉本步骤，并且具备教初级轮椅操作、转移、轮椅使用和移动、预防压疮、如何在家保养轮椅和如果有问题应怎么办的技能。
根据学员将工作的情境修改本单元。思考：
□ 是否有支援小组或同侪小组的教师，他们可以在为轮椅使用者和他们的家人/ 护理者进行使用者培训方面提供协助。</td></tr>
<tr><td>准备</td><td colspan="2">□ 收集资源，检查幻灯片并浏览单元计划。
□ 把中级轮椅使用者培训检查表海报钉起来。</td></tr>
<tr><td rowspan="3">大纲</td><td>1. 前言</td><td>5</td></tr>
<tr><td>2. 使用者培训—— 轮椅使用者故事</td><td>50</td></tr>
<tr><td>3. 要点概括</td><td>5</td></tr>
<tr><td></td><td>总单元时间</td><td>60</td></tr>
</table>

1. 前言（5 分钟）

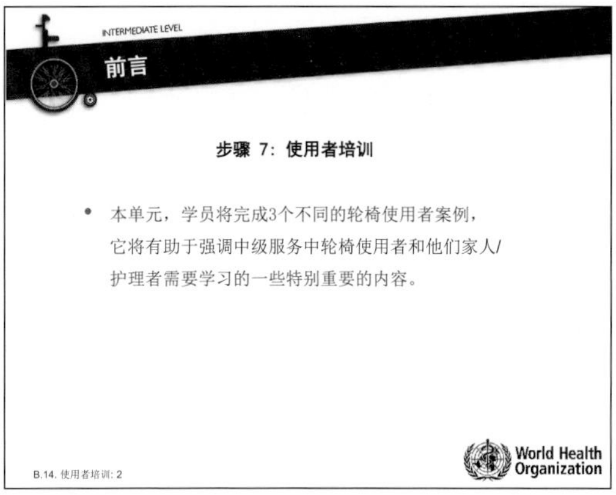

说明：

- 使用者培训是提供轮椅服务的第 7 步。
- 通过《轮椅服务初级教程》，学员应该熟悉本步骤。
- 在中级服务中，轮椅使用者需要的信息有时会不同。

- 本单元我们将完成 3 个不同的轮椅使用者案例，它将有助于强调中级服务中轮椅使用者和他们家人/护理者需要学习的一些特别重要的内容。

提问：培训轮椅使用者（和他们的家人/护理者）使用具有附加体位支撑的轮椅时，有人可以想到需要哪些不同或附加的信息吗？鼓励回答。

回答：

- 关于附加体位支撑好处的信息；
- 如何正确使用 PSDs（它们应该如何适配和如果有问题该怎么办）；
- 有关逐渐习惯轮椅（尤其是儿童）和 PSDs 的信息；
- 如何拆卸和安装（例如为了运输）带 PSDs 的轮椅；
- 不同类型的转移—— 对于无法自己上下轮椅的人士。

说明：

- 在《学员手册》上的“使用者培训”单元包含本轮椅服务步骤的关键信息。
- 《学员手册》上的中级轮椅使用者培训检查表可以用作一个指导，用于帮助轮椅服务人员发现轮椅使用者和他们的家人/护理者需要知道些什么，并教这些内容。你不需要给每位轮椅使用者教所有的内容。
- 本单元，我们将介绍 3 个不同的轮椅使用者故事，它将有助于强调中级轮椅服务中使用者和他们家人/护理者需要学习的一些特别重要的内容。

2. 使用者培训——轮椅使用者故事（50 分钟）

小组活动	
分组	把学员分成 3 人一组
指导	● 每组分配一个《实训手册》（B. 14 ：使用者培训）上的轮椅使用者故事。确保每位学员都有《学员手册》。 ● 让每组阅读分配给他们的实训手册上的轮椅使用者故事。 ● 根据轮椅使用者故事中提供的信息，让学员决定轮椅使用者需要学习哪种技能来使用和保养他们的新轮椅，并完成他们《实训手册》上的中级轮椅使用者培训检查表。 ● 让组内的每个人选择一个角色（轮椅使用者、轮椅服务人员、轮椅使用者家人/ 护理者）。 ● 让每个人承担轮椅服务人员的角色，并从中级轮椅使用者培训检查表中选择至少 3 项技能来教轮椅服务者和他们家人/ 护理者。 ● 向学员说明，其中的两个轮椅使用者故事中是儿童，他需要一个人抱起。因此不可能真正地与成人一起练习该技能。学员应该描述，而不是真正地抱起。 ● 提醒学员思考“ 如何让轮椅使用者培训成功”。强调演示后实操的重要性。 ● 鼓励学员检查《学员手册》上他们教的每项技能的信息。 ● 说明：学员有 35 分钟时间进行这项活动，然后各组将返回原地进行反馈。
监督	● 密切地监督各组。 ● 确保每组明白该活动。 ● 鼓励每组使用《学员手册》。 ● 确保每组选择适用的技能教给轮椅使用者和家人/ 护理者（ 参考以下的教师提示）。 ● 确保阅读珊吉塔故事的小组为她的家长增加一些不同姿势的信息，并说明轮椅和附加体位支撑对于珊吉塔的好处。 ● 确保安全地实操。 ● 如果必要，纠正任何技巧。 ● 如果必要，指导学员。

续表

时间	允许 35 分钟活动。 允许 15 分钟反馈。
反馈	让每组选一人出来： ● 简要地描述他们培训的轮椅使用者； ● 列出轮椅使用者需要学习的最重要内容。 跟随并增加报告中忽略的信息并纠正给出的不准确细节。

教师提示：

约书亚是一位 6 岁的脑瘫儿童。他有突然不受控制的运动。为他处方（选择）了一辆带有 PSDs 的儿童轮椅，包括骨盆带、骨盆侧垫和躯干侧垫。约书亚的皮肤较薄且敏感，并且躯干侧垫配了附加的衬垫有助于确保躯干侧垫不会导致压疮。

约书亚的新轮椅具有后倾功能，这让轮椅有时可以后倾并且让他头部更直立。这辆轮椅也有一个防翻杆，在经过粗糙地面或上下路缘时，这个防翻杆也可以移开。为了运输，该轮椅后轮可拆卸以及椅座可以从轮椅架上拿开。

约书亚每天早上去幼儿园。他由幼儿园安排的运输服务单位进行接送。交通工具是一个小的摩托三轮车。他父母担心这辆轮椅是否可以放在里面。

约书亚前来对他的新轮椅进行适配。他妈妈和他一起过来。

学员应该教的技能	*学员应该强调的特殊点：*
轮椅操作： ● 所有技能。 **转移：** ● 协助下转移。 **轮椅的使用和移动：** ● 协助推行； ● 在轮椅上可以坐多长时间。	**轮椅操作：** **后倾：** ● 说明使用后倾的原因：平衡躯干和头部直立； ● 如何在适当的位置安全地"锁定"后倾； ● 何时和为什么要调整后倾。 **防翻杆：** ● 使用防翻杆的原因，阻止轮椅后翻； ● 当外出时需要拆卸防翻杆，因为经过粗糙地面或上下路缘时它会形成障碍。

预防压疮： ● 检查压疮； ● 如果发生了压疮，怎么办。 **如何在家保养轮椅：** ● 所有的技能； **如果有问题，怎么办：** ● 所有的技能。	为了运输把需要拆卸的所有 PSDs 取下来和放回去： ● 如何拆卸后轮； ● 如何把椅座从轮椅架上拿下来； ● 如何把轮椅恢复原位。 **转移：** ● 当转移时，让膝关节高于髋关节； ● 当紧固骨盆带的时候，让约书亚躯干向前弯； ● 演示骨盆带应该多紧； ● 强调如何检查约书亚在轮椅上的位置：臀部贴着靠背；坐骨在坐骨前垫高的后部；躯干侧垫靠近他身体，但是不要挤压。 **轮椅的使用和移动：** ● 室内和户外由妈妈和朋友安全地推行。 **预防压疮：** ● 检查轮椅或 PSDs 接触身体所有区域的皮肤； ● 如果没有压痕，在轮椅上的时间每天增加 10 分钟，一直到每次最长 2 小时； ● 每次约书亚离开轮椅的时候，检查他的皮肤。 ● 如果出现红斑并在约书亚离开轮椅后持续超过 20 分钟，在红斑消失之前他不应该继续坐在轮椅上。

珊吉塔是一位脊柱裂的 3 岁儿童。她运动困难，她腰部以下感觉丧失并且她的脊柱底部膨出。她父母说她难以控制自己的大小便，经常泌尿系统感染。

珊吉塔来到轮椅服务单位对她的第一辆轮椅进行适配，这辆轮椅有快拆轮、骨盆带、骨盆侧垫，异形的靠背避开压迫她的脊柱膨出。她也有一个减压坐垫。她和她父母一起过来。父母担心如果有了一辆轮椅她将不再想用她的膝踝足矫形器走路。然而，当她无法与兄弟姐妹一起在外玩耍的时候，她感到沮丧。

续表

学员应该教的技能：	*学员应该强调的特殊点：*
轮椅操作： ● 所有的技能。 **转移：** ● 独立（有或者没有膝踝足矫形器） **轮椅的使用和移动：** ● 正确地推、斜坡、台阶、使用防翻杆 **预防压疮：** ● 检查压疮 ● 强调：检查膨出周围的皮肤上是否有压痕 **如何在家保养轮椅：** ● 所有的技能。 **如果有问题，怎么办：** ● 所有的技能。 **转介至泌尿科医生：** ● 膀胱管理和预防尿路感染	**转移：** ● 与她的父母讨论，珊吉塔尽可能地独立地自己转移，这对她有益。 **轮椅的使用和移动：** 让珊吉塔的父母放心，使用轮椅不会阻碍她行走。说明轮椅的好处包括： ● 轮椅将有助于她在户外紧跟她的兄弟姐妹，也有助于她保持健康和活跃； ● 轮椅将解放她的双手而不是握住拐杖来移动，她可以坐在轮椅上并用双手做其他事情； ● 轮椅有助于珊吉塔以良好的姿势坐并预防姿势问题的发展。 坐在轮椅上的持续时间： ● 刚开始时珊吉塔应该每天使用轮椅较短时间（例如 30 分钟）几次； ● 当珊吉塔适应轮椅后，逐渐增加使用时间； ● 珊吉塔不应该坐在轮椅上超过 2 小时而没有休息。 **预防压疮：** ● 检查身体上所有与轮椅或 PSDs 接触部位的皮肤。 ● 如果没有压痕，在轮椅上的时间每天增加 10 分钟，一直到每次最长 2 小时； ● 如果出现红斑并在珊吉塔离开轮椅后持续超过 20 分钟，在红斑消失之前她不应该继续坐在轮椅上。 **转介：** ● 由于珊吉塔经常泌尿系统感染，轮椅服务人员可以转介珊吉塔给医生以提供安全管理膀胱的建议。

<table>
<tr><td colspan="2">金颂40 岁，他 15 年前脑损伤。因为他吃东西困难，所以非常瘦。他的脊柱僵硬向前弯曲。金颂不能站立并且完全依赖他母亲。他不能说话，但是他母亲说他明白简单的指令。
在评定过程中，他被确认为有发生压疮的风险。因为他瘦，不能独立地移动并且过去曾经有过压疮(躺在床上的时候)。
他刚刚获得第一辆轮椅。轮椅有一个减压坐垫和 PSD 帮助他坐得更舒适。他妈妈是他的护理者并且和他一起参加轮椅适配。</td></tr>
<tr><td>学员应该教的技能：</td><td>学员应该强调的特殊点：</td></tr>
<tr><td>轮椅操作：
● 所有的技能（除了后倾和防翻杆）。
转移：
● 协助下转移。
轮椅的使用和移动：
● 协助下推行；
● 坐在轮椅上多长时间。
预防压疮：
● 检查压疮；
● 如果发生压疮，怎么办。
如何在家保养轮椅：
● 所有的技能。
如果有问题，怎么办：
● 所有的技能。</td><td>转移：
● 对于一位成年男子，重要的是需要两个人把金颂抬起。
● 与金颂的母亲一起讨论，她如何帮助金颂上下轮椅。有人帮助她吗，她知道如何安全地抱吗？
● 检查/教正确的转移技巧。
● 强调如何检查金颂在轮椅中的位置：臀部贴着靠背；坐骨在坐骨前垫高的后面；躯干侧垫靠近身体但是不要挤压身体。
轮椅的使用和移动：
● 教金颂的母亲如何安全地在粗糙地面、上下斜坡和台阶推轮椅。
● 如果她不得不推金颂上下斜坡和上下台阶，教她如何寻求帮助。
预防压疮：
● 金颂不应该一次坐超过 2 小时。
● 从 30 分钟开始，逐渐增加坐的时间。
● 他离开轮椅后，立即检查他的皮肤是否有压痕/红斑。
● 金颂离开轮椅之后，如果有任何红斑出现并且持续超过 20 分钟，他不应该继续坐在轮椅上直到红斑消失。
如何在家保养轮椅：
● 从金颂的母亲那里了解是否有人可以帮助她保养轮椅。</td></tr>
</table>

3. 要点概括（5 分钟）

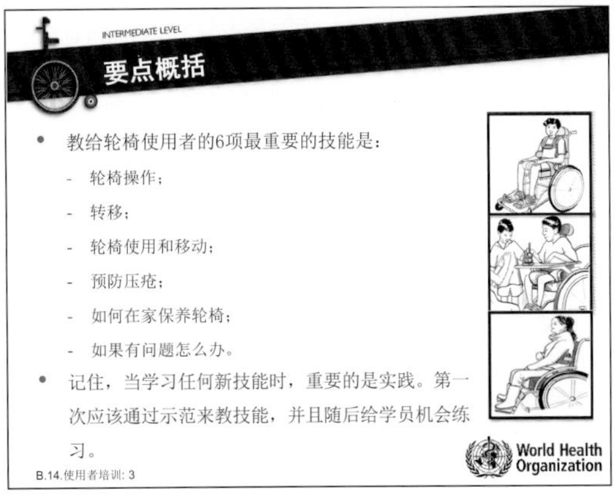

讲出要点。

询问是否有任何问题。

实操三：适配和使用者培训

目标	本单元结束后，学员将能够： □ 演示中级轮椅适配。 □ 演示中级轮椅使用者培训。
资源	□ 教师观察表：实操三； □ 肖像同意表； □ 来自于实操一的空白和已完成的中级轮椅评定表和中级轮椅处方（选择）表； □ 海报：体位支撑装置（PSD）表； □ 海报：中级轮椅使用者培训检查表； □ 塑封的体位支撑装置（PSD）表—— 每位学员 1 张； □ 塑封的中级轮椅适配检查表—— 每位学员 1 张； □ 塑封的中级轮椅使用者培训检查表—— 每位学员 1 张； □ 具有检查床和屏风的洁净和私密空间，用于让每组为轮椅使用者服务； □ 实操二中准备的轮椅并用于进行首次适配； □ 数码相机； □ 卷尺和卡尺—— 每组 1 个，足垫块—— 每组 1 套； □ 用于调整轮椅的 PSD 套件和工具套件—— 每组 1 套。

续表

情境和以前学过的内容	根据学员将工作的情境修改本单元。思考： ☐ 文化因素—— 例如让不同性别的组员在一起进行评定是否合适； ☐ 当学员对轮椅使用者进行适配时，注意由身体接触引起的任何文化问题； ☐ 语言因素—— 例如参与的轮椅使用者是否与所有学员讲同一种语言； ☐ 当评定或处方轮椅时，主办/ 培训机构可能需要的任何资料—— 例如服务单位需要收集轮椅使用者获得服务的任何附加信息（例如转介来源）； ☐ 教师将如何处理在适配中出现的问题，这些问题无法在单元或教程中得到解决。例如—— 准备的轮椅不适配和无法调整来适配（可能的解决办法是确保有一定尺寸范围另外的轮椅可以使用）； ☐ 培训结束后，每位轮椅使用者的随访如何处理。	
准备	☐ 与轮椅使用者的志愿者确认时间和行程安排。确保为轮椅使用者和他们家人/ 护理者准备饮食。 ☐ 当他们到达的时候安排一人去迎接他们，并引导他们在单元开始之前待在哪里。 ☐ 为每组准备适配场地（检查床和隐私屏风）。 ☐ 确保将适配的轮椅完全准备好（对照中级轮椅处方（选择）表进行检查，并确认中级轮椅安全和准备检查表已经完成）。 ☐ 如果超过 3 组学员，再请一位教师来协助管理。 ☐ 把体位支撑装置（PSD）表海报钉起来。 ☐ 把中级轮椅使用者培训检查表海报钉起来。	
大纲	1. 适配和使用者培训实操： ● 指导和安装 ● 适配 ● 使用者培训	 15 90 45
	总单元时间	**150**

1. 适配和使用者培训实操（150 分钟）

教师提示： 1. 照片： ● 确保每位轮椅使用者已被要求签署肖像同意表。确保轮椅使用者明白他们的同意是自愿的，并且照片将被用作本教程的进一步培训。 ● 对每位已经同意的轮椅使用者在实操中按照以下进行拍照： — 在适配后的轮椅上（前面和侧面）。 2. 满足参与实操单元的轮椅使用者的需求： ● 不是所有带 PSDs 的轮椅都可能在实操单元的时间内完成。 ● 如果实操单元中看到的轮椅使用者需要其他预约，教师应该确保预约是由主办/培训机构做出，并且所有的评定、处方和适配信息将移交给主办/培训机构，用于完成 PSD/轮椅的最后交付。 3. 观察学员的实操： ● 用实操三的教师观察表，确保各组执行实操中的所有步骤并且注意良好实操的常见例子。

小组活动	
分组	● 把学员按照实操一和实操二相同的分组。 ● 每组指定一位组长（组长可以与实操一或实操二相同或不同）。 ● 分配每组工作的场地。 ● 说明在哪里可以找到材料和工具。
指导	说明所有以下内容： 单元目标： ● 本实操单元的目标是实施轮椅服务 8 个步骤中的第 6 部和第 7 步——适配和使用者培训——为之前实操单元的轮椅使用者服务。 ● 学员可能无法在有限的时间为轮椅使用者完成轮椅适配。这将取决于首次适配和可能需要哪些改制/调整。然而，学员应该尽可能地在单元时间多完成工作。如果轮椅无法完成，将与轮椅使用者一起安排确保他们的轮椅在培训后完成。

续表

指导	组长： ● 每组的组长负责确保所有的步骤都完成。 ● 组长应该是与轮椅使用者和他们家人/护理者沟通的主要人员。否则太多人同时讲话会造成混乱。教师观察和支持： ● 学员可以在任何时候请求协助或解释。 ● 在实操过程中，教师将监督每组及根据需要提供更多的支持和建议。 ● 向学员说明，如果发现轮椅适配有任何问题，他们应该请教师来检查，并讨论可能需要什么改制/调试。 ● 完成适配后，学员应该请一位教师来检查适配情况。只有经过教师检查轮椅适配后才可以开始使用者培训。 ● 完成使用者培训后，学员应该请一位教师来，与本组学员及轮椅使用者一起讨论为轮椅使用者提供了什么培训。 允许的时间： ● 学员应该在90分钟内完成适配（包括进行任何调整），以及用45分钟进行使用者培训。 服务表： ● 向每组组长分发以前实操的轮椅评定表和轮椅处方（选择）表。 ● 确保每组至少有一份塑封的中级轮椅适配检查表和中级轮椅使用者培训检查表。 提问学员：轮椅适配的步骤是什么？感谢正确回答。 提醒学员，他们应该只教与轮椅使用者有关的技能。例如，对于没有发生压疮风险的轮椅使用者，没有必要教减压技巧。 提醒学员他们应该让轮椅使用者积极地参与过程中的每步。 提问：是否有任何问题？回答任何问题。 要求每组准备他们将工作的场地，然后再邀请轮椅使用者开始工作。

续表

监督和支持	密切地监督各组，确保安全地实操，观察和评价学员的技能。 用教师观察表记录你对每组的观察。 整个单元： ● 使用时间提示（口头和/或写在学员可以看到的白板上）以帮助学员管理时间。 ● 确保轮椅使用者积极参与。 ● 确保每组学员积极参与。 本单元结束后，要求学员感谢轮椅使用者的参与。 在实操单元中，对签署肖像同意表的轮椅使用者进行拍照。
时间	允许 15 分钟指导和安装，90 分钟完成适配和 45 分钟完成使用者培训。
反馈	见 B. 15 整合所有知识。

教师提示： 在实操单元中，重要的是密切关注时间。上面给出的时间只是一个指导——然而，根据学员的经验，轮椅使用者的需求或调试轮椅需要的时间，以上的时间可以调整。教师可以根据需要进行调整。

B.15：整合所有知识

目标	本单元结束后，学员将能够： ☐ 对他们在实操单元服务过的轮椅使用者进行总结，包括：轮椅使用者的身体、环境和生活方式需求、处方（选择）方案和轮椅使用者适配以及提供适合的使用者培训。
资源	本单元： ☐《实训手册》； ☐ 实操单元中拍摄的轮椅使用者（已经签署了肖像同意表的）照片。
准备	☐ 收集资源并浏览单元计划。 ☐ 确保轮椅使用者的照片以他们的名字命名，并保存在培训电脑上。

续表

大纲	1. 前言	5
	2. 学员准备	30
	3. 学员报告和讨论	85
	总单元时间	120

1. 前言（5 分钟）

说明：

- 本单元，学员将有机会：
  - — 与其他人分享他们在最后 3 个实操单元学到的知识；
  - — 提出他们对于中级轮椅服务仍然存在的问题；
  - — 说明他们的临床逻辑和其他学员提出的质疑。

2. 学员准备（30 分钟）

小组活动	
分组	让最后 3 次实操单元在一起工作的学员再在一起工作。
指导	要求每组准备 10 分钟关于他们服务的轮椅使用者以及他们所学到知识的报告。他们的报告应该包含《实训手册》上的要点（B. 15：整合所有知识）。 说明轮椅使用者的照片在培训电脑中，当他们报告的时候，他们可以用来说明他们的故事。 教师提示：如果学员不方便使用电脑，向他们说明教师将为他们整理照片并在需要时播放。
监督	密切地监督各组。 确保每组明白活动。 如果必要，引导学员。
时间	允许 30 分钟活动
反馈	见 3. 学员报告和讨论

3. 学员报告和讨论（85 分钟）

要求每组轮流地报告。

鼓励所有小组在报告结束后提问：

- 在报告过程中，建议学员做好问题的笔记以便在每个报告结束后提问；
- 鼓励学员质疑报告小组提出的决定和方法。最好是，这将激发所有学员的讨论、争论和深入分析。

允许每个报告 10 分钟，提问 5 分钟（取决于小组的数量）。

每个报告结束后：

- 作出最后的评论，包括对报告者积极的观点。
- 感谢每组的报告。

所有报告结束后：

- 提醒学员通常不是只有一个正确的解决办法。最好的解决办法有时可能是一个折中—— 既要最有效地利用现有资源，又要最好地满足轮椅使用者的所有需求和期望。

> *教师提示：*
>
> - 问题的目的在于表明报告者决定的自信心，而不是暗示他们做错了一些事情。
> - 应该以一种友好的方式提出问题和质疑。

B.16：保养、维修和随访

目标	本单元结束后，学员将能够： ☐ 描述随访中包含什么内容； ☐ 为轮椅使用者完成轮椅随访表。
资源	本单元： ☐ 幻灯片：B. 16 ：保养、维修和随访； ☐《学员手册》； ☐《实训手册》； ☐ 轮椅随访表。

续表

情境和以前学过的内容	以前学过的内容： ☐ 中级轮椅随访表与初级轮椅随访表相同。参加过轮椅服务初级教程培训的学员应该对这个表很熟悉。 根据学员将工作的情境修改本单元。思考： ☐ 随访在学员的单位如何进行。例如，服务单位在轮椅使用者家中进行随访；或邀请轮椅使用者到服务单位进行随访；或与社区康复员合作进行随访。 ☐ 学员是否来自于一个轮椅服务单位，该单位有一个随访制度。如果有，向学员说明该制度。说明他们在随访中的职责。	
准备	☐ 收集资源，查看幻灯片和浏览单元计划。	
大纲	1. 前言	2
	2. 随访概述	8
	3. 轮椅随访表	10
	4. 练习随访	35
	5. 要点概括	5
	总单元时间	**60**

1. 前言（2 分钟）

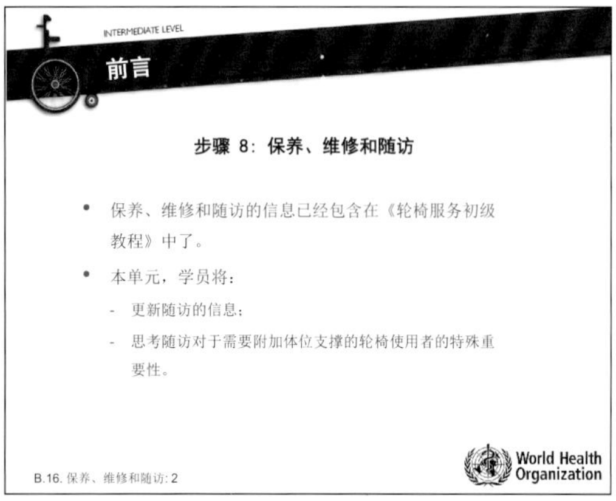

说明：

- 保养、维修和随访是轮椅服务的第 8 步。
- 保养、维修和随访的信息已经在《轮椅服务初级教程》中介绍了。
- 本单元，我们将更新已经在初级服务中介绍过的随访信息，并思考随访对于使用附加体位支撑的轮椅使用者的特殊重要性。

2. 随访概述（8 分钟）

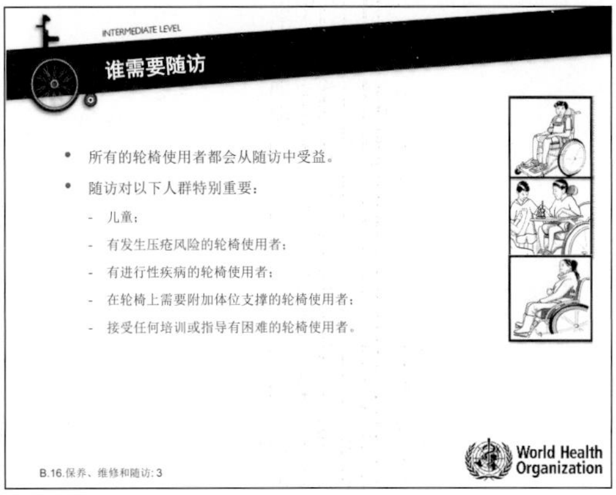

说明：

- 所有的轮椅使用者都将从随访中受益。随访对于以下人员最为重要：
  - 儿童；
  - 有发生压疮风险的轮椅使用者；
  - 有进行性疾病的轮椅使用者；
  - 在轮椅上需要附加体位支撑的轮椅使用者；
  - 接受任何培训或指导有困难的轮椅使用者。

大多数中级轮椅使用者需要附加体位支撑，因此随访特别重要。

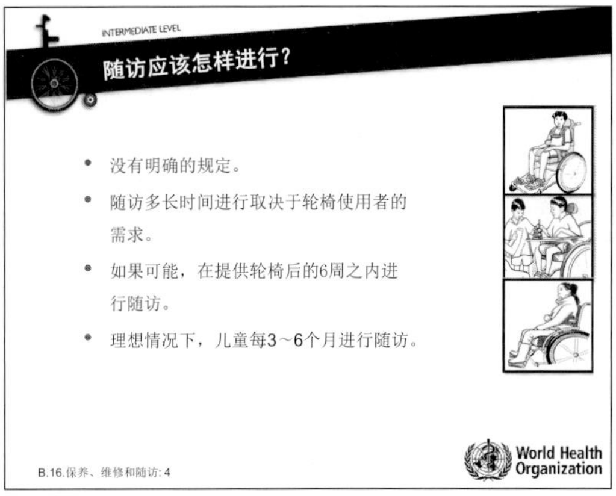

说明：

- 何时应该进行随访没有明确的规定，因为进行随访的最佳时机取决于轮椅使用者的需要。
- 然而只要有可能，在轮椅交付后的 6 周之内进行随访都是非常有用的，确保轮椅使用良好并且加强使用者培训。
- 对于儿童来说，如果每 3～6 个月进行一次随访是比较理想的。这是因为随着儿童的成长，他们的需求变化很快。

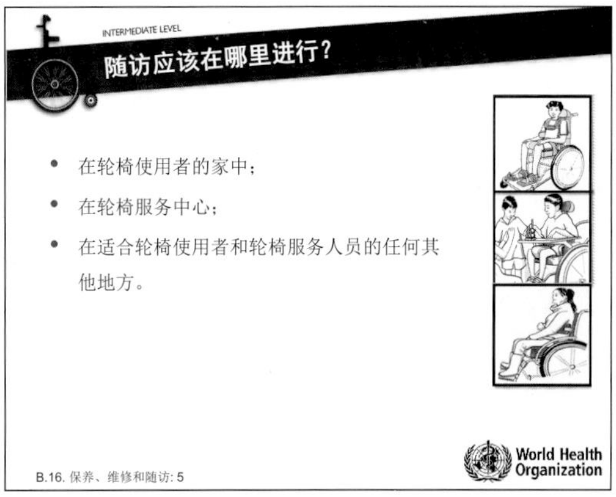

- 随访可以在以下地点进行：
  - 在轮椅使用者家中；
  - 在轮椅服务中心；
  - 在其他适合轮椅使用者和轮椅服务人员的任何地方。
- 地点取决于轮椅使用者是否能够前往轮椅服务中心，以及轮椅服务人员是否能够前往轮椅服务者家中。

提问：在学员的轮椅服务中心，随访如何管理（或现在如何管理）？（例如，随访在哪里进行，随访多久一次，谁负责随访，以及随访预约如何安排？）

鼓励回答。

回答：

- 一些学员可能会说，随访不会经常在他们的轮椅服务中心进行；
- 当轮椅使用者收到轮椅的时候，就和他们预约随访时间；
- 随访可以在轮椅使用者家中或轮椅服务中心进行；
- 把随访作为日常社区家访的一部分，由已经接受过培训的社区康复人员（CBR）对轮椅使用者进行随访；
- 可以安排电话随访（例如，在交通困难的地区和轮椅使用者能够使用电话的情况下）；
- 随访所需要的时间可能会不同。

教师提示：这是一个与学员讨论“轮椅服务中心的随访如何改进”的好时机。如果通过讨论获得一些好的观点，教师可以将这些信息反馈给轮椅服务管理者。

3. 轮椅随访表（10 分钟）

说明：

- 中级服务中使用的轮椅随访表与《轮椅服务初级教程》中使用的一样。
- 这意味着轮椅服务单位可以对任何轮椅使用者用相同的轮椅随访表。然而，细节和随访措施可能会不同。
- 随访预约是一个机会：
  - 从轮椅使用者处收集信息；
  - 检查轮椅处于良好的状态；
  - 检查轮椅的适配。
- 有了这些信息，轮椅服务人员需要与轮椅使用者讨论需要采取的任何措施。

让学员看他们的轮椅随访表。

说明：轮椅随访表将有助于轮椅服务人员记住要问哪些问题，以及随访中要做哪些事情。轮椅随访表也有一个空白处用于记录需要采取的任何措施。常见的措施包括以下内容：

（1）提供更多的建议或培训。

- 例如，如果轮椅使用者没有按照预期使用轮椅，可能是因为他/她对于独自上下轮椅没有信心。转移方面更多的训练可能有所帮助。

（2）重新调整轮椅。

（3）进行小型维修。

- 应该鼓励轮椅使用者和他们的家人/护理者通过在家保养轮椅来维护轮椅。如果不能立即修理任何损坏的部件，轮椅服务人员也可以帮助轮椅使用者安排维修。

（4）如果需要，转介轮椅使用者至其他服务单位寻求支持或帮助。

提问：如果轮椅使用者告知自己有压疮，应采取什么措施？

回答：

- 要求看一下压疮（确保这是在私密的场所进行）；
- 记录压疮的位置和等级；
- 如果压疮出现在与轮椅或 PSD 接触的身体任何部位上，轮椅使用者应该停止使用轮椅；
- 如果压疮等级在 2 级或更高，寻求专科医生帮助治疗。

4. 练习随访（35 分钟）

小组活动	
分组	把学员分成 3 人一组。

续表

指导	让学员阅读《实训手册》(B. 16：随访）上的每个轮椅使用者故事。对于每位轮椅使用者，学员将需要完成轮椅随访表，讨论并记录采取的任何措施。 说明：学员有 20 分钟时间来做这项活动，然后各组将返回原地进行反馈。
监督	密切地监督各组。 确保每组明白该活动。 如果必要，引导学员。
时间	允许 20 分钟活动。 允许 15 分钟反馈。
反馈	对于每个轮椅使用者故事，让一组简要地讨论为轮椅使用者推荐什么随访措施。向学员提问：其他组的学员可以提出其他进一步的措施吗？确保学员涵盖所有的关键学习要点（请见下面的教师提示）。

教师提示：

轮椅使用者故事：	回答和关键学习要点：
希塔7 岁和他父母及姐姐生活在一起。他患有肌肉萎缩症，一年前通过轮椅服务获得了一辆轮椅。那时他能走很短的距离。他能够站立式转移并独立上下轮椅。他说自己想要一辆轮椅，因为他发现上学困难。在随访过程中，希塔说他现在发现很难独自上下轮椅。在学校下午时他感到疲劳和不舒适。这使他难以集中精力。他的轮椅大小合适，并且有一个中型的悬吊式靠背及简单的舒适坐垫。 当要求希塔对自己轮椅的满意度按照总分 5 分进行评分时，他打 4 分。	● 发现希塔如何上下轮椅。 ● 考虑是否不同的转移技巧可以使转移更容易，例如，转移板或协助站立转移。 ● 讨论他的 PSDs，考虑高靠背、可调张力靠背、带姿势控制和减压的坐垫。 ● 随着进行性状况的发展，他可能更疲劳。考虑他是否需要在午餐休息时变换体位，这样他会更舒适并且能够集中精力进行下午的学习。 ● 具有进行性疾病的人需要经常随访，3～6 个月是比较理想的。如果必要，他们应该很快回来。

续表

米莱拉23 岁，是一名小儿麻痹症患者。她酿造蜂蜜并在当地市场销售。两年前她获得了一辆轮椅带前挂装置的三轮车。她需要在轮椅上有一些附加的 PSDs 。为她处方（选择）了一个改制的多层泡沫塑料坐垫。骨盆后垫加在轮椅的靠背上。 在随访中，米莱拉说她每天用这辆三轮车往返市场。她说自己最近补过被扎破的两个轮胎。当检查轮椅时，轮椅服务人员注意到轮胎磨损严重。骨盆后垫滑到了椅座上并且坐垫看起来很平。当要求米莱拉对自己轮椅的满意度按照总分 5 分进行评分时，她打 3 分。	● 安排更换轮胎。 ● 对检查轮胎提出建议。 ● 找到骨盆后垫移动的原因。重新定位并固定。检查它是否正确地支撑米莱拉。 ● 给米莱拉建议骨盆后垫的位置，并且提醒她检查它是否处于正确的位置。 ● 把坐垫套拿开并检查泡沫塑料层是否完好。检查泡沫塑料层是否被压缩（变平）。如果泡沫塑料层变平，用软泡沫塑料层更换。 ● 确保米莱拉被轮椅良好地支撑，包括骨盆后垫和坐垫。
乌苏拉是一位 6 岁的脑瘫儿童。她喜欢与她姐姐在教堂唱诗班唱歌。她在 8 个月之前获得一辆带 PSDs 的轮椅。 由于呼吸系统感染生病，她错过了第一次随访预约。她父母说她最近在轮椅上不开心并要求坐轮椅一小时后离开。他们注意到在她肋骨上靠近躯干侧垫一侧有一块暗斑，并想知道这是否是一个问题。 轮椅服务人员找到一个私密的场所，并取得乌苏拉和她父母的同意检查她的皮肤。轮椅服务人员证实这是一块暗斑。他们检查了轮椅并注意到躯干侧垫上的泡沫塑料垫受到挤压。 当被要求对满意度按照总分 5 分进行评分时，她父母的评分是 4 分。	● 建议乌苏拉和她父母，她必须避免肋骨受压直到暗斑消失。 ● 建议乌苏拉和她父母减少坐轮椅的时间，只有暗斑消失后，坐轮椅时间才可以逐渐增加。 ● 更换两侧躯干侧垫上的泡沫塑料。如有必要，用手指在躯干侧垫与乌苏拉身体之间滑动，以检查压力并调整。 ● 儿童生长很快需要经常地随访以阻止异常姿势的发展，最好是每 3～6 个月进行一次随访。

5. 要点概括（5 分钟）

讲出要点。

询问是否有任何问题。

实操四：评定、处方（选择）、产品（轮椅）准备、适配和使用者培训

目标	本单元结束后，学员将能够： ☐ 演示在小组中开展中级轮椅评定、处方（选择）、产品（轮椅）准备、适配和使用者培训。
资源	☐《实训手册》； ☐ 教师观察表：实操四； ☐ 肖像同意表； ☐ 中级轮椅评定表和中级轮椅处方（选择）表； ☐ 海报：体位支撑装置（PSD）表； ☐ 海报：中级轮椅使用者培训检查表； ☐ 塑封的体位支撑装置（PSD）表——每位学员 1 张； ☐ 塑封的中级轮椅适配检查表——每位学员 1 张； ☐ 为每位轮椅使用者准备的有检查床和隐私屏风的洁净和私密检查空间； ☐ 硬泡沫塑料块——所有学员几块； ☐ 硬泡沫塑料楔形块——所有学员几块； ☐ PSD 材料； ☐ PSD 套件；

续表

资源	□ 工作台和工具套件——每组 1 个； □ 轮椅和坐垫样品（如果检查不是在社区进行）； □ 数码相机； □ 卷尺或卡尺——每组 1 个，足垫块——每组 1 套。
情境和已经学过的内容	根据学员将工作的情境修改本单元。思考： □ 文化因素—— 例如让不同性别的组员在一起进行评定是否合适； □ 当学员对轮椅使用者进行适配时，注意由身体接触引起的任何文化问题； □ 语言因素—— 例如参与的轮椅使用者是否与所有学员讲同一种语言； □ 当评定或处方轮椅时，主办/培训机构可能需要的任何资料—— 例如服务单位需要收集轮椅使用者获得服务的任何附加信息（例如转介来源）； □ 教师将如何处理在适配中出现的问题，这些问题无法在单元或教程中得到解决。 □ 培训结束后，每位轮椅使用者的随访如何处理。
准备	□ 与轮椅使用的志愿者确认时间和行程安排。确保为轮椅使用者和他们家人/护理者准备饮食。 □ 当他们到达的时候安排一人去迎接他们，并引导他们在单元开始之前待在哪里。 □ 为每组准备检查床和隐私屏风。把每次检查需要的所有设备放在检查床上。 □ 确保轮椅和坐垫样品处于良好的工作状态。 □ 如果超过 3 组学员，再请一位教师来协助管理。 □ 决定哪些学员与哪位轮椅使用者一起工作。 □ 在本实操单元之前让学员穿上全包鞋。 □ 为每组准备有工作台和工具套件的工作场地，为学员把 PSD 材料摆放好以便高效地工作。 □ 把 PSDs 样品从 PSD 套件中取出来，并放在培训教室前面的桌子（工作台）上，以便你可以容易拿到。 □ 把体位支撑装置（PSD）表海报钉起来。 □ 把中级轮椅使用者培训检查表海报钉起来。

续表

大纲	1. 评定、处方（选择）、产品（轮椅）准备、适配和使用者培训	
	● 指导和安装	15
	● 评定	45
	● 处方（选择）	30
	● 产品（轮椅）准备	120
	● 适配	45
	● 使用者培训	45
	总单元时间	**300**

1. 评定、处方（选择）、产品（轮椅）准备、适配和使用者培训实操（300分钟）

教师提示

1. 照相：

● 要求每位轮椅使用者签署肖像同意表。确保轮椅使用者明白他们的同意是自愿的，照片将用于本教程的进一步培训。

● 对同意拍照的每位轮椅使用者在参与实操单元按照以下方式拍照：

— 在他们现有的轮椅上（如果他们有）（前方和侧方）；

— 在身体检查过程中（无支撑坐姿）；

— 在适配后处方的轮椅上（前方和侧方）。

2. 满足参加实操单元的轮椅使用者需求：

● 不是所有的轮椅都能在实操单元的时间内完成。

● 如果在实操单元看到任何轮椅使用者需要其他预约，教师应该确保预约由主办/培训机构作出并且所有的评定、处方和适配信息都进行移交。

3. 观察学员实操：

● 用实操四的教师观察表来确保各组执行实操中的所有步骤，并在反馈过程中注意良好实操的常见案例或强调需要改进的实操。

<table>
<tr><th colspan="2">小组活动</th></tr>
<tr><td>分组</td><td>● 把学员分成 2～3 人一组。
● 每组指定一位组长。
● 告诉每组他们将服务的轮椅使用者姓名。
● 分配每组工作的场地。
● 说明在哪里找材料和工具。
● 向学员说明他们在哪里可以找到必要的设备。</td></tr>
<tr><td>指导</td><td>说明以下内容：
单元目标：
● 本实操单元的目标是进行评定、处方（选择）、产品（轮椅）准备、适配和使用者培训。
● 如果不能在培训过程中完全完成轮椅使用者的轮椅，将与轮椅使用者一起安排以确保完成他们的轮椅。然而学员应该尽可能多地完成一些工作。
组长：
● 每组的组长负责确保所有的步骤都完成。
● 组长应该是与轮椅使用者和他们家人/护理者之间的主要交流者。这将避免太多人同时讲话，可能会造成混乱。
教师观察和支持：
● 学员可以在任何时候请求协助或解释。
● 在整个单元，教师将监督每组并根据需要尽可能地提供支持和建议。
● 完成每个服务步骤后及开始下一步之前，学员应该请一位教师来检查。
允许的时间：
● 学员应该在 45 分钟内完成评定、30 分钟内完成处方（选择）、12 分钟完成产品（轮椅）准备、45 分钟内完成适配和 45 分钟内完成使用者培训。
提醒学员轮椅使用者需要休息和茶点。
应该有早茶/午餐休息——当休息时间到的时候，教师应提醒每位学员。
服务表：
● 给每组组长分发中级轮椅评定表和中级轮椅处方（选择）表。
● 确保每组至少有一份塑封的中级轮椅适配检查表和轮椅使用者培训检查表。</td></tr>
</table>

续表

指导	让学员用《实训手册》上的“产品（轮椅）准备——任务清单”（实操四：评定、处方（选择）、产品（轮椅）准备、适配和使用者培训）来计划将要做的工作。 让学员用《实训手册》上的中级轮椅使用者培训检查表（实操四：评定、处方（选择）、产品（轮椅）准备、适配和使用者培训）来检查轮椅是否已经为适配准备好了。 提醒学员他们应该积极地让轮椅使用者参与过程中的每一步。 提问：有任何问题吗？回答任何问题。 让每组准备他们将工作的场地；并把他们自己介绍给将服务的轮椅使用者，然后开始工作。
监督和支持	密切地监督各组，确保安全地实操，观察和评价学员的技能。 用教师观察表来记录你对每组的观察。 本单元： ● 用时间提醒（口头和/或写在所有学员都可以看到的白板上）以帮助学员管理时间。 ● 确保轮椅使用者积极地参与。 ● 确保每组学员积极地参与。 本单元结束后，让学员感谢轮椅使用者的参与，并说明处方的轮椅将会为他们准备好，将会很快让他们试用。 对签署了肖像同意表的轮椅使用者在实操单元拍照。
时间	允许 15 分钟指导和安装；45 分钟完成评定；30 分钟完成处方（选择），120 分钟完成产品（轮椅）准备；45 分钟完成适配；45 分钟完成使用者培训。 用教师观察表追踪时间。

*教师提示：*在实操单元中，重要的是密切关注时间。上面给出的时间只是一个指导——然而，根据学员的经验、轮椅使用者的需求或调试轮椅需要的时间，以上的时间可以调整。教师可以根据需要进行调整。

B.17：教师反馈、讨论和结业典礼

目标	本单元结束后，学员将能够： ☐ 思考与轮椅使用者一起进行的最后实操工作，包括评定、处方、准备和适配一辆轮椅满足轮椅使用者的身体、环境和生活方式需求并提供适合的使用者培训。	
资源	本单元： ☐ 幻灯片：B. 17：教师反馈、讨论和结业典礼； ☐ DVD ：临别赠言； ☐ 实操单元中轮椅使用者（签署了肖像同意表）的照片。	
准备	☐ 收集资源、检查幻灯片、观看 DVD 并浏览单元计划。 ☐ 确保印刷证书并由教师签名。 ☐ 考虑邀请主要参与方的代表（ 例如捐资者、残疾人组织、服务提供者、相关部门）参加结业典礼并发证。 ☐ 确保轮椅使用者的照片已经保存到培训电脑上，并以他们的名字命名。	
大纲	1. 前言	2
	2. 教师反馈	20
	3. 对实操四中服务的轮椅使用者进行讨论	30
	4. 结业典礼和发证	8
	总单元时间	**60**

1. 前言（2 分钟）

说明：

- 本单元，学员将有机会：
  - 了解其他小组在最后实操单元服务的轮椅使用者、处方的轮椅解决办法、准备和适配有关的情况；
  - 了解教师在最后实操单元看到的良好实操案例的反馈，并从所有的错误中学习；
  - 提问题。

2. 教师反馈（20 分钟）

用实操四的教师观察表，与学员讨论你在实操单元看到的良好实操案例。

注意学员可以改进的任何特别地方——不要强调个人。

提问：有任何问题吗？

3. 对实操四中服务的轮椅使用者进行讨论（30 分钟）

> ***教师提示：***
>
> - 本部分需要的时间将取决于教师反馈中需要涵盖多少要点。相应地调整单元，优先确保提供重要的反馈。

让每组轮流报告：

- 简要地概括在实操单元中他们服务的轮椅使用者的移动和支撑需求；
- 描述他们处方（选择）的解决方案；
- 描述产品（轮椅）是如何准备的；
- 描述适配过程和出现的任何问题；
- 评价轮椅使用者如何获得轮椅以及已经提供哪些使用者培训。

鼓励所有学员在报告结束后提问题：

- 建议在报告过程中，学员记下在每次报告后需要提的问题；
- 鼓励学员质疑报告小组的决定和解决方法。理想的是，这将激发所有学员的讨论、争论和深入分析。

每组报告允许 5 分钟，提问 5 分钟（根据小组的数量）。

播放每位轮椅使用者的照片以帮助各组阐明他们的观点（如果在实操过程中拍照了）。

每次报告结束后：

- 强调每组所用的良好实操的案例（用实操四：教师观察表）。
- 感谢每组的报告。

所有报告结束后：

- 再次提醒学员通常不只有一个正确的解决办法。最好的解决办法有时是一个折中——既要最充分地利用现有资源，又要最好地满足轮椅使用者的整体需求和期望。

教师提示：

- 问题的目的在于证明报告者决定的自信心，而不是暗示他们做错了一些事情。
- 应该以一种友好的方式提出问题和质疑。

4. 结业典礼和发证（8 分钟）

介绍 DVD：临别赠言。

播放 DVD。

教师提示：

- 教师可以选择他们如何发证以及结束培训。

附录

附录 1：轮椅服务中级教程课程表

5 整天

	第 1 天	第 2 天	第 3 天	第 4 天	第 5 天
8:30	介绍	B.14 身体检查——用手摸拟	B.10 PSDs 的处方（选择）——支撑躯干	B.13 适配	B.16 保养、维修和随访
8:45					
9:00					
9:15			B.11 PSDs 的处方（选择）——支撑头部、大腿和小腿		
9:30	A.1 受益于附加体位支撑的轮椅使用者	B.5 身体检查——进行测量		B.14 使用者培训	实操四：评定、处方（选择）、产品（轮椅）准备、适配和使用者培训
9:45					
10:00					
10:15					
10:30	A.2 残障儿童	B.6 选择轮椅和坐垫		时间用于教师和学员在轮椅使用者到达之前准备轮椅。	
10:45					
11：00	11:00-11:15：早茶（根据当地的情境和单元计划调整时间）			11:00-11:15：早茶（根据当地的情境和单元计划调整时间）	
11:15	A.2 残障儿童	B.6 选择轮椅和坐垫	11:15-11:30 早茶	实操三：适配和使用者培训	实操四：评定、处方（选择）、产品（轮椅）准备、适配和使用者培训
11:30			实操一：评定和处方（选择）		
11:45	B.1 评定概述和面谈评估	B.7 PSDs 的处方（选择）——介绍			
12:00					
12:15		B.8 PSDs 的处方（选择）——稳定骨盆			
12:30					
12:45					

续表

<table>
<tr><th colspan="6">1:00–2:00 午餐（根据当地的情境和单元计划调整时间）</th></tr>
<tr><td>2:00</td><td>B.1 评定概述和面谈评估</td><td rowspan="3">B.8 PSDs 的处方(选择)——稳定骨盆</td><td rowspan="2">实操一：评定和处方（选择）</td><td rowspan="3">实操三：适配和使用者培训</td><td rowspan="5">实操四：评定、处方(选择)、产品(轮椅)准备、适配和使用者培训</td></tr>
<tr><td>2:15</td><td rowspan="4">B.2 身体检查——无支撑坐姿</td></tr>
<tr><td>2:30</td><td rowspan="4">B.12 产品（轮椅）准备</td></tr>
<tr><td>2:45</td><td rowspan="2">B.9 PSDs 的处方（选择）——支撑髋关节</td><td rowspan="2">B.15 整合所有知识</td></tr>
<tr><td>3:00</td></tr>
<tr><td>3:15</td><td colspan="2">3:15–3:30：下午茶（根据当地情境和单元计划调整时间）</td><td colspan="2">3:15–3:30：下午茶（根据当地情境和单元计划调整时间）</td></tr>
<tr><td>3:30</td><td rowspan="2">B.2 身体检查——无支撑坐姿</td><td>B.9 PSDs 的处方（选择）——支撑髋关节</td><td>3:30–3:45 下午茶</td><td rowspan="6">B.15 整合所有知识</td><td rowspan="2">实操四：评定、处方(选择)、产品(轮椅)准备、适配和使用者培训</td></tr>
<tr><td>3:45</td><td rowspan="7">B.10 PSDs 的处方(选择)——支撑躯干</td><td rowspan="10">实操二：产品（轮椅）准备</td></tr>
<tr><td>4:00</td><td rowspan="8">B.3 身体检查——骨盆和髋关节姿势检查</td><td rowspan="4">B.17 教师反馈、讨论和结业典礼</td></tr>
<tr><td>4:15</td></tr>
<tr><td>4:30</td></tr>
<tr><td>4:45</td></tr>
<tr><td>5:00</td><td rowspan="5"></td><td rowspan="5"></td></tr>
<tr><td>5:15</td></tr>
<tr><td>5:30</td><td rowspan="3"></td></tr>
<tr><td>5:45</td></tr>
<tr><td>6:00</td><td></td></tr>
</table>

※ 如果需要，教师/培训机构可以调整日程安排。

附录2：中级轮椅转介表

转介样表：本表可以由轮椅服务单位进行修改，并提供给转介来源，有助于他们转介轮椅使用者至轮椅服务单位。

请完成转介表并邮寄至：

轮椅服务单位名称和地址：

转介人姓名：			
工作单位：			
转介人联系方式（与您联系的最佳方式）：			
轮椅使用者姓名：		出生日期：	
父母/护理者姓名：			
如何与轮椅使用者联系？			
邮寄□　自己的电话□　朋友/邻居的电话 □			
如果电话联系，电话号码：			
如果知道，轮椅使用者的残疾类型：			
转介原因：			
● 无轮椅	□		
● 有一辆坏的轮椅	□		
● 有一辆轮椅，但不满足他/她的需求	□		
● 儿童：	□		
— 到1岁时不能坐直或无法拉起站立	□		
— 到2岁时仍不能行走	□		
请补充轮椅服务单位需要了解的关于轮椅使用者的其他任何重要信息：			
轮椅使用者同意被转介到轮椅服务单位吗？	是 □　否 □		
转介人签名：			
日期：			

附录 3：中级轮椅评定表

本表适用于在无支撑下不能舒适坐直的轮椅使用者的评定。能够容易地坐直的轮椅使用者可以由接受过初级服务培训的人员进行评定。此表放在轮椅使用者的档案中。

评定人姓名：______________________　　评定日期：______________________

1. 面谈评估

轮椅使用者信息

姓名：______________________　　编号：______________________

年龄：______________________　　男 □　女 □

电话号码：______________________　　地址：______________________

目的：____

身体状况

诊断：脑损伤 □　脑性瘫痪 □　肌肉萎缩症 □　小儿麻痹症 □

脊柱裂 □　脊髓损伤 □　中风 □　未知 □

其他 □ ____

身体状况可能会变得更差吗？是 □　否 □

身体问题：虚弱 □　痉挛或不受控制的运动 □　肌张力（高/低）□

下肢截肢：右大腿 □　右小腿 □　左大腿 □　左小腿 □

疲劳 □　髋关节脱位 □　癫痫 □

进食和吞咽困难 □　描述：______________________________

疼痛 □　描述位置：______________________________

小便问题 □　大便问题 □

如果轮椅使用者有小便或大便问题，能处理好吗？是 □　否 □

生活方式和环境

请描述轮椅使用者将在哪里使用他们的轮椅：______________________________

____

每天移动的距离：1公里以内 □　1～5公里 □　5公里以上 □

每天使用轮椅的小时数：少于1小时 □　1～3小时 □　3～5小时 □　5～8小时□

多于8小时 □

不在轮椅上的时候，轮椅使用者坐或卧在哪里（姿势以及接触面如何）？

____

转移：独立完成□　协助完成□　站立式□　非站立式□　移位机完成□　其他□

厕所类型（如果转移到厕所）：蹲厕 □　坐厕 □　定制的 □

轮椅使用者是否经常使用公共/私人交通工具？是□　否□

如果是，哪种交通工具：小汽车□　出租车 □　公交车　□ 其他______________

现有的轮椅（如果已经有了一辆轮椅）

轮椅能满足使用者的需求吗？	是 □	否 □
轮椅能适合使用者的环境状况吗？	是 □	否 □
轮椅能提供适配和体位支撑吗？	是 □	否 □
轮椅安全耐用吗？（考虑是否有坐垫）	是 □	否 □
坐垫的减压效果理想吗？（如果使用者有压疮风险）	是 □	否 □

备注：____

如果所有问题的回答都是“是”，使用者可能不需要一辆新轮椅。如果这些问题中的任何一个回答是“否”，则使用者需要更换轮椅或坐垫；或现有的轮椅或坐垫需要进行维修或改制。

2. 身体检查

压疮的出现、风险或病史

///= 没有感觉	感觉正常吗？	是□	否□
O= 以前的压疮	以前有压疮吗？	是□	否□
● =现有的压疮	现在患有压疮吗？	是□	否□
	如果有，是否破溃（1—4 级）	是□	否□

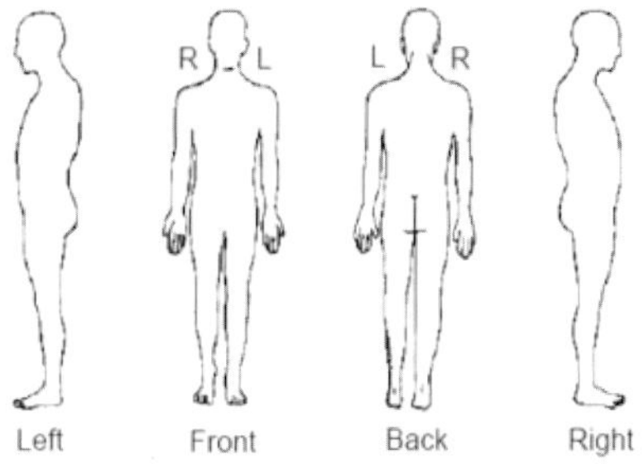

持续时间和原因：______________________

____

____

此人有患压疮的风险※吗？※如有一个人有感觉丧失 或者有 3 个或更多的风险因素，就有患压疮的风险。风险因素：不能移动、潮湿、不良姿势、以前/现有的压疮、营养不良、衰老、体重过轻或超重。 是□ 否□

推轮椅的方法

轮椅使用者如何推轮椅？

双臂□ 左臂□ 右臂□ 双腿□ 左腿□ 右腿□ 由一位助手推行□

备注：______________________

无支撑坐姿	骨盆和髋关节姿势检查
描述或绘画无支撑坐姿：	当卧位时，检查骨盆是否水平以及髋关节屈曲范围 骨盆可以水平吗？是□ 否□ 髋关节可以屈曲至中立位坐姿吗？ 右髋关节：是□ 否□ 角度：__________ 左髋关节：是□ 否□ 角度：__________ 如果骨盆无法水平或髋关节无法屈曲至中立位——用临时支撑适应。

用手模拟：用手支撑坐在中立位/尽可能舒适地接近中立位

对于每个身体部位：如果用手支撑可以实现中立位坐姿，在“是”下画勾，如果不是，在“否”下画勾。

身体部位	是	否	描述或线条绘画用手支撑轮椅使用者的最后坐姿，并描述或线条画出实现该坐姿提供的支撑。
骨盆	☐	☐	
躯干	☐	☐	
头	☐	☐	
左髋关节	☐	☐	
右髋关节	☐	☐	
大腿	☐	☐	
左膝关节	☐	☐	
右膝关节	☐	☐	
左踝关节	☐	☐	
右踝关节	☐	☐	

进行测量

身体测量（mm）				轮椅部件测量（mm）		
座宽、座深和脚踏板高度						
A	臀宽			=座宽或	1	
				=骨盆侧垫之间的距离	2	
B	座深（骨盆后部到腘窝）	左		B减去30mm-50mm=椅座深度(如果左右两边长度不同，取较短的一个数值）	3	
		右				
C	腘窝到足底	左		=座面顶端到脚踏板高度或	4	
		右		=座面顶端到地面高度（脚推行者）	5	

续表

<table>
<tr><th colspan="4">身体测量（mm）</th><th colspan="3">轮椅部件测量（mm）</th></tr>
<tr><td colspan="7">靠背高度</td></tr>
<tr><td>D</td><td colspan="2">座面※到胸腔下缘</td><td></td><td rowspan="3">=座面顶端到靠背顶端的距离（根据轮椅使用者的需求，测量 D、E 或 F）</td><td rowspan="3">6</td><td rowspan="3"></td></tr>
<tr><td>E</td><td colspan="2">座面※到肩胛下角</td><td></td></tr>
<tr><td>F</td><td colspan="2">座面※到肩峰</td><td></td></tr>
<tr><td colspan="7">改制和/或 PSDs</td></tr>
<tr><td>G</td><td colspan="2">躯干宽度</td><td></td><td>=躯干侧垫/楔形垫之间的距离</td><td>7</td><td></td></tr>
<tr><td rowspan="2">H</td><td rowspan="2">座面※到腋下（腋窝）</td><td>左</td><td></td><td rowspan="2">H减去30mm=椅座顶端到躯干侧垫/楔形垫之间的最大距离（根据用手摸拟进行调整）</td><td rowspan="2">8</td><td></td></tr>
<tr><td>右</td><td></td><td></td></tr>
<tr><td>I</td><td colspan="2">座面到骨盆顶端（髂后上棘）</td><td></td><td>=座面顶端与骨盆后垫之间的距离</td><td>9</td><td></td></tr>
<tr><td>J</td><td colspan="2">膝关节之间的距离</td><td></td><td>=膝分隔垫之间的宽度</td><td>10</td><td></td></tr>
<tr><td>K</td><td colspan="2">座面到颅底的距离</td><td></td><td>=座面顶端与头靠中间的距离</td><td>11</td><td></td></tr>
<tr><td>L</td><td colspan="2">骨盆后部到坐骨</td><td></td><td>L加20mm-40mm靠背支撑到坐骨前垫高起点之间的距离</td><td>12</td><td></td></tr>
<tr><td rowspan="2">其他</td><td colspan="2"></td><td></td><td></td><td></td><td></td></tr>
<tr><td colspan="2"></td><td></td><td></td><td></td><td></td></tr>
</table>

※ 当进行测量时，“座面”是指坐骨坐的平面。

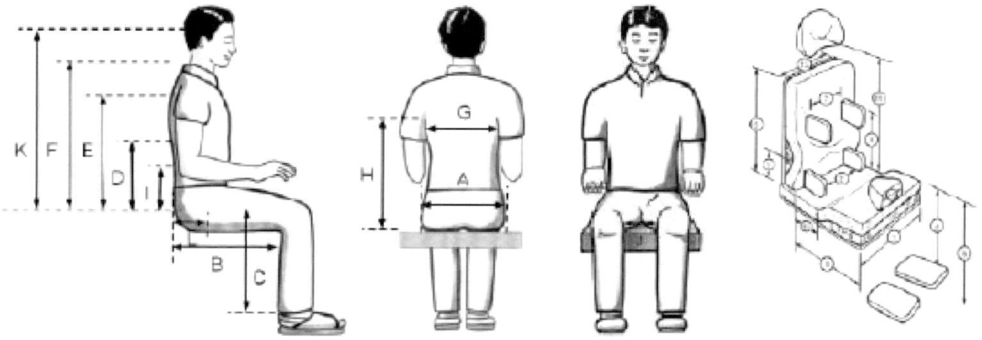

附录 4：中级轮椅处方（选择）表

对于无支撑不能舒适地坐直的轮椅使用者，本表用于记录他们的轮椅、坐垫和 PSDs 的选择。此表放在轮椅使用者档案中。

1. 轮椅使用者信息

轮椅使用者姓名：		编号：	
评定日期：		适配日期：	
评定人姓名：			

2. 轮椅的类型、尺寸和设置

轮椅类型（以下列出可得到的轮椅）		轮椅尺寸（mm）	
	□	座宽	
	□	座深	
	□	靠背高度	
	□	脚踏板高度	

轮椅设置		
后轮位置		其他：
后倾		

3. 坐垫类型和尺寸

坐垫类型		尺寸
例如：减压坐垫	□	
	□	

4. PSDs 或需要的改制

<table>
<tr><th colspan="3">PSD 清单</th><th>描述/绘画和提供尺寸</th></tr>
<tr><td rowspan="13">椅座/坐垫</td><td>加入硬椅座</td><td>□</td><td rowspan="13">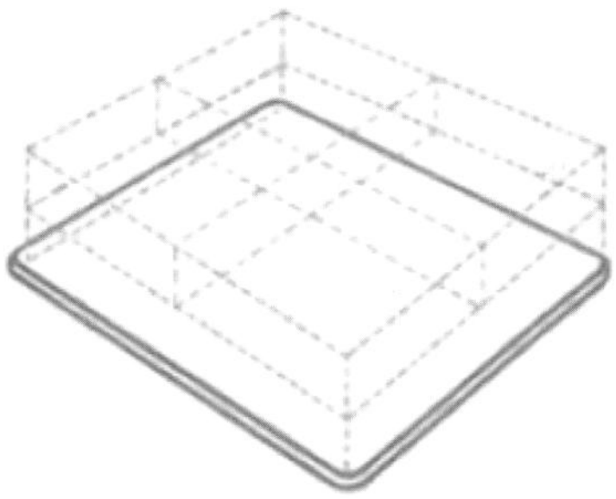</td></tr>
<tr><td>坐骨前垫高（=3－12）</td><td>□</td></tr>
<tr><td>降低坐垫前部</td><td>左□　右□</td></tr>
<tr><td>升高坐垫前部</td><td>□</td></tr>
<tr><td>骨盆前倾楔形垫</td><td>□</td></tr>
<tr><td>骨盆下补高</td><td>左□　右□</td></tr>
<tr><td>骨盆侧垫（=2）</td><td>左□　右□</td></tr>
<tr><td>大腿外侧楔形垫</td><td>左□　右□</td></tr>
<tr><td>大腿外侧垫</td><td>左□　右□</td></tr>
<tr><td>大腿内侧楔形垫（=10）</td><td>□</td></tr>
<tr><td>膝分隔垫（=10）</td><td>□</td></tr>
<tr><td>其他</td><td>□</td></tr>
<tr><td>其他</td><td>□</td></tr>
</table>

PSD 清单			描述/绘画和提供尺寸
椅座和靠背	增加椅座与靠背的角度	☐	
	椅座与靠背后倾（整体后倾）	☐	
靠背	加入硬靠背	☐	
	骨盆后垫（=9）	☐	
	可调形状靠背	☐	
	可调张力靠背	☐	
	靠背后倾	☐	
	躯干侧垫（=7）	左☐ 右☐	
	躯干侧楔形垫（=7）	左☐ 右☐	
	其他	☐	
桌面板/扶手	桌面板	☐	
	改制扶手	左☐ 右☐	
	其他	☐	
头支撑	扁平头靠（=11）	☐	
	有形头靠（=11）	☐	
	其他	☐	
小腿支撑	脚踏板补高	左☐ 右☐	
	脚踏板楔形垫	左☐ 右☐	
	小腿支撑板	左☐ 右☐	
	其他	☐	
带子	骨盆带	☐	
	小腿带	☐	
	足带	左☐ 右☐	
	肩带	☐	
	其他	☐	

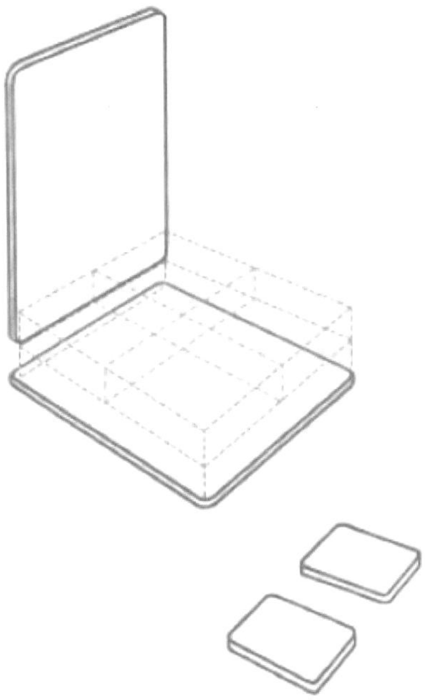

5. 同意

轮椅使用者签名：________________

评定人签名：________________

评定组长签名：________________

附录 5：中级轮椅参数表

轮椅名称：		此处插入图片
制造商/供应商：		
可提供的尺寸：		
整体重量：		

描述：

轮椅架：	固定式/刚性	□	可折叠	□	轮椅架长度	
靠背：	悬吊式/帆布	□	硬	□	张力可调	□
椅座：	悬吊式/帆布	□	硬	□	张力可调	□
坐垫：	无坐垫	□	平面泡沫塑料	□	波形的泡沫塑料	□
	流体	□	其他	□		
脚踏板：	固定式	□	可拆/外转	□	其他：	
小脚轮：	气胎	□	直径：			
	实心胎	□	宽度：			
后轮：	气胎	□	直径：		手推圈	□
	实心胎	□	宽度：		可调轴	□
	PU 胎	□			可拆卸	□
刹车：	短杆	□	长杆	□	其他：	
扶手：	弧形的	□	方形	□	其他：	
	固定式	□	可拆	□	其他：	
把手：	把手	□				
PSDs：	骨盆带	□	小腿带	□	肩带	□
	足带	□	防翻杆	□	躯干侧垫	□
	桌面板	□	头靠	□	骨盆侧垫	□
	其他：					

测量尺寸、调整选项及范围：

	测量尺寸（如果轮椅有不同的尺寸，列出所有的尺寸）	是否可调		调整范围（该轮椅可能的调整范围）
		是	否	
椅座宽度		☐	☐	
椅座深度		☐	☐	
椅座高度		☐	☐	
靠背高度		☐	☐	
靠背后倾		☐	☐	
脚踏板高度		☐	☐	
脚踏板角度		☐	☐	
把手高度		☐	☐	
轮椅架长度		☐	☐	
轴距长度		☐	☐	
靠背与椅座的角度		☐	☐	
整体后倾		☐	☐	

附录 6：中级轮椅安全和准备检查表

整辆轮椅包括 PSDs	
没有尖锐边角	☐
PSDs 软垫包好并固定牢固	☐
无部件损坏或刮伤	☐
轮椅能够沿直线行进	☐
前小脚轮	
自由地转动	☐
转动而不触及轮叉	☐
螺栓是拧紧的	☐

续表

前小脚轮套	
小脚轮叉自由地转动	☐
后轮	
自由地转动	☐
轴螺栓是拧紧的	☐
轮胎充气正常（用拇指横压轮胎，轮胎稍微下陷不超过 5mm）	☐
手推圈是稳固的	☐
刹车	
正常工作	☐
脚踏板	
脚踏板连接牢固	☐
轮椅架	
对于交叉折叠式轮椅，轮椅轻易地折叠和展开	☐
对于靠背折叠式轮椅，靠背可以轻易地折叠和展开	☐
坐垫	
坐垫刚好放在坐垫套内	☐
坐垫正好放在轮椅上	☐
坐垫套面料是紧贴的，但不是太紧	☐
如果轮椅是硬椅座：坐垫完全覆盖椅座	☐

附录 7：中级轮椅适配检查表

1. 轮椅准备好了吗？

轮椅已经检查且能确保安全使用以及所有的部件都正常工作吗？	☐

2. 检查轮椅和 PSDs 适配

轮椅宽度： ● 臀部舒适地坐在扶手之间或骨盆侧垫之间； ● 躯干舒适地靠在轮椅架靠背管之间或躯干侧垫之间； ● 大腿舒适地放在扶手、挡泥板/护裙板之间或骨盆侧垫之间并且不会挤压在一起。	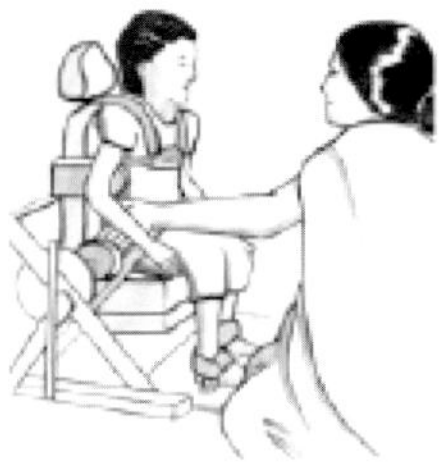	□
座深： ● 腘窝与椅座/坐垫之间有 30mm 的间隙。		□
骨盆： ● 坐骨前垫高刚好到坐骨的前部； ● 骨盆后垫在 PSIS 处提供支撑； ● 骨盆侧垫紧密贴合并且不高于髋关节； ● 骨盆带能绑紧但是不挤压皮肤。	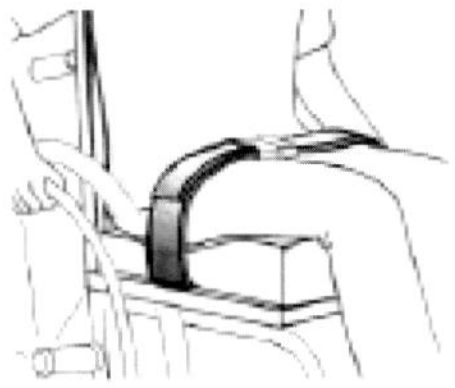	□
躯干： ● 躯干侧垫不要对腋窝施加压力。腋窝与躯干侧垫顶端之间应该至少有 30mm 的间隙； ● 肩带舒适地穿上并且不会挤压皮肤； ● 桌面板支撑整个前臂和肘关节并且不会挤压腹部； ● 检查靠背高度和后倾。		□
头靠： ● 头靠通常应该在颅底支撑轮椅使用者的头； ● 支撑头部保持平衡和直立的姿势。		□

续表

大腿： ● 大腿外侧垫或膝分隔垫导致大腿上大的压力； ● 膝分隔垫距儿童腹股沟区 40mm～60mm，成人腹股沟区 60mm～100mm。		□
脚踏板高度： ● 大腿完全支撑在坐垫上没有间隙。双脚完全支撑在脚踏板上没有间隙； ● 足带可以牢固地系紧而不会挤压足； ● 小腿带和足跟带支撑小腿和双脚。	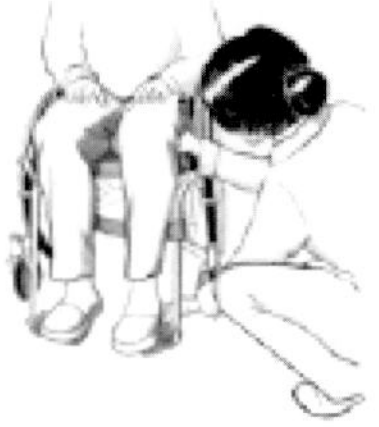	□

3. 检查姿势

从前面和侧面观察，轮椅使用者是否舒适地接近中立位坐：	
● 骨盆直立和水平吗（或舒适地接近这个体位）	□
● 躯干直立和对称吗（或舒适地接近这个体位）	□
● 头平衡和直立吗（尽可能地）	□
● 支撑腿和脚尽可能地接近中立位吗	□
检查所有的 PSDs 是否都按照计划提供支撑。特别检查（如果已经提供）：	
● 靠背高度、后倾和轮廓	□
● 整体后倾	□
● 骨盆侧垫和躯干侧垫	□
● 大腿内侧和外侧楔形垫、大腿外侧垫和小腿支撑板	□
● 15 分钟后再检查姿势，看看是否有什么变化	□

4. 检查压力

检查两侧坐骨下的压力。两侧压力安全吗？ 1 级＝安全级：指尖可以上下摆动 5mm 或更多。 2 级＝警告级：指尖不能摆动，但是可以轻易地抽出。 3 级＝不安全级：指尖被压得很紧，手指很难抽出。	□
把你的手指放在轮椅使用者身体和每个体位支撑（包括垫和带子）之间。 体位支撑与身体均匀地接触吗？压力安全吗？	□
如果轮椅使用者有任何特别骨突、膨出或肿块——确保这些部位没有压力。	□

5. 在轮椅使用者移动过程中检查适配

靠背允许轮椅使用者自由地移动双肩来推轮椅吗？	□
轮椅的移动或推轮椅的动作会导致轮椅使用者改变他们的姿势或感觉不舒适或不稳定吗？	□
手推轮椅：后轮的位置对于轮椅使用者推轮椅是否正确以及他/她能推吗？	□
脚推轮椅：椅座高度和深度对于用脚推轮椅的使用者正确吗？	□
体位支撑允许不受限制和安全的轮椅移动吗？	□

6. 决定是否需要进一步的行动

有必要采取进一步的行动吗？在轮椅使用者的档案上写下采取的任何行动。	□

附录 8：中级轮椅使用者培训检查表

	需要教的技能	已经教的技能	备注
操作轮椅			
折叠和搬运轮椅	□	□	
拆下和装回所有的 PSDs 以便运输的需要	□	□	
使用快拆轮	□	□	
使用刹车	□	□	
后倾和防翻杆（如果使用）	□	□	
当轮椅使用者坐在轮椅上时，在正确的位置安装 PSDs	□	□	
使用坐垫，包括正确摆放	□	□	
转移			
独立转移	□	□	
在协助下转移	□	□	
其他	□	□	
轮椅的使用和移动			
正确地推轮椅（用轮椅使用者喜欢的方式）	□	□	
上下斜坡	□	□	
上下台阶	□	□	
粗糙地面	□	□	
翘前轮基本技巧	□	□	
在轮椅上坐多长时间（对于需要附加体位支撑的儿童和成人）	□	□	
辅助下推行	□	□	
预防压疮			
检查易发压疮的高压部位	□	□	

续表

减压技巧	□	□	
营养膳食并充足饮水	□	□	
如果发生压疮，该怎么办	□	□	
如何在家保养轮椅			
清洁轮椅，清洗并晾干坐垫和坐垫套	□	□	
为活动部件上油	□	□	
给轮胎打气	□	□	
拧紧螺母和螺栓	□	□	
拧紧辐条	□	□	
检查装饰面料	□	□	
检查是否生锈	□	□	
检查坐垫	□	□	
如果出现问题，该怎么办			
轮椅需要维修	□	□	
轮椅不适配或不舒适	□	□	

附录 9：轮椅随访表

本表用于记录对轮椅使用者随访的信息。本表放在轮椅使用者档案中。

1. 轮椅使用者信息

轮椅使用者姓名：________________　　编号：________________

适配日期：________________　　随访日期：________________

随访人员姓名：________________

随访地点：轮椅使用者家 □　轮椅服务中心 □　其他 □________________

2. 面谈内容

记录应采取的措施：

您能如您所愿地使用轮椅吗？	是 □　否 □	
如果不能，为什么？		
您在使用轮椅的过程中，遇到什么问题吗？	是 □　否 □	
如果有，是什么问题？		
您在使用轮椅的过程中，有什么不懂的问题吗？	是 □　否 □	
如果有，问题是什么？需要进一步的培训吗？		
您有压疮吗？	是 □　否 □	
如果有，请描述（位置和等级）。		
您对自己轮椅的满意度用 1～5，如何评价？（1 是不满意，5 是非常满意）	评价：	
建议：		

3. 轮椅和坐垫的检查

轮椅是处于良好的工作状态并且可以安全地使用吗？	是 □　否 □	
坐垫是处于良好的工作状态并且可以安全地使用吗？	是 □　否 □	
如果以上两项有任何一项答案是否，请问是什么问题？		

4. 适配检查

轮椅适配正确吗？	是 □　否 □		
如果不适配，是什么问题？			
压力测试等级（1 级＝安全级，2 级＝警告级，3 级＝不安全级）（使用者是否有发生压疮的风险）	左：		
	右：		
轮椅使用者在静止、移动时，能舒适地坐直吗？能一整天都这样坐吗？	是 □　否 □		
如果不能，请问是什么问题？			

附录 10：体位支撑装置（PSD）表

椅座/坐垫					
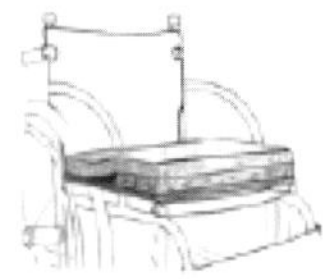	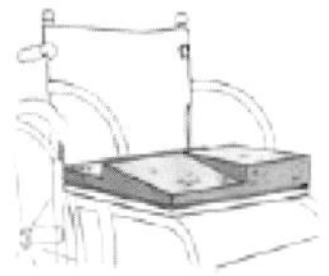	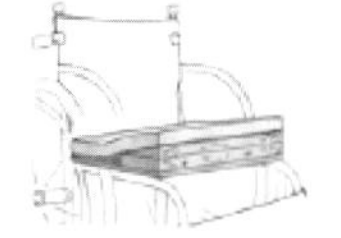			
坐骨前垫高	降低椅座前部（一侧）	升高椅座前部	骨盆前倾楔形垫	骨盆下补高	骨盆侧垫

椅座/坐垫				椅座 & 靠背	
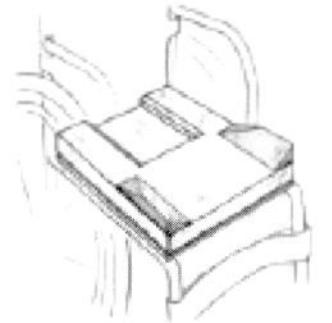		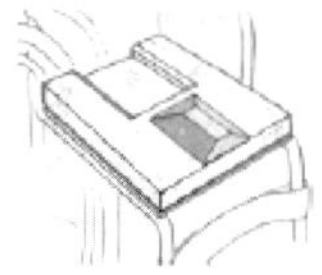	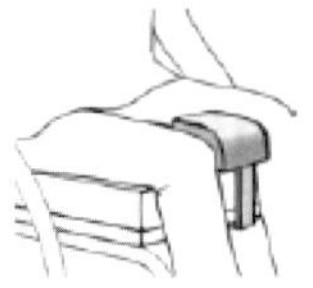		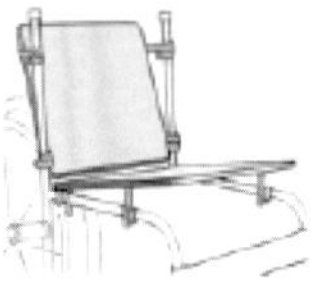
大腿外侧楔形垫	大腿外侧垫	大腿内侧楔形垫	膝分隔垫	增加椅座与靠背的角度	椅座与靠背后倾（整体后倾）

靠背					
	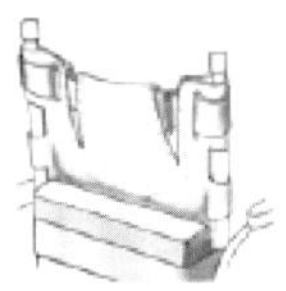	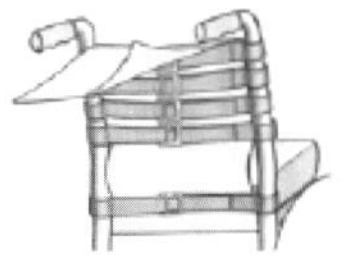		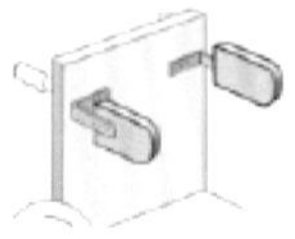	
骨盆后垫	可调形状靠背	可调张力靠背	后倾靠背	躯干侧垫	躯干侧楔形垫

桌面板	头靠		小腿支撑		
					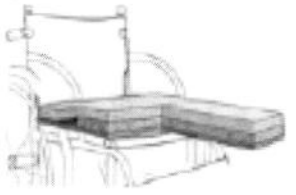
桌面板	扁平头靠	有形头靠	脚踏板补高	脚踏板楔形垫	小腿支撑板

绑带				
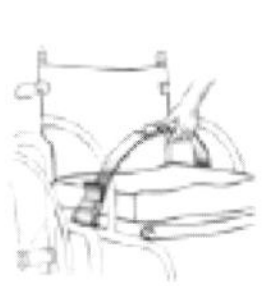	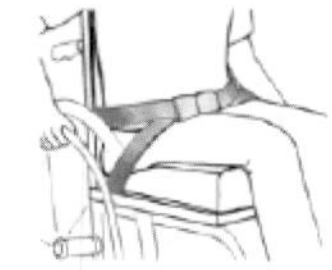	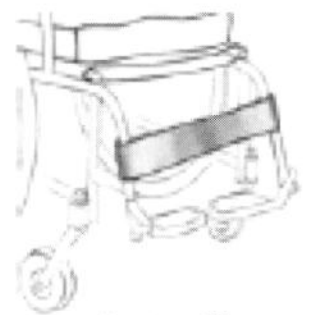		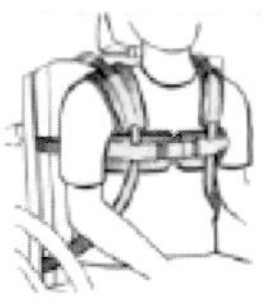
骨盆带	骨盆前倾四点带	小腿带	足带	肩带

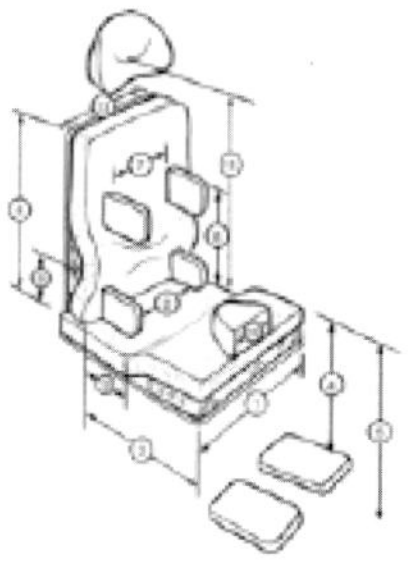

附录 11：硬泡沫塑料楔形垫

楔形垫用硬泡沫塑料制作，可以用于临时支撑。硬泡沫塑料楔形垫可以单独使用，或叠起来做成一个更尖锐的角度。下面的尺寸是 30mm×150mm×200mm。稍微小些或稍微大些的楔形垫也有用。

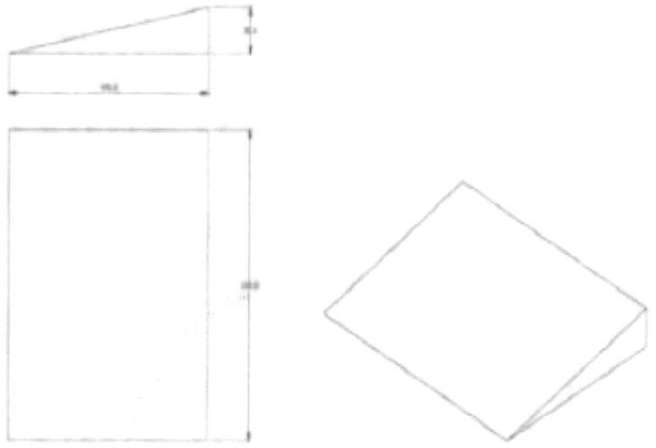

附录 12:参与实操单元的轮椅使用者列表

本检查表用于组织和安排轮椅使用的志愿者参加每次实操单元——轮椅使用者应该自愿地参加。只要有可能他们的参与应该得到酬劳。用《教师手册》上的检查表来帮助找到轮椅使用者。

实操单元	日期和时间	轮椅使用者姓名	性别		年龄	残疾/移动和体位支撑需求	邀请	接受	交通安排
			男	女					
实操一							□	□	□
							□	□	□
							□	□	□
							□	□	□
							□	□	□
实操二							□	□	□
							□	□	□
							□	□	□
							□	□	□
							□	□	□
实操三							□	□	□
							□	□	□
							□	□	□
							□	□	□
							□	□	□
实操四							□	□	□
							□	□	□
							□	□	□
							□	□	□
							□	□	□

世界卫生组织

USAID
FROM THE AMERICAN PEOPLE

轮椅服务中级教程

学员手册

[美] 弗罗斯特　等著

钟 磊　赫 琳　译

求真出版社

图书在版编目（CIP）数据

轮椅服务中级教程 /（美）弗罗斯特等著；钟磊等译. —北京：求真出版社，2016.1

ISBN 978－7－80258－230－9

Ⅰ. ①轮… Ⅱ. ①弗…②钟… Ⅲ. ①四肢—残疾人—社会服务—技术培训—教材 Ⅳ. ①C913.69

中国版本图书馆 CIP 数据核字（2016）第 030732 号

轮椅服务中级教程

著　　者：[美] 弗罗斯特　等
译　　者：钟　磊　赫　琳
责任编辑：计　悦
出版发行：求真出版社
社　　址：北京市西城区太平街甲 6 号
邮政编码：100050
印　　刷：北京华联印刷有限公司
经　　销：新华书店
开　　本：787×1092　1/16
字　　数：611 千字
印　　张：29.25
版　　次：2016 年 5 月第 1 版　2016 年 5 月第 1 次印刷
书　　号：ISBN 978－7－80258－230－9/C・6
定　　价：98.00
编辑热线：（010）83190270
销售服务热线：（010）83190297　83190289　83190292

术　语

本教程中的术语定义如下：

适用的轮椅	能够满足使用者需求以及环境状况的轮椅；提供适配和体位支撑并且安全耐用；国内可得到且在国内能够以最经济和实惠的价格购买和维修并接受持续的服务。
手动轮椅	由使用者本人驱动或由其他人推行的轮椅。
体位支撑装置（PSD）	用于提供附加体位支撑的装置，是中级轮椅服务的主要内容。
轮椅	为行走或移动困难者提供轮式移动和坐位支撑的器具。
轮椅改制	对轮椅进行改造。
轮椅供应体系	轮椅设计、生产、供应和提供服务的总术语。
轮椅服务	轮椅供应体系的一部分，以确保每位使用者都能获得一辆适用的轮椅。
轮椅服务人员	提供适用轮椅服务中具有专业技能的人员。
轮椅使用者	有行走或移动困难而需要使用轮椅代步的人士。

目录

序　言

轮椅是提高个人移动能力最常用的辅助器具之一，是享有人权和尊严生活的前提。有了轮椅，可以帮助残疾人成为所在社区里更有效的成员。对许多残疾人而言，拥有一辆适用的、设计优良并且适配的轮椅是他们融入和参与社会的第一步。

联合国《残疾人机会均等标准规则》、《残疾人权利公约》和“世界卫生大会 WHA58. 23 号决议”中规定残疾包括预防、管理和康复的内容，都强调轮椅和其他辅助器具的重要性。为确保残疾人特别是那些资源有限地区的残疾人能够容易地获得一辆适用的轮椅，世界卫生组织与美国国际开发署（USAID）和国际假肢与矫形器学会（ISPO）合作，编写了《资源有限地区手动轮椅服务指南》。

为了在轮椅服务指南的基础上恰如其分地培训人力资源并提供良好的轮椅服务体系，世界卫生组织为不同层次的负责管理不同水平干预的卫生和康复人员按照轮椅服务指南大纲主动编写了《轮椅服务教程》系列。在 2012 年 6 月成功出版《轮椅服务初级教程》之后，我们非常高兴地出版《轮椅服务中级教程》。

为了拓展《轮椅服务初级教程》中获得的知识和技能，《轮椅服务中级教程》主要关注儿童，因为很多儿童由于常见发育障碍的特性，需要轮椅用于移动和体位支撑。

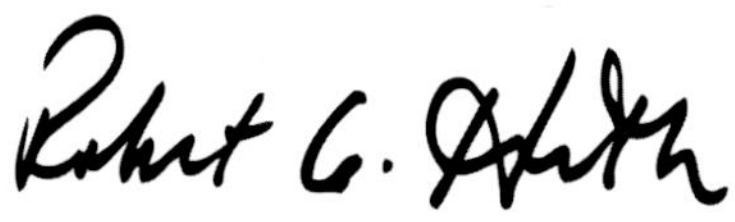

Alana Officer
协调员
残疾与康复组
暴力和伤害预防及残疾司
世界卫生组织

Robert G. Horvath
经理
弱势群体项目
民主、人权和良治卓越发展中心
美国国际开发署

《轮椅服务中级教程》概述

简介

世界卫生组织（WHO）于2008年和2012年分别发布了《资源有限地区手动轮椅服务指南[1]》和《轮椅服务初级教程》（WSTP－B），WHO与美国国际开发署（USAID）共同开发了这套《轮椅服务中级教程》（WSTP－I）。《轮椅服务中级教程》是WHO轮椅服务系列教程的第二部分，它更注重于解决那些行走和移动严重困难以及躯干控制较差者的需求。当编写本教程时，特别注意到要为那些躯干控制较差和不能独立坐直的儿童提供适用的轮椅。

轮椅是能使个人移动的最常用辅助器具之一。对于行走困难的人士，满足他们身体、生活方式和环境需求的一辆轮椅是一个重要的工具，促使他们极大地改善健康、社会和生活水平。行动能力为轮椅使用者获得学习、工作和参与文化活动以及卫生保健服务的机会。

移动的重要性反映在联合国《残疾人权利公约》（UNCRPD）中，提倡“采取有效措施确保残疾人尽可能独立地享有个人移动能力”。为确保有效的个人移动，轮椅使用者需要正确适配和满足他们特殊需求的轮椅。这需要对个人需求做出反应的一种方法。

满足轮椅使用者个人需求的一种有效方法是通过轮椅服务提供轮椅。然而，数据显示真正需要轮椅的人士中只有不到5％获得了正确适配的轮椅。另外，轮椅服务人员接受有效地开具轮椅处方的培训机会很少。

《轮椅服务中级教程》用于支持服务人员的培训，帮助他们完成中级轮椅服务中临床和技术角色（见《资源有限地区手动轮椅服务指南》表4．2），本教程是为那些给需要附加体位支撑才能坐直的轮椅使用者开始工作的服务人员提供所需的理论和实践支持。本教程包括如何评估个人需求，协助选择和安装带附加体位支撑的最适用轮椅，培训使用者和护理者如何使用和保养他们的轮椅并开展随访。

---

[1] 世界卫生组织，《资源有限地区手动轮椅服务指南》，日内瓦，2008（http：//www．who．int/disabilities/publications/technology/wheelchairguidelines/en/index．html，取得日期2011年12月15日）

本教程可以在35～40小时内完成，根据不同情况的具体需求和可用资源，培训时间可能会延长或缩短。鼓励学员与教师共同实践，提高职业素质并增强独立工作能力。

《轮椅服务中级教程》既可以提供给已经在这个领域工作的人员作为独立的短期培训项目，又可以把该教程纳入到卫生保健和康复人员培训项目的课程里。

目标人群

本教程是为所有期望在工作场所提供中级轮椅服务的人员和志愿者准备的，这其中包括卫生保健、康复或技术人员，例如：作业治疗师、物理治疗师、假肢制作师、矫形器制作师、社区医护人员和社区康复工作者。

目的

本中级教程是为支持服务人员或志愿者的培训而设计的，使他们能为那些需要附加体位支撑才能坐直的儿童和成人提供适合的手动轮椅和坐垫。

本教程的主要目的是提高轮椅服务人员的知识和技能，本教程的实施将有助于：

- 增加能满足个人需求的轮椅使用者数量；
- 增加接受轮椅服务中级培训的人员数量；
- 提高轮椅服务人员的职业素质；
- 针对需要比初级轮椅服务更高层级干预的轮椅使用者，提高为他们轮椅服务的质量；
- 将本教程加入到常规辅助医疗/康复培训项目中；
- 将提供轮椅服务更大程度地整合到康复服务里。

范围

本教程包括：

- 如何评定需要附加体位支撑轮椅的儿童和成人的移动和体位支撑需求；
- 如何与他们一起确定最可能的移动解决方案；
- 提供带合适坐垫和附加体位支撑的手动轮椅所必需的知识和实践技巧；
- 培训轮椅使用者以及在适当的时候培训他们的家人/护理者，帮助他们充分利用自己的轮椅；
- 随访轮椅使用者以确保他们的轮椅持续地满足需求。

需要的知识和技能

以往轮椅服务的经验对于学员最大限度地从中级教程中获得知识是必要的。中级教程的设计是基于假定学员能够展示 WHO《轮椅服务初级教程》中学到的技能，并且具有初级轮椅服务的经验。

结构

《轮椅服务中级教程》是专门提供给熟悉中级轮椅服务并能够自信地演示本教程技能的教师。这里有一系列的教学资源，包括：

- 《教师手册》和培训工具；
- 《学员手册》；
- 《实训手册》；
- 轮椅服务表；
- 轮椅服务检查表；
- 视觉教具，包括幻灯片、视频和海报。

发展进程

《资源有限地区手动轮椅服务指南》发布后，WHO 接着成立了工作组编写轮椅服务教程。2008 年 10 月由 WHO 召集工作组第一次会议确定教程的范围和内容。在与教程内容所涉及领域超过 20 位专家的广泛交流并收集反馈意见后，编著核心小组为本教程在不同地点进行实地试点准备。

2011 年，本教程在罗马尼亚、肯尼亚和东帝汶进行试点。WHO 轮椅教程工作组成员观察每一个试点。参加试点实操单元的教师、学员和轮椅使用者的反馈意见已被纳入最后的定稿。除了试点之外，对中级教程也进行了广泛的同行评审。15 位轮椅专家同行评审文件，他们有价值的反馈已经体现在最终的文稿中。

所有参与编写教程的作者都完成一项利益声明（DOI），无人宣称与相关的主题有任何利益冲突。

如何使用学员手册

本学员手册概括了轮椅服务中级培训的知识。学员可以在培训结束后利用学员手册提醒自己每单元讲授的要点。本手册分为两部分：

A：核心知识

B：轮椅服务步骤

A：核心知识—— 本部分包括与所有轮椅服务步骤有关的信息。在某些情况下，根据学员的学习需求，教师可以选择增加一些知识到本部分中。

B：轮椅服务步骤—— 本部分包括有助于学员开展轮椅中级服务八个步骤中每个步骤的信息（见世界卫生组织《资源有限地区手动轮椅服务指南》，第 76 页）。

初级和中级轮椅服务培训

为了给轮椅服务人员提供正确的培训，WHO 培训教程在两个层次提供培训——初级和中级。

- 初级教学员如何为行走和移动困难，但是不需要附加体位支撑而能够坐直的儿童和成人提供轮椅。
- 中级教学员如何为需要附加体位支撑才能坐直的儿童和成人提供轮椅。

中级培训以学员从初级培训中获得的知识和技能为基础。

A：核心知识

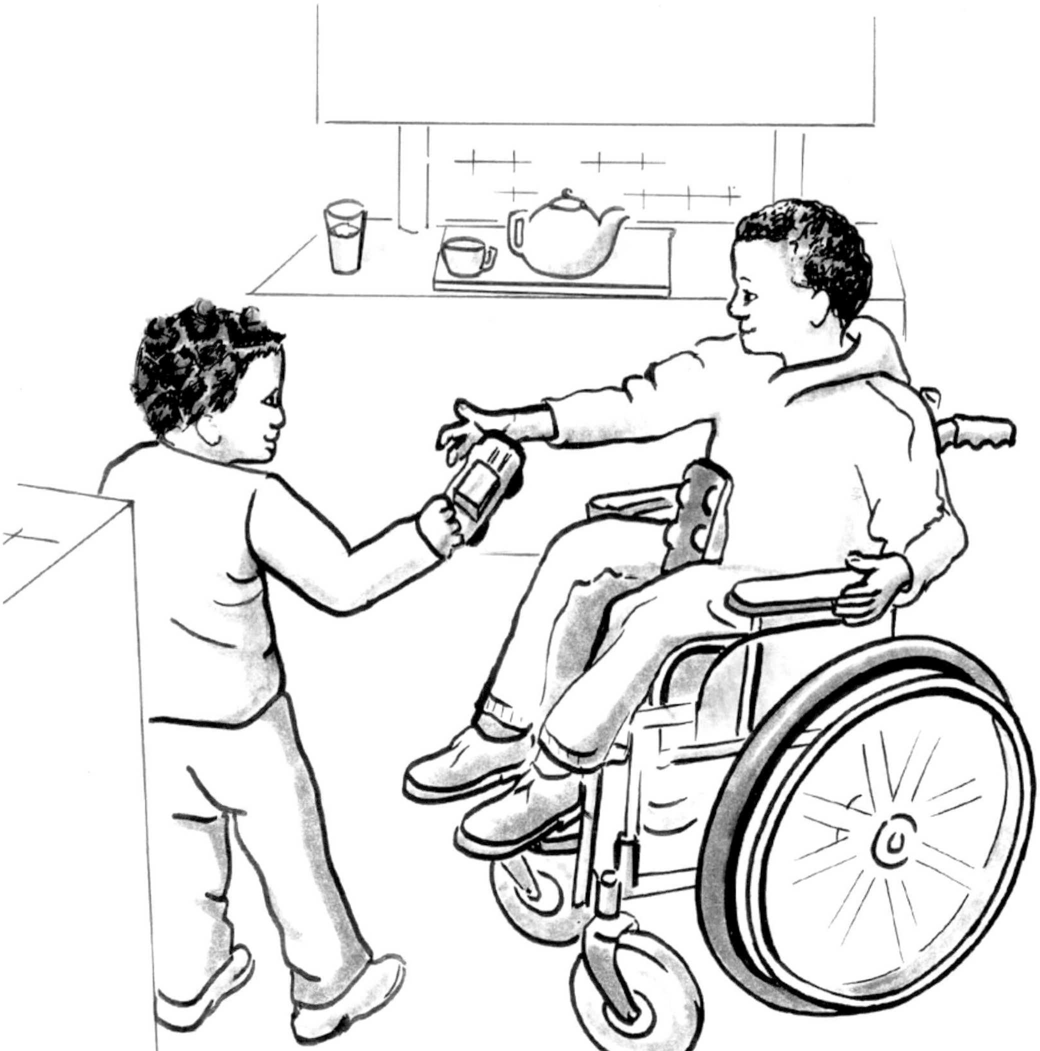

A.1：受益于附加体位支撑的轮椅使用者

轮椅使用者是指已经有一辆轮椅的人或者步行能力受限但能从轮椅使用中受益的人。轮椅使用者包括：

- 儿童、成年人和老人；
- 有不同健康状况、生活方式、生活角色和背景的人；
- 在不同环境，包括农村、城乡结合部及城市生活和工作的人。

每位轮椅使用者的需求不同。然而，他们都需要一辆适用的轮椅。

每辆适配良好的轮椅都为轮椅使用者提供一定的体位支撑。靠背、坐垫、脚踏板和扶手都能根据轮椅使用者的尺寸进行调整以提供体位支撑。然而许多儿童和成人在他们使用的轮椅上需要附加体位支撑。

体位支撑装置（PSD）能够提供附加体位支撑——是提供附加体位支撑的物理装置，体位支撑装置是《轮椅服务中级教程》的重要内容，包括为在轮椅上提供体位支撑进行的任何增加或修改。在本教程中，体位支撑装置简称 PSD。

受益于附加体位支撑的轮椅使用者

有些人没有附加支撑就无法坐直，有些人需要许多附加支撑，并且有些人只需对轮椅稍加改制。附加体位支撑可以通过不同方式提供，有些解决方案很简单，并且在一个简单的小车间就可以完成，有些解决方案则比较复杂。

何时需要附加体位支撑?

人们需要附加体位支撑的原因各不相同，通常当轮椅不能提供足够的支撑来帮助使用者坐直如下述情形是需要的。有时轮椅使用者或家人/护理者也会对他们所需进一步支撑提出好的建议。

需要附加支撑的原因包括：

- 不能坐直
- 不受控制的运动或痉挛
- 关节强直
- 肌肉僵硬
- 虚弱无力

- 疲劳
- 疼痛或不舒适
- 平衡障碍

> **定义：体位支撑装置**（PSD）
>
> 体位支撑装置（PSD）是提供附加体位支撑的物理装置。
>
> PSD 是中级轮椅服务的重要内容。

附加体位支撑有何帮助？

附加体位支撑在以下 4 个方面对轮椅使用者有帮助：

1. **改善平衡、姿势和稳定性**

改善平衡、姿势和稳定性能帮助轮椅使用者完成没有体位支撑时不可能完成或很难完成的活动。

2. **提高舒适性**

附加体位支撑可以使轮椅使用者更舒适并且能够在他们疲劳前增加坐轮椅的时间。

3. **有助于预防压疮的发生**

压疮发展相当迅速，良好的体位支撑有助于预防压疮，确保身体的一部分没有超负荷。

坐直的好处就是体重被均匀分布，这有助于降低压疮的风险。

当轮椅使用者不能坐直时，他们的体重就不能均匀分布，他们身体的一侧比另一侧承担更多的重量，如果附加体重作用于骨突部位皮肤上，就存在压疮的高风险。

骨突部位包括坐骨（结节）、肋骨、髋骨（转子）、脊骨（脊椎）或尾骨（尾椎）。

当轮椅使用者没有得到良好的支撑，他/她就会在椅座上滑动，产生导致压疮的剪切力，良好的坐位支撑可以避免滑动和剪切力。

4. 有助于减缓或预防未来姿势问题的发展

良好的体位支撑可以预防姿势引发的问题，如果姿势引发的问题已经出现，良好的体位支撑则可以减缓或预防这个问题加重。在卧位、坐位、立位良好的体位支撑，尽早开始是重要的。

安全地进食和饮水

有些坐直困难的轮椅使用者还伴有安全吞咽问题，对于那些进食和饮水引起不适的人，有时是令人恐惧的，并且通常是危险的。当人们有吞咽困难时，少许食物和水就可能进入气管，可以导致肺部感染，使病情加重，甚至窒息导致死亡。

轮椅上附加体位支撑可以确保轮椅使用者在进食和饮水时坐直。

改进体位支撑恰好也是吞咽问题人士解决办法的一部分。如果可能的话，将有吞咽问题的儿童和成人转介给处理这方面有经验的人，这些人可能是儿科医生、言语治疗师或任何与健康相关或社区健康工作者，他们具有帮助人们处理吞咽问题的知识和技能。

轮椅使用者需要什么？

轮椅使用者想要舒适并能享受生活，重要的是在轮椅上附加支撑不会使日常活动变得更难。

例如，附加体位支撑不会妨碍上下轮椅、推动轮椅、靠近桌子或工作场所以及转移。

一辆轮椅和附加体位支撑应该总是：

- 实用且容易使用；
- 舒适且不会导致其他不适；
- 有助于轮椅使用者做事而不是更困难；
- 外观好看且不要太“显眼”。

有时轮椅使用者发现很难习惯于有附加体位支撑的轮椅，这有不同的原因，包括：

- 轮椅使用者可能习惯一种姿势坐着，附加体位支撑改变了他们习惯的姿势，感觉不舒适或受限制。
- 轮椅使用者可能不理解为什么要开具附加支撑的处方；
- 轮椅使用者可能感觉附加体位支撑看起来不好看，使他们的残疾更明显。

由于这些原因，轮椅服务人员与轮椅使用者和他们的家人/护理者在整个评定、处方、适配、使用者培训及随访等步骤的密切沟通是非常重要的。总是与轮椅使用者讨论解决办法并且始终尊重他们的意见并最终决定。

确保轮椅使用者使用附加体位支撑最好的方法就是：

- 轮椅使用者和他们的家人/护理者在评定、处方、适配、使用者培训和随访过程中全程参与；
- 帮助轮椅使用者和他们的家人/护理者理解附加体位支撑为什么会为他们带来帮助以及如何对他们有益；
- 应该让轮椅使用者做最后的决定。

良好的姿势能够增强自尊

良好的附加体位支撑的一个重要好处就是能有助于轮椅使用者自我感觉良好。提供良好的支撑处于一个更直立的姿势能帮助轮椅使用者感觉更自信。

由于合适的支撑，轮椅使用者能够更多地参与社区生活。例如，移动和附加体位支撑能使轮椅使用者去工作和上学；拜访朋友；出席宗教仪式或其他社区活动。

检查表有助于确保有附加体位支撑的轮椅满足轮椅使用者的需求

下面的检查表能够帮助轮椅服务人员确保他们选择的任何一个附加体位支撑对轮椅使用者都是最有效的。

检查表	√
轮椅使用者和他们的家人/护理者全都参与到轮椅处方的决定中	□
在最后确定前，轮椅使用者能够试用已经开具处方的有 PSDs 的轮椅（如果可能，在中心和家里）并给出反馈意见	□
轮椅和 PSDs 能够帮助轮椅使用者做他/她想做的事情：	
● PSDs 提高了轮椅使用者做事的能力	□
● PSDs 不会妨碍轮椅使用者轻易上下轮椅	□
● PSDs 不会使整辆轮椅太重	□
轮椅和 PSDs 对于轮椅使用者是舒适的：	
● PSDs 提供支撑并且让轮椅使用者坐轮椅的时间比没用体位支撑前长	□
● PSDs 提供足够的支撑和支撑轮椅使用者接近直立的坐姿且更舒适	□
轮椅和 PSDs 外观好看（对轮椅使用者）	□
轮椅和 PSDs 是安全的：	
● 任何一个 PSD 成品是光滑的并且用软垫包好和减压	□
● 对轮椅框架任何结构上的改变必须由有资质的人员进行检查	□
● 轮椅使用者坐在轮椅上时，轮椅不会轻易地向前、向后或侧方翻倒	□
轮椅和 PSDs 是实用的：	
● 装饰面料能被清洁或拆下洗涤	□
● 可拆数量尽可能少以避免丢失/错误使用	□
● 轮椅能够容易放进小汽车/公共运输工具里	□
● 轮椅可以容易地放在使用者家中	□

A.2：残障儿童

当为一位儿童提供轮椅时，重要的是要考虑儿童的生活与成人如何不同，这些不同影响轮椅服务人员为儿童服务的工作方式以及选择轮椅和附加体位支撑，这些重要的不同是：

- 儿童进行的活动与成人的活动不同（玩耍、上学）；
- 儿童通常比较活跃，不会停留在一个位置很长时间；
- 儿童由成人照看；
- 通常儿童不能自己表达；
- 儿童仍在发育；
- 幼儿与成人坐姿不同；
- 儿童仍在成长。

满足儿童需求的轮椅

儿童使用的轮椅应该有助于他们参与每天的正常活动，轮椅对儿童的重要作用包括：

- 如果儿童自己推轮椅，轮椅应该：
  - 非常合适允许他们能够舒适地接触手推圈；
  - 对儿童足够轻便易于控制，尤其是上下坡道。

- 应该设法确保关注儿童比他/她的轮椅更多。
- 拉高把手能帮助家人或护理者推轮椅时不用过于弯腰。
- 轮椅可以穿过不平坦和柔软的地面例如草地和沙地，使儿童更容易和他们的朋友们玩耍。

- 儿童的轮椅应该使他们上学更容易：
  - 如果儿童所在社区中大多数儿童走路去上学——思考轮椅是否能通过这些道路？儿童需要一辆适合粗糙路面的轮椅吗？
  - 如果儿童使用交通工具去上学（例如小汽车、公交车、人力车、出租车），思考轮椅如何运输。
- 轮椅应该使他们在学校方便。儿童应该能够靠近课桌，或轮椅需要一个桌面板作为工作台。

理想情况下，儿童轮椅应该：

- 使儿童能自己推轮椅（如果他们能）；
- 有把手让成人给予协助；
- 能通过不平坦和柔软的地面如草地和沙地；
- 使儿童上学更容易；
- 设计的款式、大小和颜色要有足够的吸引力；
- 使儿童在学校更方便。

不同的姿势

儿童通常并不总是坐着，一天里他们会不断地改变活动和体位，这意味着尽管轮椅很重要，儿童也不应该整天都坐在轮椅上。

轮椅服务人员需要考虑儿童白天能够采取的其他体位，特别重要的是如果儿童只有非常有限的运动，始终以同一个姿势坐着并且无法改变体位。

不同姿势和体位的例子包括：

坐位

支撑儿童独立坐在地板上的一些不同方法是：

- 跨坐在一个滚筒或卷紧的毯子上。
- 坐时要借助家庭成员/护理者的支撑：
  - 插图显示一位妈妈，用双腿支撑她的残疾孩子帮助他坐起来吃饼干，同时还抱着更小的孩子。

- 提供一个低至地面的支撑椅座：
  - 像这样的椅座比带支撑椅座的轮椅便宜，对于幼儿是一个不错的选择。

站立位

站立是儿童另一个重要体位，站立是每位儿童发展的重要部分，站立有助于形成髋关节和躯干的正常曲度。

任何人长时间坐着会发生髋、膝、踝关节强直，站立时拉伸髋、膝、踝关节周围肌肉有助于预防这些关节变得僵硬。

当儿童不能独立站立时，站立架可以给予帮助。为了处方站立架，轮椅服务人员需要全面熟悉站立姿势和站立支撑的不同方法。

如果提供一个站立架给儿童，应该检查是否有压力直接作用在儿童的膝盖上，支撑腿部防止膝盖弯曲的最佳位置就是在膝盖下方的胫骨上给予支撑。

如果使用站立架，轮椅服务人员应该告知家人/护理者儿童每天应该使用站立架多长时间。这是通常的指导：

- 当首次使用时每天站 5～10 分钟；
- 决不能让儿童站在站立架上超过 1 小时；
- 提供一个桌面板或桌子并鼓励家人/护理者找到适合儿童在站立架上进行的有趣的活动。

- 当为 5 岁以下儿童提供站立架时，应该记住以下事项：
  - 儿童的双腿应该分开并且双脚分开至少与髋部同宽；
  - 儿童的双脚和双膝应该稍向外；
  - 儿童的髋关节和膝关节应该稍屈曲；
  - 不要强迫幼儿的膝关节和髋关节完全伸直。

卧位

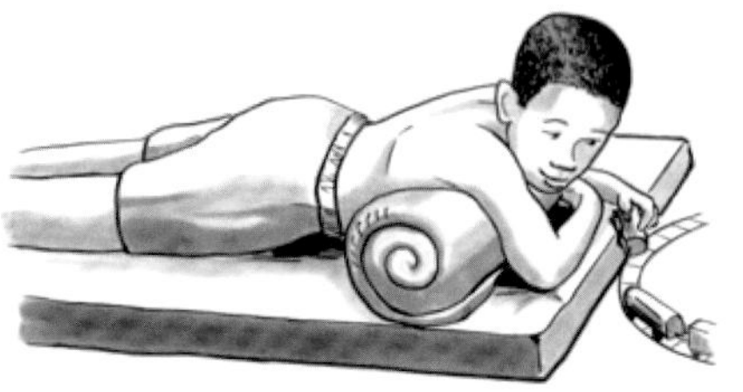

卧位是另一个重要的体位，儿童趴在地板上玩耍是很正常的。

儿童可能需要一些支撑才能舒服地躺在地板上，毯子、泡沫塑料、毛巾或枕头都常用于支撑。

5 岁以下的儿童俯卧位时应该在胸部下方用滚筒支撑以保持他们的髋关节处于稍微屈曲的姿势。

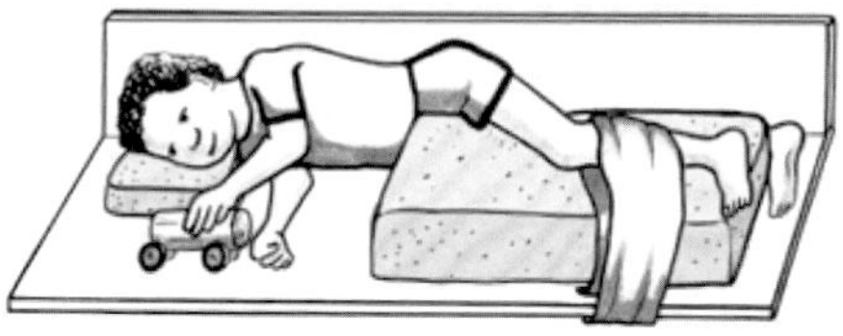

儿童花很多时间睡觉，如果儿童每晚以同一个姿势睡觉，他们可能固定或强直在那个体位。

当儿童睡觉时如何以不同方式摆放他们，轮椅服务人员可以向家人/护理者提出建议。

记住—— 对于 5 岁以下儿童，在所有卧位和站立位时要保持髋膝部稍屈曲。

儿童早期转介的重要性

儿童早期转介是重要的，然而通常父母或转介来源都不会为了轮椅转介儿童，直到他们太重而无法抱动。一些原因包括：

- 有时人们认为如果儿童使用了轮椅，他将不再试着走路；
- 当儿童较小且体重轻时，在道路崎岖和环境复杂的地方抱着儿童比掌控轮椅要容易。
- 父母可能没钱支付轮椅的费用并且拖着直到无法抱动儿童。

重要的是消除父母和转介来源的顾虑，通常轮椅不会降低儿童的行走能力。而更为可能的是早提供具有良好体位支撑的轮椅将有助于儿童。

以下是早转介比晚转介好的原因：

- 坐直困难的儿童如果没有得到良好的支撑，就会有姿势问题。如果儿童转介晚了，有些姿势问题就会变成不可逆转②，即使给予支撑，儿童也很难舒适地坐着。
- 如果缺少坐着和移动的经历，儿童的发育将会迟缓②③。
- 对于那些有行走能力的儿童—— 使用轮椅会让他们的日常生活更容易，并且允许白天做更多的事情②。

如果儿童早些接触轮椅服务，这些原因就会改善。

教育父母和转介来源

轮椅服务人员可以在早期转介的重要性方面，发挥教育父母和转介来源的作用。

健康的儿童在学习坐、站和走的年龄会有差异。然而，通常认为一个儿童应该能够：

- 6～8 个月没有支撑可以自己坐直；
- 8～10 个月可以自己拉起站立；
- 10～12 个月没有任何支撑可以独自站并且还可以牵着手走；
- 12～18 个月可以独自行走。

轮椅服务单位会鼓励转诊网络转介这些儿童：

- 坐直困难或 1 岁还不能拉起站立；
- 2 岁仍不能独自行走。

如果有早期干预筛查的项目（例如培训社区卫生工作者筛查需要早期干预的儿童），轮椅服务单位可以提供更加详细的信息给这些网络。例如—— 轮椅服务单位可以建议所有发现有明显肢体问题或发育迟缓的儿童，都应该转介给轮椅服务机构进行评定或建议。

对于非常小的婴儿，轮椅服务单位在最初阶段可以提供支持性椅座代替轮椅。这个椅座可以放在家里或幼儿园使用。

---

② 世界卫生组织（1996），促进脊柱裂和脑积水婴儿和幼儿的发展，检索自 http://whqlibdoc.who.int/hq/1996/WHO_RHB_96.5.pdf

③ 肌营养不良运动（2011），肌营养不良和其他神经肌肉疾病的儿童和成人的轮椅供应体系：最佳实践指南，检索自 http://www.muscular-dystrophy.org/

为儿童服务时的良好做法

不论何时为儿童服务，重要的是采取尊重和保护的方式。要记住的关键事情是：

通过以下方式尊重儿童：

- 以他们能够理解的方式说明你正在做什么以及为什么这样做；
- 开始身体检查之前，应征得同意；
- 以适合儿童年龄的方式，让儿童参与决定；
- 如果在中心接待儿童，尽可能地将该区域布置得对儿童亲切。

通过以下方式确保儿童安全：

- 应该和儿童的家人/护理者一起接待儿童；
- 由于儿童容易疲劳，在预约时预留休息的时间；
- 在拍照前应征得儿童和家人/护理者的同意。

B：轮椅服务步骤

步骤 1：转介和预约

- 见《轮椅服务初级教程》中步骤 1：关于转介和预约的基本资料。
- 见本书 A. 2 单元：关于残疾儿童早期转介的重要性。

步骤 2：评定

评定概述和面谈评估

评定

评定是轮椅服务的第 2 步。从评定获得的信息将有助于轮椅服务人员和轮椅使用者：

- 从可得到的轮椅中选择最适用的轮椅；
- 拟定可能需要的合适的附加体位支撑；
- 确定轮椅使用者家人/护理者在轮椅使用和保养方面需要的培训和支持。

初级和中级教程中评定都是分为两部分：

- 面谈评估；
- 身体检查。

面谈评估

评定的第一部分是面谈评估。在这项评估过程中，轮椅服务人员收集轮椅使用者的信息，这些信息有助于为轮椅使用者找到最适用的轮椅。

在初级和中级教程中面谈评估的内容非常相似，它们包括：

- 轮椅使用者的相关信息
- 身体状况
- 生活方式和环境
- 现有的轮椅

尽管初级和中级面谈评估的内容非常相似，但是中级服务需要收集更多关于轮椅使用者诊断和所有身体问题的信息。

中级轮椅评定表

1：面谈评估

轮椅使用者相关信息

姓名：		编号：	
年龄：		男□　　女□	
电话号码：		住址：	

目的：______________________________

中级轮椅评定表中“轮椅使用者相关信息”部分有管理的目的，并且确保轮椅服务单位有轮椅使用者个人基本信息和联系资料，它还有助于轮椅服务单位收集统计在中心接待的轮椅使用者资料。

轮椅服务人员还应该在使用者目的栏中记录轮椅使用者是要一个新的还是改制轮椅。“目的”这个词可能使用者并不熟悉，这取决于轮椅服务人员提出问题了解使用者的目的或目标是什么。

下面是可能问题的例句，轮椅服务人员提出问题并找到使用者的目的或目标是什么：

- 今天你为什么来到轮椅服务单位？
- 你的轮椅应该帮你做什么？

下面是可能目的的例子：

- 我需要能去水井取水。
- 我需要能进电梯到我的房间。
- 我需要能让轮椅进入小汽车。
- 我想要坐轮椅时更舒适些。
- 我想在疲劳前能够坐轮椅的时间长些。
- 我需要自己能上下轮椅。
- 我需要能坐在桌边用计算机。
- 我想要能够拜访我的家人，并且需要一辆我能推上公交车的轮椅。

身体状况

诊断：脑损伤□　脑性瘫痪□　肌营养不良症□　小儿麻痹症□　脊柱裂□　脊髓损伤□

中风□　原因不明□　其他□__________

病情可能加重吗？是□　否□

身体状况：虚弱□　痉挛/不随意运动□　肌张力（高/低）□

下肢截肢：右膝上□　右膝下□　左膝上□　左膝下□

疲劳□　髋关节脱位□　癫痫□

与进食、饮水和吞咽有关的问题□　描述：______________________________

疼痛□　描述部位：______________________________

小便问题□　大便问题□

如果轮椅使用者有小便或大便问题，能处理好吗？是□　否□

中级轮椅评定表中“诊断/身体状况”部分是重要的，因为不同的诊断和身体状况的一些特征会影响轮椅和附加体位支撑的选择。

接下来的几页提供了在中级轮椅评定表中列出的不同诊断和身体状况的概述，描述了与轮椅提供相关的每个诊断/身体状况的常见特征，并且给出轮椅准备的建议。

	基本资料	可能会影响轮椅供给的常见特点	轮椅供给的注意事项
脑损伤	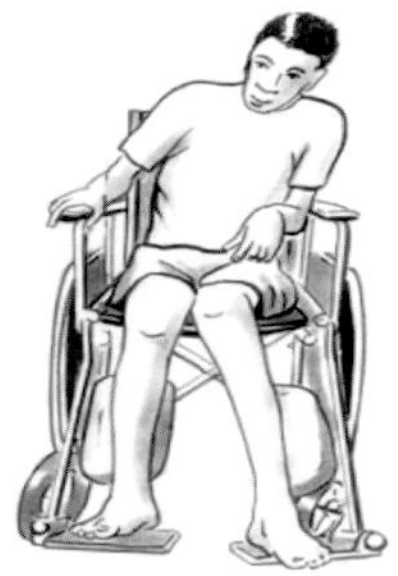 脑损伤是指生后出现的脑部任何损害，损害可由意外或外伤[④⑤]，脑部感染，脑膜炎[⑥]，脑型疟疾，酒精和药物滥用[④]所致。 脑损伤导致的问题不同取决于脑受损的部位和损伤的严重程度[⑤]，脑损伤能影响一个人的全身，或身体的一部分，尽管脑损伤对脑部的损害是永久的，但损伤对人的能力影响可能会随着时间的流逝而改变[⑤]。 ※请注意本教程中脑损伤一词仅指后天的且为外伤性脑损伤。	● 活动困难，协调及力量差[⑤] ● 坐位和/或立位平衡差[⑤] ● 肌张力高（肌肉僵硬）导致整个身体僵直（全身伸直）或屈曲（全身屈曲）[⑤] ● 进食、饮水和吞咽困难[⑤] ● 说话、推理和理解困难[⑤] ● 性格或行为改变[⑤] ● 癫痫[⑤] ● 大小便控制困难，增加了压疮发生风险[⑤]	如果轮椅使用者没有用手臂推轮椅的能力，确认是否可能用脚推轮椅。 检查轮椅使用者是否有很高的肌张力，因为这可能会影响 PSDs 所需的强度。经常随访是重要的，因为轮椅使用者的身体活动能力会随着时间发生变化[⑤]，这就意味着轮椅需要支撑的数量可能也会改变。 注意和理解与个人健康状况相关的性格和行为可能的变化[⑤]。 资料参阅： 肌张力——高和低——见 33 页。 癫痫——见 39 页。 如何预防压疮？——见《轮椅服务初级教程》之《学员手册》

④ 世界卫生组织（2006），神经系统疾病：公共卫生的挑战，检索自 http：//www. who. int/mental _ health/neurology/chapter _ 3 _ b _ neuro _ disorders _ public _ h _ challenges. pdf

⑤ 世界卫生组织，美国国防部，杜克脑损伤中心，莫斯康复医院（2004）. 创伤性脑损伤者的康复，检索自 http：//whqlibdoc. who. int/hq/2004/WHO _ DAR _ 01. 9 _ eng. pdf

⑥ 世界卫生组织（2011），流行性脑脊髓膜炎，检索自 http：//www. who. int/mediacentre/factsheets/fs141/en/5

	基本资料	可能会影响轮椅供给的常见特点	轮椅供给的注意事项
脑瘫	 脑瘫是儿童期最常见的肢体残疾[⑦⑧]之一，是由于发育期脑部损伤引起的[⑨]。脑瘫对每个人的影响方式不同[⑨]，但通常会影响一个人运动方面的能力[⑦⑨⑩]，并不是每个脑瘫者都需要使用轮椅[⑨]。然而，使用轮椅的脑瘫儿童或成人，为了轮椅的实用性和舒适性，经常需要附加体位支撑。	● 卧、坐和站立困难[⑨]； ● 平衡差[⑨]； ● 当活动身体某一部分时难以控制另一部分身体—— 例如，坐着同时还写字或用杯子喝水并咽下； ● 肌张力过高或过低[⑨]； ● 痉挛/不随意运动； ● 协调性差[⑨]； ● 总是以同一个姿势坐着（习惯性坐姿）； ● 其他身体问题如视力、听力、癫痫、言语或沟通困难[⑨]； ● 大小便控制可能有困难，会增加发生压疮的风险[⑦⑩]； ● 难以到达卫生间并且独立坐或蹲在马桶上； ● 髋关节脱位（股骨头脱出髋臼）会限制运动并且疼痛。	● 对于大多数伴有脑瘫的轮椅使用者，良好的体位支撑是重要的，它有助于改善姿势、平衡并且他们能够轻易地控制身体做事情。 ● 注意脑瘫的轮椅使用者最初姿势上的改变可能会感到不舒服，可能需要时间来适应。考虑逐步改变体位支撑使他/她最终达到一个更加中立的体位。 ● 其他的身体问题会对轮椅和体位支撑的解决方案产生影响，评定时查出脑瘫的轮椅使用者存在的其他困难。 资料参阅： ● 髋关节脱位——见 37 页。

⑦ Rosenbaum. P.（2003），脑瘫，父母和医生希望知道什么，英国医学杂志，326，970－974

⑧ 澳大利亚脑瘫（n. d）——因素，检索自 http：//www. cerebralpalsyaustralia. com/index. php/site/learningcentre/thefacts

⑨ 世界卫生组织（1993），促进脑瘫儿童的发展：中级康复工作者指南，检索自 http：//whqlibdoc. who. int/hq/1993/WHO _ RHB _ 93. 1. pdf

⑩ Kigger，K.（2006）. 脑瘫：美国家庭医生概述，73（1），91—100.

	基本资料	可能会影响轮椅供给的常见特点	轮椅供给的注意事项
肌营养不良症	 杜氏肌营养不良症（DMD）是 20 种肌营养不良症之一。所有的肌营养不良症都会导致肌肉无力[8]，杜氏肌营养不良症是一种遗传性疾病，随着时间推移进行性肌肉无力[9]，帮助身体运动的肌肉首先受累[13]，随着病情进一步发展，心脏、肺部肌肉也会受累[10,13]。这个过程是渐进性的，意味着患有肌营养不良的人渐渐会失去行走的能力[11,12,13]，并且将会需要轮椅[12]。最初能以良好的姿势独立推轮椅[12]，然而随着病情进展，保持良好姿势和自己推轮椅的能力也减退[12]。 注意：其他进行性神经系统疾病也有类似特点，并且提供轮椅时也需要类似的方法。	● 疼痛和不适[12]。 ● 疲劳[3]。 ● 进行性肌肉无力，等到骨盆、躯干和肩部周围肌肉无力影响姿势时，就需要一辆轮椅[3]。 ● 姿势方面的变化： — 患有肌营养不良者由于腹部和髋关节周围肌肉无力，可能坐位时骨盆前倾（骨盆上部向前）并且腰椎曲度加大（脊柱前凸）[3]； — 由于肌肉进行性无力，存在脊柱侧弯（脊柱侧凸）的高风险[14]； ● 由于姿势的变化和肌肉无力导致呼吸困难[3]； ● 发生压疮的风险因为： — 变换体位困难； — 体重过轻或超重。	● 一旦肌营养不良者（或进行性神经疾病）开始每天都需要轮椅，就需要对他们的体位支撑进行全面评定。 ● 早期提供良好的体位支撑能够有助于预防姿势问题[3]。 ● 附加体位支撑应该重点支撑于中立位上并且根据需要提供更多的支撑[3]。 ● 支持性的鞋子和角度可调的脚踏板有助于保持双脚处于中立位（或接近中立位），可能的情况下，踝足矫形器（AFO）也是有帮助的[3]。 ● 当无力累及肩部时，肘部支撑是重要的[3]。 资料参阅： ● 疼痛——见 42 页。 ● 疲劳——见 36 页。 ● 进行性疾病——见 30 页。

⑪ Roijen, L., Postema, K., Limbeek, vJ., & Kuppevelt, vH. J. M. (2001). 脑瘫儿童和青少年膀胱控制的发展，进化医学和儿童神经学，43，103—107

⑫ 肌营养不良运动（2002），杜氏肌营养不良，检索自 http://www.muscular-dystrophy.org/

⑬ 疾病控制和预防中心（n. d.），杜氏肌营养不良：资料页，检索自 http://www.cdc.gov/ncbddd/actearly/pdf/parents_pdfs/Duchenne.pdf

⑭ Brooke, M. H., et al. (1989). 杜氏肌营养不良：临床发展模式和支持性疗法的效果，神经学，39，475—481.

小儿麻痹症

基本资料	可能会影响轮椅供给的常见特点	轮椅供给的注意事项
 小儿麻痹症是由病毒[15]引起的传染性疾病，病毒仅侵袭控制运动[16][17]的神经。每 200 位患有小儿麻痹症的人中有一人会导致永久性肌肉麻痹[15]。 小儿麻痹症通常影响 5 岁以下儿童[15]，近几十年[15]受小儿麻痹症影响的国家数量已经明显减少。	● 受累的肌肉运动丧失（麻痹）——通常见于双下肢[15]； ● 通常由于肌肉萎缩使腿部和臀部变细小； ● 踝、膝和髋关节周围非中立位[16]僵硬； ● 躯干肌肉无力[16]，在这种情况下，脊柱畸形可能发生——包括脊柱侧弯，胸椎曲度加大（脊柱后凸），骨盆前倾和腰椎曲度加大（脊柱前凸）[16]； ● 臂力增强以补偿下肢无力。	● 尽管小儿麻痹症者可能已经出现麻痹和姿势的问题，但他们通常可以找到移动和完成不同活动的方法。 ● 对于任何轮椅使用者，和他/她讨论其想要的体位支撑，仔细考虑任何姿势矫正的效果。例如，有些小儿麻痹者坐着时双腿分开较宽或盘腿坐，这有助于他们平衡。设法纠正这种姿势只会使平衡更差——使其独立性降低。 ● 由于许多小儿麻痹者具有强壮的手臂： — 确保安装的轮椅能使其处于有效的推动位置； — 考虑建议三轮车（当地可得到），因为对于远距离出行它是一个良好的交通工具。 ● 如果一位小儿麻痹者躯干缩短，考虑增加坐垫的高度使他处于更高效的体位推轮椅。 资料参阅： ● 手动轮椅的准备——见《轮椅服务初级教程》之《学员手册》。

⑮ 世界卫生组织（2012），小儿麻痹症，检索自 http：//www. who. int/mediacentre/factsheets/fs114/en/
⑯ 世界卫生组织（1993），康复手术治疗由小儿麻痹症引起的畸形，检索自 http：//whqlibdoc. who. int/publications/1993/9241544570. pdf
⑰ 全球根除脊髓灰质炎行动（n.d.），脊髓灰质炎及其预防，检索自 http：//www. polioeradication. org/Polioandprevention. aspx

	基本资料	可能会影响轮椅供给的常见特点	轮椅供给的注意事项
脊柱裂	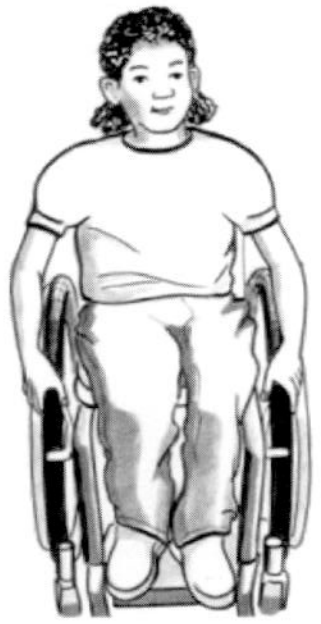 脊柱裂发生于出生前[②⑱]，脊髓神经周围的脊椎骨未完全闭合，使它们未受保护[②⑱]，因此位于这些脊骨下的部分脊髓可能无法正常发育或受到损伤[②]。脊髓损伤可能影响膀胱和直肠的控制[②⑮⑯]。脊柱裂对人的影响各异，这取决于受累的范围和神经损伤[②]的水平。	● 运动困难的程度将取决于脊柱裂所在部位以及多少神经和脊髓受累[②]； ● 大便和小便控制困难[②]； ● 使用移动装置可短距离行走[②]； ● 由于脊椎没有正常发育，在受累的脊髓水平会有一个膨出（特别是如果没有外科手术）[②]； ● 肌肉控制和感觉减退使坐直更加困难； ● 可能由于液体积聚使头部变大（脑积水）[②]。脑积水的主要治疗方法是手术放置一条引流管，可让积水排出，通常引流到腹部[②]。如果积水不处理，就会导致脑部损害； ● 容易发生压疮的风险是由于损伤平面以下没有感觉，以及如果大小便没有有效地管理出现潮湿的缘故[②]。	● 保证轮椅装配使其能有效推行。 ● 体位支撑的数量将取决于损伤的水平，损伤的平面越高，可能需要的支撑就越多。 ● 如果轮椅使用者已经戴矫形器，评定时要求他们穿上。 ● 如果有膨出，那个部位应避免任何压力，这可能要求塑形靠背或调整靠背内衬适应膨出。 ● 早期提供良好的体位支撑有助于预防姿势问题[⑱]，这在发育期特别重要。 ● 如果儿童有“引流管”，当提供头靠时，就要知道引流管的位置。 ● 如果这个儿童有脑积水没有治疗，让其看医生。 资料参阅： ● 手动轮椅的准备——见《轮椅服务初级教程》之《学员手册》。 ● 如何预防压疮？——见《轮椅服务初级教程》之《学员手册》。

⑱ Malone, P., Wheeler, R., & Williams, J. (1994). 脊柱裂患者的尿失禁：长期结果，儿童疾病档案，70，107—110.

	基本资料	可能会影响轮椅供给的常见特点	轮椅供给的注意事项
脊髓损伤	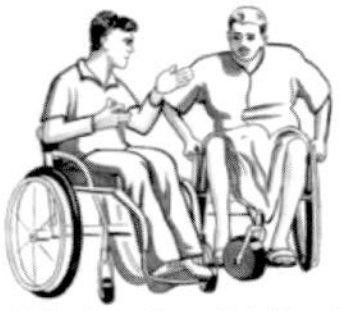 脊髓损伤是因脊髓受到损伤导致损伤[19]平面以下运动和/或感觉减退，脊髓还控制膀胱、直肠，因此损伤后大小便也受到影响[20]。脊髓损伤可由意外、暴力、疾病和感染引起[20]，脊髓损伤的影响取决于损伤的类型和水平[20]。 类型：完全性损伤是指脊髓受损部位以下没有感觉或无法自主运动[20]。不完全性损伤是指脊髓受损部位以下有部分感觉或部分自主运动[20]。 水平：脊髓损伤水平可以描述为四肢瘫痪/四肢麻痹，高位截瘫或低位截瘫[20]。四肢瘫痪/四肢麻痹损伤发生于颈椎，且手臂、躯干、骨盆和腿都受到影响[20]，高位截瘫发生在胸椎上部，且躯干、骨盆和腿都受到影响[20][21]，手臂没受到影响。低位截瘫发生在腰椎，且腿部受到影响[20]，骨盆可能也受到影响[18]。	● 如果损伤是完全性的，则运动和感觉完全丧失，如果损伤是不完全的，则运动和感觉部分丧失[20]； ● 伴有四肢瘫痪/四肢麻痹和高位截瘫的儿童和成人，由于失去躯干肌肉运动控制和感觉，平衡能力差，这会使坐直更加困难，并且没有轮椅的正确支撑，长期的姿势问题就会迅速发展； ● 可能大小便控制困难[20]； ● 小腿潜在的痉挛/无法控制的运动[20]； ● 伴有脊髓损伤的儿童和成人有发生压疮的风险是由于： — 损伤平面以下失去感觉[20]； — 如果他们的大小便没有得到有效的管理，出现潮湿的情况。	● 应该选择一个减压坐垫来帮助预防压疮。 ● 伴有脊髓损伤的轮椅使用者所需体位支撑的数量取决于脊髓损伤的水平，水平越高，可能需要的体位支撑越多[21]。 ● 在损伤后的早期阶段，对躯干和手臂的附加支撑可能是必需的——尤其对于高位损伤； ● 大多数截瘫和有些四肢瘫/四肢麻痹者能够非常有效地自己推轮椅[20]，确保安装的轮椅能使其处于有效的推动位置。 参阅资料： ● 手动轮椅的安装——见《轮椅服务初级教程》之《学员手册》。 ● 如何预防压疮？——见《轮椅服务初级教程》之《学员手册》。

⑲ 世界卫生组织（1996），脊髓损伤后提高独立性：中级康复工作者手册，检索自 http://whqlibdoc.who.int/hq/1996/WHO_RHB_96.4.pdf

⑳ Bromley，I.（2006）.四肢瘫和截瘫：物理治理师手册，检索自 http://xa.yimg.com/kq/groups/16749867/2144244149/name/Tetraplegia+and+Paraplegia.pdf

㉑ 世界卫生组织（1999），中风后提高独立性，检索自 http://whqlibdoc.who.int/hq/1999/WHO_DAR_99.2.pdf

	基本资料	可能会影响轮椅供给的常见特点	轮椅供给的注意事项
中风	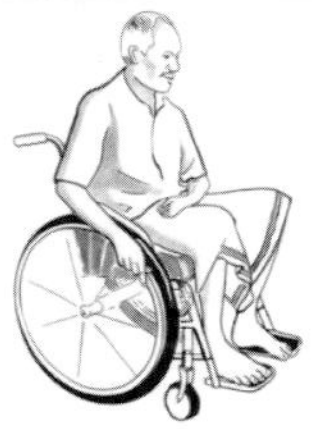 中风是由于脑部血行不畅导致的一种脑损伤[④㉑㉒㉓㉔]。 外伤或疾病能引起血管阻塞或破裂，导致脑部分损伤或死亡[④㉒㉓㉔㉕]。 中风对每个人的影响不同，取决于大脑受损范围和严重程度[④㉔]。然而通常只是一侧身体受到影响（偏瘫）[㉒㉔]。	● 虚弱、肌肉麻痹和有时受影响侧身体疼痛（影响手臂、躯干和腿）[㉒]； ● 患侧身体感觉减退或变化[㉒]； ● 可能伴有患侧身体忽略，并且这可能导致转移时增加跌倒的风险[㉒]； ● 可能有坐直困难，伴有患侧身体倾斜或跌落[㉒]； ● 或许能站起并走几步（可能用异常步态）[㉒]； ● 可能说话及吞咽有困难，这会使吃饭和喝水困难[㉒]； ● 可能大小便控制困难[㉒]，并且也很难足够快去洗手间。	● 提供体位支撑促进平衡和姿势对称（两侧一样）。 ● 上翻和外旋的脚踏板通常对站立式转移的中风轮椅使用者非常有用。 ● 由于一侧手臂受到影响，许多患有中风的人无法用双臂推轮椅。看看轮椅使用者能否用未受影响的手臂和腿来推轮椅。 ● 若轮椅使用者有其他尚未解决的问题，如果可能，转介他们以寻求进一步的帮助。 参阅资料： ● 脚推动轮椅的安装——见《轮椅服务初级教程》之《学员手册》。

㉒ 世界卫生组织（2012），中风，脑血管意外，检索自 http：//www. who. int/topics/cerebrovascular _ accident/en/

㉓ Collins，C.（2007）. 中风的分类和病理生理学，护理标准，21（28），35—39.

㉔ Frizzel，J.（2005）. 急性中风：病理生理，诊断和治疗，急症和危重症护理进展，16（4），421—440.

㉕ Herman，B.，et al.（1982）. 荷兰蒂尔堡中风流行病学，以人口为基础的中风发病登记：2. 发病率，初步的临床图片和医疗保健，三周个案死亡，中风，13（5），629—634.

	基本资料	可能会影响轮椅供给的常见特点
进行性疾病	众所周知，有些病情随着时间进展会加重，这些称为进行性疾病，一些常见的进行性疾病是： ● 肌营养不良症； ● 帕金森病； ● 多发性硬化； ● 运动神经元病。	在合适的时间提供正确的支撑有助于预防姿势问题，它会确保轮椅使用者能够尽可能继续享受长时间丰富的生活。某些问题需要考虑： ● 延迟评定会使姿势变得更糟； ● 延长评定和配送之间的时间，可能意味着拿到时轮椅和/或椅座不再适合； ● 频繁的随访是重要的，因为移动和体位支撑需求变化很快。

如果轮椅使用者有未列出的诊断，写下这个诊断的名称。如果你不了解这个诊断，好的办法就是找到这个疾病更多的信息。思考这个诊断的主要特征以及它将如何影响轮椅的选择。

如果不了解诊断或疾病怎么办？

有时轮椅使用者可能不知道他们的诊断或疾病名称，也可能还没做出诊断，在这种情况下识别任何明确的身体问题并继续评定。

轮椅使用者可能经历的某些身体问题可以直接影响其选择最合适的轮椅。

	基本资料	可能会影响轮椅供给的常见特点	轮椅供给的注意事项
虚弱	 虚弱的人可能比较容易疲劳，他们通常没有以前体力充沛和比以前更虚弱，并且可能走路很慢[26]。老年人变虚弱的风险较高[23,24,27]，通常虚弱的老年人得到的都是普通轮椅，没有良好的体位支撑并不符合他们的需求[25,26]。然而，为体弱者和虚弱的老年人提供一个有良好体位支撑的适用轮椅，对人的生活质量有积极的影响[27,28,29]。	● 很快感到疲劳； ● 自己推轮椅体力有限； ● 由于疲劳和全身虚弱会发现很难保持直立的姿势； ● 可能有发生压疮的风险，由于： — 皮肤薄/薄而干很容易擦伤； — 擦伤/压疮愈合时间长； — 如果非常虚弱，或许没有能力独立改变体位。	● 仔细评定所需的体位支撑数量，考虑到轮椅使用者坐在轮椅上的时间越长，可能越容易疲劳，并且可能需要的支撑就越多。 ● 可能有用的轮椅特点包括： — 扶手——提供附加体位支撑并辅助撑起转移； — 外翻式脚踏板方便那些能站立的人进行站立式转移； — 把手使人们能辅助推轮椅； — 轻型轮椅，对于自己推的轮椅使用者来说将需要较小的体力。 资料参阅： ● 如何预防压疮？——见《轮椅服务初级教程》之《学员手册》。

㉖ Fried，L.，et al.（2001），虚弱的老年人：表型证据，老年学杂志，56. 146－156

㉗ Bortz. W.（2002），虚弱的概念框架：概述，老年学杂志，57A（5），M283－M288

㉘ Lang，P.，Michel. J. P.，& Zekry. D.（2009）. 虚弱的症状：动态过程中的过渡状态，老年学，55，539－549.

㉙ Krasilovsky，G.（1993）. 疗养院人口的椅座评估和管理，老年病学的物理和作业治疗，11（2），25－38.

痉挛/不受控制的运动

基本资料	可能会影响轮椅供给的常见特点
 有些人有突然不受控制运动的问题，这些称为痉挛。痉挛可以通过不同的方式诱发，包括： ● 髋、膝、踝的位置； ● 触碰； ● 轮椅的移动，尤其在粗糙/颠簸的地面。	● 找出不受控制运动如何影响轮椅使用者并和他们解决这些问题。 ● 对轮椅的一些支撑和调整可有助于减少痉挛和不受控制的运动，包括： — 支撑能够有助于控制骨盆的姿势； — 调整轮椅椅座与靠背的角度，以便使轮椅使用者的髋关节稍大于中立位屈曲坐着； — 给脚踏板定位，以便使膝关节稍大于中立位屈曲，脚放在上面； — 尝试脚踏板不同的角度。 ● 绑带可有助于让轮椅使用者更好的控制腿和脚，如果使用绑带，应该用魔术贴扣紧，以便万一轮椅使用者从轮椅上掉下来时能够松开。 ● 如果无法控制运动的力量很大，可以考虑： — 硬椅座和靠背支撑； — 选择一个后轮位置可调轮椅，后轮定位在“安全的”位置使轮椅更稳定/不倾斜； — 提供一个防翻杆防止轮椅后翻； — 轮椅使用者在适配结束时推轮椅是非常重要的，目的是看会否诱发痉挛。

	基本资料	可能会影响轮椅供给的常见特点	轮椅供给的注意事项
肌张力高和低	肌张力是指被动活动静止的肌肉时的阻力/张力[30]，正常的肌张力允许肢体或关节自由且轻易的活动。然而有些人可能有肌张力过高或过低的问题。 **肌张力高**：有较大的阻力/张力，所以活动肢体或关节较难[9]，伴有肌张力高的人通常会发现活动受影响的肢体或关节困难/笨拙，并且行动变缓慢。有些肌张力高的人只能以某种固定的模式活动。如果肌张力很高，可能几乎没有活动。	肌张力导致的困难程度取决于疾病的严重程度，以及哪些肌肉受累。对于有肌张力问题的轮椅使用者可能的困难包括： ● 平衡能力下降[5]； ● 坐直困难及舒适性降低[19]； ● 肌肉控制能力下降[19]，这会影响轮椅使用者能够轻易完成的不同任务包括推轮椅和转移；	当触摸或帮助移动一个有肌张力高或低的轮椅使用者时，以下技巧可能有用： ● 开始前说明你要做什么[5]； ● 缓慢移动并且考虑到伴有低或高肌张力的轮椅使用者反应所需的时间； ● 用你的手和手臂提供稳固、舒适的支持，以使轮椅使用者得到良好支撑； ● 当张力极高时，导致整个身体或肢体变直，张力有时可以通过屈曲一个关节降下来。例如：如果一条腿伸直，屈曲膝或髋关节可以降低肌张力。

[30] Martin，K.，Kaltenmark，T.，Lewallen，A.，Smith，C.，& Yoshida，A.（2007）. 高肌张力的临床特征：小儿物理和作业治疗师，小儿物理治疗，19，217－226.

续表

	基本资料	可能会影响轮椅供给的常见特点	轮椅供给的注意事项
肌张力高和低	**肌张力低**：没有阻力，因此很容易被动活动肢体和关节[⑨]。然而伴有肌张力低的人可能发现难以开始活动，并且也可能发现难以控制他们的活动，肌张力低有时描述为“松弛或弛缓”[⑨]，如果张力很低，这个人的移动可能非常困难。 **谁有肌张力的问题？**肌张力问题对于轮椅使用者来说是一个难题，对患有脑瘫[⑤]、脑损伤[⑲]、脊髓损伤[㉛]和中风[㉚]的人来说，它是一个常见的问题。	● 当有相当高或低的肌张力时，可能存在吃饭、饮水、吞咽和呼吸困难[⑨]。误吸（吸入食物或液体）是一个威胁生命的问题[⑲]。 ● 增加了僵硬的非中立位的发生风险[⑤]。 ● 对于某些轮椅使用者，高张力会随着情绪或者当他/她正在非常困难做事时变得更高[⑤]。 ● 高和低的肌张力是髋关节脱位的一个危险因素[⑤]。	所需体位支撑的数量将取决于轮椅使用者的评定，然而对于肌张力高的轮椅使用者还需要一些特别的注意事项，包括： ● 体位支撑必须制作得足够结实以对肌张力高者有效。 ● 肌张力高会导致使用者身体和轮椅之间的高压力点，可以通过在一个更大表面积上均布力量来降低压力。检查压力。教轮椅使用者或他/她的家人/护理者检查皮肤受压体征。 ● 减小大腿与躯干之间的角度能有助于降低高张力模式。

㉛ Huntington's Disease Society of America.（2010）. 物理和作业治疗：家庭指导系列：检索自 http：//www. hdsa. org/images/content/1/1/11697. pdf

	基本资料	可能会影响轮椅供给的常见特点	轮椅供给的注意事项
下肢截肢	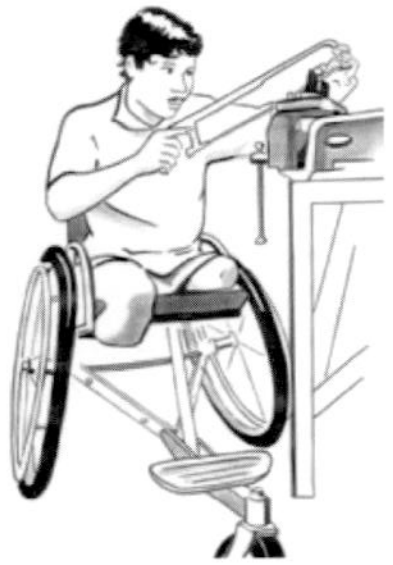 下肢截肢可由外伤所致，例如交通意外、工伤或战争伤害[32,33,34]。另一种情况，下肢截肢可以是计划的外科手术步骤。作为与糖尿病有关的其次原因，越来越多的人单侧或双侧下肢截肢[35,36,37]。许多一侧或双侧截肢的人通过使用假肢和/或助行器将会继续行走[33,34]。然而，有些人可能有时或一直需要一辆轮椅[33,34,35]。	● 如果帮助他们学习良好的轮椅移动技巧，他们就会在轮椅上非常活跃； ● 由于轮椅前部的重量很轻使轮椅平衡发生改变； ● 糖尿病截肢者发生压疮的几率更大，因为他们的皮肤割破或碰撞后不易愈合[34]。	● 当第一次为截肢者安装轮椅时，把后轮装在最靠后的位置（如果能调节）以降低轮椅后翻的可能性。活跃的使用者可能很快学会平衡轮椅，然后向前移动后轮。 ● 当教移动技巧时： — 当截肢者第一次试用轮椅时应该小心； — 认真地教移动技巧，因为轮椅使用者后翻的几率较大； ● 知道轮椅使用者坐轮椅时是否愿意戴假肢是重要的，因为这可能改变轮椅的适配。 资料参阅： ● 如何预防压疮？——见《轮椅服务初级教程》。

㉜ Burger, H., Marincek, C., & Isakov, E. (1997). 创伤性下肢截肢后的行动能力，残疾与康复，19 (7)，272—277.

㉝ Narang, I., Mathur, P., Singh, P., & Jape, V. (1984). 下肢截肢者的功能能力，国际假肢与矫形器学，8，43—51.

㉞ 世界卫生组织，美国国防部，莫斯康复截肢康复项目，莫斯康复医院（2004），截肢者的康复，检索自 http://www.posna.org/news/Amputations.pdf

㉟ 世界卫生组织（2005），世界糖尿病日：太多的人由于糖尿病正在失去下肢，检索自 http://www.who.int/mediacentre/news/releases/2005/pr61/en/

㊱ Pecorro, R., Reiber, G., & Burgerss, E. (1990). 糖尿病肢体截肢的路径：预防的基础，糖尿病护理，13 (5)，513—521.

㊲ Trautner, C., Haastert, B., Giani, G., & Berger, M. (1996). 下肢截肢和糖尿病的发病率，糖尿病护理，19 (9)，1006—1009.

	基本资料	可能会影响轮椅供给的常见特点	轮椅供给的注意事项
疲劳	有些轮椅使用者白天会经常疲劳，这是因为他们坐直、进行活动或保持自然状态要付出额外的努力和能量。 对于年老者或有进行性疾病者，疲劳可能是一个难题[35][36]。	● 或许能够坐直，然而由于疲劳不能长时间保持直立的姿势； ● 如果轮椅使用者发现由于疲劳很难长时间保持直立的姿势，他们就有发生姿势问题的更多风险。	● 设法找出轮椅使用者疲劳的原因，这有助于你为他们找到最好的解决办法。 ● 当决定提供多少体位支撑时，要考虑疲劳的影响。在轮椅评定期间，轮椅使用者可能有较多的精力，似乎需要较少的支撑。认真和轮椅使用者讨论当他们最疲劳时，他/她需要多少体位支撑。 ● 考虑替代的休息体位，例如一个带有垫子的桌面板能让人向前倚靠在上面；整体后倾是另外一种休息体位。 ● 计划使其白天可离开轮椅休息，则可能坐的更舒适、时间更长。

	基本资料	轮椅供给的注意事项
髋关节脱位	在从未独立行走的儿童中髋关节脱位有较高的发病率[38][39][40]，这是因为儿童出生时骨盆上的窝（髋臼）是软的，并且当腿活动时，或者站立承重时，股骨头在髋臼内。如果髋关节没有正常发育，就会导致脱位。 它也非常多见于肌肉紧张及髋和骨盆周围张力高，以及坐着或躺着时总是喜欢把腿偏向一侧的儿童[41]，这对于脑瘫[5][39]或外伤性脑损伤[5]者可能是个问题。	● 可能有髋关节脱位/半脱位的一些体征： — 一条腿看起来比另一侧短[5]； — 他们的腿总是放在接近中线的位置； — 当活动髋关节时感觉疼痛[5]； — 当进行髋关节全范围活动时，也许不能完成大腿的内收和外展； — 髋不可能完全伸直。 ● 研究表明下述有助于降低髋关节脱位的风险： — 从小保持中立位的坐姿和卧姿，对于幼儿，这包括支撑髋和大腿于外展位[42][43]； — 中立位站立[44]（例如在站立架内）。

㊳ Soo, B., et al. (2006). 脑瘫髋关节脱位，骨骼和关节手术杂志，88，121－129.

㊴ Scrutton, D., Baird, G., & Smeeton, N. (2001). 双侧脑瘫儿童髋关节发育不良：18 个月到 5 岁儿童的发病情况，发展医学和儿童神经学，43，486－600

㊵ Lonstein, J., & Beck, K. (1986). 脑瘫髋关节脱位和半脱位，小儿矫形外科学杂志，6，521－526.

㊶ 帕金森疾病基金. (n. d.). 疲劳，检索自 http: //www. pdf. org/en/fatigue _ pdf

㊷ Pountney, T., Mandy, A., Green, E., & Gard, P. (2009). 脑瘫髋关节半脱位和脱位－姿势控制管理效果的前瞻性研究，国际物理治疗研究，14 (2)，116－127.

㊸ 儿童健康中心（2011），运动神经疾病儿童包括脑瘫的髋关节脱位的监控与管理，温哥华，BC：Tanja Mayson.

㊹ Pope, P. (2007). 严重和复杂的神经系统残疾：身体状况的管理，费城：Elsevier Limited

续表

	基本资料	轮椅供给的注意事项
髋关节脱位	对于那些不能行走并且躺着时喜欢双腿偏向一侧（风吹样）的儿童：髋部靠近身体中线（内收）并转向内侧（内旋）是最有可能脱位的[44]。 当儿童伴有髋关节周围肌张力低时，他们也有髋关节脱位的风险。这是因为肌肉和韧带不够强壮，难以保持髋关节的两部分在一起（髋臼和股骨头），髋关节脱位并不总是疼痛的[45][46][47]。	● 当评定一个有任何可能的髋关节脱位体征的儿童或成人时，轻柔的活动髋关节，避免引起疼痛。 ● 如果你不确定一个儿童或成人是否有髋关节脱位，将这个儿童转介给医生/儿科专家或有经验的物理治疗师（如果可能）以得到进一步建议。 ● 当为任何患有髋关节脱位或疑似髋关节脱位的儿童或成人提供轮椅或体位支撑时： — 避免引起疼痛的体位； — 支撑他们的骨盆和躯干在中立位（尽可能接近中立位）；然后支撑臀部和大腿尽可能于中立位。避免“过度矫正”腿部姿势，因为这可能导致骨盆远离中立位和/或引起疼痛； — 检查这个人入睡的体位，就入睡体位提出建议，避免腿偏向一侧，以及两腿相互紧紧挤压。

[45] Sherk，H.，Pasquariello，P.，& Doherty，J.（2008）. 脑瘫髋关节脱位：治疗的选择，发展医学和儿童神经学，25（6），738－746.

[46] Moreau，M. et al.（1979）. 痉挛型脑瘫髋关节脱位的自然史，发展医学和儿童神经学，21（6），749－753.

[47] Knapp，R.，& Cortes，H.（2002）. 未处理的脑瘫髋关节脱位，小儿矫形学杂志，22，668－671.

	基本资料	可能会影响轮椅供给的常见特点	轮椅供给的注意事项
癫痫	 癫痫是一种由于脑部正常活动失调导致抽搐发作的疾病[48][49][50][51]。下面任一情形都可以导致发作[51]，癫痫一词仅用于反复发生的、无诱因的抽搐[50][51]。	如果一位轮椅使用者在进行轮椅评定时出现癫痫怎么做： 当一位轮椅使用者出现小发作时，等他发作结束然后继续评定。 如果一位轮椅使用者出现大发作，首先考虑的就是防止受伤[52]。如果轮椅使用者向前跌倒，设法减缓倒下。如果轮椅使用者是一个儿童或身材矮小的成年人，或许可以将他安全地抬到地板上，如果他/她是个身材高大的成年人，必须将轮椅使用者留在原位（因为这些辅助存在潜在的受伤风险），并且一旦抽搐停止，在同事/家人或护理者的帮助下慢慢抬起他/她。	当为一位有癫痫病史的人准备轮椅时： ● 轮椅使用者将需要绑带，它能轻易被解开以有助于使用者离开轮椅。

---

⑱ McNamara，J.（1994）. 癫痫的细胞和分子基础，神经科学杂志，14（6），3413－3425.

⑲ 世界卫生组织（2005），Atlas：全世界癫痫的护理，检索自 http：//www. who. int/mental _ health/neurology/Epilepsy _ atlas _ r1. pdf

⑳ 世界卫生组织（2002），癫痫：非洲医学和临床办公室手册，检索自 http：//www. who. int/mental _ health/media/en/639. pdf

㉑ 世界卫生组织（2006），神经系统疾病：公共卫生的挑战，检索自 http：//www. who. int/mental _ health/neurology/chapter _ 3 _ a _ neuro _ disorders _ public _ h _ challenges. pdf

㉒ 癫痫基金（n. d.）. 急救，检索自 http：//www. epilepsyfoundation. org/aboutepilepsy/firstaid/index. cfm

续表

	基本资料	可能会影响轮椅供给的常见特点	轮椅供给的注意事项
癫痫	有些轮椅使用者可能有癫痫。痫性发作可以是局限性或全身性的[51]，在局限性发作时，人可有或没有意识损害[51]，如果意识未受到损害，癫痫持续时间少于1分钟，这个人通常是在经历不受控制的运动[53]。如果意识受损，癫痫持续1或2分钟，这个人稍有意识正在发生什么，但无法做出反应或改变他的行为[51][54]。在一次全身性发作期间，人的意识完全丧失[51]，一个正经历全身性发作的人可能突然摔倒，意识不清并使自己受伤[51]。	在癫痫发作期间： ● 不要设法将轮椅使用者从轮椅上移开——除非他们嘴里有食物、水或呕吐物，在这种情况下，将轮椅使用者从轮椅上移开，并且使他们侧卧位，以便唾液和黏液从口中流出[51][54]； ● 在轮椅使用者周围腾出空间保护他/她免受伤害，或移动他们远离会伤害他们的任何物体[51]； ● 在头下面放软垫来保护轮椅使用者的头部[51][54]； ● 放松绷紧的衣服，移开任何会伤害他们的物体，并且确保轮椅是安全的[51][54]； ● 记录癫痫发作持续的时间并在发作后把该信息告知轮椅使用者或他/她的护理者[51]。 冷静地等待轮椅使用者，直到发作结束。寻求医疗救助，如果： ● 癫痫发作结束后轮椅使用者的意识没有恢复[50]； ● 癫痫持续时间超过5分钟[51]。	● 如果轮椅使用者经常癫痫发作，导致他/她突然向前跌倒，用软垫包覆他/她的桌板（如果使用），以使他/她的头不会受伤害； ● 如果轮椅使用者有癫痫病史没有接受治疗，将他/她转介给医生。

[53] 澳大利亚癫痫（2009），癫痫急救，检索自 http://www.epilepsyaustralia.net/userData/docs/First%20Aid%20Brochure%2009.pdf

[54] 加拿大癫痫（n.d.）. 检索自 http://old.epilepsycanada.test.glacier-digital.com/scans/brochure/seizuresFirstAid.html

进食饮水和吞咽困难

基本资料

有些儿童和成人进食、饮水和吞咽困难。

进食或饮水困难可能是由于放食物和水入口困难所致，例如，如果轮椅使用者控制双臂或手困难，他们就无法轻易地处理进食或饮水。

或者这个困难是由头、颈部和口周围及其他控制吞咽的肌肉障碍所致[55]，平衡差、坐直困难以及保持直立位困难和头中立位困难都会使进食、饮水更困难[56]。

吞咽障碍会导致食物或饮料进入肺部，这可能导致肺部感染[5,57,58,59,60]，使人病情危险[61]。

一个人有吞咽障碍的体征包括：

- 经常喝水时咳嗽[62]；
- 经常吃饭喝水时窒息；
- 不断流口水。

轮椅供给的注意事项

当为一位既往进食、饮水或吞咽困难的人选择轮椅时：

- 良好的体位支撑能够改善平衡、姿势、头和手的控制并且降低进食、饮水和吞咽障碍；
- 桌面板和/或头靠通常是需要的。

如果轮椅使用者的吞咽障碍没有解决，将他转介给能够提供帮助的人，例如儿科医生、言语治疗师、职业治疗师或有经验的儿童保健工作者。

---

[55] Logemann，J.，& Bytell，D.（1979）. 吞咽障碍中头颈外科病人的三种类型，癌症，44，1075—1105.

[56] Redstone，F.，& West，J.（2004）. 喂食中姿势控制的重要性，小儿护理，30（2），97—100.

[57] Teasell，R.，Mcrae，M.，Marchuk，Y.，& Finestone，H.（1996）. 中风后吸入相关的肺炎，理疗与康复集刊，77，77—709.

[58] Loughlin，G.（1989）. 吞咽和呼吸功能失调的呼吸后果，吞咽障碍，3，126—130.

[59] Schmidt，J.，Holas，M.，Halvorson，K.，& Reding，M.（1994）. 中风后呼吸预测肺炎和死亡但不脱水的录像透视证据，吞咽障碍，9，7—11.

[60] Perry，L.，& Love，C.（2001）. 急性中风吞咽障碍和呼吸的筛查：系统性综述，吞咽困难，16，7—18.

[61] http：//www. who. int/mediacentre/factsheets/fs331/en/

[62] Prasse，J. & Kikano，G.（2009）. 小儿吞咽困难概述，临床儿科，48（3），247—251.

	基本资料	可能会影响轮椅供给的常见特点	轮椅供给的注意事项
疼痛	● 知道轮椅使用者是否疼痛是非常重要的，因为这可以影响他们舒适地坐在轮椅上的能力。	● 如果轮椅使用者有规律的疼痛，轮椅服务人员应该将他们转介给医生/卫生所来确诊疼痛的原因，因为忽视疼痛可能是危险的。	● 在轮椅评定时要避免疼痛： — 询问是否有哪种体位使疼痛加重；这样的体位应该避免； — 询问是否有哪种运动或体位使疼痛减轻；轮椅评定时这些体位必须被考虑； — 如果轮椅使用者不能用语言交流，在轮椅评定前找到另外的方法交流； — 良好的体位支撑和姿势变化能预防或减轻疼痛。
大小便障碍	● 有些轮椅使用者可能很难控制大小便，这些问题通常可以通过恰当的器具（如导尿管）、药物，膀胱和直肠训练计划来解决。 ● 确定你所在地区谁能提出建议和训练来避免这些并发症（例如专科医生或护士）是重要的。	● 有时大小便控制差的轮椅使用者需要去洗手间时沟通困难，他们有膀胱或直肠意外的风险。 ● 轮椅服务人员需要意识到，当为有大小便障碍的轮椅使用者服务时有可能被弄脏，重要的是有一个好的洗手设施和清洁检查场地的方法。 ● 一个潮湿或弄脏的坐垫可以导致皮肤破损。此外，排泄物中的细菌会迅速导致压疮感染，小便或大便中的废物也能感染压疮且灼伤皮肤。	● 坐垫和坐垫套应该容易拆下来允许使用者/护理者清洗。 ● 提供一个防水的坐垫套，如果可能提供两个防水坐垫套，让轮椅使用者能够在另一个坐垫晾干时继续他们的日常活动。 ● 如果没有防水的坐垫套，提供两个坐垫。 ● 转介轮椅使用者给能够帮助他们管理大小便的人，以使其保持健康和防止意外。

生活方式和环境

描述轮椅使用者将在哪里使用自己的轮椅：____________________

每天移动的距离：1公里以内□　1～5公里□　5公里以上□

每天使用轮椅的小时数：少于1小时□　1～3小时□　3～5小时□　5～8小时□　超过8小时□

当不在轮椅上时，使用者坐或躺在哪里以及怎样？（姿势和接触面）____________________

转移：独立□　辅助□　站立式□　非站立式□　移位机□　其他□

厕所类型（如果转移到厕所）：蹲厕□　坐厕□　定制的□

轮椅使用者经常乘坐公共/私人交通工具？是□　否□

如果是，哪种交通工具？小汽车□　出租车□　公交车□　其他□

中级轮椅评定表中“生活方式和环境”部分，收集轮椅使用者生活在哪里以及他/她每天需要在轮椅上做的事情的信息，重要的是要考虑提供的轮椅和任何附加体位支撑，将会如何帮助轮椅使用者在他们现有的环境和生活方式下达到最佳能力。

在中级轮椅评定表中生活方式和环境问题	讨论
描述轮椅使用者的轮椅将在哪里使用	● 轮椅对于使用者的家庭、工作场所或学校都应该实用，例如： — 如果轮椅在家里使用，轮椅使用者需要能够容易地在家到处移动并完成重要的日常活动； — 在办公室工作的轮椅使用者需要可以适合办公空间的轮椅； — 上学的轮椅使用者需要轮椅适应教室并低于课桌，或需要在轮椅上装一个桌面板； — 经过粗糙路面去市场或工作的轮椅使用者，需要在粗糙地面运行良好的轮椅。
每天出行的距离	● 如同人们近距离可能步行，但远距离则骑自行车一样，轮椅使用者可能用轮椅近距离出行，而三轮车用作远距离出行。 ● 同样的距离三轮车更省力且更快。

续表

在中级轮椅评定表中生活方式和环境问题	讨论
每天使用轮椅多长时间	● 轮椅使用者坐在轮椅上的时间越长，疲劳或压疮发生的风险就会越大。思考轮椅使用者需要多大的支撑以及坐垫是否提供足够的减压与舒适。 ● 对于整天在轮椅上活动的使用者，轮椅的设置应该有利于他们推行及让他们尽可能高效地参与其他活动。轮子位置很重要。同时重要的是确保靠背支撑轮椅使用者，但是不应限制手臂的自由活动。
不在轮椅上时，使用者坐或躺在哪里以及如何？（姿势和接触面）	● 如果轮椅使用者长时间保持同一体位，他/她会变僵硬并且最终会陷于那个体位，不可能舒适地坐在轮椅上。 ● 为了避免这种情况，非常重要的是给轮椅使用者提供用于坐或躺的各种不同舒适体位，让其不坐轮椅时进行选择。 ● 轮椅使用者总是以同一个姿势坐或躺着吗？ — 如果可能，让他/她演示这个体位； — 重要的是知道什么是首选体位，以便建议一个“相反的”（对抗的）体位，不可能总是直接采用“相反的”体位。如果轮椅使用者已经采用他/她的首选体位很长时间，马上选择一个完全相反的体位，或许会不太舒服、奇怪以及可能害怕； — 找出方法，在哪里支撑躯干和四肢使他们在更接近中立位和舒适的姿势。 ● 轮椅使用者能够变换他/她的体位吗？ — 如果轮椅使用者不能变换体位，他或她有更多发生姿势或压疮问题的风险。

续表

在中级轮椅评定表中生活方式和环境问题	讨论
转移方式	● 扶手和脚踏板可能影响轮椅使用者如何上下轮椅： — 对于站立式转移者，可移开的脚踏板和扶手有助于撑起； — 对于非站立式转移者，可拆的扶手或轮式扶手可以让转移更容易； — 当提供附加体位支撑时，检查轮椅使用者是否能够轻易地转移。例如，由于增加了一个椅座或楔形垫，可能使轮椅使用者转移更困难。可能需要更改转移技术，或者选择其他的 PSDs。
卫生间类型	● 卫生间类型及进出卫生间的方式将影响轮椅使用者使用的难易程度。 ● 由于设计问题，使用者可能无法使用卫生间。例如，大多数轮椅使用者使用蹲式厕所有困难。 ● 通过询问卫生间及所在位置，轮椅服务人员可以就如何进出卫生间提出建议，轮椅服务人员也可以为如何改造卫生间提出建议。
轮椅使用者经常使用公共/私人交通工具?	● 如果轮椅使用者经常使用交通工具，他/她需要能够容易地运输轮椅，轮椅的不同特点使得轮椅运输更容易，包括以下： — 轻便轮椅更容易进出； — 可拆卸的轮子和折叠框架和/或靠背让轮椅更容易运输； ● 如果使用公共交通工具，可拆卸的部件可能是一个优点，因为这使轮椅更容易装载。然而，可拆卸部件也可能是一个缺点，因为部件可能分离和丢失或被盗。

现有的轮椅（如果已经有一辆轮椅）

轮椅能满足使用者的需求吗？	是□ 否□
轮椅能适合使用者的环境状况吗？	是□ 否□
轮椅能提供适配和体位支撑吗？	是□ 否□
轮椅安全耐用吗？（考虑是否有坐垫）	是□ 否□
坐垫减压效果理想吗？（如果使用者有压疮的风险）	是□ 否□

备注：______________________________

如果所有问题的答案都是“是”，使用者可能并不需要一辆新的轮椅。如果这些问题中的任何一个答案是“否”，使用者需要一辆不同的轮椅或坐垫；或者现有的轮椅或坐垫需要进行维修或改制。

如果轮椅使用者已经有一辆轮椅，重要的是确定是否符合他或她的需求。中级轮椅评定表中“现有的轮椅”部分，有助于在评定现有的轮椅是否适合使用者方面，指导轮椅服务人员和使用者。

当观察轮椅的状况时，观察其外观，因为这些会暗示轮椅使用者是如何坐轮椅的。例如，坐垫一侧凹陷可能意味着一侧坐骨承受更多压力；一侧扶手破损可能意味着轮椅使用者严重偏向那一侧。如果你察觉到任何异常，向轮椅使用者询问。

如果轮椅不符合使用者的需求，轮椅服务人员应该找出原因。有时轮椅是合适的，但可能没有为轮椅使用者进行正确调试。改制、附加体位支撑或维修可能会有所帮助。

在面谈评定中良好的沟通技巧

拥有良好的沟通技巧是非常重要的，它有助于以一种对轮椅使用者感受和需求保持尊重和敏感性的方式收集正确的信息。

有助于面谈评估顺利进行的一些方法是：

- 应该向轮椅使用者提问，除非他们是婴幼儿或他们无法理解或回答你的问题；
- 向轮椅使用者说明他/她提供的信息将有助于选择最适用的轮椅来满足他们的需求；
- 不必按照中级轮椅评定表中的顺序进行提问，有时轮椅使用者在你提问之前会主动提供信息，或许以不同的顺序提问更自然。

有时通过语言沟通可能困难，例如：轮椅使用者可能无法听到或者无法说得清晰而让你明白。

当沟通困难时，试图找到一种直接与轮椅使用者沟通的方式，询问非常了解轮椅使用者的人，问他如何与他们进行沟通。花点时间来了解轮椅使用者如何沟通。

如果你不能找到一种直接沟通的方式，确保有非常了解轮椅使用者的人一直在旁边。请这个人来帮助你与轮椅使用者沟通。

当轮椅使用者不能说话时识别疼痛

当轮椅使用者不能说话时，他们可能难以表达自己经受的疼痛。因此，当为轮椅使用者服务时，轮椅服务人员需要知道他们正在做的事情是否导致或增加轮椅使用者的疼痛。

感觉疼痛的非语言信号包括：

- 哭泣、喊叫、烦躁和大汗；
- 推开评定人员的手或者试图离开；
- 抗拒一个动作或者不能保持一种特定的姿势；
- 面部表情——皱眉和/或痛苦的表情；
- 坐位、站立或行走的方式。

通过以下方式确保你没有导致或增加现有的疼痛：

- 如果轮椅使用者在评定过程中疼痛，鼓励他/她让你知道；
- 如果沟通困难——在开始评定之前就疼痛的信号达成一致；
- 避免使疼痛加重的体位；
- 采用使疼痛减轻的体位或活动。

身体检查——无支撑坐姿

身体检查是评定的第二部分，包括：

- 记录压疮的出现、风险或病史；
- 确认推轮椅的方法；
- 找出轮椅使用者如何坐着以及他或她可能需要什么附加体位支撑，通过：
  - 观察无支撑坐姿；
  - 进行骨盆和髋关节姿势检查。骨盆和髋关节姿势检查有助于理解骨盆或髋关节周围的问题会如何影响轮椅使用者的坐姿；
  - 用手模拟。轮椅服务人员用他们的手来“模拟”轮椅及附加体位支撑提供的支撑；
  - 进行测量。

中级轮椅评定表中的每部分信息将会帮助轮椅服务人员决定轮椅使用者需要多少支撑。

复习压疮的出现、风险或病史和推轮椅的方法

压疮的出现、风险或病史

///＝没有感觉

○＝以前的压疮

●＝现有的压疮

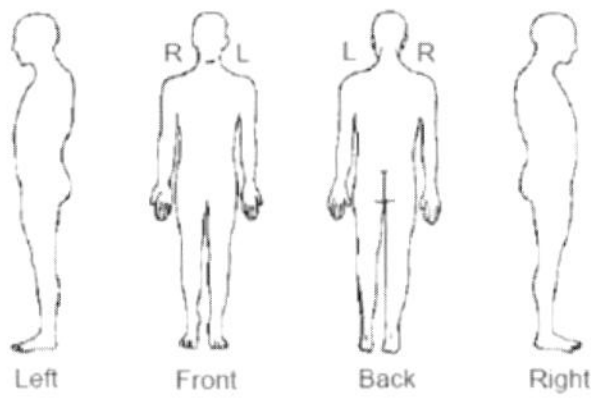

感觉正常吗？	是□	否□
以前有压疮吗？	是□	否□
现在有压疮吗：	是□	否□
如果有，是否破溃（1～4 阶段）？	是□	否□

持续时间和原因：________________________

____

这个人有患压疮的风险※吗？ 是□ 否□

※一个人感觉丧失或有 3 个或以上风险因素，就有患压疮的风险。风险因素：不能移动、潮湿、不良姿势、以前/现在有压疮、营养不良、衰老、体重过轻或超重。

推轮椅的方法

轮椅使用者如何推他/她的轮椅？　双臂□　左臂□　右臂□　双腿□　左腿□　右腿□

由一位助手推行□

备注：______

直立坐姿

本单元中常用的缩写	
解剖结构	缩写词
髂前上棘	ASIS
髂后上棘	PSIS
坐骨结节	IT

每位轮椅使用者都可以坐在直立或中立的姿势吗？

即使有支撑也不是每位轮椅使用者都能坐在直立的姿势。坐直困难的轮椅使用者将演示一系列不同的坐姿。不同的姿势是由于身体部位没摆放在中立位所致。

在评定过程中，轮椅服务人员和轮椅使用者需要找出最直立的坐姿，轮椅使用者能够安全且舒适地达到和保持这个体位而不丧失功能，轮椅和 PSDs 应该支持这个体位。

当评定体位时，可以发现有 3 种不同的最终结果，它们是：

- 僵硬的姿势——轮椅使用者身体某个部位是“僵硬的”，用轻柔的力量无法推动（不要用大力）。轮椅服务人员应该提供支撑以适应其非中立位（僵硬的）姿势。
- 可整体推到中立位的姿势——用轻柔的力量，不在中立位的轮椅使用者身体部位能推到中立位。在这种情况下，应该提供正确的支撑来帮助轮椅使用者维持中立位坐姿。
- 可部分推到中立位的姿势——用轻柔的力量，不在中立位的轮椅使用者的身体部位仅能部分推到接近中立位。在这种情况下，提供支撑有助于轮椅使用者尽可能地接近中立位坐姿，这样他们更舒适和更易发挥功能。

幼儿的坐直位

5 岁以下的儿童与年龄较大的儿童和成人的坐直姿势不一样，坐姿在儿童 5 岁后形成。

5 岁前最重要的差异是：

- 儿童的背部是平的，没有腰椎或胸椎曲线；
- 儿童的耳朵和臀部成一直线，而他们的肩部略向前；
- 双腿外展并分开——不平行。

当为 5 岁以下的儿童服务时，轮椅服务人员需要记住 5 岁以下的儿童不应该支撑得像成人那样坐直。这是不舒服的并且可能对儿童造成伤害。

观察坐姿

为了解轮椅使用者的姿势以及需要什么支撑，首先要观察无支撑时他/她的坐姿。

为了进行身体检查，轮椅使用者坐在检查床上。

确保轮椅使用者是安全的，并且支撑他/她的双脚。

如果他/她不能独立、安全地坐着，有一个助手或家人/护理者与他/她坐在一起。观察轮椅使用者无支撑下能否以中立/直立的坐姿坐着。

观察无支撑下坐姿的目的是了解轮椅使用者的姿势偏好/习惯，观察坐姿是一项技能，需要时间和实践来掌握。

如何判断轮椅使用者是否坐直

这里描述的坐直姿势应该被轮椅服务人员作为指南使用。当为轮椅使用者服务时，目的是支撑每位轮椅使用者接近这个姿势是舒适、有效和实用的。

从侧面看并检查：

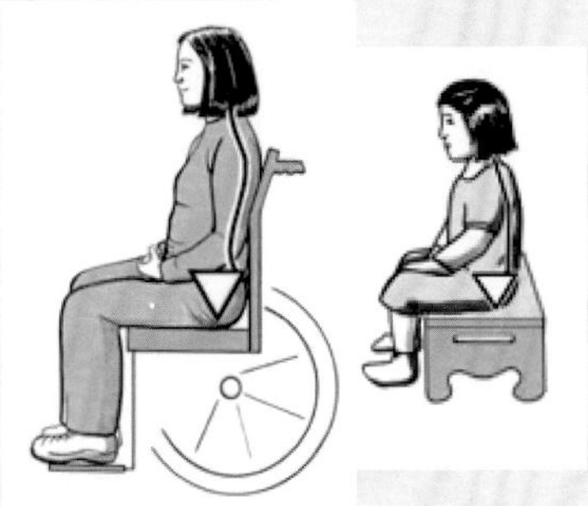

√骨盆直立——髂前上棘和髂后上棘水平；

√躯干直立；

√背部呈 3 个生理弯曲；

√成人——耳朵、肩膀和臀部成一直线。

儿童——耳朵、臀部成一直线，肩膀略向前；

√髋关节屈曲接近 90 度；

√膝关节和踝关节屈曲接近 90 度；

√足跟在膝关节的正下方或稍前或稍后；

√双脚平放在地面或脚踏板上。

从前面看并检查：

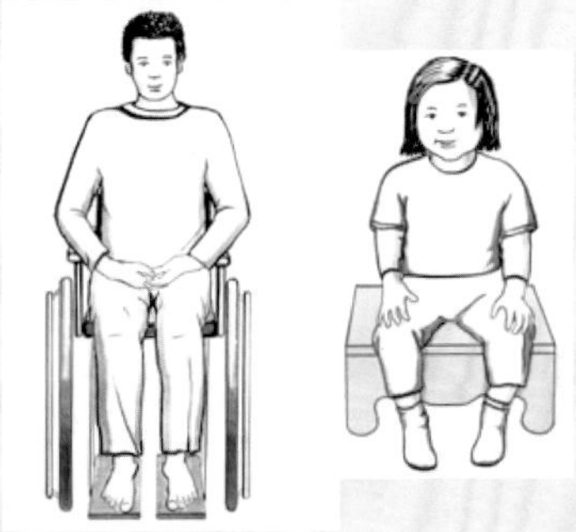

√骨盆水平——两侧髂前上棘是水平的；

√肩膀水平并放松，手臂自由活动；

√双腿稍稍分开（外展）；

√头部中立且在身体上方保持平衡。

记录姿势

中级轮椅评定表上有一个空白处用来记录轮椅使用者的无支撑坐姿。

无支撑坐姿 描述或绘画无支撑坐姿

记录将帮助轮椅服务人员记住轮椅使用者评定后的坐姿，也能帮助轮椅服务人员跟踪轮椅使用者随着时间推移坐姿的变化。

还有几种不同的方法记录坐姿，包括：

- 用文字描述坐姿；
- 画图；
- 拍照（仅在得到轮椅使用者的许可）。

下面是常用来记录坐姿的简易线条绘画的例子。

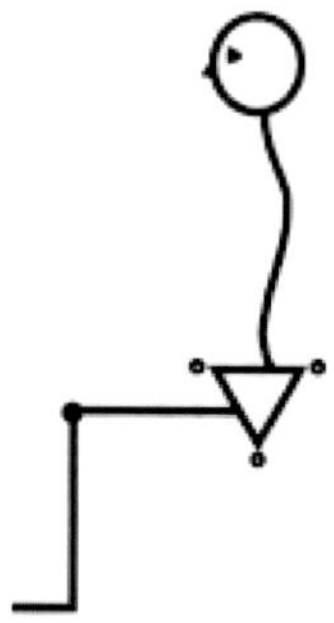

侧面坐姿线条绘画

正面坐姿线条绘画

记住!

- 不是每个人都能坐直。
- 在评定过程中，轮椅服务人员和轮椅使用者共同参与，找出轮椅使用者如何能够接近直立姿势舒适地坐着。
- 具有附加体位支撑的轮椅将有助于支撑轮椅使用者接近直立且舒适地坐着。

身体检查——骨盆和髋关节姿势检查

骨盆和髋关节姿势检查

坐姿是受骨盆和髋关节周围病变的影响，在这部分评定中，轮椅服务人员需要了解：

- 当从正面观察时，轮椅使用者的骨盆是否水平（可以有或没有支撑）；
- 在有或没有支撑的情况下，轮椅使用者的髋关节能否屈曲到中立位坐姿（躯干和大腿的角度是否为90度）。

如果骨盆不水平或髋关节不能屈曲到中立位坐姿（躯干和大腿的角度大于90度），轮椅服务人员必须了解更多的信息，重要的是知道：

- 轮椅使用者能在支撑下坐在中立位的姿势吗？
- 如果不能——他/她能够多大程度地接近中立位坐姿？

如果轮椅使用者不能以中立位姿势坐，同样重要的是要知道这个困难是否由于：

- 骨盆以上（在腰椎）受限（或限制）；或
- 骨盆内的受限（在髋关节）。

为了使轮椅服务人员回答以上所有问题，必须进行评定部分的“骨盆和髋关节姿势检查”。

这不是一个完整的运动评定。在本教程中讲授骨盆和髋关节姿势检查的目的仅是确定上文提到的因素。为了获得更详细的资料，有经验的轮椅服务人员可以选择进行完整的运动评定。

进行骨盆和髋关节姿势检查

准备：

- 向轮椅使用者说明你将要做什么，以及这样做的重要性；
- 让轮椅使用者躺在检查床上。

（注意：在此说明，进行骨盆和髋关节姿势检查的人叫“评定者”，辅助评定者的那个人叫“助手”，助手可能是同事、受过培训的助手、家人或护理者）。

骨盆姿势检查	
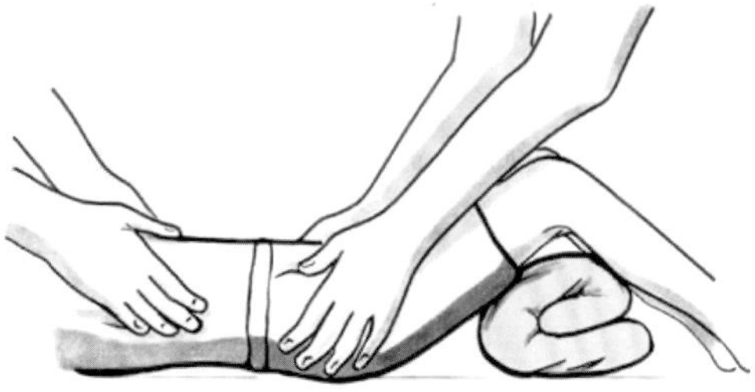	● 评定者稍微屈曲轮椅使用者的双膝并提供支撑，这有助于减轻对髋关节的拉伸； ● 助手将手紧紧放在轮椅使用者的躯干上，大约肋骨下部； ● 评定者轻轻地抓住骨盆，拇指放在髂前上棘上； ● 评定者检查拇指/髂前上棘是否水平； ● 如果不是水平的，评定者设法轻柔而稳定地调整骨盆使两侧髂前上棘水平； ● 助手报告他/她是否感觉到躯干移动，这意味着这个动作有些受限； ● 标记可能使骨盆接近中立位/水平位的程度； ● 评定者在中级轮椅评定表上记录骨盆能否水平。
髋关节姿势检查	
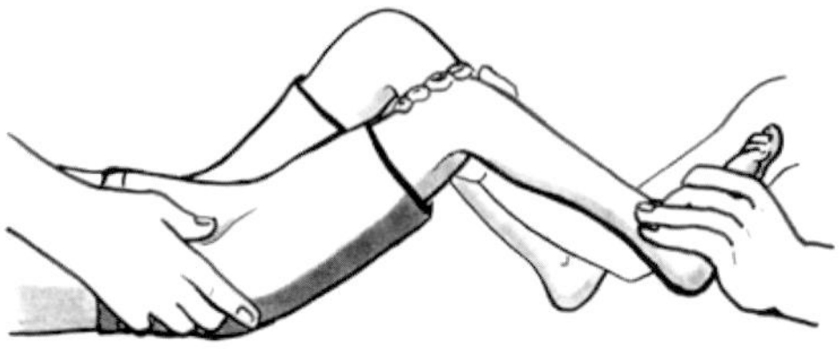	● 助手轻柔而紧紧地按住轮椅使用者的骨盆； ● 评定者稍屈曲未检测腿的膝关节，把脚放在垫子上，这有助于降低受检测髋关节的张力，这条腿可能需要支撑。
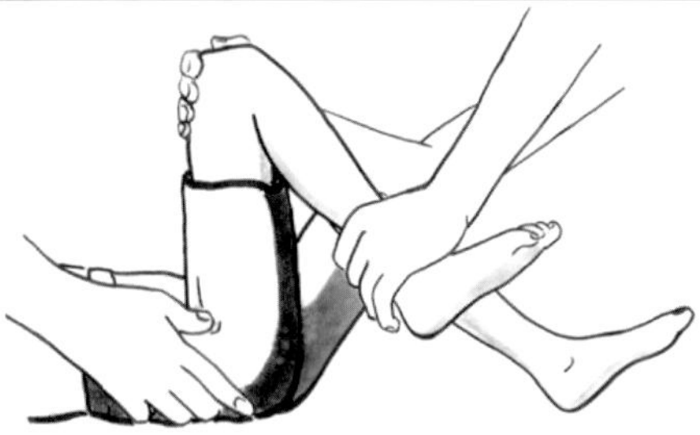	● 评定者轻柔地活动被检测腿至中立位坐姿； ● 助手报告他/她是否感觉到骨盆活动，这意味着这个动作有些受限； ● 评定者感觉髋关节能够活动的自由程度； ● 评定者重复另一侧并比较； ● 评定者在中级轮椅评定表上记录左右髋关节是否都可以屈曲至中立位坐姿。

续表

髋关节姿势检查	
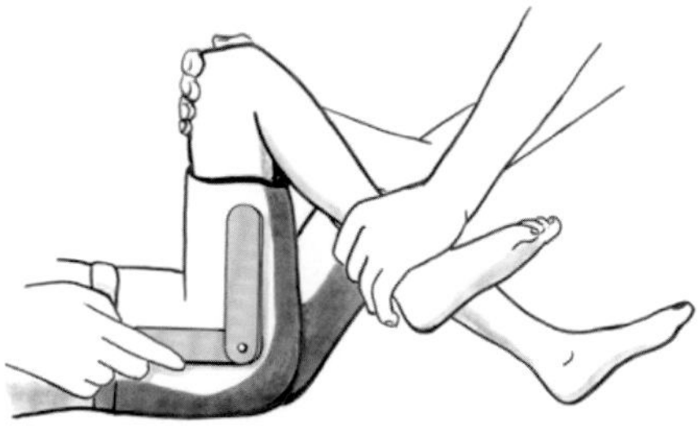	● 评定者在助手帮助下，用量角器记录每侧髋关节能达到中立位姿势的程度； ● 评定者将量角器的轴心放在大转子处，并把量角器的一边靠在大腿上，而另一边与躯干平行； ● 评定者用力地握住量角器的两条边； ● 评定者在中级轮椅评定表上记录左右髋关节的角度测量值，也可以把量角器的角度画在另外一张纸上或在中级轮椅评定表的背面。

记录骨盆和髋关节姿势检查

骨盆和髋关节姿势检查

检查卧位时骨盆是否水平以及髋关节屈曲的范围

骨盆可以水平吗？　是□　否□

髋关节能屈曲到中立位坐姿吗？

右髋：　是□　否□　角度：________

左髋：　是□　否□　角度：________

如果骨盆不能处于水平或髋不能屈曲到中立位坐姿——提供临时支撑。

在中级轮椅评定表上记录骨盆和髋关节姿势检查结果。

勾选骨盆能否水平。

勾选每侧髋关节能否屈曲到中立位坐姿（90度）。

如果右或左（或双侧）任何一个髋关节不能屈曲到中立位坐姿（躯干到大腿的角度大于90度），记录这个角度。

如上所述，轮椅服务人员也可以在另外一张纸上或在中级轮椅评定表的背面画出量角器的角度。

为僵硬的不水平骨盆以及不能屈曲到中立位坐姿的髋关节（躯干到大腿的角度大于90度）提供临时支撑

如果骨盆不能水平或单侧或双侧髋关节不能屈曲到中立位坐姿（躯干到大腿的角度大于90度），它将在最终的轮椅上被支撑于非中立位姿势。为了继续评定，应该为轮椅使用者做一个临时支撑使其坐在上面。

在评定过程中，临时支撑将：

- 帮助轮椅使用者坐得更稳定以及更平衡；
- 阻止轮椅使用者补偿不水平的骨盆或不能屈曲到中立位坐姿的髋关节（躯干与大腿之间的角度大于 90 度）；
- 让轮椅服务人员继续评定，并且专注于轮椅使用者姿势的其他部分，包括骨盆、躯干、头、颈和腿；

临时支撑可以用硬泡沫塑料制作，下表展示不同的姿势问题、针对这些问题临时和可能永久的支撑。

姿势问题	临时支撑	永久支撑 （固定在轮椅使用者的坐垫里）
僵硬的不水平骨盆 （侧向倾斜） 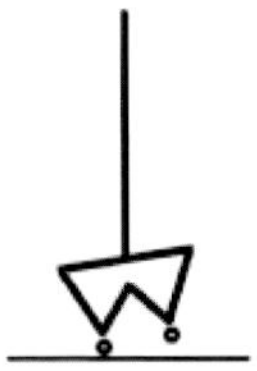	在较高侧坐骨和大腿下方加一个补高 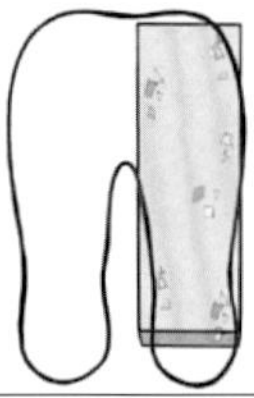	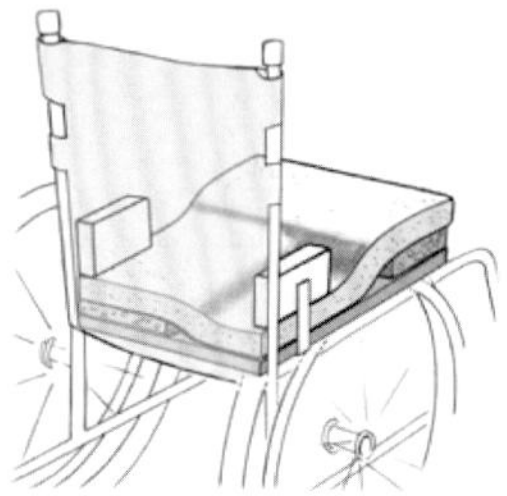
髋关节不能屈曲到中立位坐姿 （躯干与大腿之间的角度大于 90 度） 	在两侧坐骨和髋关节能屈曲到中立位坐姿一侧的大腿下加一个补高——在试用前锐利边缘需要倒角 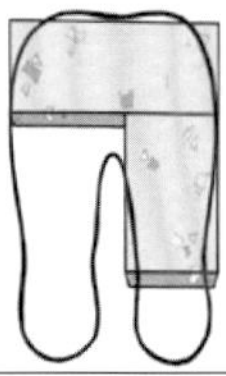	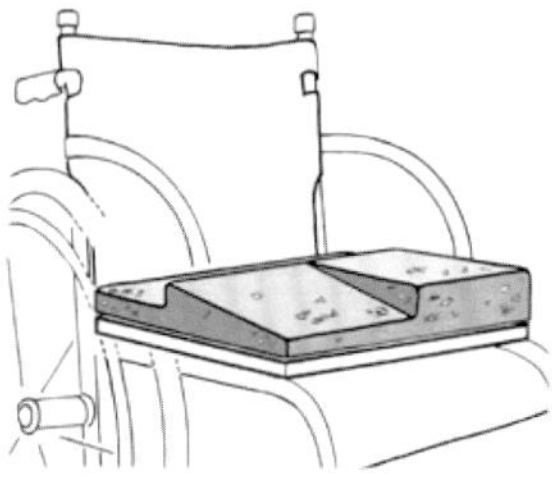
两侧髋关节都不能屈曲达中立位坐姿（躯干与大腿之间的角度大于 90 度） 	加一个补高来增加椅座和靠背之间的角度 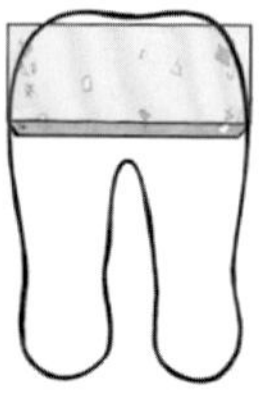	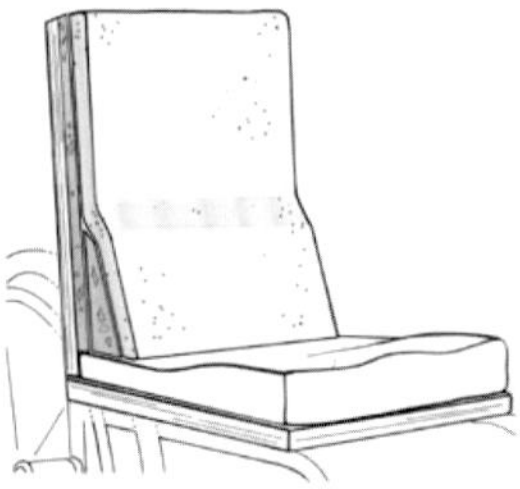

续表

姿势问题	临时支撑	永久支撑（固定在轮椅使用者的坐垫里）
一侧或两侧髋关节不能伸展到中立位坐姿（躯干与大腿之间的角度小于 90 度）	在坐骨前大腿下提供一个楔形支撑	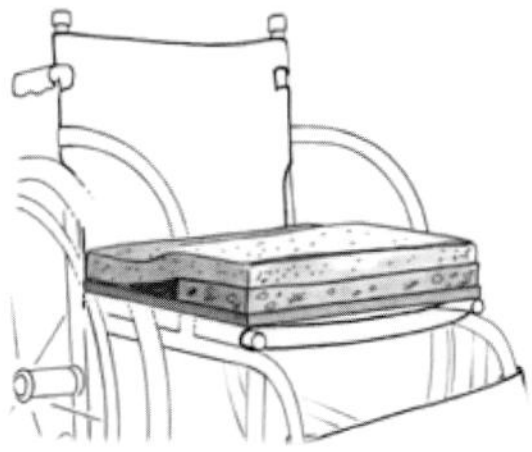

身体检查——用手模拟

用手模拟有助于确定轮椅使用者需要什么支撑。在用手模拟过程中，轮椅服务人员用他们的双手来了解：

- 轮椅使用者在支撑下能坐在中立位姿势吗？
- 如果不能，他/她能在多大程度接近中立位姿势坐？
- 需要什么支撑以及在哪里支撑？

在用手模拟过程中，轮椅服务人员与轮椅使用者和助手或家人/护理者共同用双手提供支撑。

如何开展用手模拟？

当开展用手模拟时要记住的重要方面是：

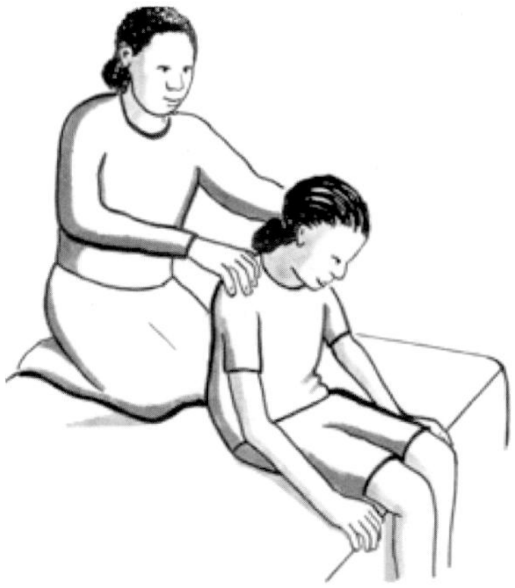

准备

- 向轮椅使用者说明你将要做什么以及为什么这样做。
- 让轮椅使用者坐在硬但有衬垫的平面上，比较理想是有一个评定箱，轮椅服务人员和助手或家人/护理者能够轻易地伸手够到轮椅使用者，从前面、后面和侧面来提供支撑。

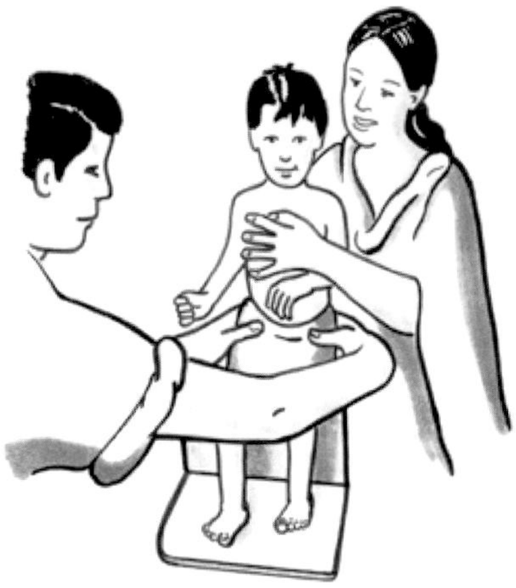

- 如果没有支撑轮椅使用者不能安全地坐着，让一个助手或家人/护理者支撑他们。
- 确保轮椅使用者的双脚支撑在正确的高度。如果骨盆不是水平的或者如果一侧髋关节不能屈曲到中立位坐姿（躯干到大腿的角度大于 90 度），如同前面描述提供一个临时支撑。

以团队的形式工作

- 常常需要不只一双手。
- 要接受助手的帮助，助手可能是同事、受过训练的助理、家人/护理者。
- 家人/护理者的参与将帮助他/她更好地理解最终的 PSD 解决方案。

使用良好的沟通技巧

- 轮椅服务人员应该轻柔地（最好使用当地语言）与使用者和家人/护理者沟通。
- 如果轮椅使用者无法说话，找出一种与他们沟通的恰当方式并使用它。
- 记住向轮椅使用者说明你每一步将要做什么。
- 每次改变后询问轮椅使用者的反馈意见。

仔细思考你的手要做什么

- 你的手正在提供以后由轮椅和 PSDs 提供的支撑，在用手模拟时，特别注意：
  - 你的双手放在哪里；
  - 力量/支撑的方向；
  - 用多大的力量/支撑；
  - 你的双手覆盖的面积多大（例如，你只是用一根手指或整只手）；
  - 开始用手模拟前，如果手是冷的，温暖你的手。
- 这个信息有助于你处方最终的轮椅及 PSDs。

应该先在骨盆提供支撑

- 骨盆的姿势将影响身体的其他部位。
- 如果轮椅使用者的骨盆不在中立位，用你的双手使骨盆接近中立位。
- 当骨盆得到支撑后，关注身体的其他部位的顺序是：
  - 躯干/手臂；
  - 头和颈；
  - 髋关节和大腿；
  - 小腿。

每次做一项调整

- 应该每次只做一项调整。例如——不要尝试在调整骨盆的同时调整躯干。
- 观察身体某一部位的调整如何影响其他部位；
- 询问轮椅使用者的反馈。

开始身体检查的用手模拟：

- 跪或蹲在轮椅使用者前面；
- 轻柔地将手放在轮椅使用者骨盆两侧；
- 如果轮椅使用者的骨盆不在中立位——用双手把骨盆舒适地摆至接近中立位；
- 不要用大力；
- 找出骨盆被支撑到接近中立位的程度；
- 观察向中立位移动骨盆时，如何影响轮椅使用者的躯干、髋、头和颈部；
- 当骨盆尽可能被支撑到接近中立位时，轮椅服务人员此时考虑躯干需要什么支撑；
- 让助手支撑保持轮椅使用者的骨盆在你已经确认为“尽可能接近中立位”的姿势；
- 仔细地向助手说明支撑哪里以及如何支撑骨盆，继续评定前确保他/她能做到这一点。

在躯干提供支撑（如需要）：

关于骨盆，如果轮椅使用者的躯干不在中立位坐姿，用你的双手提供支撑，按照以下顺序：

- 用你的双手稳定骨盆；
- 用你的双手在躯干两侧提供支撑，使躯干挺直以便双肩是水平的（或者尽可能接近水平）；
- 用你的双手在骨盆后面有时在前面提供支撑，支撑躯干直立以及头和颈部平衡；
- 从侧面观察骨盆和躯干的外形，重要的是设计靠背的形状以提供最佳支撑。

密切关注躯干支撑如何影响身体的其他部位。例如，躯干支撑有助于改善头和颈部姿势吗？即使有良好的骨盆和躯干支撑，有些轮椅使用者可能发现很难保持头部直立。有助于改善头和颈部姿势的一些建议是：

- 允许轮椅使用者略向后倚靠；
- 观察轮椅使用者是否能够更好地平衡他们躯干以上的头部；
- 为手臂提供附加支撑。

在用手模拟时，当你支撑躯干时让助手支撑骨盆，他/她是否感觉到任何变化，记住总是询问轮椅使用者的反馈。

为身体其他部位提供支撑（如需要）

- 一旦骨盆和躯干被支撑在最中立的坐姿是舒适的，检查头和颈部、髋、大腿和小腿的姿势；
- 用你的双手找到每个身体部位如何能够舒适地接近中立位，继续检查某个变化如何影响身体的其他部位，继续询问轮椅使用者的反馈。

记录用手模拟的结果

用手模拟的结果记录在中级轮椅评定表中，有空格：

- 勾选记录在“用手支撑”下，轮椅使用者的每个身体部位是否能够达到中立位坐姿；
- 描述或线条绘画轮椅使用者在用手支撑下实现的最终坐姿；
- 描述或线条绘画轮椅使用者实现这种坐姿提供的支撑。

用手模拟：用手支撑坐在中立位/尽可能舒适地接近中立位

对于每个身体部位：如果用手支撑中立位坐姿是可能的，勾选“是”，如果不能，勾选“否”。			
部位	是	否	描述或线条绘画用手支撑轮椅使用者能达到最终的坐姿，并且描述或线条绘画达到那个坐姿提供的支撑。
骨盆	□	□	
躯干	□	□	
头	□	□	
左髋	□	□	
右髋	□	□	
大腿	□	□	
左膝	□	□	
右膝	□	□	
左踝	□	□	
右踝	□	□	

身体检查——进行测量

测量轮椅使用者以选择正确的轮椅尺寸和 PSDs 位置

在中级轮椅评定表的测量部分，列出 12 个身体测量，5 个测量是和之前在《轮椅服务初级教程》中介绍的一样。中级轮椅评定表中增加了靠背高度的身体测量，座面到肩峰的尺寸常用来测量需要高靠背的轮椅使用者。还有其余 6 个测量将有助于确定尺寸和/或 PSDs 位置。

有时可能必须进行更多的测量，这取决于 PSDs 处方。中级轮椅评定表上有空白用于记录“其他的”测量。

身体测量如何与轮椅和 PSDs 的尺寸及位置相关

每个身体测量都与轮椅的尺寸或 PSDs 位置及尺寸相关。

在中级轮椅评定表中，身体测量列在左侧，与每个身体测量相关的部件列在右侧。

例如：

- 轮椅使用者的臀宽（身体测量 A）等于轮椅椅座宽度或骨盆侧垫间的距离（部件尺寸 1 或 2）；
- 轮椅使用者的座面到腋下（腋窝）（测量 H）减去 30mm 即为座面顶端到躯干侧垫/楔形垫的最大距离（轮椅部件尺寸 8）。

以上例子表明，身体测量不总是等于轮椅部件尺寸并且需要某些计算。有时候有公式来帮助算出轮椅部件的尺寸。

适配时常常需要调整，然而第一次适配前，精确的身体测量可有助于准备好轮椅。

中级轮椅评定表中的插图有助于指导轮椅服务人员完成身体测量以及与其相关的 PSDs 的位置和尺寸。

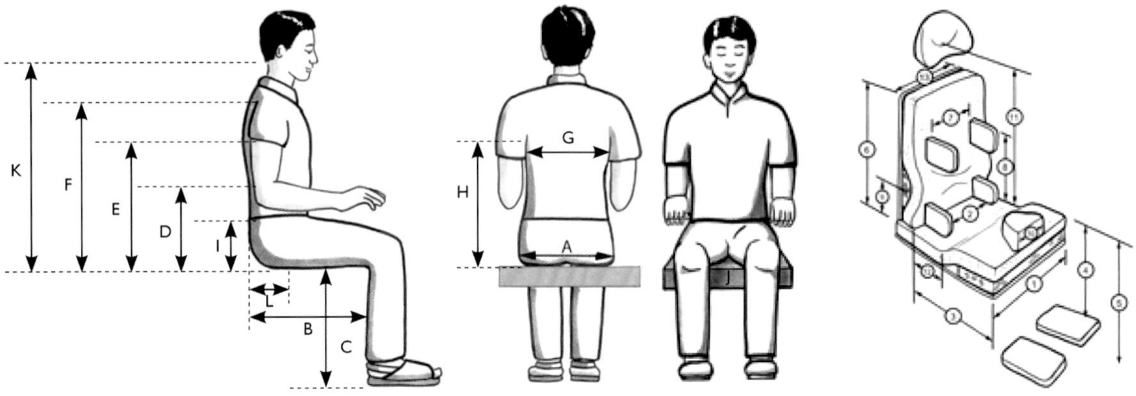

进行测量					
身体测量（mm）			**轮椅部件测量**（mm）		
座宽、座深和脚踏板高度					
A	臀宽		=椅座宽度或	1	
			=骨盆侧垫间距离	2	

续表

身体测量（mm）				轮椅部件测量（mm）		
B	臀后到腘窝	左		减去 30mm～50mm＝椅座深度（如果左右长度不等，取短侧）	3	
		右				
C	腘窝到足底	左		＝座面顶端到脚踏板的距离或＝座面顶端到地面的距离，脚推轮椅	4	
		右			5	
靠背高度						
D	座面※到胸腔下缘			＝座面顶端到靠背顶部距离（测量 D、E 或 F，取决于轮椅使用者的需要）	6	
E	座面※到肩胛下角					
F	座面※到肩峰					
改制和/或 PSDs						
G	躯干宽			＝躯干侧垫/楔形垫之间的距离	7	
H	座面※到腋窝（腋下）	左		H 减 30mm＝座面顶端和躯干侧垫/楔形垫间的最大距离（根据用手模拟调整）	8	
		右				
I	座面※到骨盆上缘（PSIS）			＝座面顶端与骨盆后垫中部之间的距离	9	
J	两膝间距离			＝膝分隔垫之间的宽度	10	
K	座面※到颅底			＝座面顶端到头靠中间的距离	11	
L	骨盆后部到坐骨			L 加 20mm～40mm＝从靠背支撑到坐骨前垫高开始点之间的距离	12	
其他						

※当进行身体测量时，“座面”是坐骨坐着的平面。

如何进行精确测量

测量中的错误会导致大问题。然而进行精确测量有时可能是困难的，当轮椅使用者个子很小或者发现其很难坐着不动或坐直有困难时，这尤其是个问题。

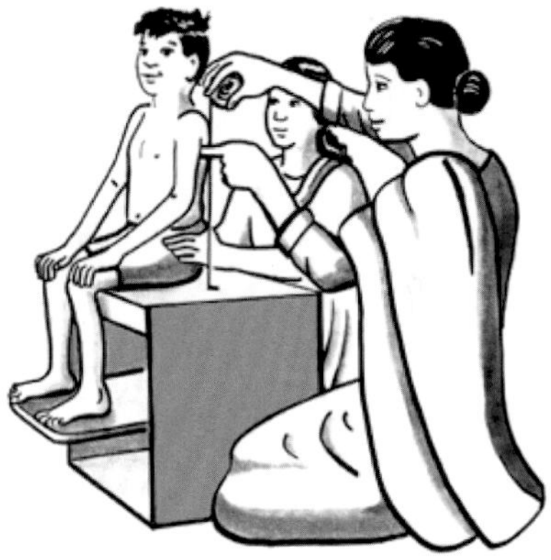

以下方法有助于进行精确测量，包括：

- 应该用硬卷尺测量——不是用“裁缝”卷尺测量；硬卷尺测量将不会弯曲太多，导致一个不精确的测量值；
- 使用卡尺能有助于测量得精确；
- 轮椅使用者坐直进行测量，在用手模拟中被认定为最直立、舒适和功能性的体位。如果轮椅使用者躺着测量，测量值将不精确，因为躺着时轮椅使用者可能变长或伸展。最好让助手支撑轮椅使用者坐直，比让他们躺着好。

如何测量	轮椅部件	备注
A：臀宽	椅座（宽度）	
测量前检查轮椅使用者的口袋，里面不要放东西。测量轮椅使用者臀部或大腿最宽的部位。拿两个硬板紧贴轮椅使用者身体两侧有助于获得准确的测量值。也可以使用卡尺。	臀宽等于椅座宽度或骨盆侧垫之间的距离。	如果有骨盆侧垫，椅座宽度可能需要加宽。应该设法保持椅座宽度在最小。 在气候寒冷穿厚衣服的国家，可能需要一些预留量。
B：臀后到腘窝	椅座（宽度）	
放一块硬板在轮椅使用者后背有助于获得精确的测量值，测量从轮椅使用者的骨盆后部到他/她的腘窝的直线距离。 应该测量双腿。 如果左侧和右侧不同，检查轮椅使用者是否骨盆水平坐直。如果仍然不同，按照短边开具轮椅处方。	臀后到腘窝的距离减去 30mm～50mm 等于椅座深度。	对于膝关节屈曲远远小于 90 度的轮椅使用者，椅座深度可能需要稍短些。参见下图“僵硬骨盆后倾或僵硬躯干前屈的轮椅使用者”。

僵硬骨盆后倾或僵硬躯干前屈的轮椅使用者

如果一位轮椅使用者具有僵硬的骨盆后倾或躯干前屈，轮椅服务人员需要考虑将如何使其与轮椅适应，这可能要改变座深测量方法。

- 如果靠背向后倾斜（后倾）来适应骨盆/躯干，综上所述，测量从骨盆后部到腘窝的直线距离。
- 如果靠背没有倾斜，要在座深空间内做支撑来适应骨盆/躯干。从身体背部最远点（躯干/骨盆）测量以确保允许足够的椅座深度，如图所示。

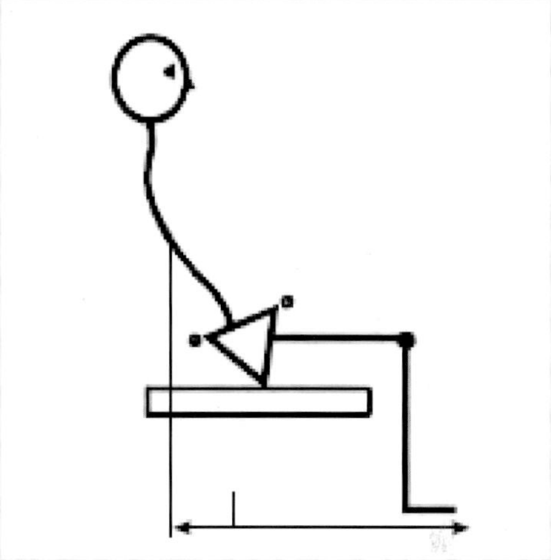

如何测量	轮椅部件	备注
C：腘窝到足底	脚踏板（高度）	
测量轮椅使用者腘窝到他/她脚后跟底部的距离。确保轮椅使用者的脚踝屈曲 90 度（如果可能）应该测量两条腿，如果轮椅使用者穿鞋，穿他/她平时经常穿的鞋子测量。如果脚固定在跖屈（向下），测量到脚尖的距离。	该长度等于座面顶端到脚踏板的高度或者座面顶端到地板的高度，如果轮椅使用者用脚推轮椅。	脚踏板的确切位置将取决于当轮椅使用者坐在轮椅上时坐垫被压缩多少而稍稍变化。 在适配时应该需要进行最终的调整。

续表

如何测量	轮椅部件	备注
D、E 和 F	靠背（高度）	
D：座面到胸腔下缘：测量轮椅使用者座面到胸腔下缘的距离。 为了帮助找到胸腔下缘，把双手放在骨盆两侧，双手向内轻轻挤压并向上滑动，胸腔下缘恰好就在腰部的正上方。	测量 D、E 和 F 有助于确定靠背的高度。高度取决于轮椅使用者的需求。从评定获得的信息将有助于轮椅服务人员决定，需要多高的靠背才能为轮椅使用者提供正确的支撑。	如果需要靠背后倾或整体后倾，靠背高度必须至少是标准的（到轮椅使用者的肩胛下角）。 记得考虑如果轮椅使用者自己推轮椅，他们需要自由地活动肩胛骨。
E：座面到肩胛下角：测量轮椅使用者的座面到肩胛下角的垂直距离。 为了帮助找到肩胛下角，可以让轮椅使用者耸耸肩膀。		
F：座面到肩峰：测量轮椅使用者的座面到肩峰的距离。		
G：躯干宽度	躯干侧垫/楔形垫（间距）	
测量轮椅使用者腋下（腋窝）的躯干宽度。	躯干宽度是躯干侧垫或楔形垫之间的距离。	如果躯干侧垫或楔形垫放置的位置比腋下低，它们的最终位置在适配时可能需要调整。

续表

如何测量	轮椅部件	备注
H：座面到腋下（腋窝）	躯干侧垫/楔形垫	
测量座面到腋下（腋窝）的距离。	座面到腋下（腋窝）的测量值减去30mm就是座面顶端和躯干侧垫/楔形垫顶端之间的最大距离。	这个测量值是个指导，最终的高度取决于评定和适配。 躯干侧垫不应该太高对腋下（腋窝）施加压力，这可能会不舒适并导致永久神经损害。躯干侧垫顶端和腋下之间应该有至少30mm的间隙。 参阅下图“为脊柱侧弯的轮椅使用者测量躯干侧支撑”。

为脊柱侧弯（躯干向侧面弯曲）的轮椅使用者测量躯干侧支撑

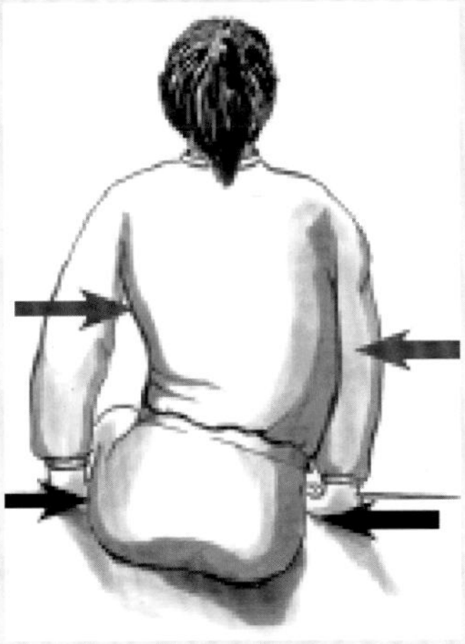

对于一位躯干向侧面弯曲（脊柱侧弯）的轮椅使用者，一侧躯干侧垫可能低于另一侧来提供所需部位的支撑。

如图所示，一侧躯干侧垫将定位在曲线的“顶点”，另一侧躯干侧垫将定位于腋下。

记住——当为脊柱侧弯的轮椅使用者提供躯干侧垫时，还应该在两侧提供骨盆侧垫。

如何测量	轮椅部件	备注
I：座面到髂嵴（PSIS）	骨盆后垫（中间高度）	
测量座面到髂嵴（PSIS）的距离。	坐垫到髂嵴（PSIS）的测量值用来定位骨盆后垫中间的高度。	骨盆后垫的深度（厚度）取决于评定结果。
J：两膝间距离	膝分隔垫	
在两膝放置于接近中立位且对轮椅使用者来说是舒适的情况下，测量两膝间距离。	两膝间的距离等于膝分隔垫的宽度。 距离将取决于轮椅使用者的坐姿。	
K：座面到颅底	头靠（高度）	
测量座面到颅底的距离。	测量座面到颅底的距离有助于定位头靠的位置。	
L：骨盆后到坐骨	坐骨前垫高	
测量骨盆后到坐骨的距离。 从轮椅使用者侧面将你的手（手掌向上）放在轮椅使用者臀部下面寻找坐骨，用一个手指定位坐骨——然后收回你的手到轮椅使用者的侧面，测量从轮椅使用者的骨盆后部到定位在坐骨的手指之间的距离。 轮椅服务人员可以用某种方式（例如用一支粉笔）在与轮椅使用者坐骨旁边平行的位置在检查床上做记号，然后测量从标记点到骨盆后的距离。	骨盆后到坐骨的距离加20mm～40mm是靠背支撑到坐骨前垫高起点的距离。	如果轮椅使用者的骨盆僵硬后倾或躯干僵硬前屈，测量值可能会不同（参见框图“僵硬骨盆后倾或僵硬躯干前屈的轮椅使用者”）。

记住：

- 当进行身体测量时，“座面”是坐骨正在坐着的平面。
- 所有的垂直测量（C、D、E、F、H、I、K），与之相应的部件定位将会受座面和坐垫高度变化的影响。
- 所有轮椅部件的精确定位应该在适配时进行检查。

步骤 3：处方（选择）

选择轮椅和坐垫

处方（选择）是轮椅服务中的第 3 步。

处方/选择是指在可得到的轮椅和使用者需求之间尽可能选出最佳匹配。

当为需要附加体位支撑坐直的轮椅使用者处方轮椅时，处方包括：

- 选择最适合轮椅使用者的轮椅类型和尺寸；
- 描述这辆轮椅的特殊设置；
- 选择最适合的坐垫类型和尺寸；
- 选择需要的 PSDs 或改制，为轮椅使用者提供他/她所需要的附加体位支撑。

处方通常是在与轮椅使用者充分合作的情况下来决定的，在本教程使用的中级轮椅处方表中，需要 3 个签名，包括轮椅使用者、评定人（轮椅服务人员）和评定组长。

轮椅和坐垫的类型

轮椅的类型

为了处方一辆轮椅，轮椅服务人员需要知道轮椅的以下情况：

- 轮椅架的类型；
- 可得到的尺寸和尺寸范围；
- 可利用的功能部件；
- 可能的调整和调整范围。

这些知识将有助于轮椅服务人员为轮椅使用者选择最合适的轮椅并且描述应该如何设置。中级轮椅处方表的相关部分如下所示。

2. 轮椅的类型、尺寸和设置

轮椅类型（可得到的轮椅列表）		轮椅尺寸（mm）	
	□	座宽	
	□	座深	
	□	靠背高度	
	□	脚踏板高度	
轮椅设置			
后轮位置		其他	
后倾			

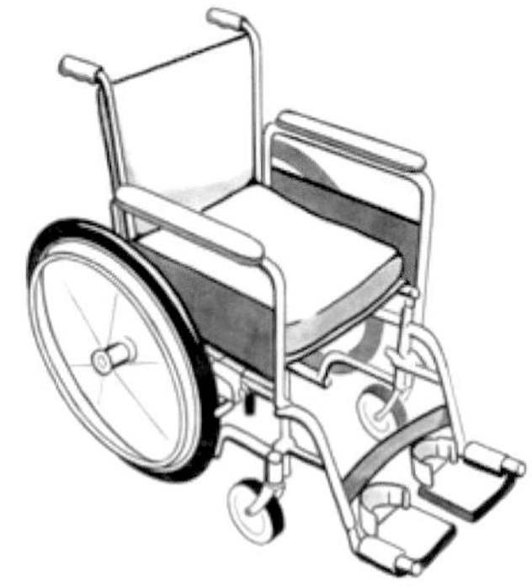

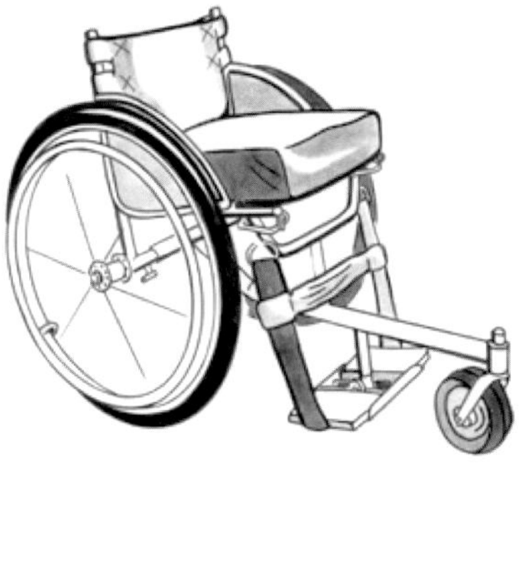

轮椅架类型

轮椅服务人员需要知道当地可得到轮椅架的不同类型，例如是三轮轮椅或四轮轮椅；交叉折叠式或固定式轮椅架；长轴距或短轴距。

关于不同轮椅架的更多信息，参阅《轮椅服务初级教程》。

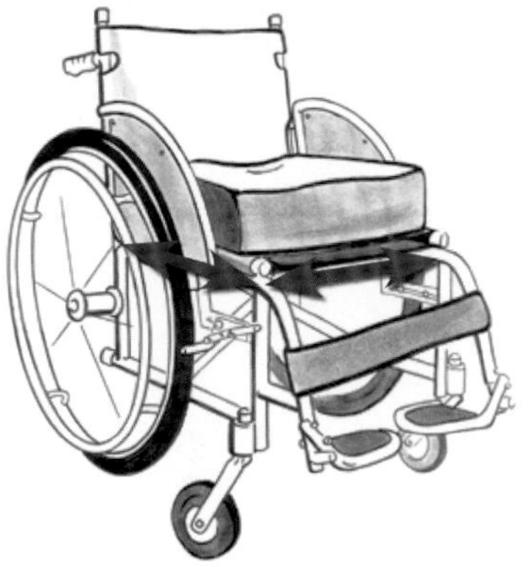

可得到的轮椅尺寸和范围

轮椅的尺寸通常由轮椅椅座宽度和深度来描述。

轮椅椅座宽度是测量一侧椅座固定杆外缘到对侧椅座固定杆外缘或两侧扶手间的距离（如果扶手在椅座固定杆的上面）。轮椅椅座深度是测量从椅座前面到靠背的距离。

其他重要的轮椅尺寸包括：

- 椅座到地面的高度（这个对于用脚推轮椅的使用者是重要的）；
- 靠背的高度。

可利用的功能部件

可能的功能包括椅座的类型、靠背、脚踏板、扶手、小脚轮、后轮和 PSDs（例如躯干侧垫、头枕、绑带）。

可调性及可调范围

轮椅服务人员应该熟悉当地可得到轮椅的不同调节范围，包括脚踏板的最高和最低位置、靠背的高度是否可调、后轮轴位置是否可调。

为了找到所有可调部件的“调节范围”，必须测量最低和最高的调节值。

有些手动轮椅较其他轮椅具有更多的功能部件或可调部件，有些功能部件或可调部件对需要附加体位支撑的轮椅使用者非常有帮助。这些产品特点包括：

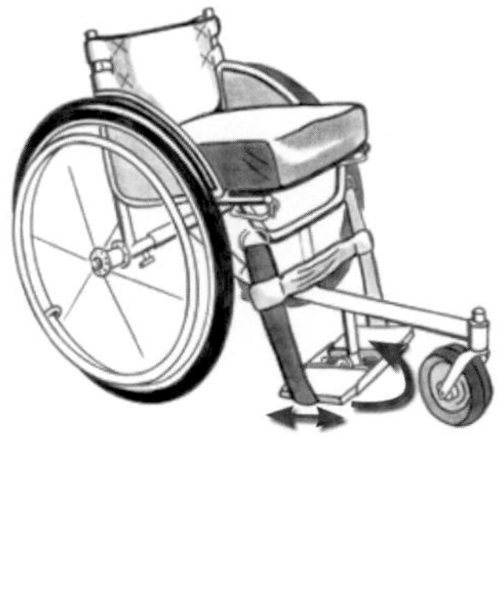

可调脚踏板

大多数轮椅都有上下可调的脚踏板。

有些轮椅具有额外的调节。包括：

- 脚踏板能够向前或向后调；
- 脚踏板角度能够增加或减少。

这些调节让轮椅使用者双脚的放置位置有更大的灵活性。

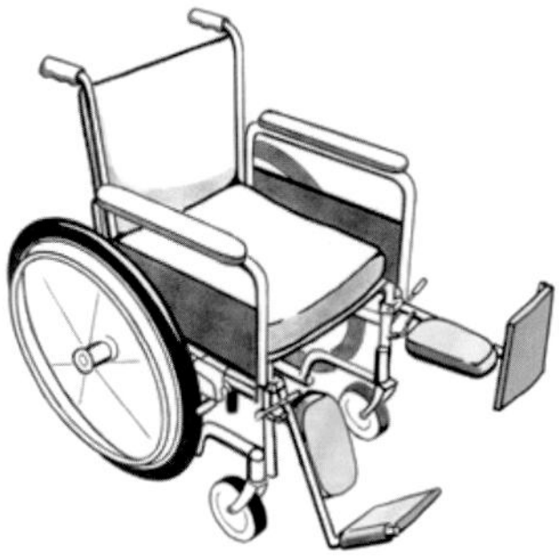

可抬起腿托

可抬起腿托能有助于保持脚抬起并伸膝，这对于坐着时膝关节不能屈曲到中立位的轮椅使用者是有帮助的。

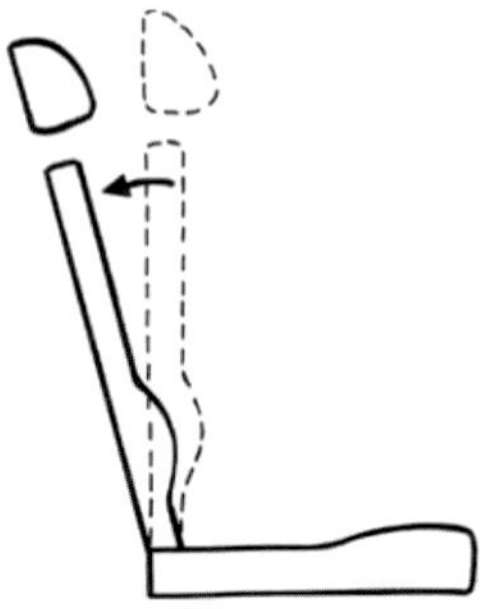

靠背后倾

靠背后倾（靠背向后倾斜）有助于适应：

- 髋关节不能屈曲到中立位坐姿（躯干与大腿之间的角度大于 90 度）；
- 僵硬的骨盆后倾；
- 僵硬的腰部后凸姿势。

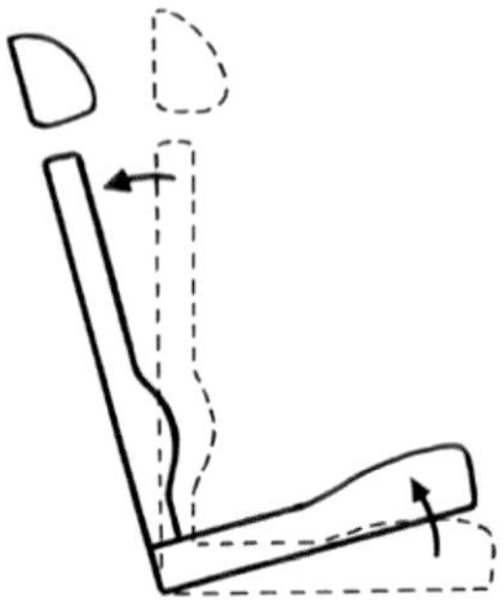

整体后倾

一些轮椅有所谓的“整体后倾”功能，这意味着靠背和椅座整体后倾，椅座和靠背之间的角度保持不变，后倾型椅座有助于：

- 僵硬的骨盆后倾伴有髋和膝屈曲挛缩；
- 正常坐姿的低耐受性或不舒适；
- 增加舒适性和休息。

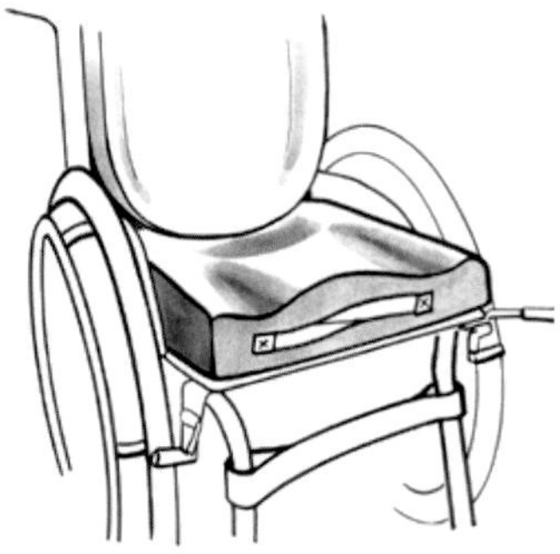

硬椅座

一些轮椅是硬椅座而不是悬吊式椅座，它能提供：

- 一个良好的底座，用于为骨盆和髋关节提供附加体位支撑；
- 比悬吊式椅座更稳定，如果轮椅使用者有强烈的不受控制的运动或体重较重，这可能非常有用。

硬靠背

一些轮椅是硬靠背。对于硬椅座，它可以提供一个良好的基础用于建立附加体位支撑。硬靠背也能提供：

- 比悬吊式/帆布靠背更稳定，如果轮椅使用者有强烈的不受控制的运动，这可能有用；
- 为身材较高和体重较重和/或躯干非常无力的轮椅使用者提供更多的支撑。

如图所示一个已经添加泡沫塑料的硬靠背，刚好在正确的位置为躯干提供支撑，侧支撑垫用螺栓固定在靠背上。

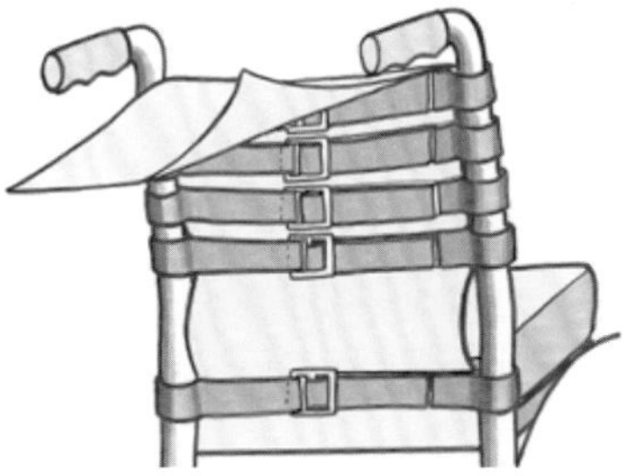

一些轮椅有张力可调靠背而不是简单的悬吊式靠背，张力可调靠背可以让我们轻易地调节靠背提供的支撑，独立的绑带被拉紧或放松来增加或减少支撑。

没有必要具有所有上述功能来提供附加体位支撑，上面的许多功能可由普通手动轮椅改制完成。

收集当地可得到轮椅的信息

下文的中级轮椅参数表常用来收集和记录当地可得到轮椅的信息。

轮椅改制前要考虑什么

当选择一辆轮椅，需要改制来提供轮椅使用者所需的支撑时，轮椅服务人员应该考虑：

- 轮椅处于良好的运行状态吗？
- 当地可得到这些材料及制作方法可行吗？与轮椅匹配吗？
- 如果轮椅破损，部件能在当地维修或更换吗？

坐垫类型

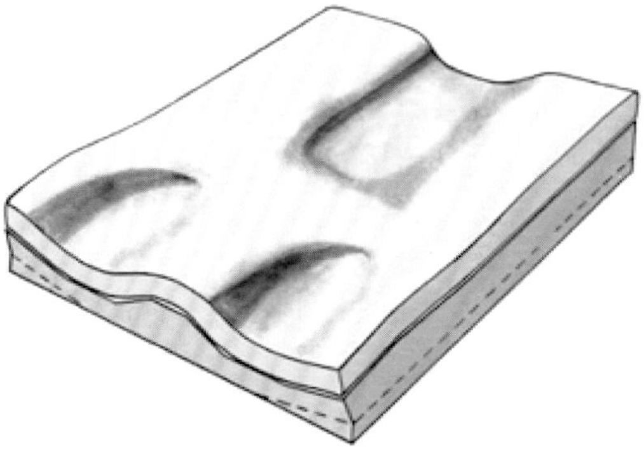

轮椅服务人员应该知道可得到的供他们处方的坐垫类型，要考虑的产品特点包括：

- 坐垫的制作材料；
- 坐垫是否减压；
- 修改坐垫是否容易；
- 坐垫套是否防水。

关于坐垫包括减压坐垫的更多信息，请参阅《轮椅服务初级教程》。

选择的坐垫类型和尺寸记录在中级轮椅处方表“坐垫类型和尺寸”里。

3. 坐垫类型和尺寸

坐垫类型		尺寸
例如：减压坐垫	☐	
	☐	

如果坐垫需要改制来制作正确的 PSD——这方面的细节将在后面的中级轮椅处方表章节中叙述。

中级轮椅参数表

轮椅名称：		此处插入图片
制造商/供货商：		
可得到的类型：		
总重量：		

描述：

轮椅架：	固定式/刚性	☐	可折叠	☐	轮椅架长度	
靠背：	悬吊式/帆布	☐	硬的	☐	张力可调	☐

续表

椅座：	悬吊式/帆布	□	硬的	□	张力可调	□
坐垫：	没有坐垫	□	平面泡沫塑料	□	泡沫塑料波形	□
	流体	□	其他：	□		
脚踏板：	固定的	□	可拆	□	其他：	
小脚轮：	气胎	□	直径：			
	实心胎	□	宽度：			
后轮：	气胎	□	直径：		手推圈	□
	实心胎	□	宽度：		轴距可调	□
	PU 胎	□			可拆卸	□
刹车：	短杆	□	长杆	□	其他	
扶手：	弧形	□	方形	□	其他	
	固定式	□	可拆卸	□	其他	
把手：	把手	□				
PSDs：	骨盆带	□	小腿带	□	肩带	□
	足带	□	防翻杆	□	躯干侧垫	□
	桌面板	□	头靠	□	骨盆侧垫	□
	其他：	□				

测量尺寸、调整选项及范围：

	测量尺寸（如果轮椅有不同的尺寸，列出所有的尺寸）	是否可调		调整范围（该轮椅可能的调整范围）
		是	否	
椅座宽度		□	□	
椅座深度		□	□	
椅座高度		□	□	
靠背高度		□	□	
靠背后倾		□	□	

续表

	测量尺寸（如果轮椅有不同的尺寸，列出所有的尺寸）	是否可调		调整范围（该轮椅可能的调整范围）
		是	否	
脚踏板高度		□	□	
脚踏板角度		□	□	
把手高度		□	□	
轮椅架长度		□	□	
轮椅轴距长度		□	□	
靠背与椅座角度		□	□	
整体后倾		□	□	

中级轮椅处方（选择）表

对于没有支撑就无法舒适地坐直的轮椅使用者，此表是用于记录他们的轮椅、坐垫及 PSDs 的选择，将这张表保留在轮椅使用者的档案中。

1. 轮椅使用者信息

轮椅使用者姓名：________________ 编号：________________

评定日期：________________ 适配日期：________________

评定人姓名：________________

2. 轮椅的类型、尺寸和设置

轮椅类型（可得到轮椅列表）		轮椅尺寸（mm）	
	□	椅座宽度	
	□	椅座深度	
	□	靠背高度	
	□	脚踏板高度	
轮椅设置			
后轮位置		其他	
后倾			

3. 坐垫的类型和尺寸

坐垫类型		尺寸
例如：减压坐垫	□	
	□	

4. PSDs 或需要的改制

PSD 清单				描述/绘画并提供尺寸
椅座/坐垫	加入硬椅座	□		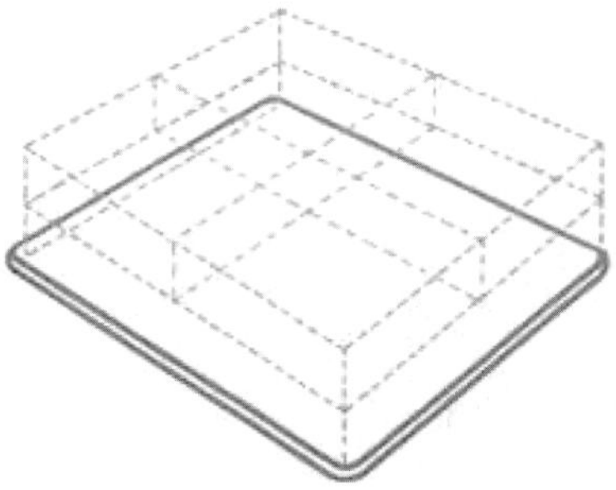
	坐骨前垫高（=3—12）	□		
	降低坐垫前部	左□	右□	
	升高坐垫前部	□		
	前倾楔形垫	□		
	骨盆下补高	左□	右□	
	骨盆侧垫（=2）	左□	右□	
	大腿外侧楔形垫	左□	右□	
	大腿外侧垫	左□	右□	
	大腿内侧楔形垫（=10）	□		
	膝分隔垫（=10）	□		
	其他	□		
	其他	□		

PSD 清单				描述/绘画并提供尺寸
椅座和靠背	增加椅座与靠背角度	□		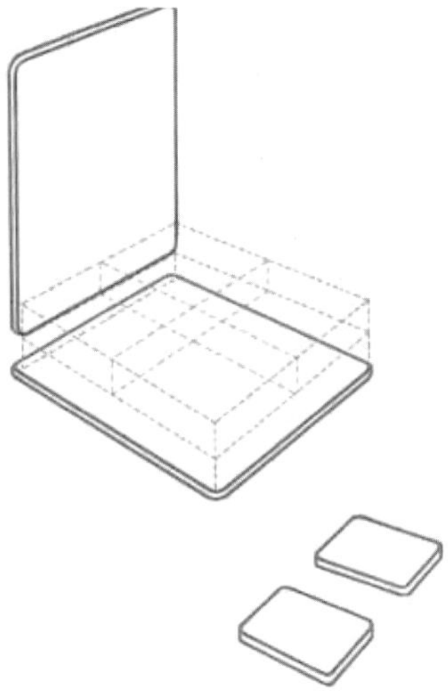
	椅座与靠背后倾（整体后倾）	□		
靠背	加入硬靠背	□		
	骨盆后垫（=9）	□		
	可调形状靠背	□		
	可调张力靠背	□		
	靠背后倾	□		
	躯干侧垫（=7）	左□	右□	
	躯干侧楔形垫（=7）	左□	右□	
	其他	□		
桌面板/扶手	桌面板	□		
	改制扶手	左□	右□	
	其他	□		
头部支撑	扁平头靠（=11）	□		
	有形头靠（=11）	□		
	其他	□		
小腿支撑	脚踏板补高	左□	右□	
	脚踏板楔形垫	左□	右□	
	小腿支撑板	左□	右□	
	其他	□		
绑带	骨盆带	□		
	小腿带	□		
	足带	左□	右□	
	肩带	□		
	其他	□		

5. **同意签名：**

轮椅使用者：________________评定人：________________

评定组长：________________________________

体位支撑装置（PSDs）的处方（选择）——介绍

有很多PSDs的不同设计以及许多不同的轮椅改制方法，为轮椅使用者提供附加体位支撑。通常结合几种不同的PSDs为一位轮椅使用者提供他/她所需要的全部体位支撑。

什么是PSD?

体位支撑装置（PSD）是提供附加体位支撑的一种物理器具——中级轮椅服务的重要内容。下页的体位支撑装置（PSD）表（后面简称PSD表）和体位支撑装置（PSD）参考表（后面简称PSD参考表）给出了不同PSDs的概述，这个内容在整个教程中介绍。PSDs一些示例如下面插图所示。

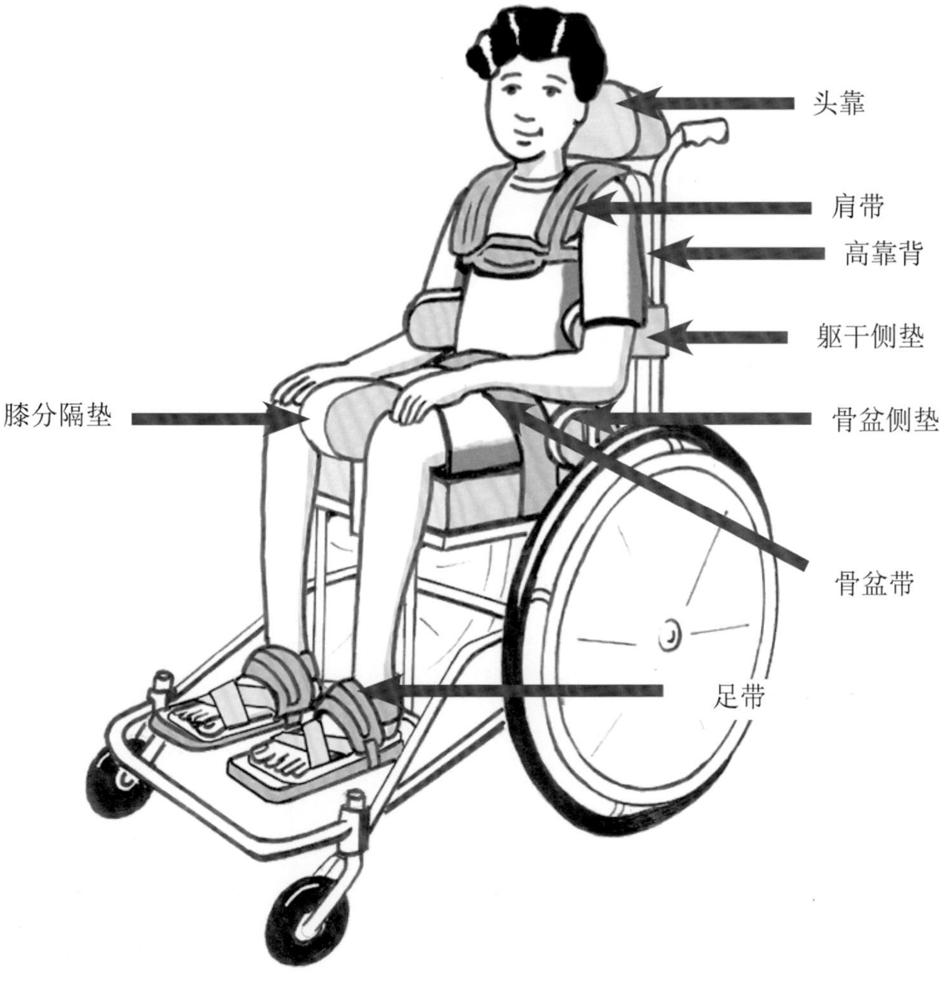

相同部件的不同名称

相同的 PSDs 可以有不同的名称，取决于轮椅服务机构、地点或制造商，在本《学员手册》中，给出了每个 PSD 的简单描述性名称，在每个轮椅服务机构、轮椅服务人员和轮椅使用者可以用他们最熟悉和舒服的术语。

体位支撑装置（PSD）表

椅座/坐垫					
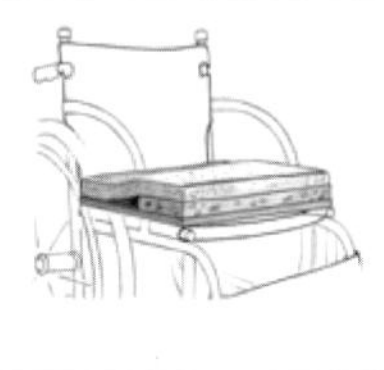	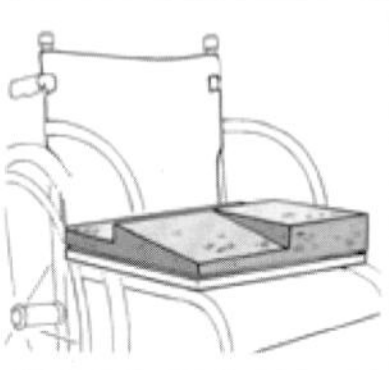	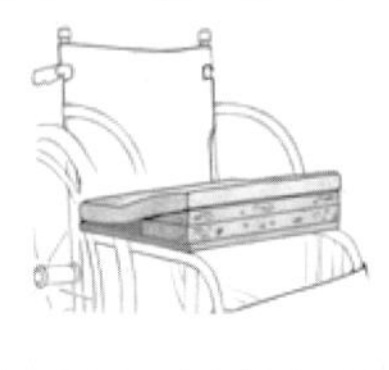		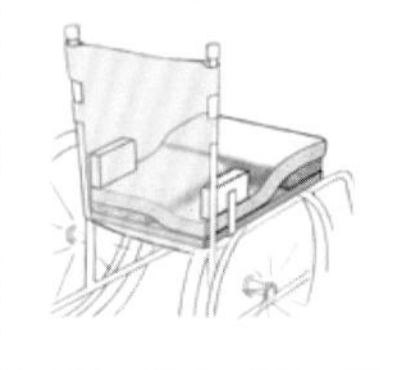	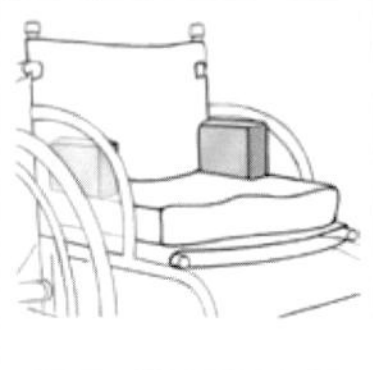
坐骨前垫高	降低椅座前部（一侧）	升高椅座前部	骨盆前倾楔形垫	骨盆下补高	骨盆侧垫

椅座/坐垫				椅座和靠背	
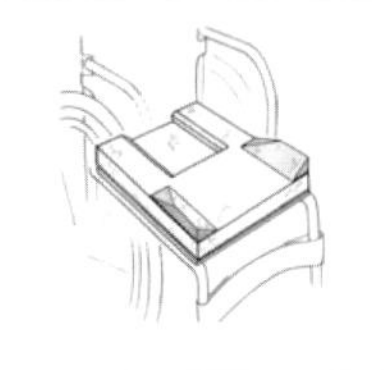		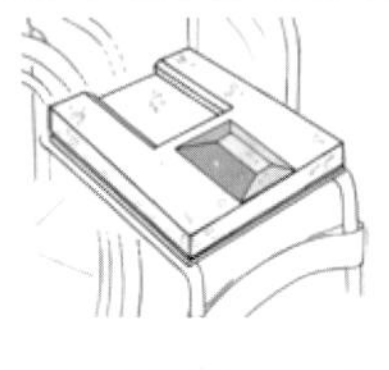	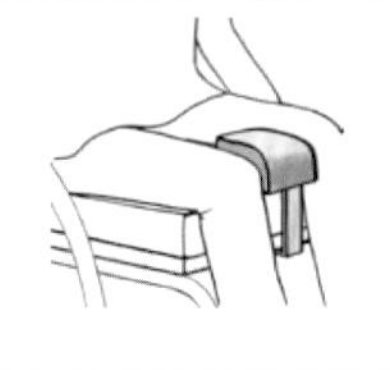		
大腿外侧楔形垫	大腿外侧垫	大腿内侧楔形垫	膝分隔垫	增加椅座和靠背角度	椅座和靠背后倾（整体后倾）

靠背					
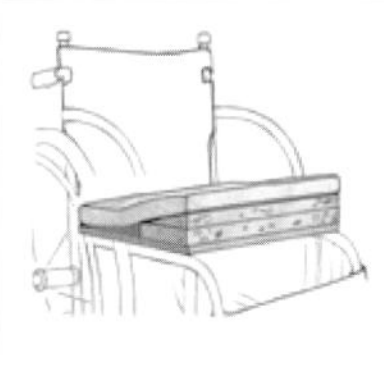	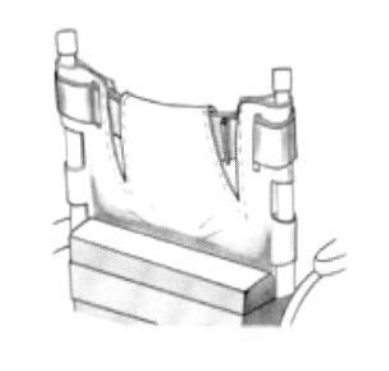				
骨盆后垫	可调形状靠背	可调张力靠背	靠背后倾	躯干侧垫	躯干侧楔形垫

桌面板	头靠		小腿支撑		
	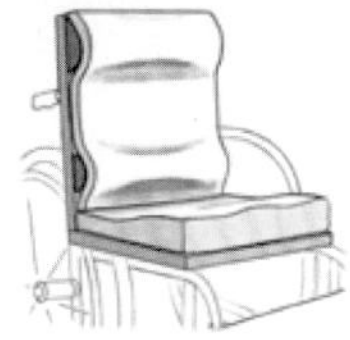		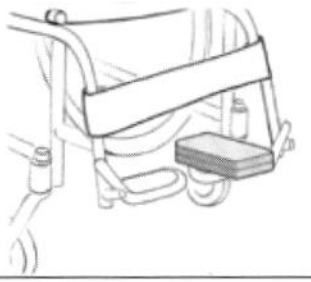		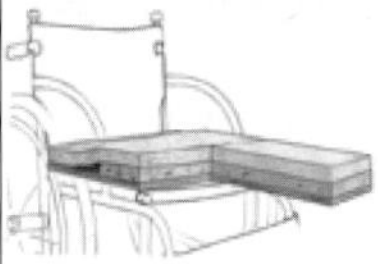
桌面板	扁平头靠	有形头靠	脚踏板补高	脚踏板楔形垫	小腿支撑板

绑带				
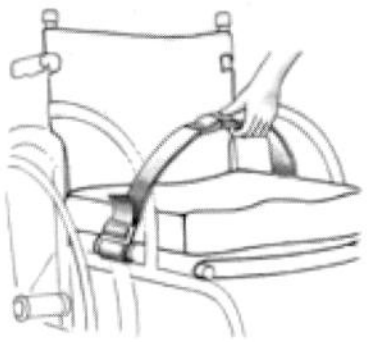	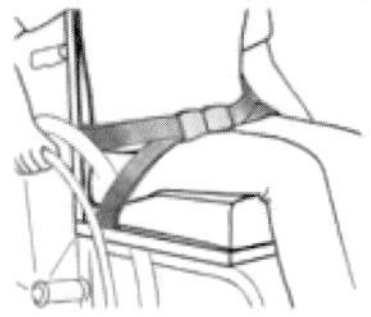	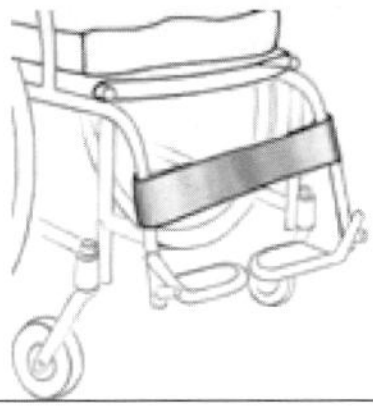	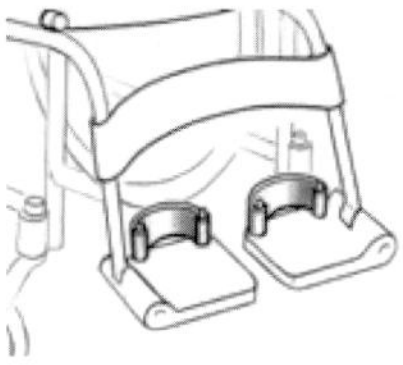	
骨盆带	骨盆前倾四点带	小腿带	足带	肩带

体位支撑装置（PSD）参考表

PSD	目的	适配
椅座/坐垫		
坐骨前垫高 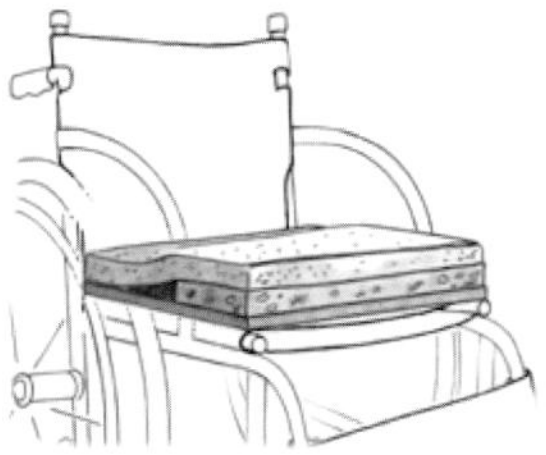	坐骨前垫高有助于： ● 保持骨盆直立； ● 阻止骨盆向前滑； ● 降低下滑坐姿的趋势。	坐骨前垫高的起点刚好位于坐骨的前面。
降低椅座前部（一侧） 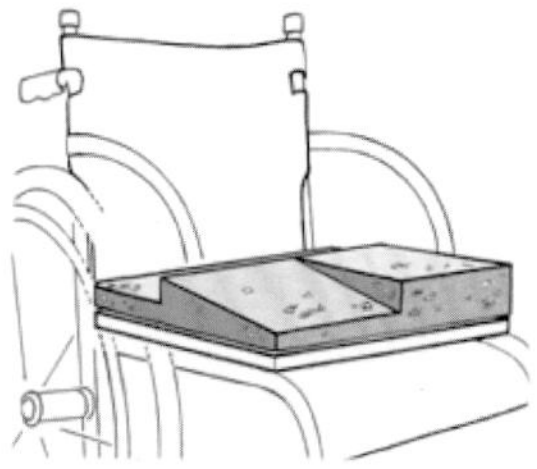	如图所示降低一侧坐垫前部适用于一侧髋关节不能屈曲到中立位坐姿（躯干与大腿的角度大于90度）。	坐垫降低多少将取决于轮椅使用者髋关节屈曲的角度。 轮椅使用者的坐骨和两侧大腿下应该与坐垫均匀接触。

续表

PSD	目的	适配
升高椅座前部 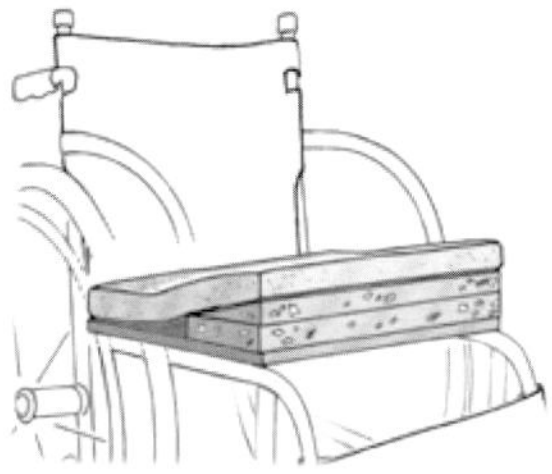	升高坐垫前部适用于两侧髋关节均不能伸展到中立位坐姿（躯干与大腿的角度小于 90 度）。 升高坐垫前部也有助于减少由于强烈的不受控制的运动或高张力导致的身体挺直。	坐垫前面升高多少将取决于轮椅使用者躯干与大腿的角度。 轮椅使用者的坐骨和两侧大腿下应该与坐垫均匀接触。
骨盆前倾楔形垫 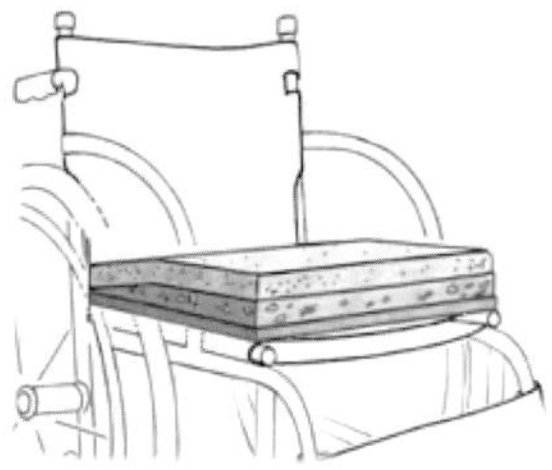	放在坐骨下面的向后倾斜的楔形垫有助于伴有灵活的骨盆前倾的轮椅使用者。 楔形垫促使骨盆向后滚动。	骨盆前倾的楔形面应该终止在坐骨的前面及在大腿下水平。 当要提供一个骨盆前倾楔形垫时，评定时先用一个楔形垫“实物模型”，它将会使轮椅使用者感觉楔形垫的效果，并且为轮椅服务人员和轮椅使用者找到最佳角度，并且评定楔形垫的效果如何。
骨盆下补高 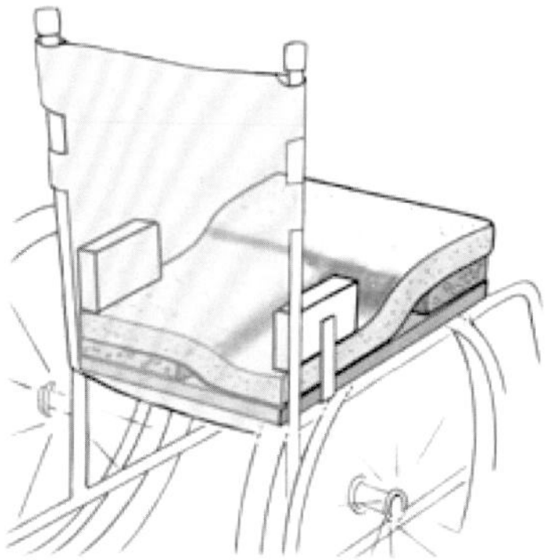	补高常适用于伴有僵硬的不水平骨盆的轮椅使用者。 补高有助于： ● 增加轮椅使用者的稳定性； ● 避免较低侧骨盆下的不安全压力。	补高是在高的坐骨和大腿下面。 轮椅使用者的两侧坐骨和大腿下应该是均匀的压力。 当处方一个骨盆下补高时，可能需要调整脚踏板（一侧可能需要高于另一侧）。 骨盆侧垫也将有助于支撑骨盆，所以应该适配给骨盆下补高的人士。

续表

PSD	目的	适配
骨盆侧垫 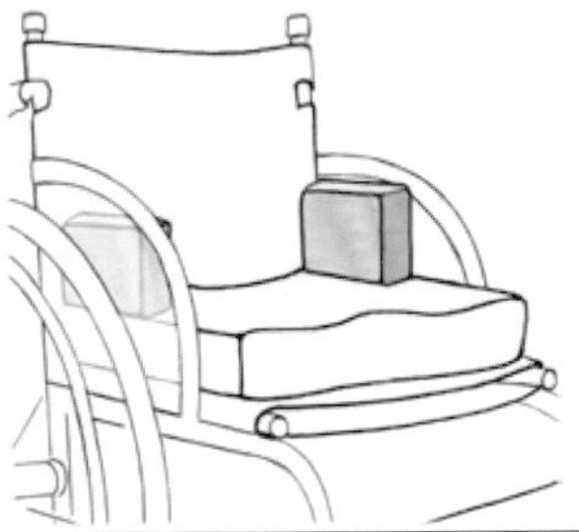	骨盆侧垫有助于： ● 当轮椅太宽或臀部比躯干窄时，阻止骨盆向侧方移动； ● 降低骨盆侧倾趋势。	骨盆侧垫应该在骨盆两侧紧密地接触。 记住幼儿坐着时他们的大腿比成人分得开些，由于这个原因，确保骨盆侧垫不要向前伸的太远并把儿童的双腿挤在一起。
大腿外侧楔形垫 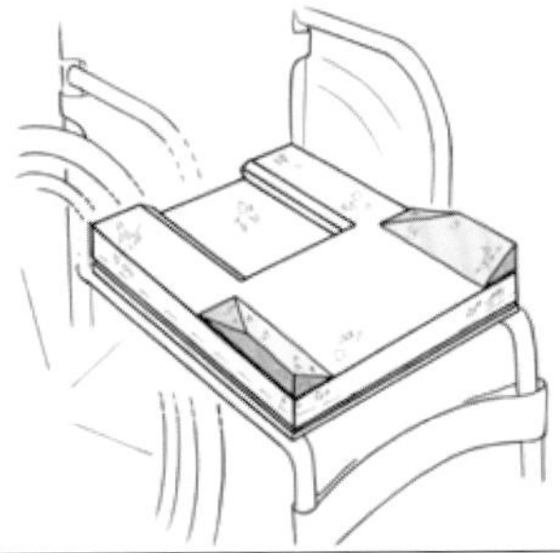	大腿外侧楔形垫能够提供柔和的支撑： ● 帮助保持大腿的中立位； ● 减少轮椅使用者的大腿内收或外展趋势。	当轮椅使用者静止不动或活动时，大腿外侧楔形垫应该舒适地支撑大腿在中立位。 如果大腿有继续滑落或外展的趋势，必须要更牢固的支撑（参阅“大腿外侧垫”）。
大腿外侧垫 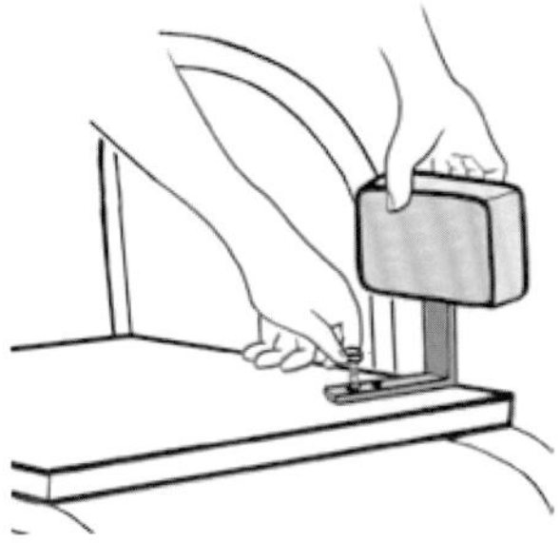	大腿外侧垫能够提供稳固的支撑，有助于防止轮椅使用者的大腿滑落或外展。	当轮椅使用者静止不动或活动时，大腿外侧垫应该舒适地支撑大腿在中立位。 垫子与轮椅使用者的大腿应该均匀接触。
大腿内侧楔形垫 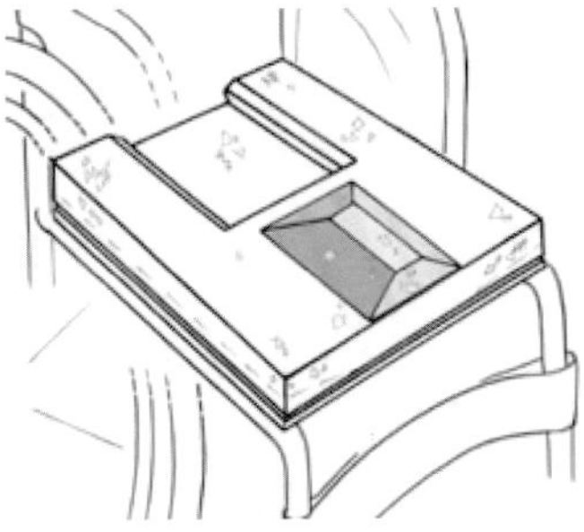	大腿内侧楔形垫能提供柔和的支撑以帮助： ● 保持大腿中立位摆放； ● 减少两腿靠近/内收的趋势。	当轮椅使用者静止不动或活动时，大腿内侧楔形垫应该舒适地支撑大腿在中立位摆放。检查大腿楔形垫不要使轮椅使用者上下轮椅更困难。

续表

PSD	目的	适配
膝分隔垫 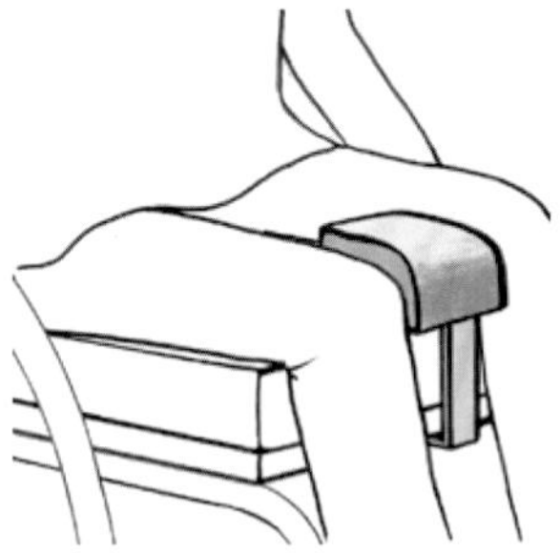	膝分隔垫提供稳固的支撑帮助大腿保持在中立位摆放。 膝分隔垫对两侧大腿有强烈内收趋势的轮椅使用者可能是非常有用的。	当轮椅使用者静止不动或活动时，膝分隔垫应该舒适地支撑大腿在中立位摆放。 轮椅使用者的膝部和大腿应该与分隔垫有均匀的接触。 膝分隔垫不应该接触到腹股沟区域，如果轮椅使用者有向前滑动到膝分隔垫的风险，就应该提供坐骨前垫高和骨盆带。
椅座/靠背		
增加椅座和靠背角度 	增加（加大）椅座与靠背的角度对僵硬的骨盆后倾或僵硬髋关节的轮椅使用者有用。 增加的角度适应僵硬的体位，并提供稳定的支撑以增加舒适性以及帮助预防进一步的姿势变化。	轮椅使用者的坐骨下、骨盆后部、腰背和胸背部应该与垫子均匀接触，这可能需要一些塑形的泡沫塑料来提供正确的支撑和接触。 当增加椅座与靠背的角度时，必须确保轮椅使用者在轮椅上没有向前滑动，这会产生“剪切力”，并会导致压疮。

续表

PSD	目的	适配
椅座和靠背后倾（整体后倾） 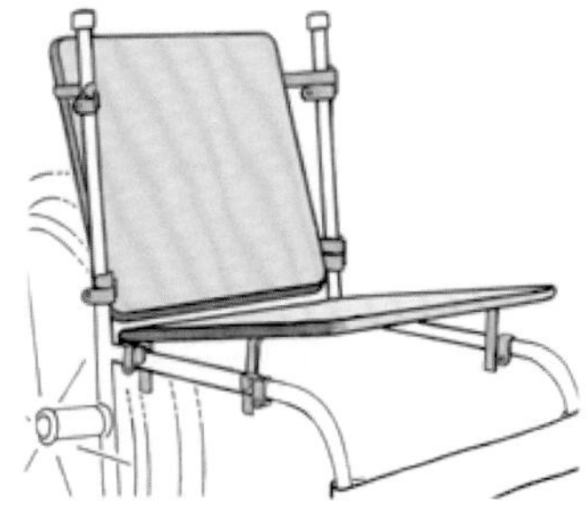	椅座和靠背整体后倾有助于： ● 在已经适应僵硬的躯干屈曲姿势后如果头部仍有压力时，调整躯干上部和头呈直立姿势。 ● 对于躯干非常无力的轮椅使用者，调整躯干上部和头呈直立姿势。	如果骨盆和躯干的所有其他支撑都没有效果时，应该只能尝试椅座和靠背整体后倾。 仔细观察后倾效果，确定最佳的角度以及效果如何。 在最终的后倾位置，轮椅使用者应该感觉舒适，并且他们的姿势应尽可能接近中立位。
靠背		
骨盆后垫 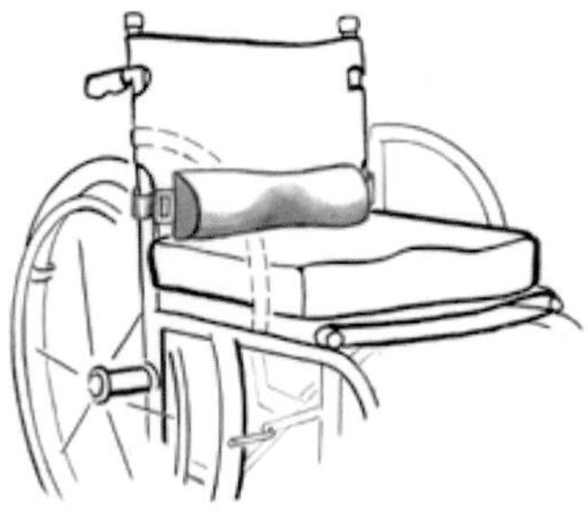	在髂嵴部位提供支撑以保持骨盆直立。 骨盆后垫通常与坐骨前垫高一同提供，也可以与骨盆带一同提供。	骨盆后垫应该与骨盆后部在髂后上棘水平处紧密接触，并且促使骨盆达到中立、直立的坐姿。 确保左右髂后上棘之间的脊椎上没有大的压力。
可调形状靠背 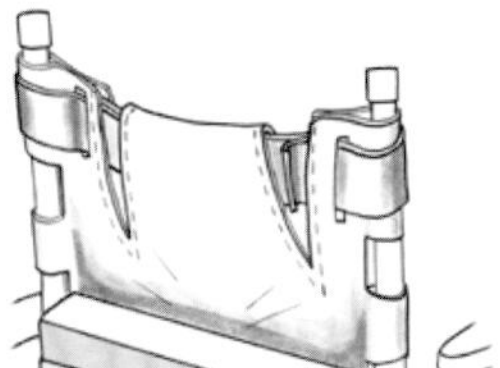 可调张力靠背 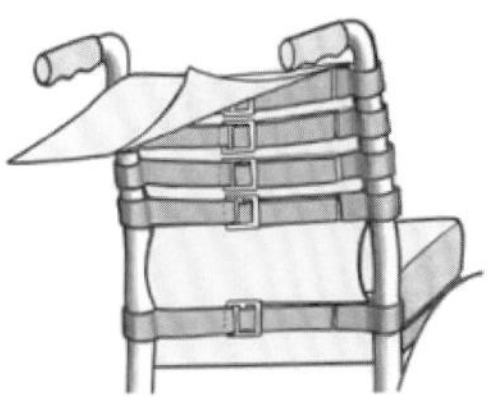	调节靠背形状以更好支撑躯干的中立位坐姿（正常弯曲）或适应躯干僵硬的非中立位姿势。 有不同的方法来调节靠背形状，包括： ● 调整靠背面料并增加骨盆后垫（左图 1）； ● 在硬靠背上增加一个有形泡沫塑料靠背； ● 使用可调张力靠背（左图 2）。	当调节形状时，靠背应该与背的下部、中间和上部均匀的接触。 如果中立位的姿势是可能的，靠背应该支撑骨盆在直立的姿势，并且支撑躯干呈正常的曲度。 如果不可能完全实现中立位姿势，靠背应该支撑轮椅使用者尽可能接近中立位。

续表

PSD	目的	适配
后倾靠背 	后倾靠背有助于适应： ● 不能屈曲至中立位坐姿（躯干和大腿的角度大于 90 度）的髋关节； ● 僵硬的骨盆后倾； ● 腰部僵硬的屈曲姿势； ● 僵硬的躯干前屈； ● 调整躯干和头成一直线。 坐骨前垫高、骨盆带和/或坐垫前部楔形垫有助于防止向前滑动。	确保后倾靠背支撑轮椅使用者使他们尽可能达到最佳姿势。 确保轮椅使用者的背部与靠背之间均匀的接触。 检查轮椅使用者没有向前滑动。坐骨前垫高、骨盆带和/或坐垫前部楔形垫有助于防止向前滑动。
躯干侧垫 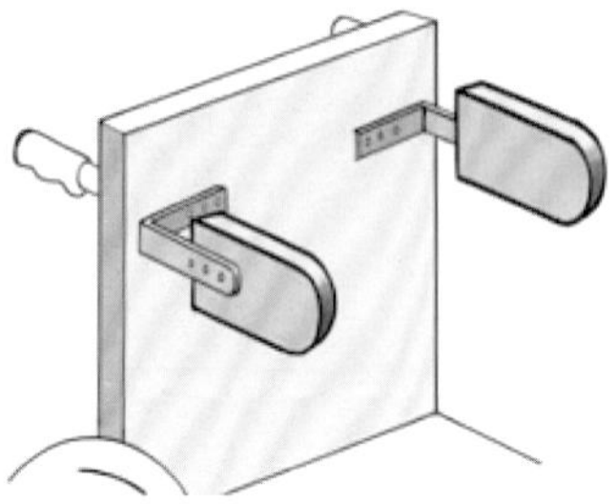	躯干侧垫提供稳固的支撑有助于保持躯干在背部支撑的中心。 如果提供了一个躯干侧垫，通常对侧也应该提供。	躯干侧垫通常应该至少低于轮椅使用者腋下（腋窝）50mm，并且根据需要尽可能向前伸。 轮椅使用者与侧垫之间应该压力均匀，且没有高压力点。如果支撑需要稳固——加大侧垫的尺寸以分布压力，并且确保有足够厚的软垫。 躯干侧垫应该尽可能薄以允许轮椅使用者的手臂自由摆动。

续表

PSD	目的	适配
躯干侧楔形垫 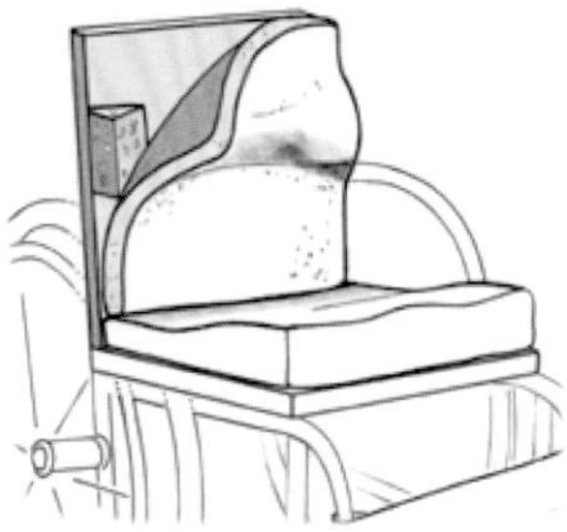	提供柔和的支撑有助于保持躯干在靠背的中心。当只需要少量的支撑时，它是有帮助的。	躯干侧楔形垫有助于维持轮椅使用者的背部对称的坐姿（躯干在靠背的中心）。 楔形垫应该放在腋下（腋窝），并且根据需要尽可能向前。
躯干侧垫与骨盆侧垫一起使用 	躯干侧垫与骨盆侧垫一起使用，为躯干侧弯（脊柱侧弯）的轮椅使用者提供支撑。 在曲线的顶端，曲线的最高点（对侧）和曲线的底部，调整侧垫提供支撑。 两侧都需要骨盆侧垫以保持骨盆在椅座中央。 为有弹性的脊柱侧弯提供支撑于中立位，也可以矫正有弹性的不水平骨盆。	如果坐姿是灵活的，轮椅使用者就能坐在中立位坐姿。如果坐姿是僵硬的，支撑其舒适地接近中立位。 确保轮椅使用者与每块垫子之间均匀的接触，检查高压力点。 如果需要稳固的支撑——加大侧垫的尺寸以分布压力，并且确保有足够厚的软垫。
塑形背部支撑	塑形背部支撑可用于提供支撑或适应不同的躯干姿势，包括向前跌落和弯曲的躯干。 背部支撑是用支架或绑带固定在轮椅架上。 此部件在中级教程中不涉及。	

PSD	目的	适配
桌面板		
桌面板 	桌面板在许多方面是有帮助的，包括： ● 为手臂提供支撑，它可以有助于减少轮椅使用者手臂向下或向前拉躯干的力量； ● 为轮椅使用者提供一个靠近他/她身体的平面，以便于工作和/或娱乐。	桌面板通常定位在比手肘稍高的高度，如果桌面板的目的是为了附加体位支撑，位置可以稍高。 桌面板不应被用于“限制”轮椅使用者在他们的椅座上。桌面板不应该增加作用于使用者的任何压力。
头靠		
扁平头靠 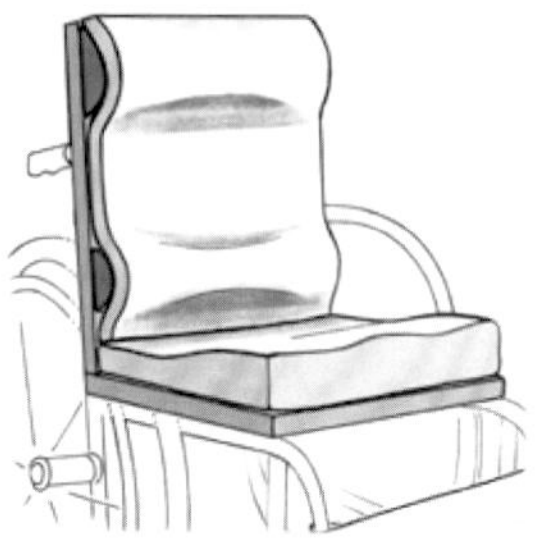	扁平头靠为头部提供休息并阻止头部后仰。	当轮椅使用者静止和/或活动时，头靠应该提供良好的支撑。 头靠应该与轮椅使用者的头颅底部均匀接触。 确保头靠以正确的方式提供支撑——而不是向前推轮椅使用者的头部，或者让他们的头向后倒。 不要在轮椅使用者的头前面提供支撑。
有形头靠 	有形头靠通过包住轮椅使用者的颅底，比扁平头靠提供更多的支撑。	

续表

PSD	目的	适配
小腿支撑		
脚踏板补高 	当单脚或双脚都不能达到脚踏板时，可选用脚踏板补高（脚踏板已经调整到它的最高点）。	确保足部下方有均匀接触。
脚踏板楔形垫 	脚踏板楔形垫常用于支撑僵硬的非中立位姿势的足部。 脚踏板楔形垫有助于防止踝关节进一步变化。 脚踏板楔形垫的目的就是增加脚踏板与轮椅使用者足部的接触面积。 根据轮椅使用者足部所需的支撑，大多数脚踏板楔形垫都是个性化制作的。	确保双足底均匀接触。
小腿支撑板 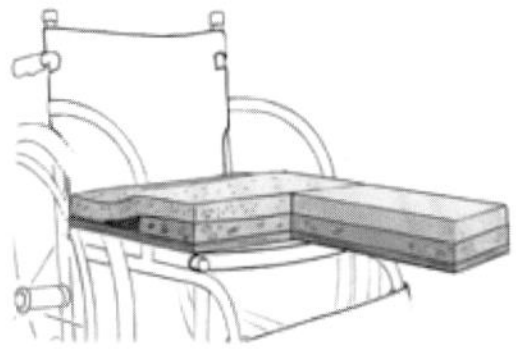	不同的小腿支撑板可用于支撑僵硬的非中立位姿势的小腿，包括不能屈曲到 90 度的膝关节（躯干与大腿的角度大于 90 度）。	不同的解决方案及其适配将在产品（轮椅）准备单元进一步讨论。

续表

PSD	目的	适配
绑带		
骨盆带 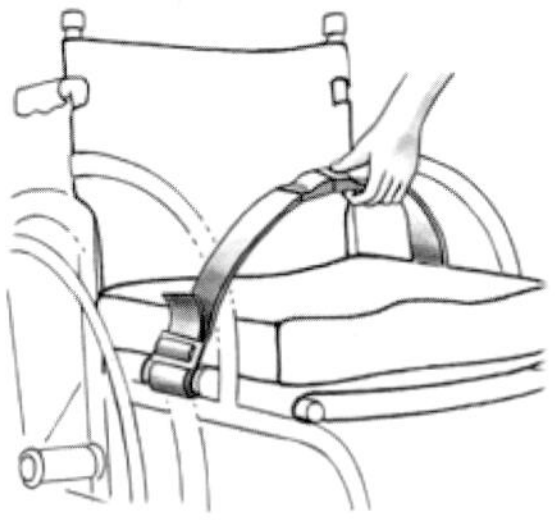	骨盆带有助于保持骨盆在适当的地方，它对有不受控制的运动和/或向前滑动的人是特别有帮助的。 骨盆带通常与坐骨前垫高和骨盆后垫一起使用。	骨盆带应该稳固均匀的接触，应该没有高压力点。骨盆带上与轮椅使用者大腿接触部位的软垫非常重要。 骨盆带在轮椅上的位置将影响拉力的角度/方向。 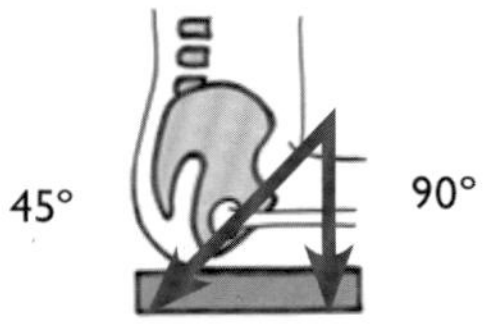 角度可以在45度和90度之间，最有效的角度将取决于轮椅使用者的需要。 应该评定、讨论，并且如果可能与轮椅使用者试用骨盆带的角度，看哪个角度对轮椅使用者最有效和最舒适。
骨盆前倾四点带 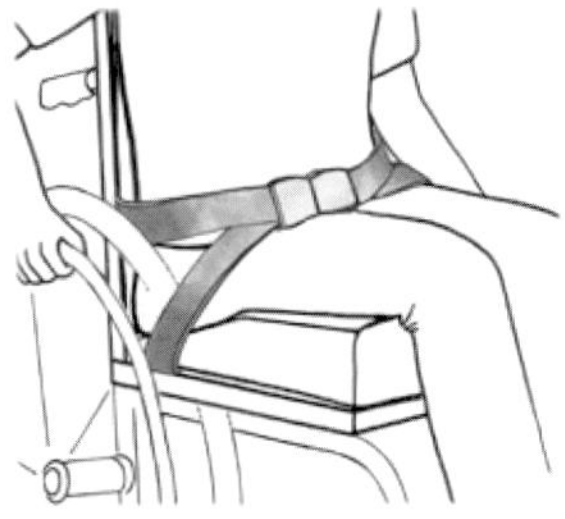	骨盆前倾四点带为骨盆前倾的轮椅使用者提供支撑。 它能帮助骨盆摆在更加中立的坐姿，或提供支撑以防止骨盆进一步前倾。 它也可以和轮椅使用者坐骨下的骨盆前倾楔形垫一起使用。	记住骨盆带向下固定在椅座固定杆上，向后固定在靠背杆上。带子不能滑到腹部上。 重要的是在髂前上棘上提供支撑的所有带子都应该用软垫包好，以降低压疮的风险。

续表

PSD	目的	适配
小腿带 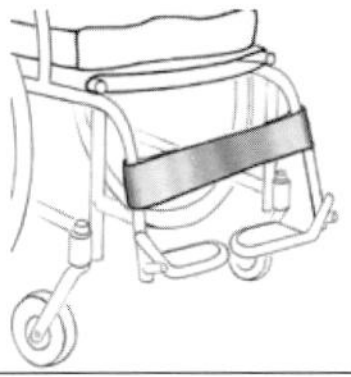	小腿带可有助于防止小腿向后滑落。 这些带子有时作为轮椅标准配置。	
不同的足带提供支撑，以帮助稳定使用者的足部，有助于防止轮椅使用者的脚向前/向后滑动。		
足带——足跟后面 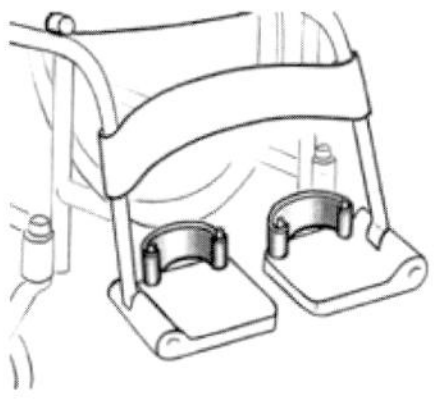	足带在足跟后面有助于预防足向后滑落。它与小腿带一起使用可提供更多支撑。	足带应该提供均匀的压力，以及用软垫包好——尤其是当使用者不穿鞋子时。
足带——围绕踝部 	绕踝足带有助于防止足部向前滑动并阻止足跟抬起来。	
足带——在足前面 	足带在足前部有助于防止脚趾抬起。	
肩带 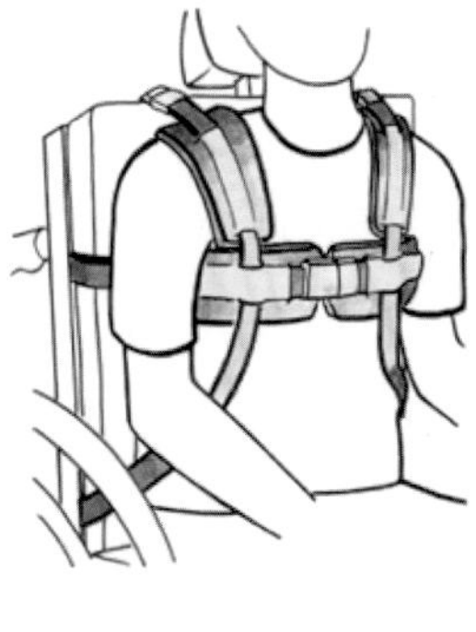	当骨盆支撑、躯干支撑以及椅座与靠背后倾无效时，肩带有助于维持躯干直立。 如图所示的肩带包含提供附加支撑的胸带。胸带也有助于保持肩带在正确的位置。 肩带通常与骨盆带一起使用。	永远不要处方一个没有骨盆带的肩带。如果使用没有骨盆带的肩带，使用者仍能滑下来，并且肩带能够导致窒息。 确保经过轮椅使用者肩部的带子有足够的衬垫。 胸带（如图所示）能够帮助保

续表

PSD	目的	适配
		持肩带在适当的位置。肩带应该系在与轮椅使用者肩部一样的高度或高于其肩部。当肩带系紧时，这样可以避免产生向下的压力作用于轮椅使用者的肩部。

在中级轮椅处方（选择）表上记录 PSDs

中级轮椅处方表的目的是为轮椅服务人员准备轮椅提供明确的信息：

- 轮椅的类型、尺寸和设置（前面介绍过）；
- 坐垫的类型和尺寸（前面也介绍过）；
- PSDs 或需要的改制。

中级轮椅处方表中提供的信息越详细，初次适配准备的轮椅就越精准。

由于处方的 PSDs 有很多变化，因此“PSDs 或需要的改制”是中级轮椅处方表中最复杂的部分。

轮椅服务人员可使用中级轮椅处方表中“PSDs 或需要的改制”部分来：

- 从常见的 PSDs 清单中选择他们想要处方/选择哪个 PSDs。还可以在下面“其他”空格里列出其他 PSDs；
- 画出透视图以显示其形状，并写出他们处方（选择）的 PSDs 的尺寸；
- 写出或概述任何附加信息。

注意：中级轮椅处方表不必列出应该如何制作 PSDs。它应该由准备轮椅的轮椅服务人员与进行评定的轮椅服务人员共同讨论决定。

下表是完成了中级轮椅处方表“PSDs 或需要的改制”部分的两个示例（不包括尺寸）

PSD 清单				描述/绘画并提供尺寸
椅座/坐垫	增加硬椅座	□		
	坐骨前垫高（=3—12）	√		
	降低坐垫前部	左□	右√	
	升高坐垫前部	□		
	前倾楔形垫	□		
	骨盆下补高	左□	右□	
	骨盆侧垫（=2）	左□	右□	
	大腿外侧楔形垫	左□	右□	
	大腿外侧垫	左□	右□	
	大腿内侧楔形垫（=10）	□		
	膝分隔垫（=10）	□		
	其他	□		
	其他	□		
椅座和靠背	增加椅座和靠背角度	□		
	椅座与靠背后倾（整体后倾）	√		
靠背	增加硬靠背	□		
	骨盆后垫（=9）	□		
	可调形状靠背	□		
	可调张力靠背	□		
	靠背后倾	□		
	躯干侧垫（=7）	左√	右□	
	躯干侧楔形垫（=7）	左□	右√	
	其他	□		

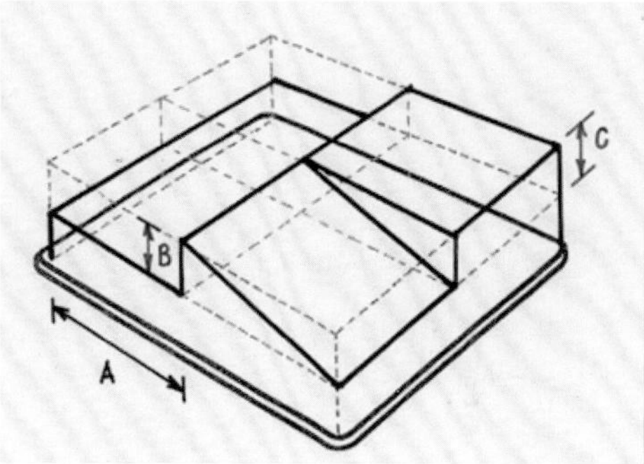

续表

PSD 清单				描述/绘画并提供尺寸
桌面板/扶手	桌面板	□		
	改制扶手	左□	右□	
	其他	□		
头部支撑	扁平头靠（=11）	□		
	有形头靠（=11）	□		
	其他	□		
小腿支撑	脚踏板补高	左□	右□	
	脚踏板楔形垫	左√	右□	
	小腿支撑板	左□	右□	
	其他	□		
带子	骨盆带	√		
	小腿带	□		
	足带	左□	右□	
	肩带	□		
	其他	□		

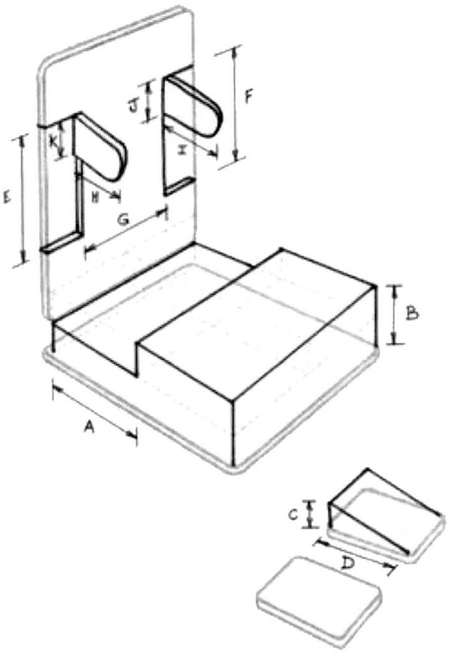

体位支撑装置（PSDs）的处方（选择）——稳定骨盆

许多 PSDs 常用来为骨盆提供支撑，重要的是要记住尽管 PSDs 可以单独使用，但许多 PSDs 共同发挥作用。本单元着眼于与骨盆相关的不同姿势问题以及可能的 PSDs 解决方案。

为了帮助轮椅使用者坐直，稳定骨盆是首先要做的最重要的事情

- 当骨盆不在直立姿势时，躯干和髋关节的姿势也会发生变化；
- 因此，支撑或稳定骨盆是帮助轮椅使用者坐直最重要的事情；
- 对骨盆提供支撑可以减少对于其他部位支撑的需求。

问题：骨盆后倾和/或向前滑动

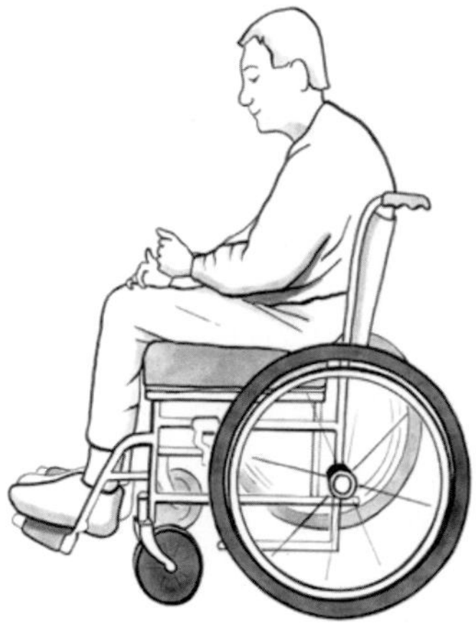

需要的支撑

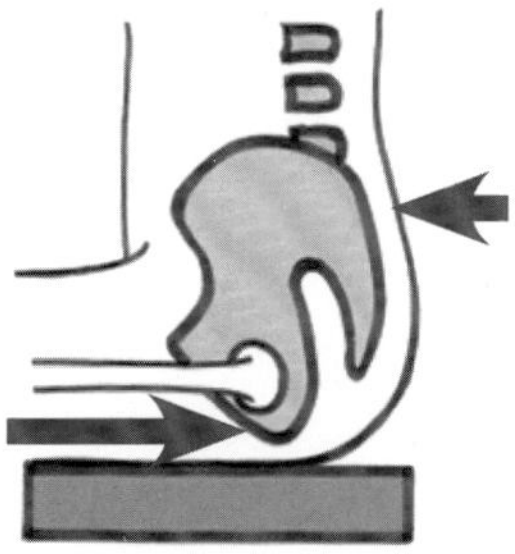

为了把骨盆从后倾位摆至更中立位坐姿，通常需要在以下两个部位支撑：

- 在骨盆后部髂后上棘水平处；
- 在骨盆前部坐骨处（坐骨结节）。

PSD 解决方案

坐骨前垫高在坐骨前提供支撑有助于：

- 保持骨盆直立；
- 阻止骨盆前滑；
- 降低下滑坐姿的趋势。

坐骨前垫高刚好位于坐骨前面。

骨盆后垫在骨盆的上部（髂后上棘水平处）提供支撑，有助于保持骨盆直立。

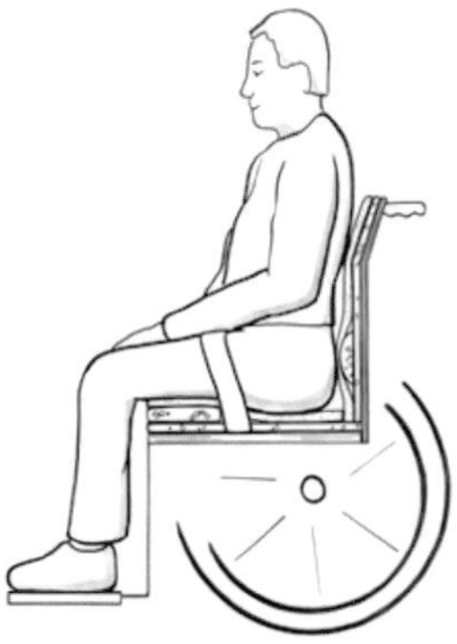

坐骨前垫高与骨盆后垫常一起使用帮助轮椅使用者坐着时骨盆更直立和更稳定。

骨盆带能够为有不受控制的活动和/或骨盆向前滑动趋势的轮椅使用者提供附加支撑。骨盆带有助于保持骨盆在适当的位置，这样坐骨前垫高和骨盆后垫可以持续提供支撑。

问题：骨盆侧倾（僵硬的不水平骨盆）

需要的支撑

在较高的坐骨和大腿下需要支撑以：

- 增加轮椅使用者的稳定性；
- 有助于避免较低侧骨盆下的不安全压力。

PSD 解决方案

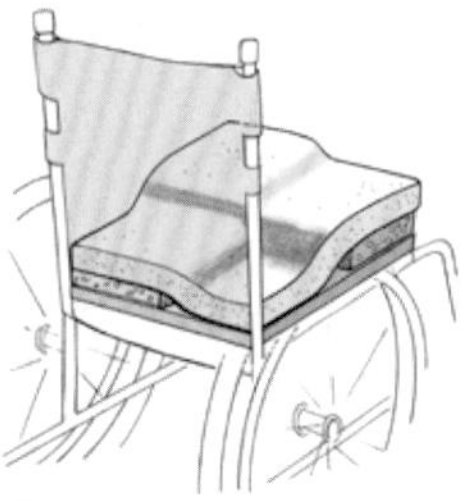

骨盆下补高有助于：

- 增加轮椅使用者的稳定性；
- 避免较低侧骨盆下的不安全压力。

骨盆侧垫为骨盆提供进一步的支撑并应适配给骨盆下补高的使用者。

问题：骨盆移向一侧

这个问题通常与其他姿势问题有关，右边两个插图你可以看到：

- 来自较早前的同一位男士——伴有骨盆侧倾（僵硬的不水平骨盆），并且他的骨盆更转向左侧；
- 伴有脊柱侧弯的女士；她的骨盆也更转向左侧。

需要的支撑：

在髋关节的两侧提供支撑。

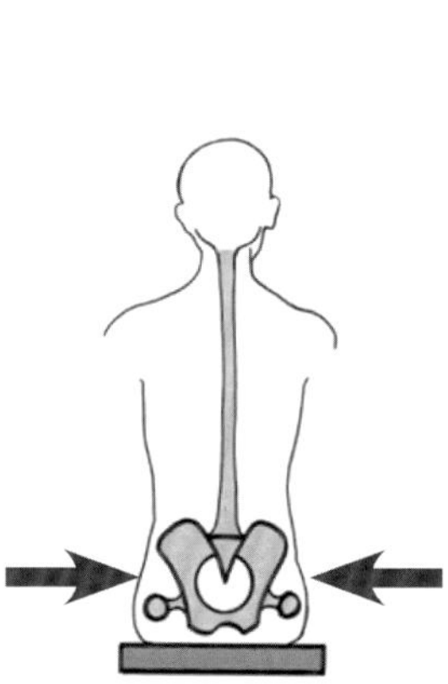

PSD 解决方案

骨盆侧垫。

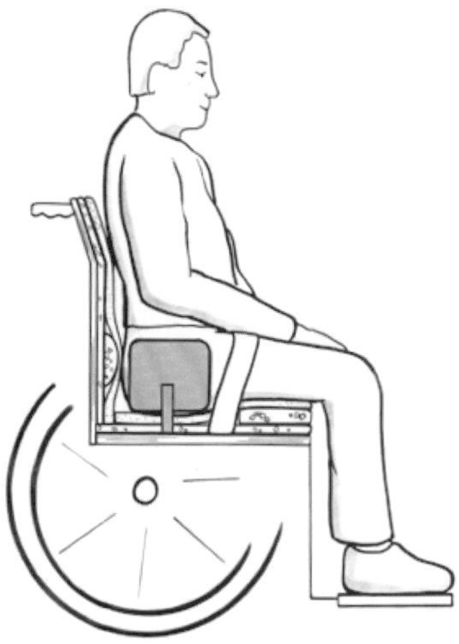

为儿童提供骨盆侧垫

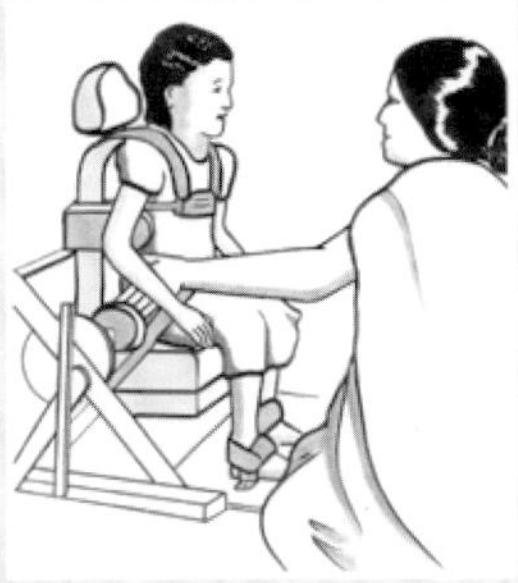

幼儿坐位时他们的双腿应该比成年人分得开些。

这对他们髋关节的健康和发育是重要的。

这意味着骨盆侧垫不要把儿童的大腿挤压在一起，这点对儿童特别重要。

问题：骨盆前倾（骨盆向前倾斜）

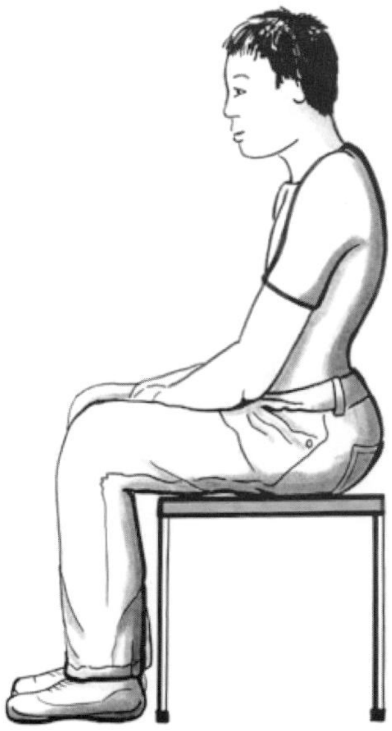

需要的支撑

可以两种方式提供支撑：

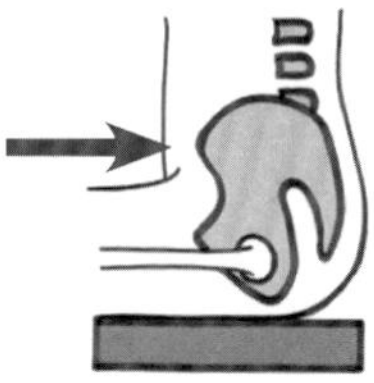

- 在骨盆（ASIS）前面提供支撑向后推；
- 通过改变坐骨下椅座的角度，促使骨盆向后滚。

PSD 解决方案

骨盆前倾楔形垫促使骨盆朝靠背的方向向后滚，骨盆前倾楔形垫应该刚好终止于坐骨前面并且在大腿下水平。

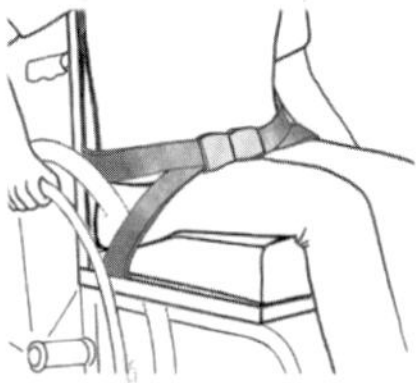

骨盆前倾四点带在骨盆上面和前面提供支撑，促使更接近中立位坐姿。

体位支撑装置（PSDs）的处方（选择）——支撑髋关节

重要的是要记住如果任何僵硬的/非中立位姿势的髋关节不进行调适，它将影响骨盆的姿势。

支撑髋关节

问题：一侧髋关节不能屈曲至中立位坐姿（躯干与大腿之间的角度大于 90 度）

这个问题的临时解决方案是在两侧坐骨下和髋关节能屈曲至中立位坐姿的大腿下放置一个补高（泡沫塑料）。

PSD 解决方案

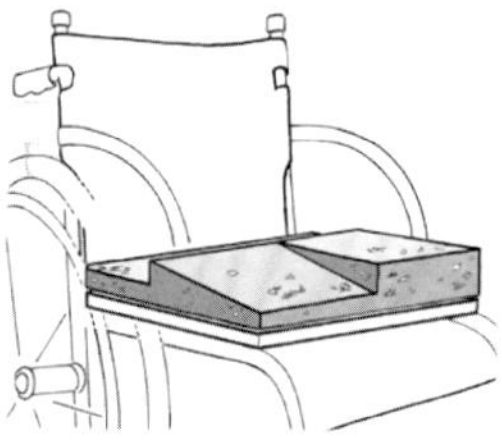

降低一侧的椅座前部——这个支撑可以成为坐垫的一部分以适应不能屈曲至中立位坐姿的髋关节（躯干与大腿的角度大于 90 度）。

注意：最终解决方案是在不能屈曲至中立位坐姿的髋关节一侧的坐垫做一个角度切割，泡沫塑料切割的角度取决于轮椅使用者髋关节的角度——这应该在评定时确定。

注意：这个坐垫仍然有一个坐骨前垫高。

问题：两侧髋关节都不能屈曲至中立位坐姿（躯干与大腿之间的角度大于 90 度）

这个问题的临时解决方案是在两侧坐骨下放置一个补高（泡沫塑料），然而当轮椅使用者有向前滑下轮椅的趋势时，这不能作为一个永久性的解决方案。

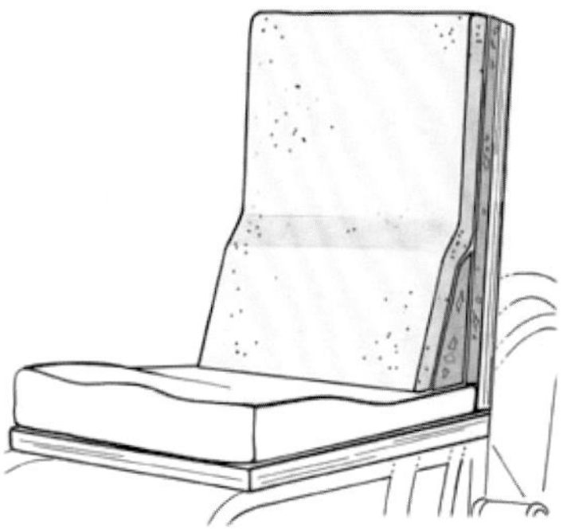

PSD 解决方案

增加椅座与靠背的角度将让躯干与大腿的角度更大，椅座与靠背之间的角度将取决于轮椅使用者的躯干与大腿的角度——并且这应该在评定过程中决定。

一个可能的永久性解决方案是提供一个坐骨前垫高和骨盆带，它可以阻止轮椅使用者向前滑下轮椅。

问题：一侧或两侧髋关节不能伸展至中立位坐姿（躯干与大腿的角度小于 90 度）

这个问题的临时解决方案是在不能伸展至中立位坐姿（躯干与大腿的角度小于 90 度）的大腿下面放一个补高（硬泡沫塑料楔形垫）

PSD 解决方案

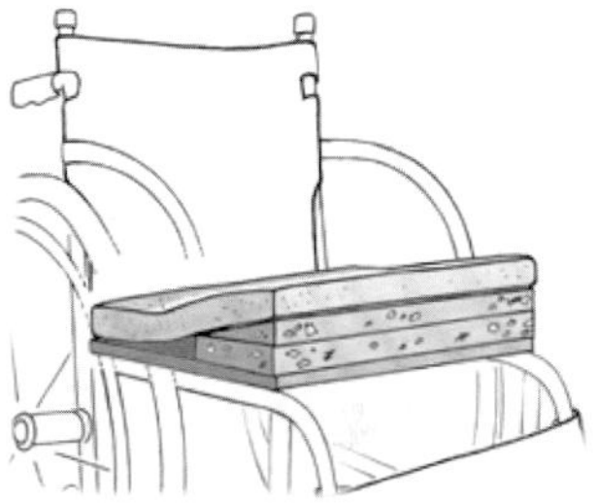

升高坐垫前面——一个可能永久性的解决方案是升高坐垫前面/在坐骨前面/大腿下面放一个楔形垫，这样会减少椅座与靠背之间的角度。椅座前面升高多少将取决于轮椅使用者的躯干与大腿的角度——因此这应该在评定过程中决定。

注意：两侧坐骨应该仍然坐在一个水平面上。

帮助减轻不受控制的活动、高张力或痉挛

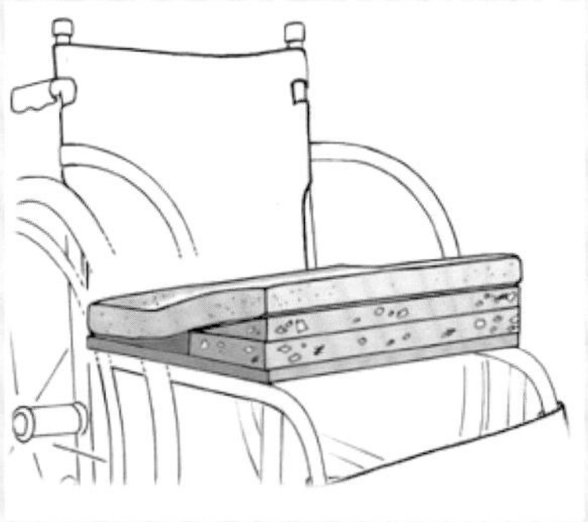

对于有些轮椅使用者，升高椅座前部来减小躯干与大腿的角度，髋关节小于中立位有助于减轻不受控制的活动、高张力或痉挛。

记住：楔形垫通常应该从轮椅使用者的坐骨前开始，他们的坐骨应该坐在一个平面上。

体位支撑装置（PSDs）的处方（选择）——支撑躯干

通常重要的是首先考虑稳定骨盆，然后是支撑躯干。对于许多人来说，与躯干相关的姿势问题，能够通过良好的骨盆支撑来解决或改善。

支撑躯干

姿势问题：不良姿势，躯干向前及骨盆后倾

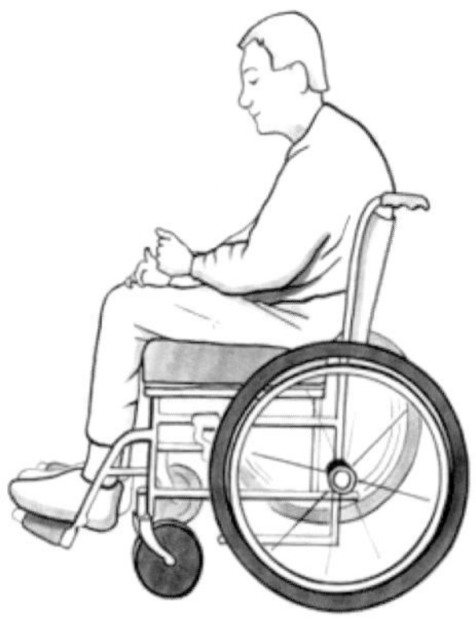

需要的支撑

- 支撑可促使骨盆尽可能接近中立位坐姿；
- 靠背支撑，可让躯干呈正常弯曲；
- 有时在躯干前面的支撑也是需要的 。

PSD 解决方案

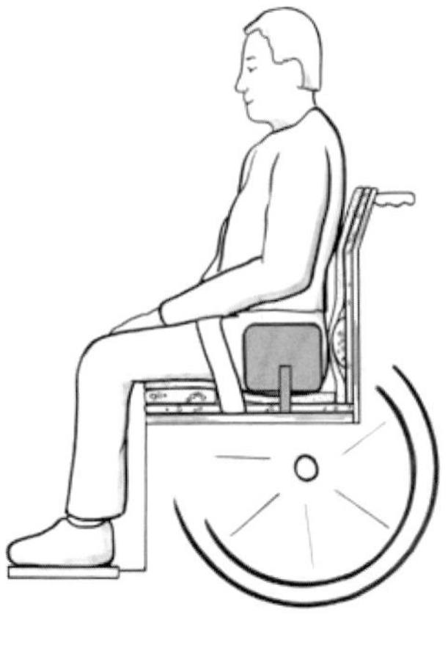

- 提供体位支撑，通过：
  - 坐骨前垫高；
  - 骨盆后垫；
  - 骨盆带（不总是必须）；
  - 骨盆侧垫（不总是必须）。
- 提供靠背支撑，通过：
  - 调整靠背形状—为躯干留足空间，并且让背部呈现正常弯曲。如果靠背继续笔直向上，它将会向前推轮椅使用者。对靠背形状的改制是 PSD 解决方案的一部分。

提供附加体位支撑，通过：

- 桌面板——桌面板可以提供附加体位支撑以帮助轮椅使用者维持躯干直立的姿势。
- 肩带——对于容易疲劳或向前跌落的轮椅使用者有帮助。
- 椅座与靠背后倾——当其他 PSDs 组合仍不能帮助轮椅使用者坐得更直时，椅座和靠背整体后倾可能会有帮助。

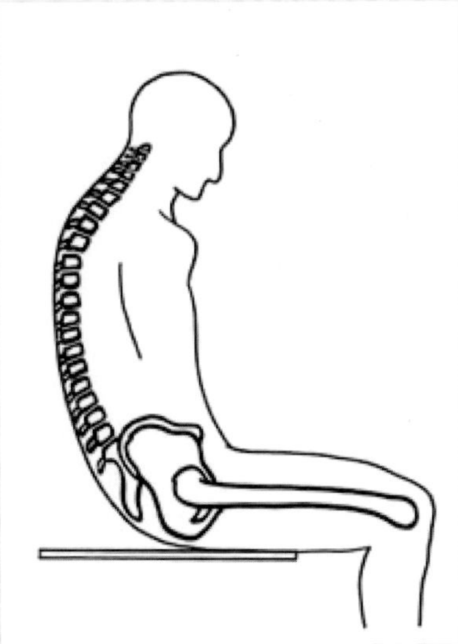

靠背需要遵循脊柱的正常弯曲

一个笔直的、直立的没有轮廓支撑脊柱正常弯曲的靠背，通常为以下两种情况之一：

- 推躯干上部向前；
- 促使轮椅使用者的骨盆向前移动以便他能往后靠在靠背上。

不幸的是，很多标准轮椅都有上下笔直的靠背，通常需要改制来支撑轮椅使用者，使他能够舒适地坐在中立位坐姿。

问题：下滑姿势、骨盆僵硬后倾和躯干后凸

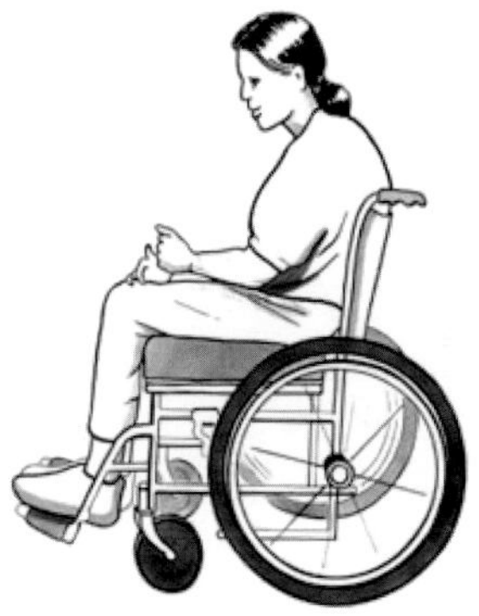

需要的支撑

- 支撑使骨盆尽可能接近中立位坐姿；
- 靠背支撑支持躯干尽可能接近中立位坐姿并提供一个改善的头部位置（能够向前看）。

PSD 解决方案

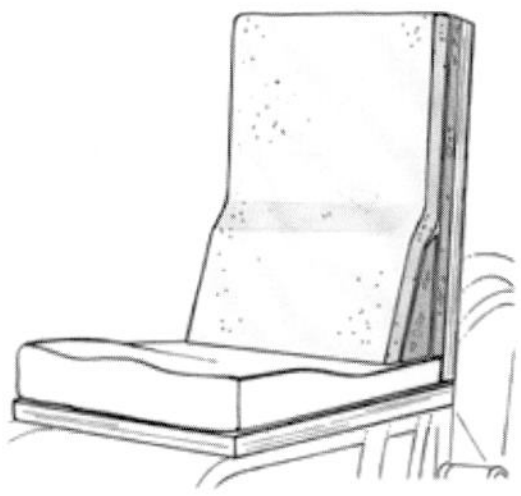

解决方案将视需要调整多少以及可得到的轮椅类型的不同而变化，下面列出一些建议：

- 提供骨盆支撑，通过：
  - 坐骨前垫高；
  - 骨盆后垫和增加椅座与靠背的角度来适应和支撑僵硬的骨盆后倾；
  - 骨盆带（不总是必须）。

● 提供靠背支撑，通过：

— 靠背后倾——为僵硬的躯干畸形提供空间，这可能有助于创造一个更好的头部和颈部摆位，这个解决方案也适合僵硬的骨盆后倾（注意：任何硬靠背上都需要加上软垫的泡沫塑料）；

— 调整靠背形状——为躯干留足空间，并且让背部呈现正常弯曲。

● 通过以下提供附加体位支撑：

— 桌面板；

— 肩带；

— 椅座与靠背后倾。

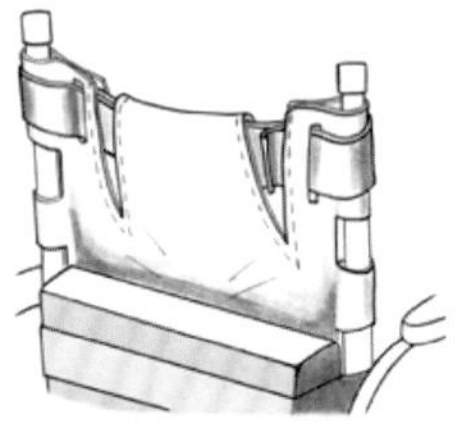

以下面的顺序思考 PSD 解决方案

骨盆和髋关节 → 躯干 → 头和颈部 → 双腿

问题：躯干倾斜或倒向一侧

需要的支撑

● 稳定骨盆

● 在躯干侧面提供支撑

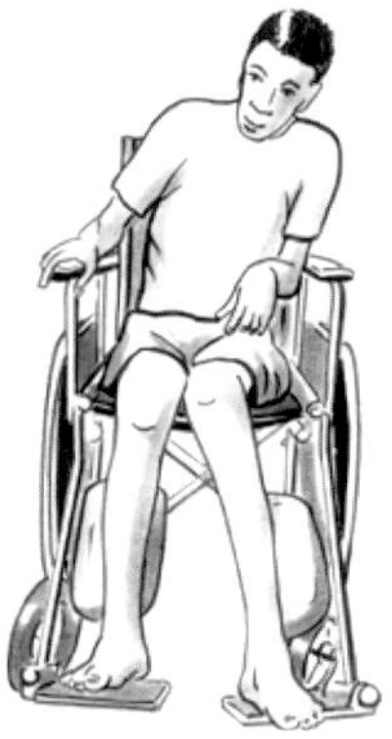

PSD 解决方案

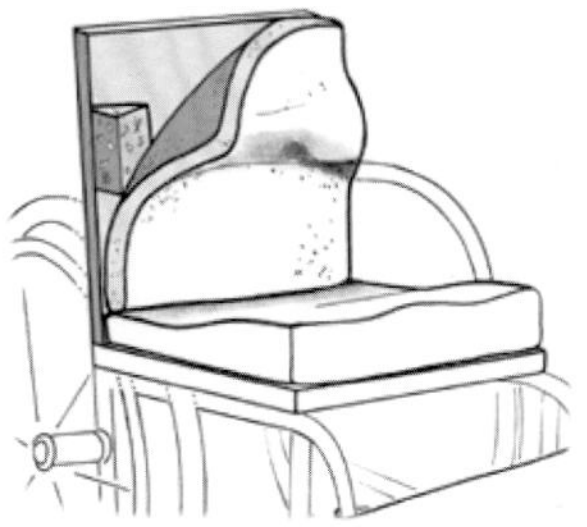

● 躯干侧楔形垫——提供柔和的支撑以帮助保持轮椅使用者的躯干在靠背的中央。

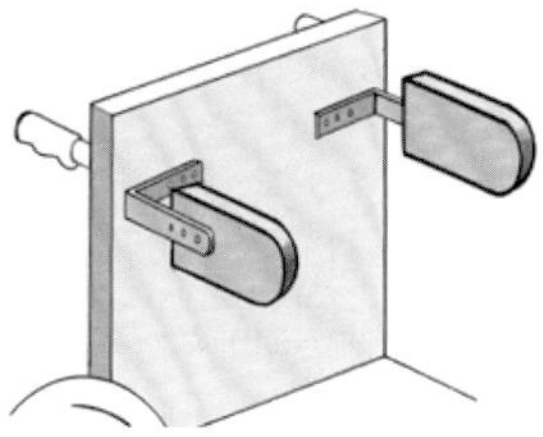

● 躯干侧垫——躯干侧支撑提供稳定的支撑以帮助保持躯干在靠背的中央。

如果一侧提供了躯干侧垫，通常情况下对侧也应提供另一个侧垫——可能在不同的高度。

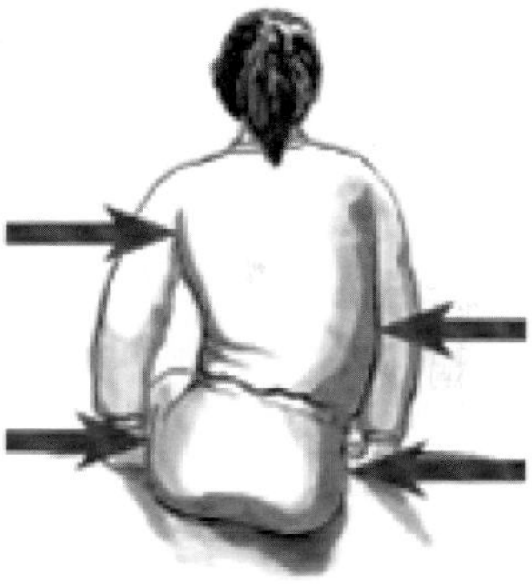

问题：僵硬的或有弹性的脊柱侧弯

需要的支撑

● 在弯曲侧的顶点和另一侧弯曲的顶端和底部支撑。

PSD 解决方案

● 躯干侧垫与骨盆侧垫组合

如果姿势是灵活的，用这个支撑轮椅使用者或许能够坐在中立位坐姿。如果姿势是僵硬的，支撑其舒适地接近中立位坐姿。为灵活的脊柱侧弯的轮椅使用者提供支撑使其处于中立位坐姿，也可以矫正灵活的不水平骨盆。

体位支撑装置（PSDs）的处方（选择）——支撑头部、大腿和小腿

支撑头部

问题：头部后仰、下垂或侧偏

需要的支撑

- 提供头靠前——通常首先：
  - 稳定轮椅使用者的骨盆；
  - 提供良好的骨盆支撑，确保骨盆以上的躯干稳定和平衡。
- 如果轮椅使用者仍然觉得很难保持头部直立，应该提供支撑：
  - 首先在颅底部；
  - 如果必要，支撑可延伸围绕轮椅使用者的头部侧面。

PSD 解决方案

有很多不同类型的头靠，两种常用的头靠是扁平头靠和有形头靠。

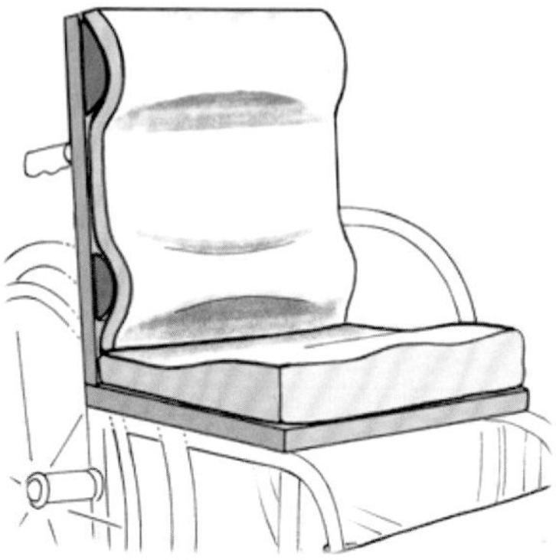

- 扁平头靠——扁平头靠是靠背的延伸，通过塑型为头部提供支撑。扁平头靠为头部提供休息位置，并阻止头部后仰。

- 有形头靠——有形头靠是头底部呈“杯”状，它可以延伸到两侧，在头部侧面提供更多的支撑。通过包住轮椅使用者颅底，有形头靠比扁平头靠提供更多的支撑。

当提供头靠时：

当为轮椅使用者的头部提供支撑时，应该记住头部姿势也取决于良好的骨盆和躯干姿势。

避免在轮椅使用者的头前面提供支撑。

支撑大腿

问题：大腿向外展（外展）

需要的支撑

- 首先通过提供需要的支撑确保轮椅使用者的骨盆和躯干是稳定的，这可能有助于使大腿处于更加中立的坐姿。
- 在大腿外侧支撑。

PSD 解决方案

- 大腿外侧楔形垫将提供柔和的支撑。

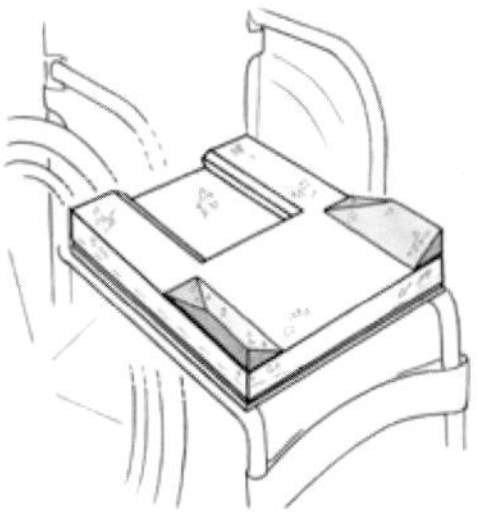

注意：插图中大腿外侧楔形垫已经加到坐垫的硬泡沫塑料层上，硬泡沫塑料上有了坐骨前垫高，软层泡沫塑料应该加在整个坐垫的顶层。

- 大腿外侧垫将提供稳定的支撑

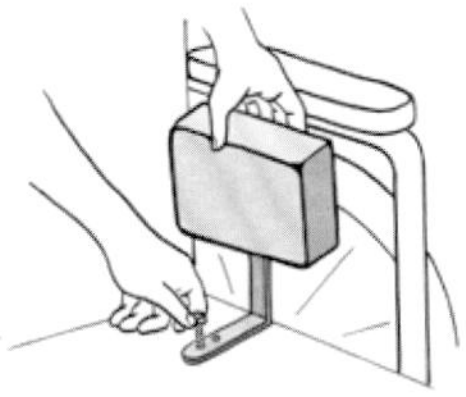

注意：插图中的大腿外侧垫是用一个支架连接在木制椅座基底上，并预留空间让坐垫放在木制椅座上。

问题：大腿向内收（内收）

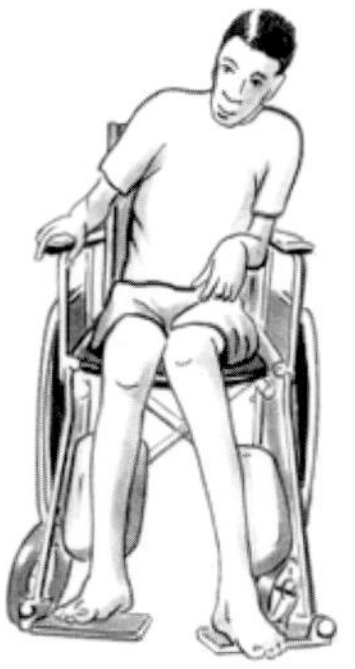

需要的支撑

- 首先通过提供需要的支撑确保轮椅使用者的骨盆和躯干是稳定的，这可能有助于使大腿处于更加中立的坐姿。
- 在大腿内侧和膝关节内侧支撑。

PSD 解决方案

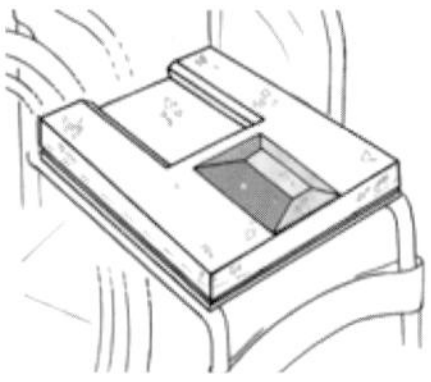

- 大腿内侧楔形垫将提供柔和的支撑。

注意：插图中的大腿内侧楔形垫已经加到坐垫的硬泡沫塑料层上，硬泡沫塑料上加了坐骨前垫高，软层泡沫塑料应该加在整个坐垫的顶层。

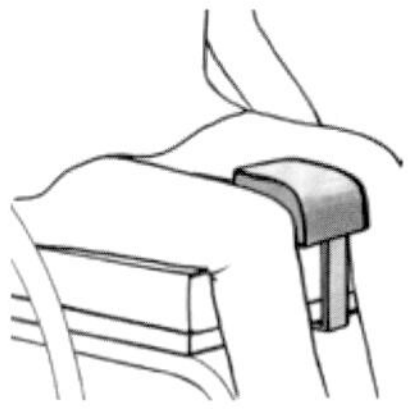

- 膝分隔垫将提供稳定的支撑

注意：插图中的膝分隔垫是用一个支架连接在木制椅座基底上，并预留空间让坐垫放在木制椅座上。

支撑小腿和双脚

问题：一侧或双侧膝屈曲并且是僵硬的，小于中立位坐姿（躯干与大腿角度小于 90 度）

解决方案将取决于轮椅使用者的个人需要。

PSD 解决方案

- 如果可能，向后调整脚踏板。
- 如果可能，调整脚踏板的角度以适应脚的位置。如果不行，则用脚踏板楔形垫。
- 加一条绑带在小腿前面用于支撑和保护。
- 如果椅座的前端压迫轮椅使用者的腿部/双腿后面，可能需要把椅座稍微缩短并且向后斜切坐垫。
- 对于高个子的轮椅使用者，考虑升高坐垫前部或倾斜椅座和靠背。通过这样做，轮椅使用者的双脚抬高了、更往前了并且可能在标准脚踏板的可调范围内。

注意：

- 在做上述任一项调整时——确保小脚轮仍能自由转动没有碰到脚踏板或轮椅使用者的双脚。
- 如果可得到的轮椅不可能这样调整或者不能给予足够的调整，可能需要部分改制。

问题：一侧或双侧的膝关节不能屈曲至中立位坐姿

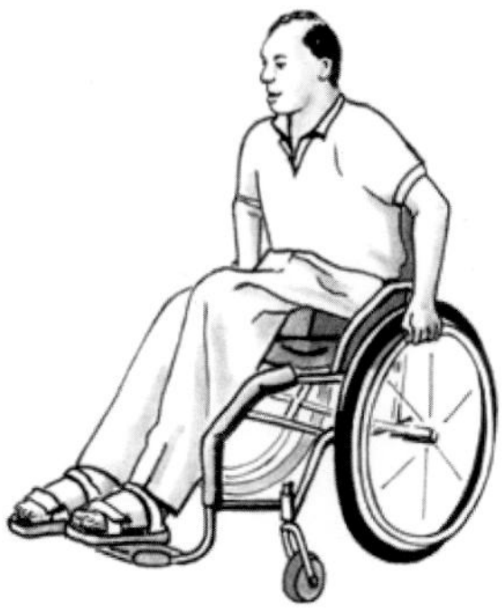

PSD 解决方案

- 如果有，提供一个标准的可升高腿托。
- 如果可能，向前调整脚踏板。
- 如果有，考虑提供一辆三轮轮椅。把脚踏板加在中间横杆的上面
- 通过加入木材或金属板来向前延伸脚踏板。
- 向前延伸脚踏板固定杆——这可能需要焊接，并且应该由具有丰富技术知识和技能的金属加工工人来实施。

注意：无论决定用何种解决方法，重要的是设法确保轮椅的总长度维持在最小。

步骤 4：经费与订购

- 参阅步骤 4：经费与订购——《轮椅服务初级教程》中有关经费与订购的基本信息。

步骤 5：产品（轮椅）准备

产品（轮椅）准备

产品（轮椅）准备是轮椅服务第 5 步。产品（轮椅）准备是指安装轮椅以及准备已经处方（选择）的所有 PSDs。

在中级轮椅教程中，通常在需要进行适配之前只可能准备轮椅到一定程度，轮椅服务步骤“产品（轮椅）准备”和“适配”可能需要多次重复直到轮椅正确适配。通常第一次适配之前，PSDs 不完全固定到位，这是为了确保适配后可以对轮椅和 PSDs 进行调整。

附加体位支撑可以不同的方式提供，有些解决方案非常简单并且在简单的车间就可以完成。其他解决方案可能比较复杂，并且需要更高的技术和设备。

轮椅服务人员不必亲自制作 PSDs。

轮椅服务人员可以与技术人员合作。轮椅服务人员可以说明他们需要做什么以及如何发挥作用，而技术人员应该想出办法用当地可得到的材料制作完成。

通常有不同的PSD解决方案达到同样的支撑效果。采用的解决方案通常取决于可利用的资源。包括：

- 可得到的轮椅类型——哪些部件可以进行调整；
- 可用的材料；
- 可用的车间设施和工具；
- 是否有可用的预制支撑部件——例如骨盆侧垫、躯干侧垫、带子和头靠。

计划和实施轮椅及体位支撑装置（PSD）准备

计划及准备

开始准备轮椅前，重要的是计划工作。如果轮椅的准备工作交给其他人做（例如车间的技术员），或者如果不止一个人在准备轮椅，详细计划尤为重要；计划及准备工作可能包括以下的步骤：

检查中级轮椅处方（选择）表

- 确保每个人都理解表上的所有信息；
- 确保表上有足够的信息来准备轮椅，例如——所有需要的尺寸都有吗？不同PSDs的描述够详细吗？可能需要进一步的讨论和厘清。

决定在选择的轮椅上如何实现必要的支撑

- 观察将要使用的轮椅并提问：
  - 对实际的轮椅可以做哪些调整以提供必要的支撑？
  - 轮椅上已经有了哪些PSDs？
- 如果改制或需要增加PSDs，决定：
  - 有预制的支撑可以使用吗？如果有——如何安装到轮椅上？
  - 如果改制或PSDs需要由原材料制作——将使用什么材料，以及PSDs如何固定在轮椅上？
- 记住思考PSDs和轮椅将如何一起发挥作用。

准备任务列表

- 列出准备轮椅需要完成的工作任务；
- 如果不止一个人做这项工作——决定谁负责哪项工作。

当制作体位支撑装置（PSDs）时应记住什么

当准备具有 PSDs 的轮椅时，请记住以下 4 点建议：

1. **PSDs 应提供足够的支撑**

每位轮椅使用者的支撑程度会有所不同，PSDs 应该在正确的地方以及正确的接触表面区域为每位轮椅使用者提供需要的支撑。

2. **PSDs 和轮椅作为一个整体系统共同发挥作用**

轮椅加入附加体位支撑会改变整体系统。例如，加入 PSDs 可能改变轮椅的内部尺寸。

3. **避免产生高压区域**

PSDs 有时会在轮椅使用者身体的特定部位产生压力，如果一位轮椅使用者需要很多支撑以防止其偏向一侧，他的躯干侧垫可能是高压力区域。

在这种情况下，考虑通过增加表面积来分散压力。应该确保 PSDs 表面和绑带下有足够的衬垫。

4. **确保 PSDs 实用而不降低功能**

记住——轮椅使用者需要实用的和易于使用的轮椅和椅座，并帮助他们尽可能活跃。

车间安全——5 条安全规则：

- 在车间穿全包鞋；
- 当切割或钻孔时固定好你的加工件——用夹具或寻求帮助；
- 当使用电动工具或其他任何锋利的工具时，戴上防护眼镜；
- 保持工作区域和走道整齐、干净；
- 不要对着自己或他人切割。

制作体位支撑装置（PSDs）和改制需要的材料和工具

下表列出常用来制作PSDs材料的例子。

材料	用于制作PSDs和改制的材料	当制作PSDs和改制选择材料时的关注要点
金属/塑料/木材	金属/塑料/木材构成PSD的结构，如硬椅座和靠背。 木材或金属可以用来制作支架，固定躯干侧垫在靠背上。	12mm的胶合板用来制作硬椅座和靠背非常有用。它很坚固但重量相对较轻。船用胶合板最耐用，但是比较贵。 如果有，3mm的铝板和6mm的亚克力或ABS塑料板也能用来制作硬靠背。板折叠一层使用可以增加刚度。 当使用任何板材时，为了轮椅使用者的安全，特别注意去除或包裹锐利边缘。
泡沫塑料/衬垫	泡沫塑料用于包覆所有PSDs与轮椅使用者身体直接接触的区域。 硬泡沫塑料能保持其形状，用于实现PSDs需要的形状来提供正确的支撑。 较软的泡沫塑料用于增加舒适性并降低压力。 使用泡沫塑料的例子： ● 泡沫塑料应该加到带子上以分散压力并增加舒适性； ● 硬泡沫塑料可以用于制作躯干侧楔形垫，加入到坐垫上做成大腿外侧楔形垫或大腿内侧楔形垫； ● 非常硬的泡沫塑料（例如EVA）可以用来制作脚踏板补高或脚踏板楔形垫和躯干侧垫。	在当地市场寻找并参观泡沫塑料、鞋、床垫、家具厂发现当地可得到的泡沫塑料。 设法找到当地不同厚度（25mm和50mm）和硬度的泡沫塑料样品。 EVA是非常硬的泡沫塑料样品，它对于提供稳定的支撑和PSD的结构有用。EVA有时可以在生产鞋的工厂找到。 用于制作人字拖鞋的硬橡胶可用来代替EVA。 质量好的聚合泡沫塑料是中等硬度泡沫塑料的实例，聚合泡沫塑料可以用作波形/多层坐垫的底座，制作骨盆后垫或坐骨前垫高，或在硬靠背上塑造轮廓。 软“床垫泡沫塑料”是软泡沫塑料用作舒适层的实例。 如果没有较硬的泡沫塑料作为底座，最常用、最便宜的“非常软”的泡沫塑料不太适合单独用来制作减压坐垫。 椰壳纤维（椰子纤维）可以用来代替硬泡沫塑料。

续表

材料	用于制作 PSDs 和改制的材料	当制作 PSDs 和改制选择材料时的关注要点
面料	面料用于包覆 PSDs。	寻找一种耐用和便于清洁的面料（便于擦洗或取下清洗），如果轮椅使用者大小便失禁，防水面料对于椅座、坐垫和靠背都有用。柔软的、T 恤类材料（棉或棉/莱卡）可用作头靠、躯干侧垫和躯干侧楔形垫，有弹性的面料更容易适应 PSDs 的形状。 合成面料通常比天然面料让人感觉更热。 如果可能，尝试提供至少几种不同颜色的面料让轮椅使用者选择。
尼龙带/尼龙搭扣/带扣	尼龙带/尼龙搭扣/带扣用来制作绑带，包括骨盆带、肩带、小腿带和足带。	25mm、35mm 和 50mm 的尼龙带是有用的，带子越宽压力越均匀。熔化尼龙带的切割端以防磨损，棉织带效果差些。 插扣（例如双肩包上使用的）非常容易使用，如果有，使用质量好的插扣将会更耐用。通过把它们合在一起和分开来测试。它们应该容易地分和合，除非松开否则不被拉开。 尼龙搭扣是一个好的紧固件，然而它需要保持清洁，否则会失效。 软泡沫塑料垫应该放在所有的织带下面以保护轮椅使用者的身体。
黏合剂	黏合剂用于黏合木材和泡沫塑料。	有木材胶（通常称为白胶水或 PVA）和泡沫塑料胶（接触黏合剂、鞋胶水或黄胶水）。 确保使用黏合剂的所有人都知道如何正确使用。
紧固件	紧固件用于安装 PSDs 在轮椅上。	有用的紧固件包括： ● 螺栓及螺母（最好锁紧螺母）和垫圈； ● T 形螺母（取代螺母钉进胶合板）； ● 订书针（用于固定装饰面料）。 避免使用尖的螺钉，因为如果 PSD 损坏时，它们会导致危险。

车间设施和工具：建立一个工作车间，包括一个工作台和台钳、材料和工具存储区，良好的照明和通风，对于定期制作 PSDs 的服务单位将是非常有益的。下表列出了有助于制作 PSDs 的工具清单。

有用的工具	用于
手动锯	手工切割木头、塑料或金属
电动锯	在有电的地方切割木头、塑料或金属（确保选择正确的刀片用于切割不同的材料）
钻和钻头	为螺钉钻孔
美工刀	手工切割泡沫塑料
带锯	在有电的地方切割木头、塑料和泡沫塑料
锉刀	打磨木头、金属或塑料的边缘
砂带磨光机	在有电的地方打磨木头、金属或塑料的边缘
扳手	紧固螺母和螺栓
工业缝纫机	缝纫装饰面料、套子和绑带

如何制作 PSDs

下面给出如何制作本教程中涉及 PSDs 的建议，许多原则可应用到其他 PSDs。

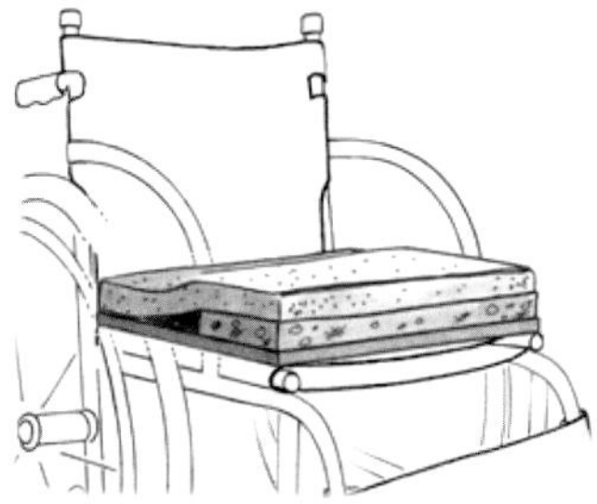

坐骨前垫高

坐骨前垫高是由一块硬泡沫塑料或类似材料及其上面的软泡沫塑料组成。

垫高层可以放在硬椅座的软泡沫塑料下面，或多层泡沫塑料坐垫的两层之间。

坐骨前垫高可以作为减压坐垫的一部分。

坐骨前垫高恰好位于坐骨前面。

降低坐垫前部（一侧）

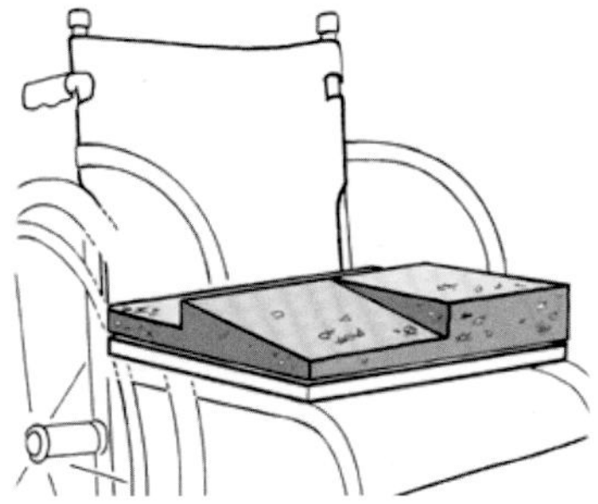

这个 PSD 可以通过修改一块泡沫塑料坐垫完成。

切除坐垫前部的硬泡沫塑料（而不是软泡沫塑料）到需要的角度。

切掉的那块泡沫塑料是楔形，厚端在坐垫前部，薄端就在骨盆或坐骨前部。

如果使用硬坐垫就需要一个较大角度，且部分椅座板也要切掉，使髋部能够更加伸展。

注意：通过保持另一侧髋关节屈曲，可以更容易阻止使用者在椅座上前滑。

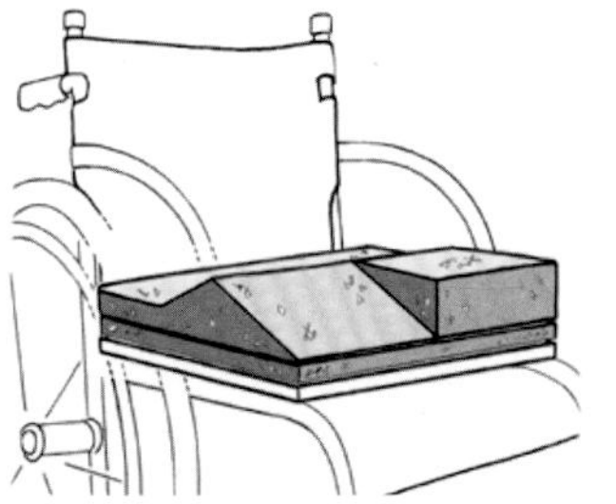

如果需要较大角度，改制前可能必须做一个具有硬泡沫塑料底座的完整坐垫，但要确保没有锐利的边缘——所有的边缘需要倒角。

检查较高的椅座面不会导致脚踏板或靠背高度的问题。

升高椅座前部

椅座前部可以不同的方式升高，两个建议是：

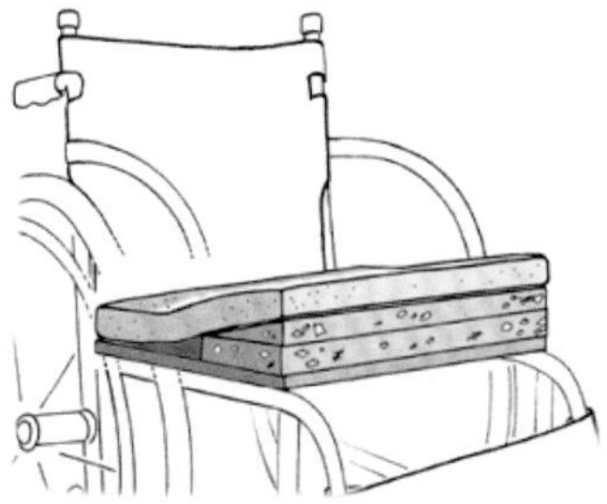

在坐垫的前部下面放一个硬泡沫塑料楔形垫，恰好终止于骨盆前部。

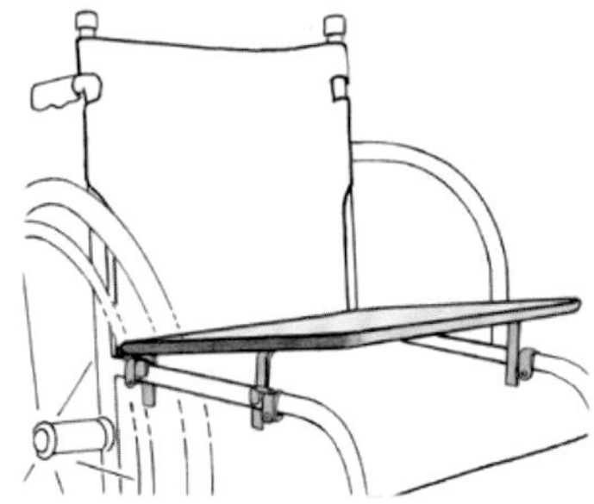

去掉帆布椅座更换为一个硬椅座。

根据需要的角度用支架安装椅座。

应该为硬椅座配一个坐垫。

骨盆前倾楔形垫

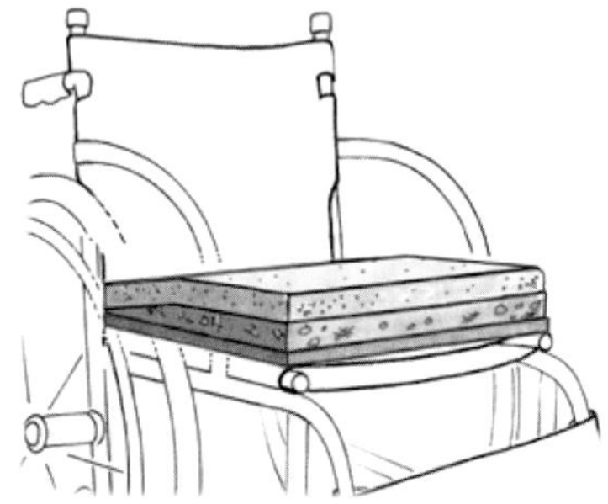

用与坐骨前垫高同样原理制作一个骨盆前倾楔形垫，硬泡沫塑料基底层构建坐垫的形状，软泡沫塑料层放在顶层上。

楔形垫应该在坐骨下面，并止于坐骨前，坐垫应该在大腿下水平。

骨盆下补高

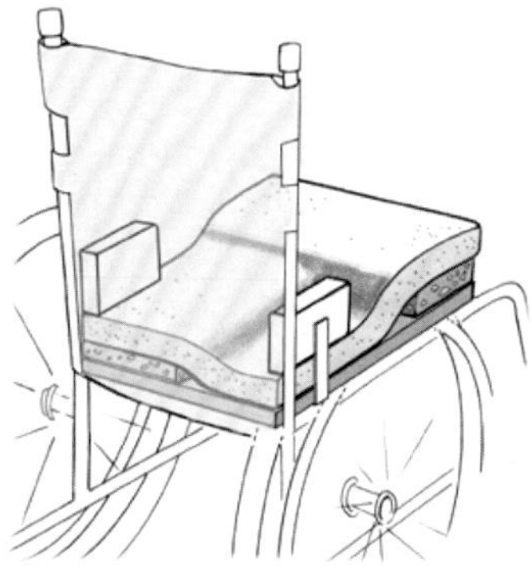

骨盆下补高应该由硬泡沫塑料或类似材料和其上面的软泡沫塑料层组成。

高的一侧下补高，直到两侧坐骨下压力相同。

骨盆侧垫

根据骨盆侧垫所安装轮椅的不同以及需要多大的支撑，可以有不同的制作方法，建议是：

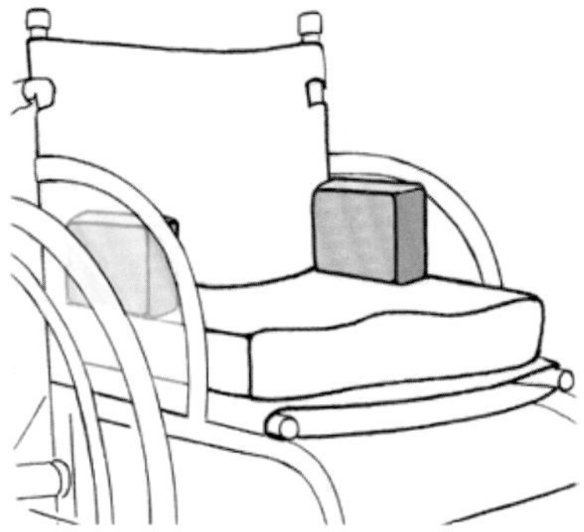

● 如果有固定的扶手用于为垫子提供结构/支撑，骨盆侧垫可由一块装饰性硬泡沫塑料制作并紧靠扶手安装。

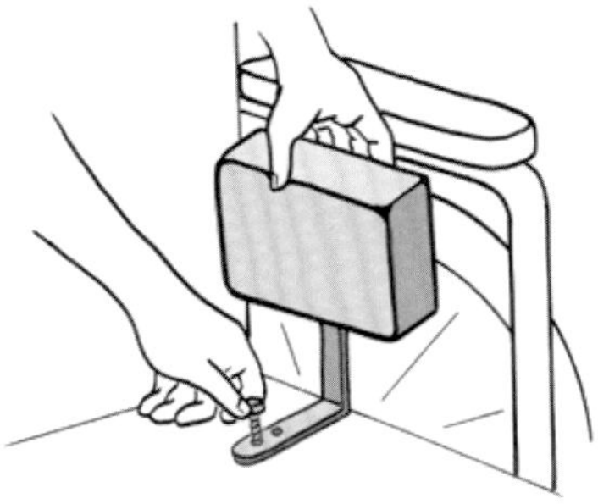

在扶手是移开的情况下（如左插图），硬骨盆侧垫可以用一块木头和内侧粘上较软的泡沫塑料做成，并且应该进行表面装饰。

要么安装骨盆侧垫在轮椅架上，要么用支架固定在硬椅座上。

在左侧插图中，将坐垫放在硬椅座上，保护轮椅使用者不受支架和螺钉伤害。

大腿外侧楔形垫

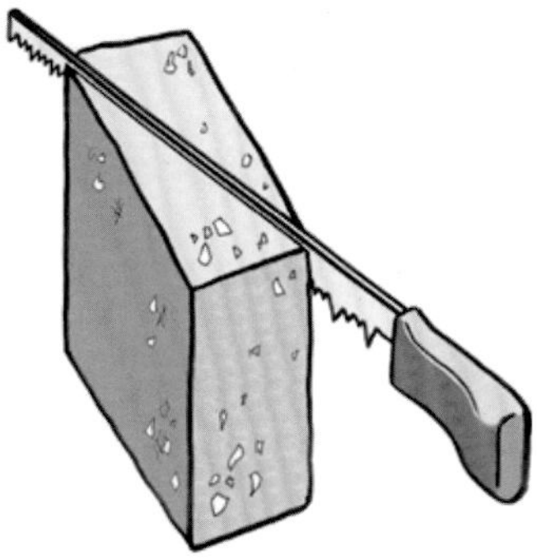

对角切一块硬泡沫塑料（100mm×100mm×40mm）为两块，做成两个楔形块，保留一块在适配轮椅时使用。

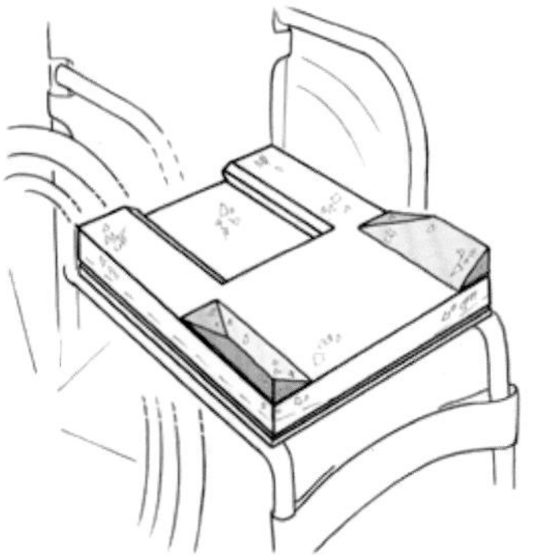

粘贴楔形块在坐垫的基底泡沫塑料上和软泡沫塑料下，根据需要修剪边角。

如果使用塑形泡沫塑料坐垫，水平剪切坐垫（距坐垫顶部约 20mm）并在合适位置粘贴楔形块，修剪伸出来的泡沫塑料。

大腿外侧垫

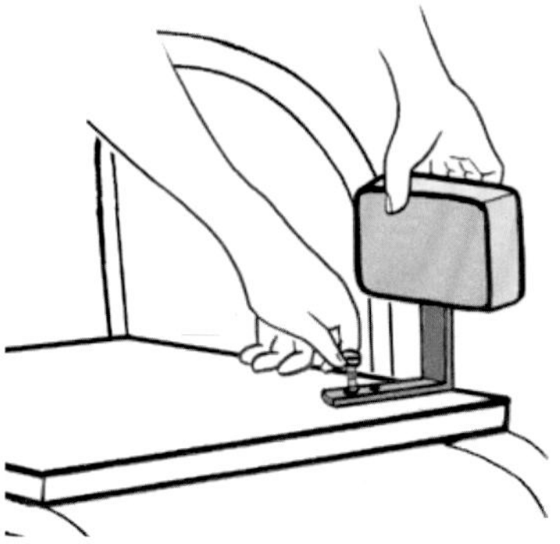

这些垫子和躯干侧垫用同样方法做成。

通常它们由一块木头、塑料或金属以及内层（接触轮椅使用者大腿的一侧）的硬泡沫塑料和软泡沫塑料外层组成。

垫子包上耐用、舒适的面料。

垫子用金属支架固定到硬椅座上或用支架固定到轮椅椅座固定杆上。

大腿内侧楔形垫

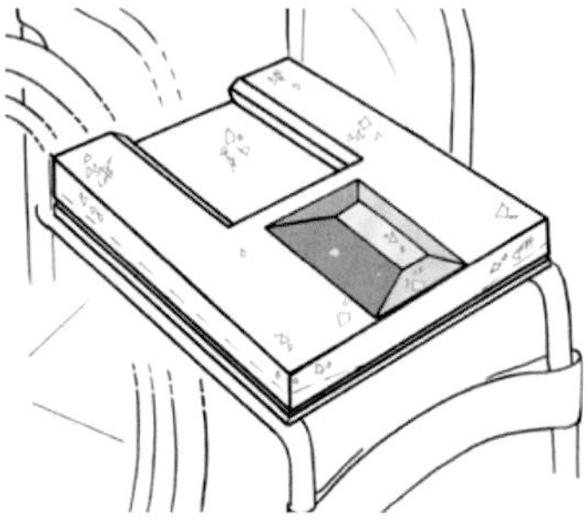

切割一块楔形块为相同的两块（宽 50mm × 长 100mm），保留一块泡沫塑料在适配时使用，将其粘贴在坐垫的基底泡沫塑料上和软泡沫塑料下。

如果使用塑形泡沫塑料坐垫，水平切开坐垫（距坐垫顶部约 20mm）并粘贴在合适的位置，修剪所有伸出来的泡沫塑料。

膝分隔垫

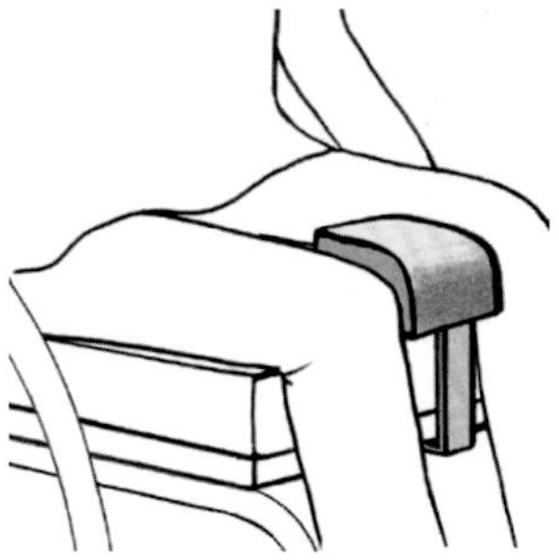

膝分隔垫通常是由一块金属、塑料或木头及其上面、侧面和后面（接触使用者的表面）的硬泡沫塑料组成。为了增加舒适性，薄的、软泡沫塑料通常放在硬泡沫塑料上面。垫子可用耐用、舒适的面料包上。

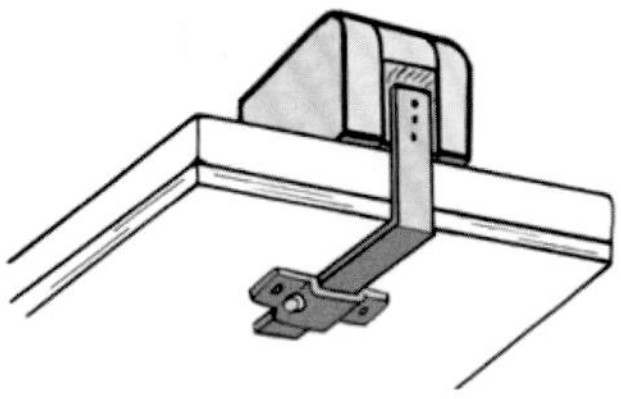

如果轮椅使用者需要膝分隔垫，最好提供给他们一个硬椅座。

膝分隔垫可以用一个 L 形支架固定在硬椅座上（如图）。

需要一种简易的拆卸或转开膝分隔垫的方法，以便轮椅使用者能够上下轮椅。

增加椅座与靠背的角度

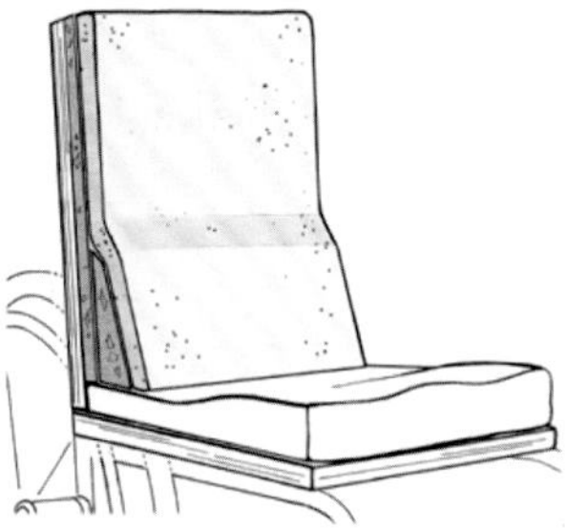

制作椅座与靠背更大角度的方法是根据需要的角度，在硬靠背上加入一个硬泡沫塑料楔形垫，并且应该再加上一层软泡沫塑料。

椅座与靠背后倾（整体后倾）

有些轮椅具有容易地后倾椅座与靠背的功能，以下建议是针对正在使用的、不具有此功能的大部分轮椅。

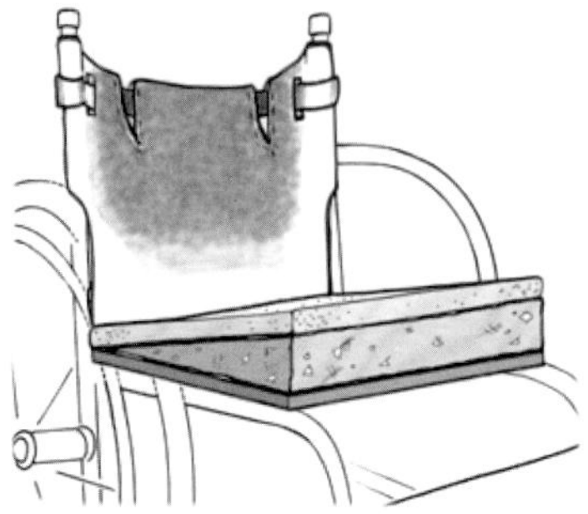

对于没有硬椅座和靠背的轮椅，在坐垫的前部下方放置一个硬泡沫塑料楔形垫，并且调整或向后倾斜靠背。

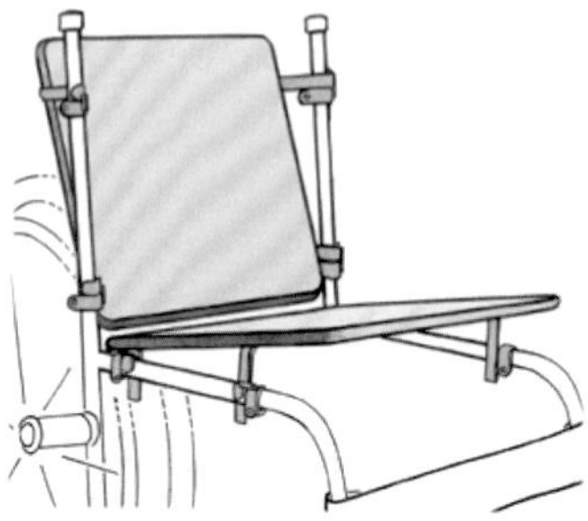

用硬椅座和靠背替换帆布/悬吊式椅座和靠背。

根据所需的角度，把椅座和靠背固定到支架上。

应该用硬泡沫塑料做硬靠背衬里，然后是一层软泡沫塑料并装饰，通常为硬椅座配一个坐垫。

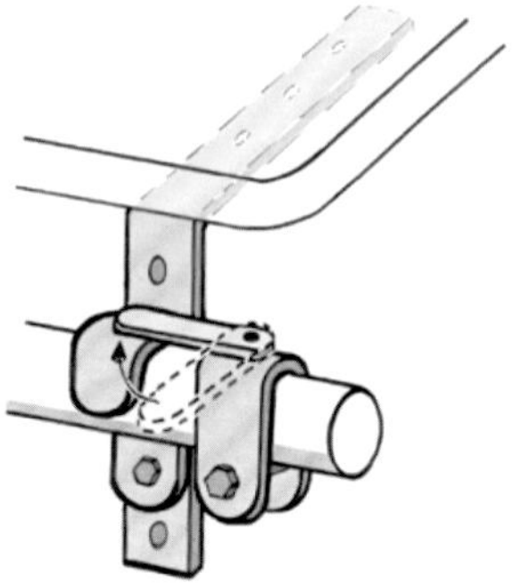

此图提供支架的例子，用于固定硬椅座或靠背到管子上。

支架可以通过旋转锁块松开。

便于运输时拆下椅座和靠背（如果是交叉折叠式轮椅）。

骨盆后垫

骨盆后垫不应该很厚。它取决于轮椅使用者的状况，后垫可以 20mm～30mm 厚。

骨盆后垫通常应该在 PSIS 水平处提供支撑。

对于皮肤敏感或瘦骨嶙峋的轮椅使用者，泡沫塑料要在脊骨经过的区域切割，以免产生压力区域。

下面展示制作骨盆后垫的不同方法：

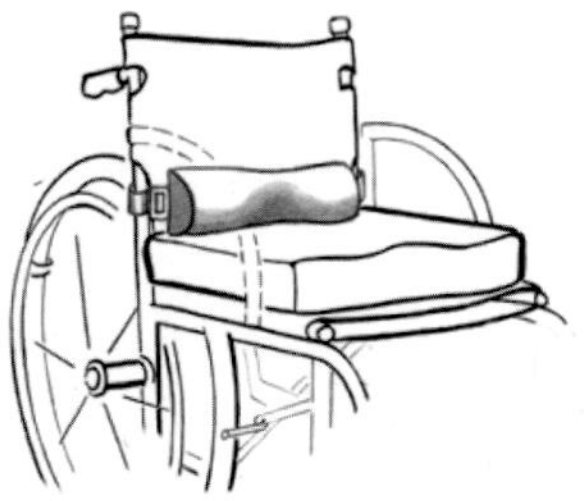

骨盆后垫是由一块装有软垫的硬泡沫塑料组成，绑在悬吊式靠背面料的前面，可以用绑带固定在靠背立杆上。

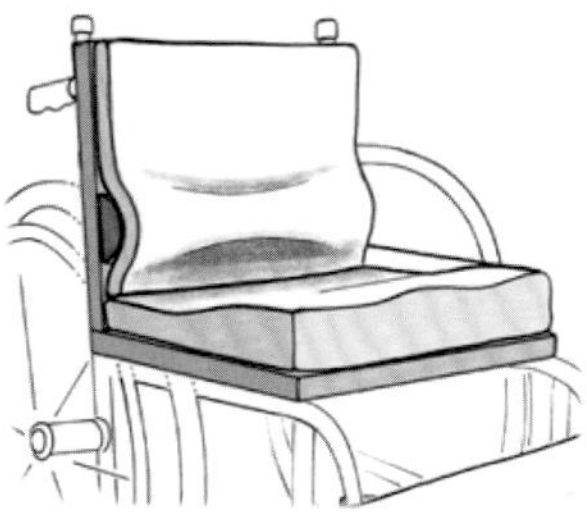

一块硬泡沫塑料加工成型的骨盆后垫可以安装到硬靠背上，其表面用一层软泡沫塑料覆盖。

软泡沫塑料层应足够厚以确保整个靠背对轮椅使用者是舒适的。

如果不够舒适，应该在硬靠背上放一层硬泡沫塑料，然后放置骨盆后垫，软泡沫塑料放在最上面。

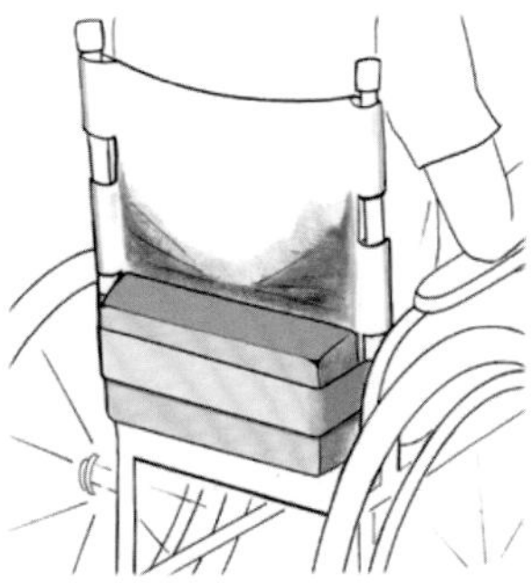

如果骨盆后垫安装在结实的带子上，应该安装在悬吊式靠背面料的后面以提供支撑。

在这种情况下，用附加一条皮带围绕靠背立杆周围固定在期望的高度，并且根据需要用魔术贴固定。

靠背后倾和/或调整靠背形状

靠背后倾有不同的体位原因，如果一辆轮椅没有现成可调的功能或者没有张力可调的靠背，应该通过改制这部轮椅来实现这个支撑。下面是两个选项：

具有悬吊式靠背的轮椅，去掉靠背面料并根据需要的角度安装一个硬靠背。

硬靠背应该用胶合板制作（至少 12mm 厚）。

可调支架常用于固定硬靠背到靠背立杆上。

改制现有的悬吊式靠背面料：

- 在靠背立杆旁对靠背面料做两个垂直切口。
- 逐渐增加切口长度直到轮椅使用者骨盆以上的躯干能放松而不是向前低垂。
- 用你的手从面料后面支撑轮椅使用者的躯干，直到你找到最佳位置。

- 在靠背面料层之间穿过一条带子（50mm 宽尼龙布）并于尾部绕过靠背立杆。在所需位置缝合带子和靠背面料。
- 通常可以使用一个附加皮带，尾部有尼龙搭扣并且长度合适，带子的张力可轻易调节或使用洞眼或绳子。
- 在靠背面料内常用一块软泡沫塑料包住皮带的上面和前面。这会降低接触靠背支撑表面发生压疮的风险。

躯干侧垫

躯干侧垫需要提供稳定的支撑，同时应该足够薄而不限制轮椅使用者双臂的活动。

侧垫的主要结构可以是由金属、塑料或木头构成，然而躯干侧垫通常需要用硬泡沫塑料覆盖，表层为一层软泡沫塑料。泡沫塑料应该在侧垫内侧（接触轮椅使用者身体部位）并包裹侧垫顶部，然后整个侧垫用耐用、舒适的面料包裹。

躯干侧垫可以是扁平的，或有形的适合轮椅使用者的身体。如果是有形的，做成有形的最简单方法是把硬泡沫塑料切割成形状。制作有形侧垫需要特殊缝纫技能和有弹性的表层面料。

固定躯干侧垫到轮椅上的两种不同方法如下所示：

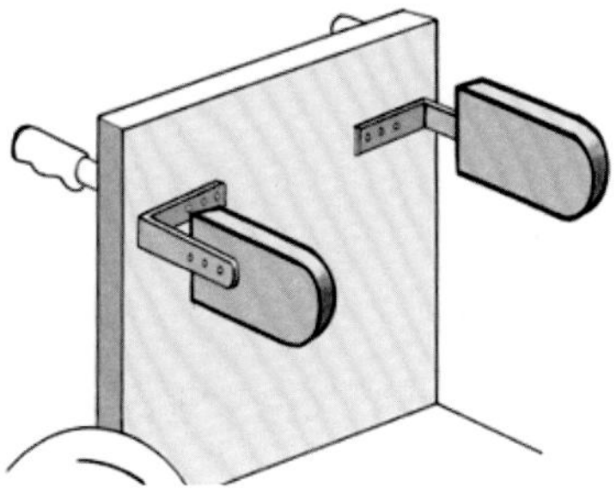

躯干侧垫可以固定在硬靠背上，然后用硬泡沫塑料和软泡沫塑料层覆盖。

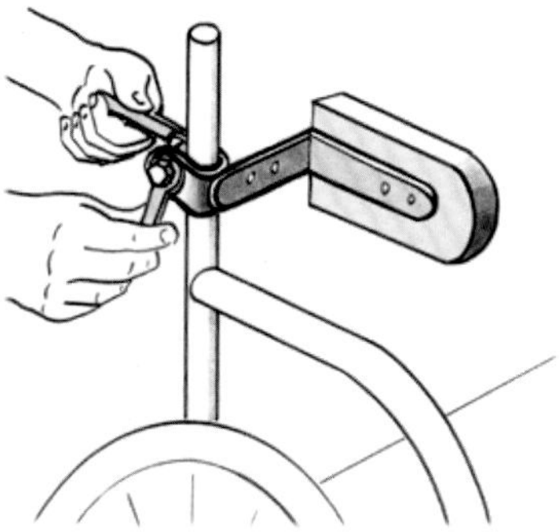

躯干侧垫可以用金属支架固定在轮椅靠背立杆上。

躯干侧垫——必须是薄的

如果躯干侧垫太厚（超过 2.5cm），侧垫将限制手臂的活动，也会压迫手臂内侧。

这会降低血流量，损害神经并影响手功能。

使用较薄的材料但是足够结实以提供必要的支撑。

躯干侧楔形垫

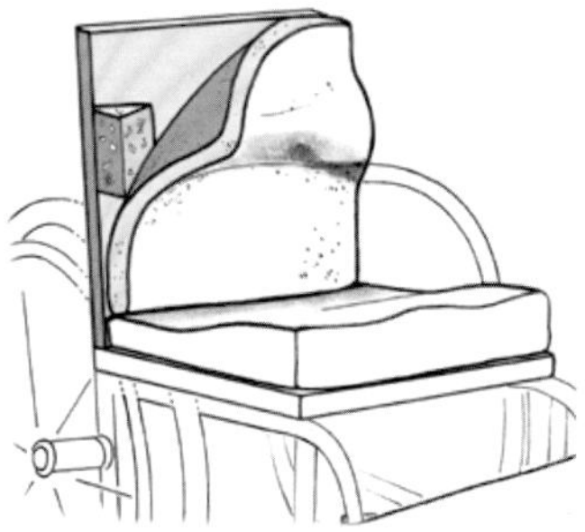

躯干侧楔形垫可由硬靠背支撑、硬泡沫塑料和软泡沫塑料层共同组成。

带有独立套子的外部楔形垫也能用在靠背的表面，它可用魔术贴或绑带固定。

桌面板

桌面板最好用胶合板做成（厚度 10mm 至 18mm 取决于胶合板的质量/强度），并且用绑带或金属或木支架安装在轮椅扶手上。

当决定桌面板如何安装在轮椅上时，找到一种每个人都容易使用的方法。以便在紧急状态下（例如当轮椅使用者哽塞时）任何人都能卸下桌面板。

头靠

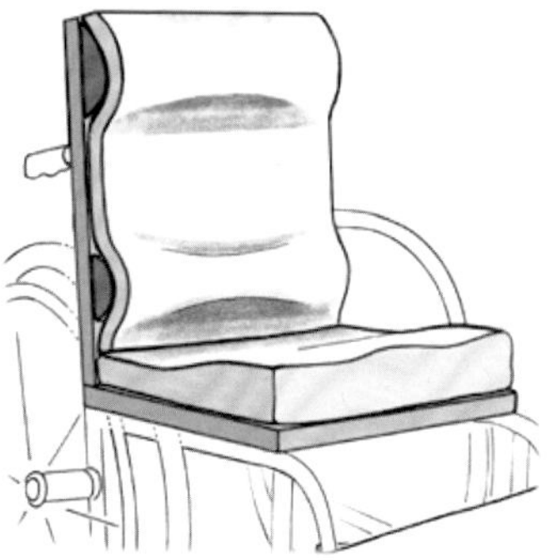

扁平头靠

扁平头靠可以是高的硬靠背支撑的一部分，或者用一个支架安装到硬靠背支撑上。

头靠是由固定在一块木头/塑料上的硬泡沫塑料及表面的软泡沫塑料层组成。

轮椅使用者的身体处于发育或有变化时，这种类型的头靠不容易进行调整。

独立的头靠用支架安装并允许向前、向后和高度的调整。

有形头靠

有形头靠是由固定在一块木头/塑料上的硬泡沫塑料和软泡沫塑料或类似材料包覆而成。有形头靠可由一个架子支撑颅底，并且两侧的楔形有助于保持头部不侧歪。

舒适的面料用于包覆做好的头靠。套子可用 T 恤面料制作，因为它舒适并有弹性服帖于头靠的形状。套子可以做成紧密贴合或稍微宽松，“背后的拉线”能拉紧头靠套。

下面的例子展示如何制作有形头靠：

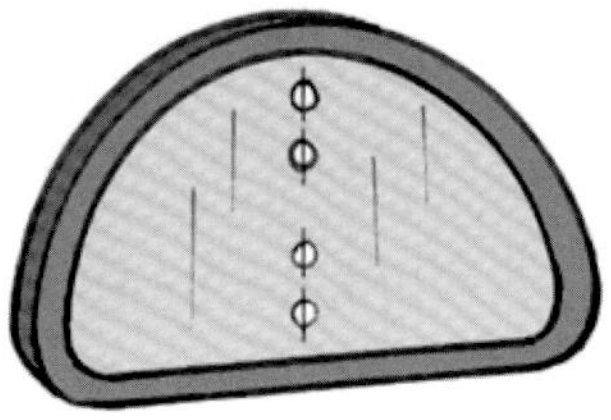

1.

木制底座钻孔安装在头靠支架上。

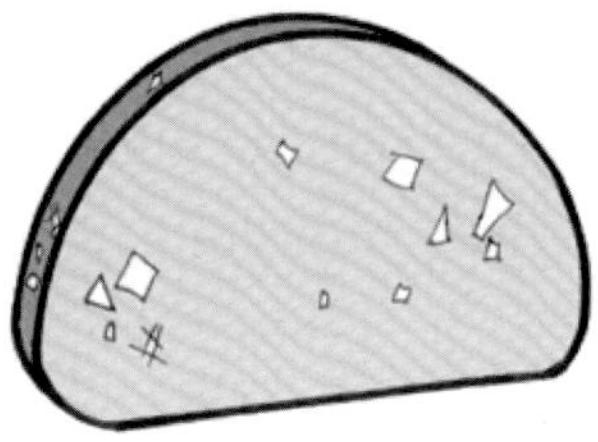

2.

第一层硬泡沫塑料。

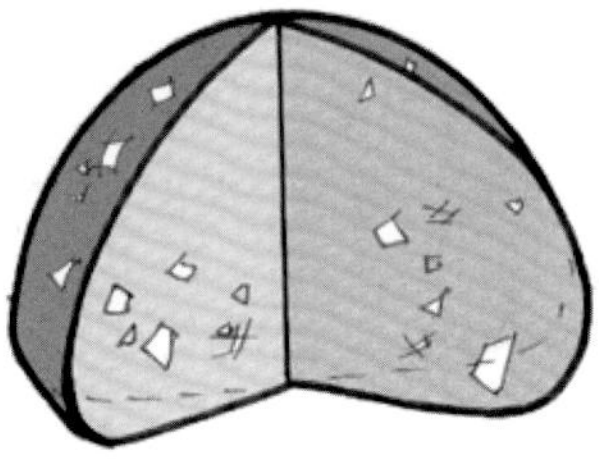

3.

硬泡沫塑料楔形垫为头部提供侧支撑。

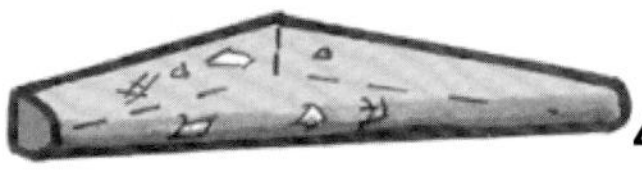

4.

泡沫塑料卷成头靠的基底，安装在颅底下方。

5.

加上软泡沫塑料层完成头靠形状。

需要完成：

- 把头靠安装在轮椅上；
- 装饰。

脚踏板补高和脚踏板楔形垫

制作脚踏板补高最好的材料之一是非常硬的泡沫塑料（EVA 或人字拖鞋底），也可以用木头，但要确保木头是光滑的、没有开裂，没有压力风险。

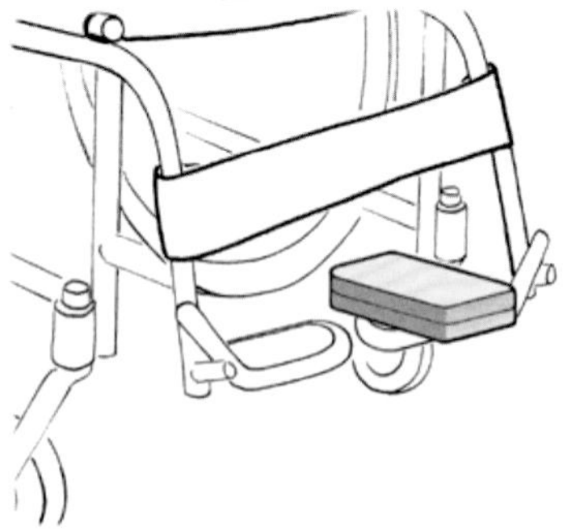

脚踏板补高

将非常硬的泡沫塑料（EVA 或人字拖鞋底）、木头或其他类似材料切成块（约 100mm × 200mm × 20mm），预留其中一些轮椅适配时使用。根据需要粘贴此块到脚踏板上。

脚踏板楔形垫

斜切脚踏板补高块成两半，做成两块脚踏板楔形垫。沿着长边切几块以及沿着短边切几块，预留其中一些轮椅适配时使用。

根据需要安装脚踏板楔形垫到脚踏板上以支撑足底。

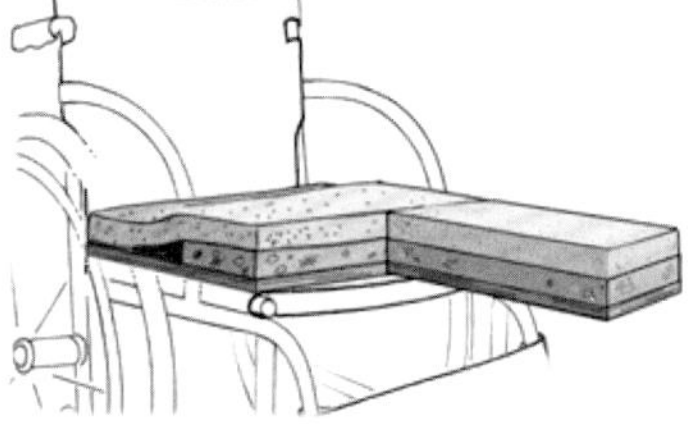

小腿支撑板

硬椅座可以从座位前面向前延伸以支撑僵直的腿。

这可能使轮椅难以在狭小的空间转向及折叠运输。

骨盆带

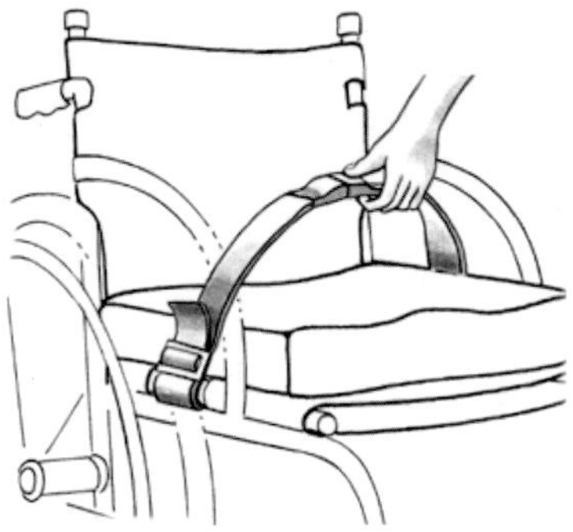

骨盆带可用尼龙带制作，就像看到的汽车座椅安全带或双肩包的背带。

带的宽度儿童大约 25mm，成人约 40mm～50mm。

回形扣是最容易扣上并迅速打开的。如果无法得到，尼龙搭扣效果也不错。要确保尼龙搭扣至少有 100mm（取决于轮椅使用者的体型）的重叠。

骨盆带和轮椅使用者（尤其是带扣处）之间加衬垫使其更加舒适。

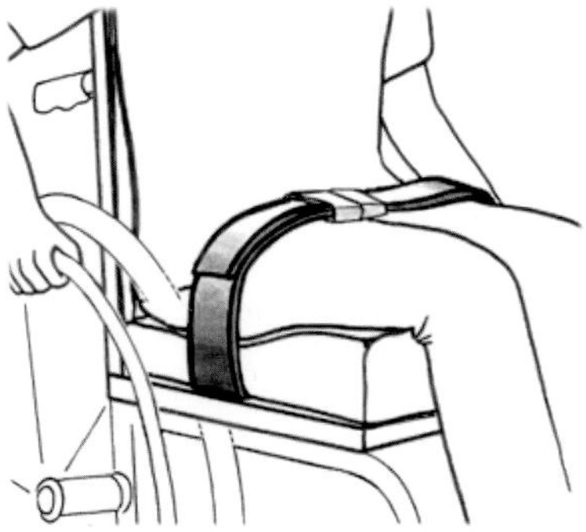

骨盆带的两端固定在哪里？

- 对于大多数轮椅使用者，骨盆带的两端固定在骨盆前部的正下方，如图。
- 更改固定的位置将使骨盆带从不同角度拉动身体，骨盆带固定在骨盆前面正下方（ASIS）将以 90 度角拉向椅座表面（如图所示）。固定骨盆带在椅座后面将以 45 度角拉向椅座表面。拉动的角度应该在 45 度～90 度之间，除非骨盆带是设计为骨盆前倾的轮椅使用者提供支撑。

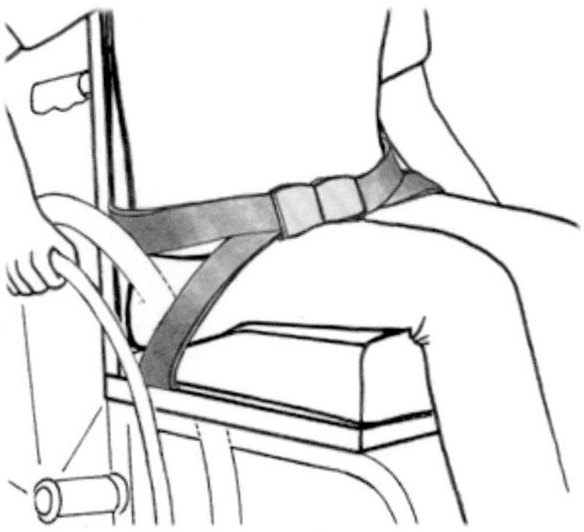

如果轮椅使用者经常向上向前抬起自己的臀部，应使用骨盆前倾四点带为骨盆前倾的轮椅使用者提供支撑。

骨盆带警告：

如果骨盆带过于宽松，身体控制能力有限和/或感觉受限的轮椅使用者可能滑下来，如果没有留意，可能导致窒息。应该教护理者如何正确系上骨盆带并告诫他们让轮椅使用者无人看管的风险。

骨盆带和骨盆前倾四点带如何固定在轮椅上？

- 固定骨盆带到硬椅座上：
  - 如左图所示固定到硬椅座上，折叠骨盆带一端，打一个孔并用螺栓穿过木板与两个垫圈和一个螺母（最好用锁紧螺母）；
  - 注意垫圈应该放在折叠端之间。这有助于减缓骨盆带的磨损及撕扯，这会最终使骨盆带断裂。
- 固定骨盆带到轮椅架上：
  - 环绕轮椅架并用塑料或金属滑扣（也叫“拉心扣”、“双D扣”或“3巴扣”）固定
  - 如果它在合适的位置，也可以用家具螺丝。

小腿带

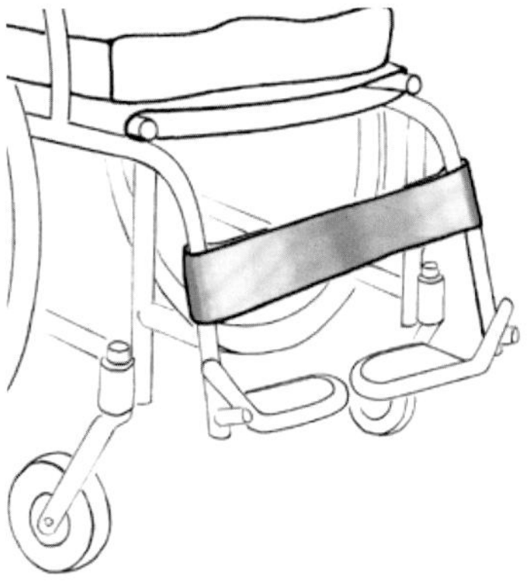

如果轮椅没有配小腿带，可以在一条50mm宽的尼龙带上缝制一个尼龙搭扣做成小腿带。

小腿带长度应该约为轮椅座宽的两倍。

足带

足带可由 25mm 尼龙带和尼龙搭扣或扣环组成。

一端可折叠并烧一个洞供螺钉穿过，用螺钉将足带固定在脚踏板上。

应使用衬垫使足带不摩擦皮肤并分散压力。

制作及使用足带的提示：

- 用尼龙搭扣或扣环固定足带。
- 在接触轮椅使用者的足带部位加上衬垫——通过分布压力使其更舒适。
- 足带可以用螺栓固定在硬椅座上或靠背或用滑扣（也叫“拉心扣”、“双 D 扣”或“3 巴扣”）环绕轮椅架。
- 小腿带通常与轮椅一起提供，可用于其他方面，例如小腿带可用于改制/调整靠背结构。

肩带

要制作肩带最好有一台缝纫机和一位有缝纫技能的人。你将需要尼龙带、扣环和做衬垫的软泡沫塑料，一些提示包括：

- 在肩部用衬垫包覆，尤其是骨突出部位。
- 确保肩带上部固定点与轮椅使用者的肩峰在同一水平或稍高，如果固定点较低，肩带将下拉轮椅使用者。
- 千万不要把肩带底部固定到骨盆带上，这将会向上拉骨盆带。
- 如图所示的胸片，有助于保持肩带在合适的位置并在躯干前部提供支撑。

肩带提示：

当使用肩带或胸带时，必须同时使用合身的骨盆带，如果不这样做会导致窒息。

进行轮椅安全和准备检查

产品（轮椅）准备的最后部分是检查轮椅是安全的并准备好使用，并且所有的部件都正常工作。

下文的轮椅安全和准备检查表有助于确保没有遗忘任何事情。轮椅服务人员应该复印一份检查表并钉在他们的轮椅服务中心作为每次准备轮椅的一个提示。

轮椅安全和准备检查表应该在轮椅使用者来适配前完成。

如果在轮椅安全和准备检查时发现有问题，轮椅服务人员可以按照以下方式处理：

- 适配前修理/解决这个问题；
- 将轮椅返回轮椅车间修理；
- 联系轮椅供应商并请他们帮助解决这个问题。

中级轮椅安全和准备检查表

检查表：轮椅是安全的并准备好使用了吗？

整辆轮椅包括 PSDs	
PSDs 安装牢固	□
没有尖锐边角	□
无部件损坏或刮伤	□
轮椅能够沿直线行进	□
前小脚轮	
自由地转动	□
转动而不触及前叉	□
螺栓是拧紧的	□
前小脚轮套	
小脚轮叉自由地转动	□
后轮	
自由地转动	□
轴螺栓是拧紧的	□

续表

轮胎充气正常（用拇指按压，轮胎下陷不超过 5mm）	☐
手推圈是稳固的	☐
刹车	
正常工作	☐
脚踏板	
脚踏板连接稳固	☐
轮椅架	
交叉折叠式轮椅——轮椅能够轻易地折叠和展开	☐
靠背折叠式轮椅——靠背能够轻易地折叠和展开	☐
坐垫	
坐垫刚好放在坐垫套内	☐
坐垫正好放在轮椅上	☐
坐垫套面料是紧贴的，但不是太紧	☐
如果轮椅是硬椅座：坐垫完全覆盖硬椅座	☐

步骤 6：适配

适配是提供轮椅服务八个步骤的第六步，适配过程中轮椅使用者和轮椅服务人员要确保轮椅和 PSDs 完全适配，并支撑轮椅使用者舒适地接近中立位坐姿。

如何进行适配

适配过程中用下文的中级轮椅适配检查表来指导你，按此顺序检查：

- 轮椅准备好了吗？
- 检查轮椅和 PSDs 适配；
- 检查姿势；
- 检查压力；
- 在轮椅移动过程中检查适配；
- ※决定是否需要进一步的行动。

> **记住：**
>
> 为需要附加体位支撑的轮椅使用者进行轮椅适配比不需要附加体位支撑的适配花费的时间更长，这是因为可能需要做出更多的调整。
>
> - 轮椅使用者应该知道适配可能花更多的时间，当做调整时他们可能需要上下轮椅。
> - 如果需要许多调整，他们也可能需要回来进行二次适配。

轮椅准备好了吗？

应该确保为轮椅使用者试用准备好轮椅。

检查轮椅和 PSDs 适配

椅座宽度	
适配：	基本没有间隙。
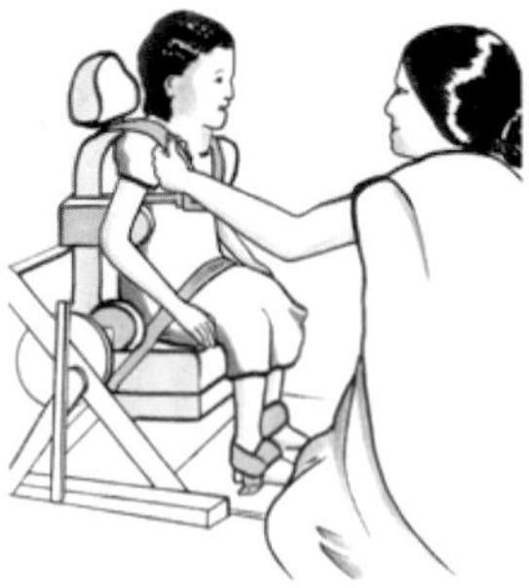	确保： ● 臀部舒适地坐在扶手之间或骨盆侧垫之间； ● 大腿舒适地放在扶手、挡泥板/护裙板或骨盆侧垫之间并且不会挤在一起，如果骨盆侧垫向前伸得太长，两腿就会挤在一起。 ● 躯干舒适地靠在靠背立杆和/或躯干侧楔形垫或躯干侧垫之间。
椅座深度	
适配：	腘窝和椅座/坐垫前部之间至少有 30mm 的间隙。
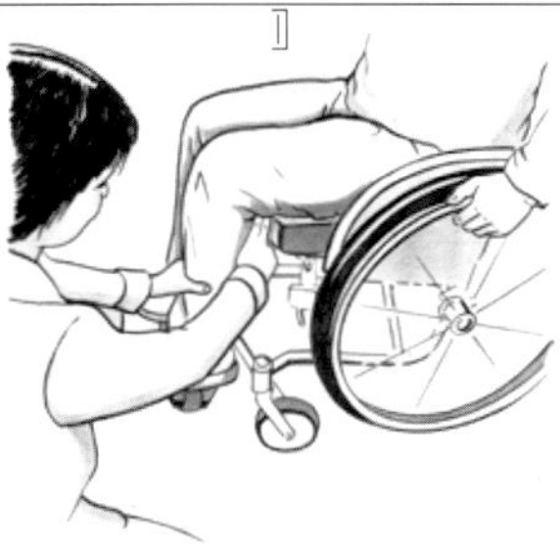	确保： ● 轮椅使用者舒适地坐在接近中立位坐姿。 如何检查？ ● 手在腘窝和坐垫之间滑动，应该至少有 30mm 的间隙。手在小腿后部向下滑并确保小腿不碰到椅座/坐垫。 ● 检查两侧，如果左右两侧不同，根据较短腿的测量值开具处方。
	长腿的轮椅使用者可能有较大的间隙，60mm 以内是可以接受的。适配使大腿得到良好的支撑，这将降低坐骨下的压力并有助于预防压疮。如果椅座太深，轮椅使用者将无法坐直。

骨盆	
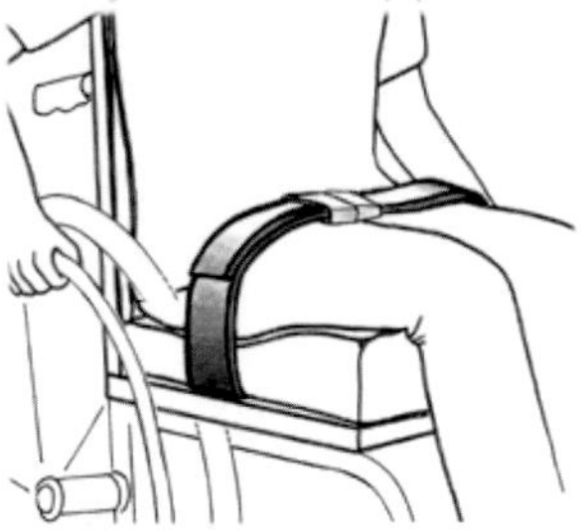	确保： ● 坐骨前垫高正好位于坐骨的前面（把你的手放在轮椅使用者臀部下面来检查）； ● 骨盆后垫在 PSIS 处提供支撑而不是推腰部； ● 骨盆侧垫紧密贴合并且不高于髋关节； ● 骨盆带可以绑紧并且不会挤压轮椅使用者的皮肤（在骨盆带和轮椅使用者之间用手来进行检查）。
躯干	
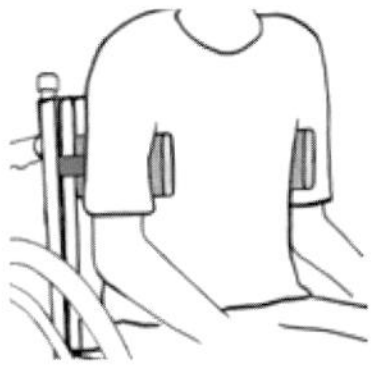 	确保： ● 躯干侧垫不要对腋窝施加压力，轮椅使用者腋窝与躯干侧垫顶端之间应该至少有 30mm 的距离。 ● 肩带舒适地穿上并且不会挤压皮肤。 ● 桌面板支撑整个前臂和肘关节并且不会挤压腹部，经过切割改制的桌面板可以靠近身体，然而它不应该碰到或摩擦轮椅使用者的皮肤。 ● 检查靠背的高度和后倾。
头靠	
适配：	● 头靠应该在颅底支撑轮椅使用者的头。
	确保： ● 头靠应该支撑轮椅使用者的头使其处于平衡和直立的姿势。
大腿	
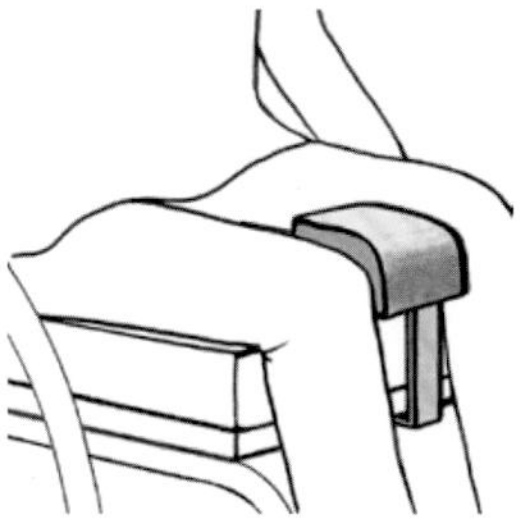	确保： ● 轮椅使用者大腿和大腿支撑之间没有大的压力（包括大腿外侧垫、大腿内侧楔形垫或膝分隔垫）。 ● 膝分隔垫不会施加任何压力在腹股沟部位，膝分隔垫应该远离腹股沟部位，儿童至少 40mm～60mm，成人 60mm～100mm。

脚踏板高度

适配：

大腿完全支撑在椅座/坐垫上没有间隙，并且足部完全支撑在脚踏板上没有间隙。

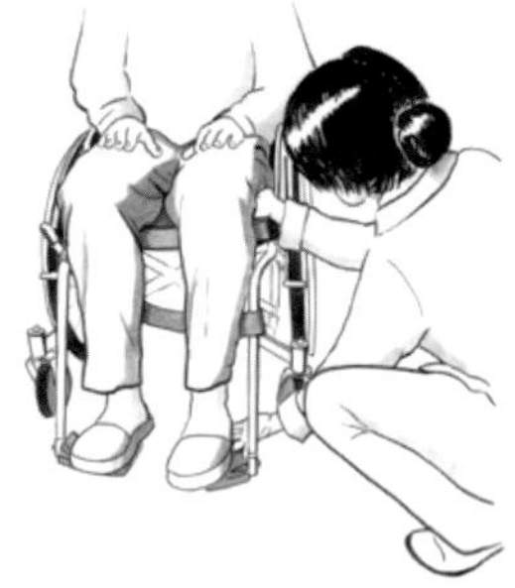

如何检查：

- 手在大腿和椅座/坐垫之间滑动，整个大腿的压力应该均等并且没有间隙。
- 查看脚踏板上的每只脚，脚的前部和后部应平放在脚踏板上并且没有间隙。

如果大腿下面有间隙，则脚踏板可能太高。如果脚下面有间隙，则脚踏板可能太低。

靠背高度

适配：

靠背高度应该使轮椅使用者得到他/她所需要的支撑，并且活动量大的轮椅使用者可以自由地活动他/她的双臂推轮椅（如果是自行推轮椅）。

如何检查：

- 询问轮椅使用者靠背是否舒适；
- 观察臀部上方的躯干是否平衡；
- 靠背妨碍轮椅使用者推轮椅吗？

靠背的高度取决于轮椅使用者的需求，自己推轮椅的使用者要求靠背不要妨碍他们的肩膀自由地活动，坐直有困难的轮椅使用者需要更高的靠背以提供更多的支撑。

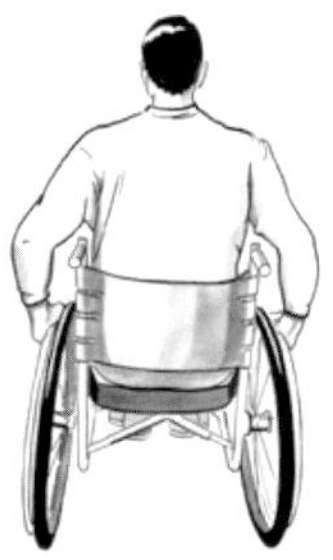

如果轮椅使用者：

- 健康并且活动量大；
- 具有良好的平衡能力，并且能够轻松地坐直；
- 自己主动地推轮椅并且需要好的活动自由度。

可选用支撑轮椅使用者胸腔下缘高度的靠背。

靠背高度 D（座面到胸腔下缘）。

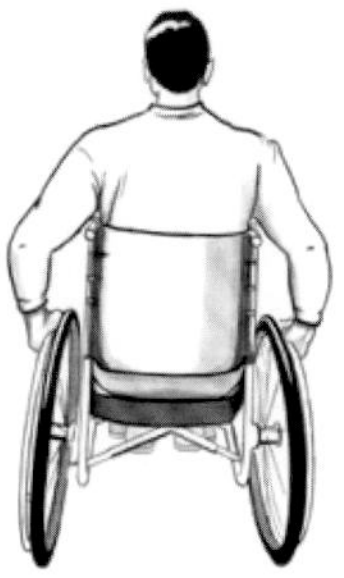	如果轮椅使用者： ● 可能很快感觉疲劳，例如老年人或进行性疾病患者； ● 坐直有一定难度。 可选用支撑轮椅使用者肩胛下角高度的靠背。 这个靠背高度仍然让轮椅使用者的肩膀活动有一定的自由度并且可以用双臂推轮椅。 靠背高度 E（座面到肩胛下角）。
对需要更多支撑、靠背后倾、椅座和靠背后倾（整体后倾）容易疲劳/疲倦的轮椅使用者，可选择与肩部等高的高靠背。 靠背高度 F（椅座到肩峰）。	
后轮位置	
适配：	当轮椅使用者的双手放在手推圈上时，其肘部应该呈直角。
	如何检查： ● 让轮椅使用者紧握手推圈顶部的位置，肘部应该屈曲呈 90 度； ● 还要从平衡性的角度，与轮椅使用者共同检查后轮位置是否合适（后轮向前调适用于活跃的使用者，向后调比较安全）。 如果轮椅使用者需要后轮定位于“安全”（进一步向后）的位置，这可能意味着双臂要进一步向后才是推轮椅的理想位置。要向轮椅使用者说明这种利弊。 如果后轮的位置有任何调整，刹车也需要进行调整并且重新检查。
椅座高度——对于脚驱动的轮椅	
适配：	● 在轮椅使用者坐直的情况下，骨盆后部可以舒适地倚着靠背，他/她应该能够把双脚平放在地面上。

<table>
<tr><td rowspan="2"></td><td>如何检查：
● 让轮椅使用者在轮椅上舒适地坐直或者接近坐直，骨盆后部倚着靠背，检查双脚是否可以平放在地面上。</td></tr>
<tr><td>如果椅座太高，轮椅服务人员可以尝试：
● 降低坐垫的高度；
● 更换一个比原椅座低的硬椅座（听取技术意见是否支持这样做）。
对于只用单脚推轮椅，而另一只脚搁在脚踏板上的轮椅使用者——检查放在脚踏板上那只脚的坐骨下的压力。</td></tr>
</table>

检查姿势

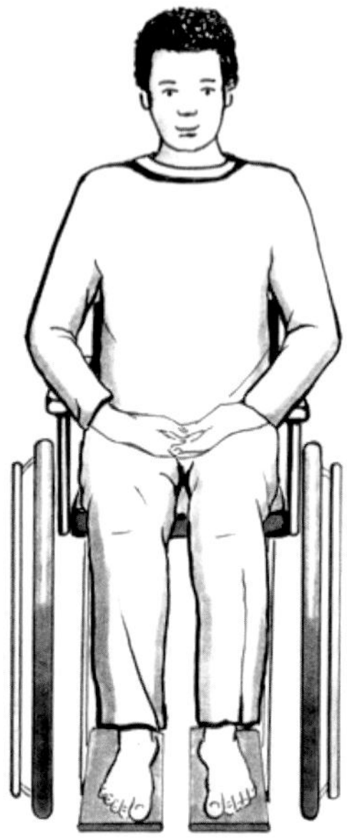

从侧面和前面观察轮椅使用者是如何坐在轮椅上的，他/她是坐直的姿势吗？

观察轮椅使用者是否舒适地坐在直立的姿势，这应该接近于用手模拟确定的姿势。

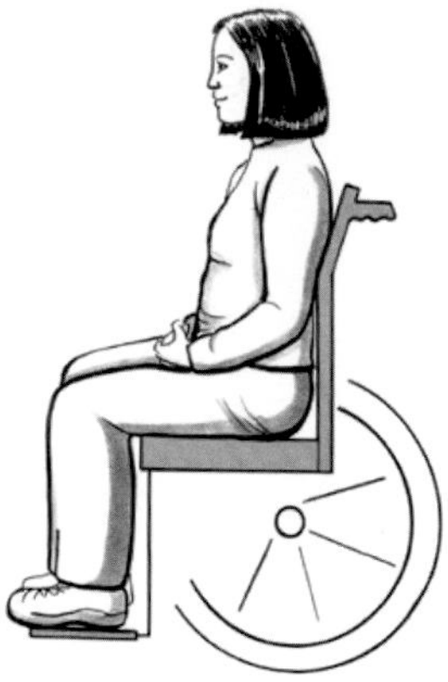

具体检查：

● 骨盆直立和水平吗？（如果可能）
● 躯干直立和对称吗？（如果可能）
● 头部平衡和直立吗？（如果可能）
● 双腿和双脚尽可能地接近直立坐姿吗？
● 询问轮椅使用者感觉如何。

观察轮椅使用者整个坐姿后，检查每个 PSD 是否按照计划提供支撑，具体来说，记住检查（如果已经提供）：

● 靠背高度、后倾和轮廓；
● 整体后倾；
● 骨盆侧垫和躯干侧垫；
● 所有的大腿和小腿支撑。

检查压力

对于有发生压疮风险的每位轮椅使用者，适配步骤包括检查坐骨下的压力是否安全和其他所有的风险部位（例如髋关节或骶尾部下）。

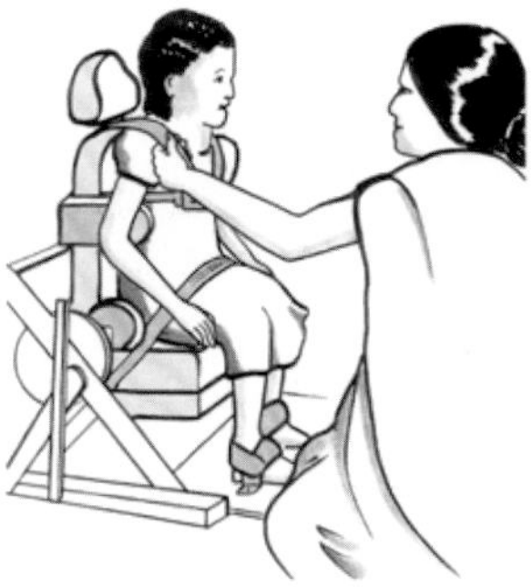

对于用 PSDs 来提供稳固支撑的每位轮椅使用者——检查轮椅使用者身体部位与 PSD 之间的压力。应该感觉支撑稳定——但不紧。

在轮椅使用者移动过程中检查适配

适配过程的最后部分是在轮椅使用者移动过程中检查轮椅适配情况。如果轮椅使用者不能独立推轮椅，让一位家人/护理者推轮椅。

观察什么：

- 靠背允许轮椅使用者自由地活动双肩推轮椅吗？
- 轮椅的移动或推行动作会导致轮椅使用者改变他们的姿势或感觉不舒适或不稳定吗？

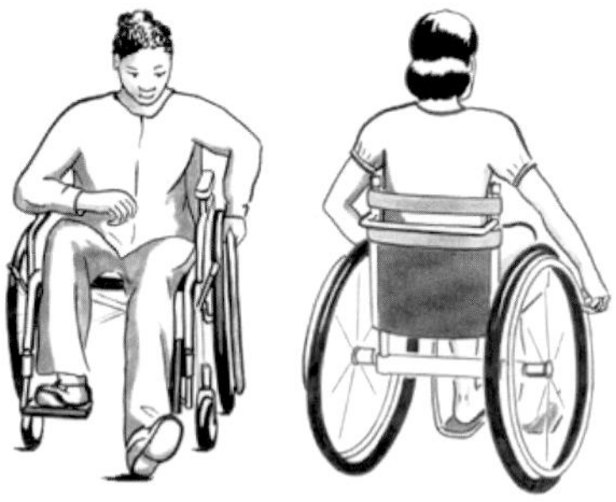

- 手推轮椅：后轮的位置对于轮椅使用者推轮椅是否正确以及他/她能推动吗？
- 脚推轮椅：对于用脚推行的轮椅使用者，椅座的高度和椅座深度正确吗？
- 体位支撑允许轮椅移动不受限制和安全吗？

中级轮椅适配检查表

1. 轮椅准备好了吗？

轮椅已经检查且能确保安全使用以及所有的部件都正常工作吗？	□

2. 检查轮椅和 PSDs 适配

椅座宽度： ● 臀部舒适地坐在扶手或骨盆侧垫之间； ● 躯干舒适地靠在轮椅架靠背管或躯干侧垫之间； ● 大腿舒适地放在扶手、挡泥板/护裙板或骨盆侧垫之间并且不会挤压在一起。	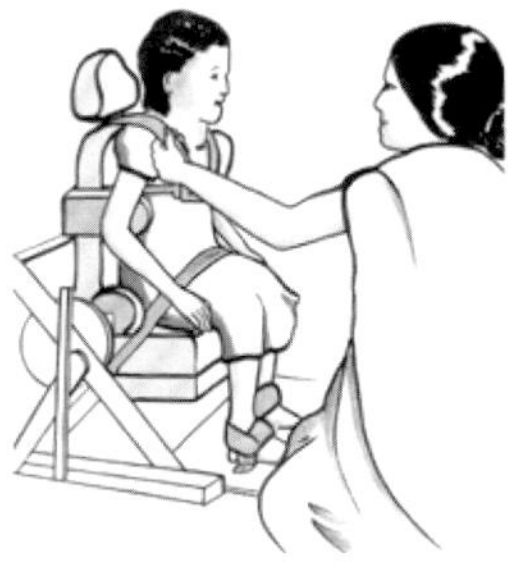	□

椅座深度： ● 腘窝与椅座/坐垫之间有 30mm 间隙。	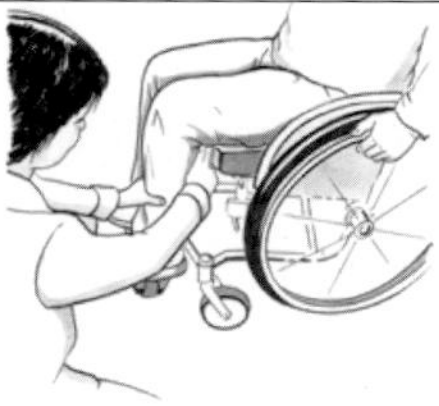	□
骨盆： ● 坐骨前垫高刚好在坐骨前面； ● 骨盆后垫在 PSIS 处提供支撑； ● 骨盆侧垫紧密贴合并且不高于髋关节； ● 骨盆带能绑紧但是不挤压皮肤。	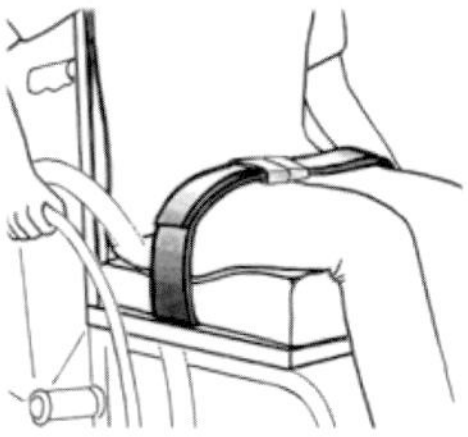	□
躯干： ● 躯干侧垫不要在腋窝处施压，腋窝与躯干侧垫顶端之间应该至少有 30mm 的间隙； ● 肩带舒适地穿上并且不会挤压皮肤； ● 桌面板支撑整个前臂和肘关节并且不会挤压腹部； ● 检查靠背高度和后倾。	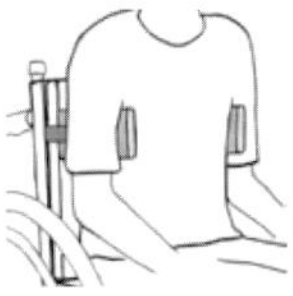 	□
头靠： ● 头靠通常应该在颅底支撑轮椅使用者的头部； ● 支撑头部保持平衡和直立的姿势。		□
大腿： ● 大腿外侧垫或膝分隔垫不会导致大腿上大的压力； ● 膝分隔垫距儿童腹股沟区 40mm～60mm，成人腹股沟区 60mm～100mm。	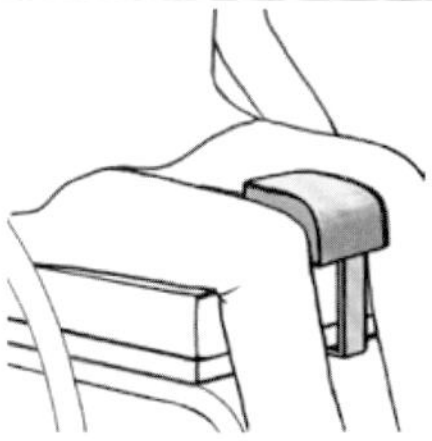	□
脚踏板高度： ● 大腿完全支撑在坐垫上没有间隙，双脚完全支撑在脚踏板上没有间隙； ● 足带可以牢固地系紧而不会挤压足； ● 小腿带和足跟带支撑小腿和双脚。	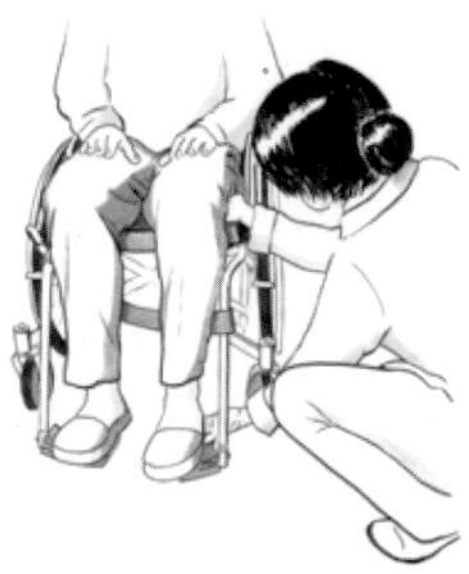	□

3. 检查姿势

从前面和侧面观察，轮椅使用者是否舒适地坐在接近中立位的坐姿：	
● 骨盆直立和水平吗（或舒适地接近这个体位）？	□
● 躯干直立和对称吗（或舒适地接近这个体位）？	□
● 头部平衡和直立吗（尽可能地）？	□
● 支撑腿和脚尽可能地接近中立位吗？	□
检查所有的 PSDs 是否都按照计划提供支撑。特别检查（如果已经提供）：	
● 靠背高度、后倾和轮廓	□
● 整体后倾	□
● 骨盆侧垫和躯干侧垫	□
● 大腿内侧和外侧楔形垫、大腿外侧垫和小腿支撑板	□
15 分钟后再检查姿势，看看是否有什么变化	□

4. 检查压力

检查两侧坐骨下的压力，两侧压力安全吗？ 1 级＝安全：指尖能够上下摆动 5mm 或更多。 2 级＝警告：指尖不能摆动，但能轻易地抽出。 3 级＝不安全：指尖被压得很紧，手指很难抽出。	□
把你的手指放在轮椅使用者身体和每个体位支撑之间，包括衬垫和绑带。 体位支撑与身体均匀接触吗？压力安全吗？	□
如果轮椅使用者有任何特别骨突、膨出或肿块——确保这些部位没有压力。	□

5. 在轮椅使用者移动过程中检查适配

靠背允许轮椅使用者移动双肩来推轮椅吗？	□
轮椅的移动或推轮椅的动作会导致使用者改变他们的姿势或感觉不舒适或不稳定吗？	□
手推轮椅：后轮的位置对于轮椅使用者推轮椅是否正确以及他/她能推吗？	□
脚推轮椅：椅座高度和深度对于用脚推轮椅的使用者正确吗？	□
体位支撑允许不受限制和安全的轮椅移动吗？	□

6. 决定是否需要进一步的行动

有必要采取进一步的行动吗？在轮椅使用者档案上写下采取的任何行动。	□

步骤 7：使用者培训

使用者培训

轮椅的信息资讯和培训能帮助很多轮椅使用者真正受益于自己的轮椅。没有这一步，轮椅使用者将无法发挥轮椅的最大功效。重要的是家人/护理者也获得这些信息资讯和培训。

对轮椅使用者有帮助的技能是什么？

轮椅服务人员应该教给轮椅使用者技能以助于维持健康、安全有效地使用轮椅、保养轮椅以便其延长寿命。下面是教给所有轮椅使用者的有用技能：

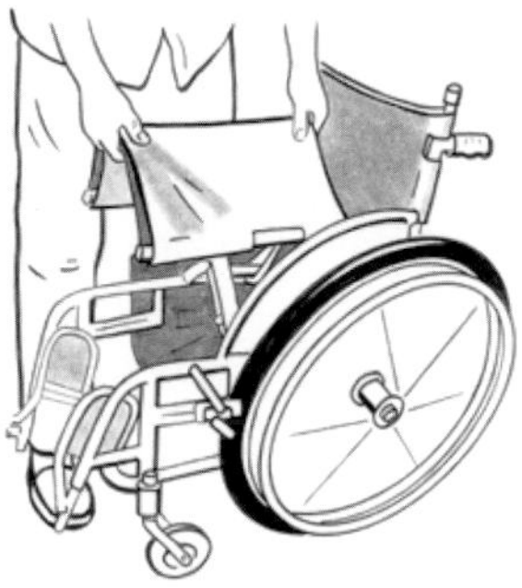

操作轮椅：

- 运输时如何折叠和抬起轮椅。
- 运输时如何拆下和装回 PSDs。
- 如何使用轮椅——例如刹车、后倾和防翻杆的使用、PSDs 和坐垫的正确位置。

轮椅使用者应该坐在轮椅上多长时间

对于那些不经常坐轮椅的使用者，可能要花时间习惯于直立姿势坐着，儿童尤其如此。轮椅服务人员需要告知轮椅使用者应该坐在轮椅上多长时间。提供以下指导：

- 如果轮椅使用者习惯于坐着，他/她应该花同样多的时间坐在他们的新轮椅上。如果需要，他/她应逐渐增加时间。
- 如果轮椅使用者还不能坐起来，刚开始时不超过 30 分钟然后休息。
- 教会轮椅使用者或家人/护理者在使用者坐轮椅后经常检查其受压部位。

转移（如何上下轮椅）：

- 安全的转移方法是：
  - 轮椅使用者舒适；
  - 安全地任何辅助或抬起。
- 如何正确地坐在轮椅上（例如确保轮椅使用者被放回轮椅上时坐骨位于坐骨前垫高的后面）。
- 如何正确调整 PSDs——例如绑带需要系多紧才能发挥作用。
- 记住许多轮椅使用者能独立地上下轮椅，独立和辅助转移在《轮椅服务初级教程》中有介绍。

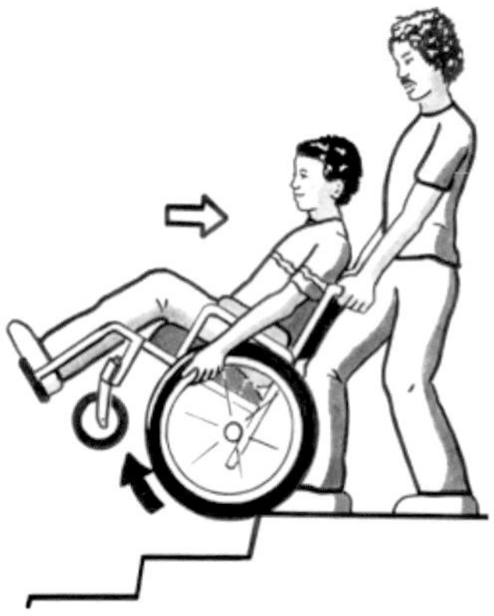

轮椅的使用和移动：

- 轮椅服务人员教给关于轮椅移动的技能取决于轮椅使用者的能力和他们的环境。
- 应该记住教给轮椅使用者适合他们能力的推轮椅最好方法。
- 更多关于轮椅基本移动技能的信息包括正确推动、上下斜坡和台阶以及翘前轮基本技巧可查阅《轮椅服务初级教程》。

预防压疮：

- 压疮是由骨突部位的压力、摩擦力和剪切力导致。
- 对于坐直困难的轮椅使用者，思考：
  - 确保他们不滑动——由于剪切力能导致压疮（骨突部位在软组织上滑动）。
  - 确保两侧坐骨下重量均匀分布。
- 对于使用 PSDs 的轮椅使用者，确保他们定期检查与轮椅或 PSDs 接触的皮肤。
- 关于预防压疮的更详细资料可查阅《轮椅服务初级教程》。

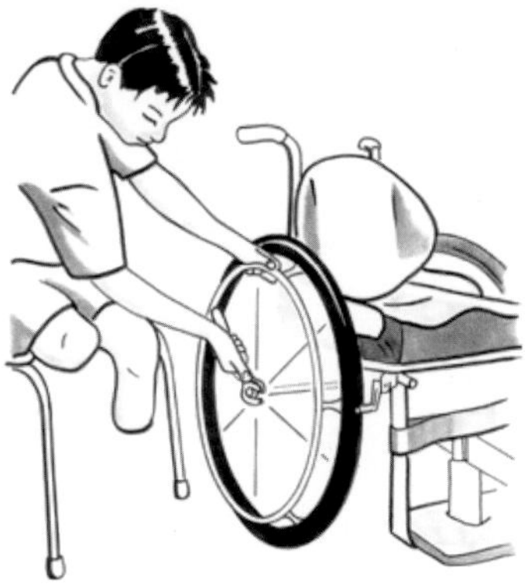

如何在家保养轮椅：

- 为轮椅使用者提供关于如何在家保养轮椅的基本信息有助于延长轮椅的寿命。
- 《轮椅服务初级教程》中介绍了轮椅使用者在家能够做到保养轮椅和坐垫的6件事情，这些资料同样适用于中级轮椅使用者。增加额外保养以确保PSDs处于正常工作状态。

如果有问题，怎么办：

轮椅使用者需要知道如果出现问题怎么办，问题包括：

- 轮椅需要维修；
- 轮椅不适配或不舒适。

对于这些问题，轮椅使用者应该能够联系轮椅服务中心寻求帮助和建议。确保轮椅使用者知道如何与轮椅服务中心取得联系。

如何成功地对轮椅使用者进行培训

- 了解轮椅使用者已经掌握的技能。
- 讲解、演示，然后让轮椅使用者实操练习。
- 使用通俗易懂的语言。
- 让轮椅使用者互教互学。
- 运用良好的沟通技巧。
- 要善于鼓励轮椅使用者。

记住——当学习任何新技能时，实操很重要。第一次应该通过示范来教技能，并且随后给轮椅使用者机会练习。

中级轮椅使用者培训检查表

	需要教的技能	已经教的技能
操作轮椅		
折叠和抬起轮椅	☐	☐
拆下和装回所有的 PSDs 以便运输的需要	☐	☐
使用快拆轮	☐	☐
使用刹车	☐	☐
后倾和防翻杆（如果使用）	☐	☐
当使用者坐在轮椅上时，在正确的位置安装 PSDs	☐	☐
使用坐垫，包括正确摆放	☐	☐
转移		
独立转移	☐	☐
在协助下转移	☐	☐
其他	☐	☐
轮椅的使用和移动		
正确地推轮椅（用轮椅使用者喜欢的方式）	☐	☐
上下斜坡	☐	☐
上下台阶	☐	☐
粗糙地面	☐	☐
翘前轮基本技巧	☐	☐
在轮椅上坐多长时间（对于需要附加体位支撑的儿童和成人）	☐	☐
辅助下推轮椅	☐	☐
预防压疮		
检查易发压疮的高压部位	☐	☐
减压技巧	☐	☐
营养膳食并充足饮水	☐	☐
如果发生压疮，该怎么办	☐	☐
如何在家保养轮椅		
清洁轮椅，清洗并晾干坐垫和坐垫套	☐	☐

为活动部件上油	☐	☐
给轮胎打气	☐	☐
拧紧螺母和螺栓	☐	☐
拧紧辐条	☐	☐
检查装饰面料	☐	☐
检查是否生锈	☐	☐
检查坐垫	☐	☐
如果出现问题，怎么办		
轮椅需要维修	☐	☐
轮椅不适配或不舒适	☐	☐

步骤 8：保养、维修和随访

关于保养、维修和随访的信息已经在《轮椅服务初级教程》中介绍了，在中级教程中，将讨论随访对于使用附加体位支撑的轮椅使用者的特殊重要性。

随访

随访是轮椅服务第 8 步的一部分。

随访概述

所有的轮椅使用者都从随访中受益，然而随访对以下人员最为重要：

- 儿童；
- 有发生压疮风险的轮椅使用者；
- 有进行性疾病的轮椅使用者；
- 在轮椅上需要附加体位支撑的轮椅使用者；
- 接受任何培训或指导有困难的轮椅使用者。

大多数中级轮椅使用者需要附加体位支撑，因此随访特别重要。

随访管理

何时应该进行随访没有明确的规定，随访的最佳时机取决于轮椅使用者的需要。但是只要有可能，在轮椅交付后的6周之内进行随访都是非常有用的，确保轮椅使用良好并且加强使用者培训。对于儿童来说，如果每3～6个月进行一次随访是理想的。这是因为随着儿童的成长，他们的需求变化很快。

随访可以在以下地点进行：

- 在轮椅使用者家里；
- 在轮椅服务中心；
- 在其他适合轮椅使用者和轮椅服务人员的任何地方。

地点取决于轮椅使用者是否能够前往轮椅服务中心，以及轮椅服务人员是否能前往轮椅使用者家中。

随访可以用许多不同的方式进行管理，包括：

- 当轮椅使用者收到轮椅的时候，就和他们预约随访时间；
- 随访可以在轮椅使用者家里或轮椅服务中心进行；
- 把随访作为日常社区家访的一部分，由已经接受过培训的社区康复人员（CBR）对轮椅使用者进行随访。
- 如果交通困难并且轮椅使用者能够使用电话，可以安排电话随访。

轮椅随访表

- 轮椅随访表（见下页）将帮助轮椅服务人员记住随访时问什么问题以及做什么，轮椅随访表也有空白处写下需要采取的任何措施。

常见的随访措施

常见的随访措施包括：

- **提供更多的建议或训练。**

例如，如果轮椅使用者没有按照预期使用轮椅，可能是因为他/她对于如何独自上下轮椅没有信心，转移方面更多的训练可能有所帮助。

- **重新调整轮椅。**
- **进行小型维修。**

应该鼓励轮椅使用者和他们的家人/看护者通过在家保养轮椅来维护轮椅。如果不能立即修理任何损坏的部件，轮椅服务人员也可以帮助轮椅使用者安排维修轮椅。

- 转介轮椅使用者至其他服务单位寻求支持或援助。

对希塔的随访

希塔 7 岁和他父母及姐姐生活在一起。他患有肌肉萎缩症，一年前通过轮椅服务获得了一辆轮椅。那时他能走很短的距离，能做站立式转移并独立上下轮椅，他说自己想要一辆轮椅，因为他发现上学困难。

在随访过程中，希塔说他现在发现很难独自上下轮椅，在学校下午时他感到疲劳和不舒适。这使他难以集中精力，他的轮椅大小合适，并且有一个中型的悬吊式靠背及简单的舒适坐垫。

随访过程中轮椅服务人员：

- 发现希塔是如何上下轮椅的，希塔发觉自己很难离开轮椅，轮椅服务人员教希塔如何用一块转移板转移，他感觉容易多了。
- 重新检查希塔的附加体位支撑，决定使用较高的靠背和具有姿势控制及减压的坐垫，希塔将得到更好的支撑。轮椅服务人员采取必要的措施为适配做准备。

为希塔预约来轮椅服务中心适配他的新靠背和坐垫。

轮椅随访表

1. 轮椅使用者信息

轮椅使用者姓名：　　　　　　编号：

适配日期：　　　　　　随访日期：

随访人员姓名：

随访地点：轮椅使用者家里□　轮椅服务中心□　其他：________________

2. 面谈内容　　　　　　记录应采取的措施：

您能如您所愿地使用轮椅吗？	是□否□	
如果不能——为什么？		
您在使用轮椅的过程中，遇到什么困难吗？	是□否□	
如果有，是什么困难？		
您在使用轮椅的过程中，有什么不懂的问题吗？	是□否□	
如果有，问题是什么？需要进一步的培训吗？		

您有压疮吗？	是□否□	
如果有，请描述（位置）。		
您对自己轮椅的满意度用1～5如何评价？（1是不满意，5是非常满意）	评价：	
建议：		

3. **轮椅和坐垫的检查**

轮椅是处于良好的工作状态并且可以安全地使用吗？	是□否□	
坐垫是处于良好的工作状态并且可以安全地使用吗？	是□否□	
如果以上两项有任何一项答案是否，请问是什么问题？		

4. **适配检查**

轮椅适配正确吗？	是□否□		
如果不适配，是什么问题？			
压力测试等级（1级＝安全级，2级＝警告级，3级＝不安全级）（轮椅使用者是否有发生压疮的风险）	左：		
	右：		
轮椅使用者在静止、移动的情况下，能舒适地坐直吗？能一整天都这样坐着吗？	是□否□		
如果不能，请问是什么问题？			

世界卫生组织

USAID
FROM THE AMERICAN PEOPLE

轮椅服务中级教程

实训手册

［美］弗罗斯特　等著

钟磊　赫琳　译

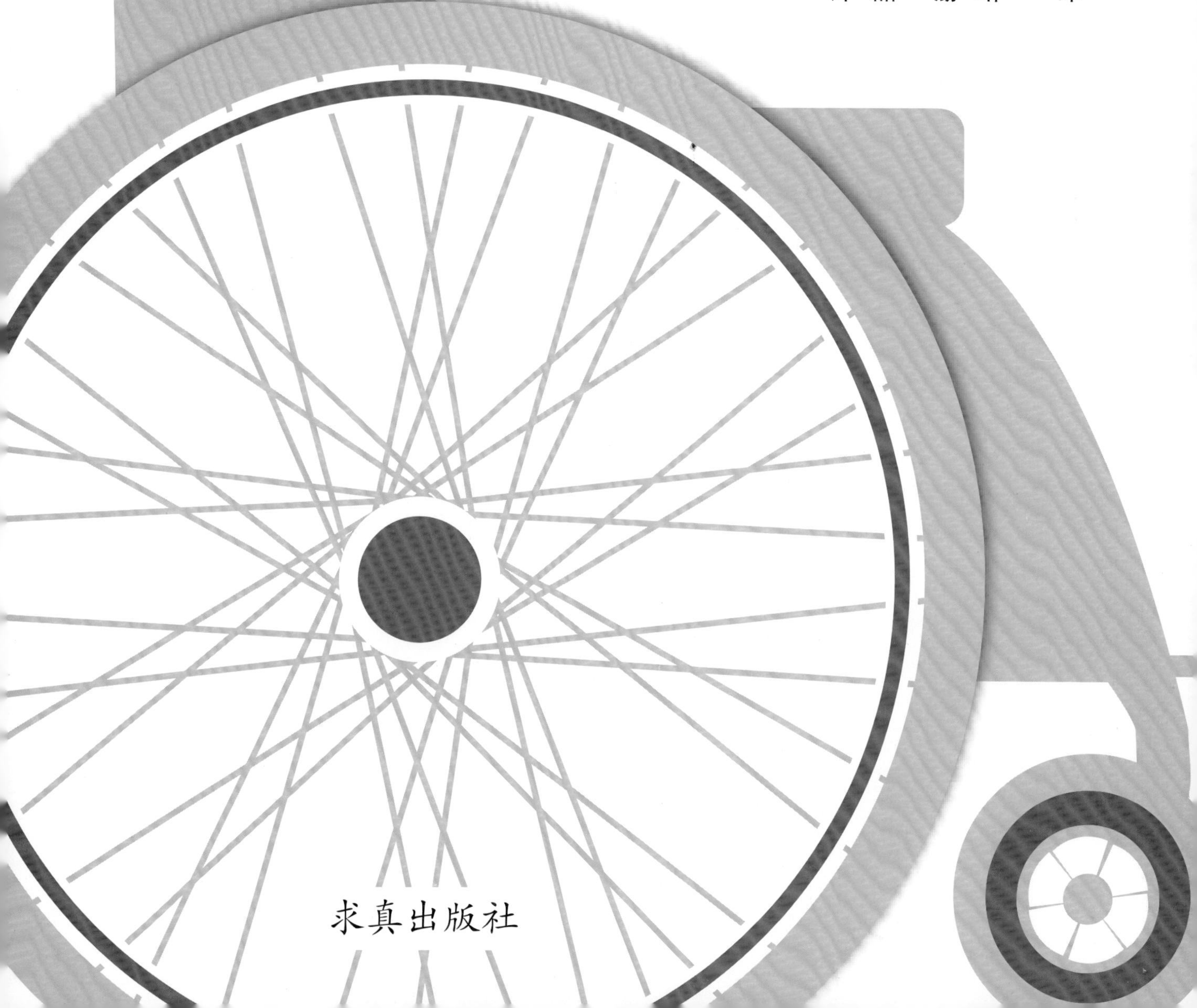

求真出版社

图书在版编目（CIP）数据

轮椅服务中级教程 /（美）弗罗斯特等著；钟磊等译. —北京：求真出版社，2016.1

ISBN 978－7－80258－230－9

Ⅰ. ①轮… Ⅱ. ①弗…②钟… Ⅲ. ①四肢－残疾人－社会服务－技术培训－教材 Ⅳ. ①C913.69

中国版本图书馆 CIP 数据核字（2016）第 030732 号

轮椅服务中级教程

著　　者：[美] 弗罗斯特　等
译　　者：钟　磊　赫　琳
责任编辑：计　悦
出版发行：求真出版社
社　　址：北京市西城区太平街甲 6 号
邮政编码：100050
印　　刷：北京华联印刷有限公司
经　　销：新华书店
开　　本：787×1092　1/16
字　　数：611 千字
印　　张：29.25
版　　次：2016 年 5 月第 1 版　2016 年 5 月第 1 次印刷
书　　号：ISBN 978－7－80258－230－9/C・6
定　　价：98.00
编辑热线：（010）83190270
销售服务热线：（010）83190297　83190289　83190292

目录

目的

本中级教程是为支持服务人员或志愿者的培训而设计的，使他们能为那些需要附加体位支撑才能坐直的儿童和成年人提供适合的轮椅和坐垫。

本教程的主要目的是提高轮椅服务人员的知识和技能，本教程的实施将有助于：

- 增加能满足个人需求的轮椅使用者数量；
- 增加接受中级轮椅服务培训的人员数量；
- 提高轮椅服务人员的职业素质；
- 针对需要比初级轮椅服务更高层级干预的轮椅使用者，提高为他们轮椅服务的质量；
- 将本教程加入到常规辅助医疗/康复培训项目中；
- 将提供轮椅服务更大程度地整合到康复服务里。

《实训手册》的目的是培训轮椅服务人员的技能和知识。《实训手册》包括有助于测试和发展学员知识与技能的练习，包括来自于课堂、幻灯片和《学员手册》的资料。目的在于让学员保留他们的《实训手册》，以便将来在需要时可以作为参考。

A.1：受益于附加体位支撑的轮椅使用者

1. 扔球

- 从你所在的小组选一人出来坐在椅子上，参与这项活动的 3 个步骤。
- 另外两人是助手。
- 每个步骤，坐在椅子上的人和助手之间扔球和接球 5 次。

第 1 步：当扔球和接球时，在椅子上的人坐直并且双脚平放在地面。	**扔接球有多容易呢？第 2 步和第 3 步变得更难了吗？为什么？不同的位置和姿势如何影响接球的容易程度？**
第 2 步：当扔球和接球时，一位助手倾斜椅子使一侧的椅腿离地并保持其稳定。	
第 3 步：当扔球和接球时，一位助手随机地从一条腿到另外一条腿摇椅子。	

2. 喝水

- 每个人按照以下描述的不同位置和姿势喝水。
- 每次只喝几小口并小心！

● 坐直	**不同的位置和姿势如何影响喝水的容易程度？**
● 头向正后仰坐在椅子上（鼻子朝空中）	
● 以“下滑”姿势坐在椅子上	
● 躺在检查床上	

B.1：评定概述和面谈评估

- 与组员合作，并按照小组编号完成下面分配给你小组的问题。

第 1 组	以下列出的诊断/身体问题如何影响轮椅的选择？ 例如： ● 诊断/身体问题的哪些特征影响轮椅的选择？ ● 哪些轮椅特征和培训可能有帮助？ ● 重要的是在每个案例中了解轮椅使用者的哪些信息？
脑损伤	
小儿麻痹症	
疲劳	

第 2 组	以下列出的诊断/身体问题如何影响轮椅的选择？ 例如： ● 诊断/身体问题的哪些特征影响轮椅的选择？ ● 哪些轮椅特征和培训可能有帮助？ ● 重要的是在每个案例中了解轮椅使用者的哪些信息？
肌肉萎缩症	
脊髓损伤	
痉挛/不受控制的运动	

第 3 组	以下列出的诊断/身体问题如何影响轮椅的选择？ 例如： ● 诊断/身体问题的哪些特征影响轮椅的选择？ ● 哪些轮椅特征和培训可能有帮助？ ● 重要的是在每个案例中了解轮椅使用者的哪些信息？
脑性瘫痪	
中风	
饮食或吞咽困难	

第 4 组	以下列出的诊断/身体问题如何影响轮椅的选择？ 例如： ● 诊断/身体问题的哪些特征影响轮椅的选择？ ● 哪些轮椅特征和培训可能有帮助？ ● 重要的是在每个案例中了解轮椅使用者的哪些信息？
脊柱裂	
进行性疾病（例如：肌肉萎缩症、帕金森、多发性硬化症、运动神经元病）	
髋关节脱位	

B.2：身体检查——无支撑坐姿：坐姿的基础

- 当骨盆姿势变化时，学员一起来发现直立的坐姿有什么变化。
- 小组的每个人都应该模拟以下描述的一种骨盆姿势。其他人观察他/她身体的其他部分发生了哪些变化。
- 如果时间允许，小组的每个人都应该尝试不同的骨盆姿势来感受他们自己身体的变化。

骨盆姿势	写下或绘画你对姿势变化的观察。观察他的躯干、头和颈、腿。
前倾	
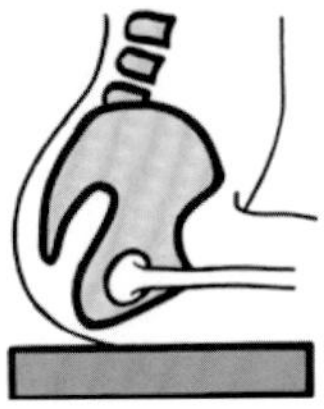	
后倾	
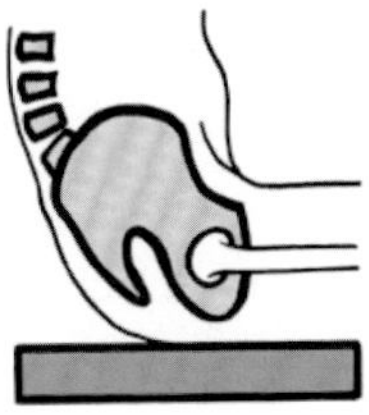	
侧倾	
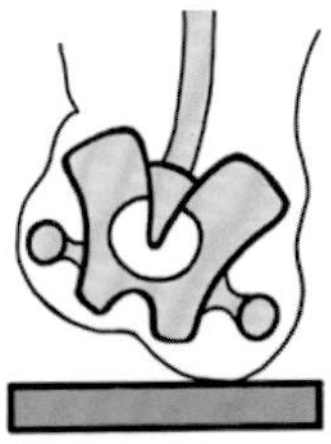	
旋转	
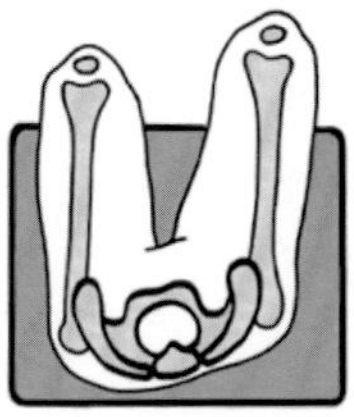	

B.2：身体检查——无支撑坐姿：姿势绘画

- 在下面的每个图后面画出你自己的线条绘画。

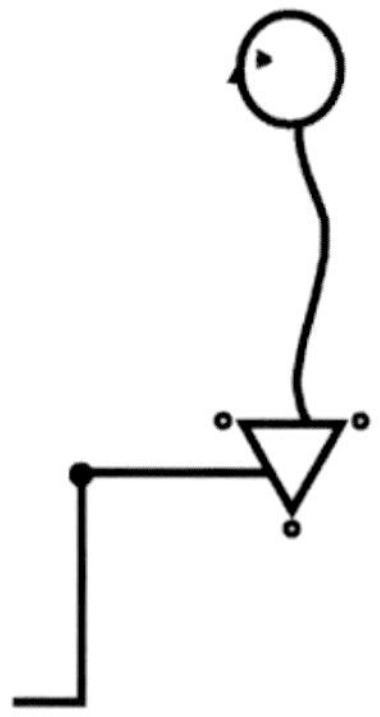

侧面的姿势线条绘画

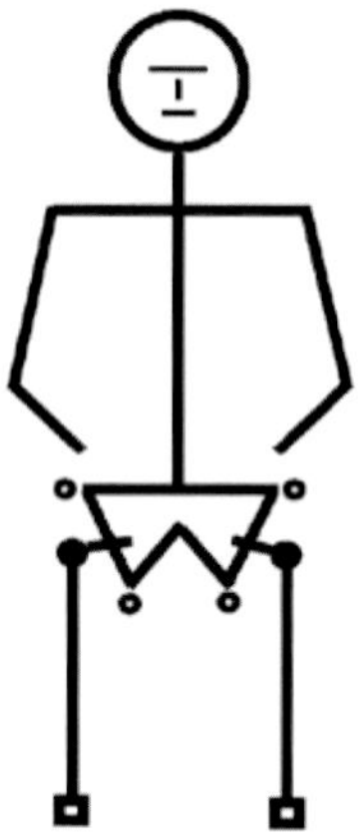

正面的姿势线条绘画

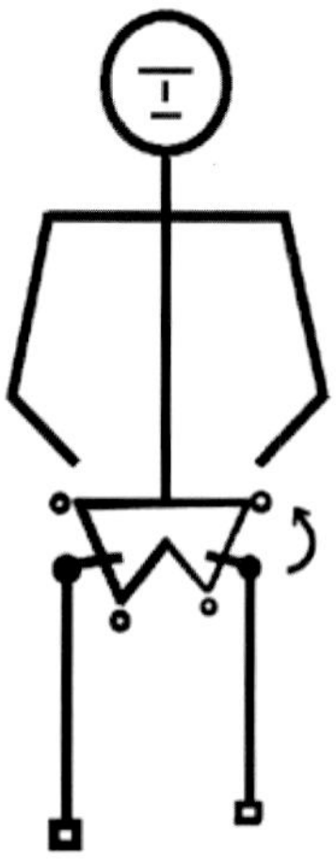

正面的姿势线条绘画——骨盆旋转

● 用线条绘画记录插图中人的姿势，并把它画在下面的框内。

1

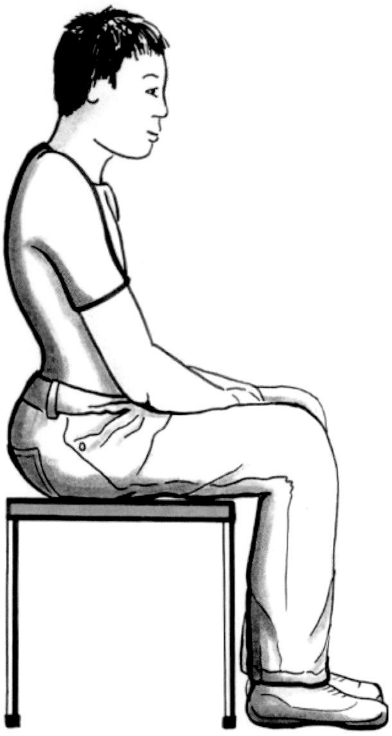

无支撑坐姿

描述或绘画无支撑坐姿：

2.

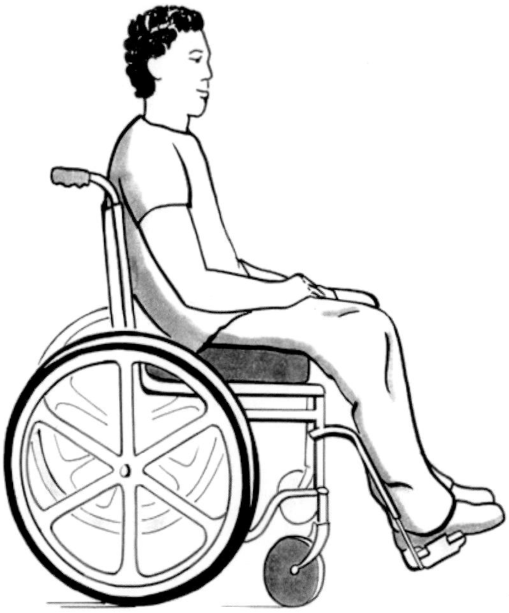

无支撑坐姿

描述或绘画无支撑坐姿：

● 用线条绘画记录插图中人的姿势，并把它画在下面的框内。

3.

无支撑坐姿

描述或绘画无支撑坐姿：

4.

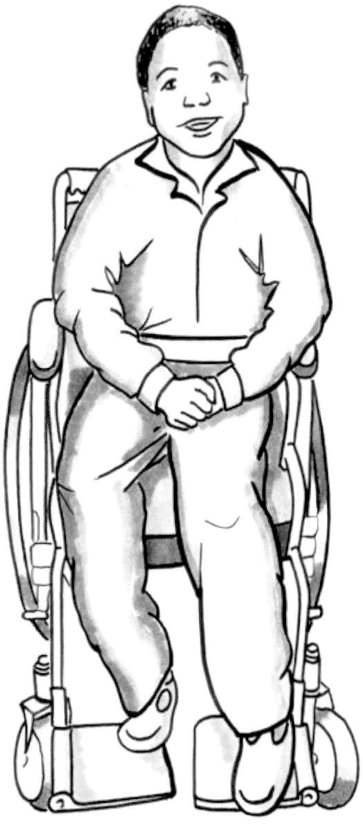

无支撑坐姿

描述或绘画无支撑坐姿：

B.3：身体检查——骨盆和髋关节姿势检查：进行检查

- 小组的每个人轮流扮演轮椅使用者，对他们进行骨盆和髋关节姿势检查。
- 记录每个人扮演轮椅使用者检查的结果，并写在下面中级轮椅评定表上的“骨盆和髋关节姿势检查”部分中。

轮椅使用者一：

骨盆和髋关节姿势检查
当卧位时检查骨盆是否水平以及髋关节的屈曲角度
骨盆是否水平？是 □ 否□
髋关节是否可以屈曲至中立位坐姿？
右：是□ 否□ 角度：________
左：是□ 否□ 角度：________
如果骨盆不能水平或髋关节无法屈曲至中立位坐姿——用临时支撑来适应。

轮椅使用者二：

骨盆和髋关节姿势检查
当卧位时检查骨盆是否水平以及髋关节的屈曲角度
骨盆是否水平？是 □ 否□
髋关节是否可以屈曲至中立位坐姿？
右：是□ 否□ 角度：________
左：是□ 否□ 角度：________
如果骨盆不能水平或髋关节无法屈曲至中立位坐姿——用临时支撑来适应。

轮椅使用者三：

骨盆和髋关节姿势检查
当卧位时检查骨盆是否水平以及髋关节的屈曲角度
骨盆是否水平？是 □ 否□
髋关节是否可以屈曲至中立位坐姿？
右：是□ 否□ 角度：________
左：是□ 否□ 角度：________
如果骨盆不能水平或髋关节无法屈曲至中立位坐姿——用临时支撑来适应。

B.3：身体检查——骨盆和髋关节姿势检查：练习临时支撑

- 阅读每个轮椅使用者的故事。
- 对于每位轮椅使用者，决定轮椅使用者的骨盆是否可以水平以及髋关节是否可以屈曲至中立位坐姿（躯干与大腿之间的角度是否为 90 度）。
- 完成中级轮椅评定表上的骨盆和髋关节姿势检查部分，决定轮椅使用者是否需要临时支撑并为每位轮椅使用者安装一个临时支撑。
- 确保检查每个临时支撑并坐在每个临时支撑上来看感受如何。记住 ASIS 代表髂前上棘。

萨姆

萨姆 4 岁，他患有脑瘫并且无法独立地坐直。通过骨盆和髋关节姿势检查你会发现：

- 萨姆的骨盆可以水平（两侧 ASIS 水平）；
- 萨姆的左髋关节可以舒适地屈曲至中立位坐姿。萨姆的右髋关节疼痛，始终无法屈曲至中立位坐姿（躯干与大腿之间的角度大于 90 度）。躯干与大腿之间的角度大约是 105 度。

骨盆和髋关节姿势检查
当卧位时检查骨盆是否水平以及髋关节的屈曲角度
骨盆是否水平？是 □ 否□
髋关节是否可以屈曲至中立位坐姿？
右：是□ 否□ 角度：________
左：是□ 否□ 角度：________
如果骨盆不能水平或髋关节无法屈曲至中立位坐姿——用临时支撑来适应。

萨姆需要临时支撑吗？ 是 □ 否 □

玛莎

玛莎 57 岁，她有严重的关节炎。她能走几步，然而走起来很疼。通过骨盆和髋关节姿势检查你会发现：

- 玛莎的骨盆可以水平（两侧 ASIS 水平）；
- 玛莎两侧的髋关节始终无法屈曲至中立位坐姿（躯干与大腿之间的角度大于 90 度）。两侧躯干与大腿之间的角度大约是 100 度。

骨盆和髋关节姿势检查
当卧位时检查骨盆是否水平以及髋关节的屈曲角度
骨盆是否水平？是 □ 否□
髋关节是否可以屈曲至中立位坐姿？
右：是□ 否□ 角度：________
左：是□ 否□ 角度：________
如果骨盆不能水平或髋关节无法屈曲至中立位坐姿——用临时支撑来适应。

玛莎需要临时支撑吗？ 是 □ 否 □

赛恩

赛恩 16 岁。她小时候得了小儿麻痹症，现在双腿严重挛缩。赛恩通过盘腿坐的方式四处移动并且在地面挪动。通过骨盆和髋关节姿势检查你会发现：

- 赛恩的骨盆不能水平。右侧骨盆比左侧骨盆高 20mm；
- 赛恩的两侧髋关节可以屈曲至中立位坐姿。

骨盆和髋关节姿势检查
当卧位时检查骨盆是否水平以及髋关节的屈曲角度
骨盆是否水平？是 □ 否□
髋关节是否可以屈曲至中立位坐姿？
右：是□ 否□ 角度：________
左：是□ 否□ 角度：________
如果骨盆不能水平或髋关节无法屈曲至中立位坐姿——用临时支撑来适应。

赛恩需要临时支撑吗？ 是 □ 否 □

乔

乔 25 岁。他小时候得了小儿麻痹症，现在双腿有严重的挛缩。通过骨盆和髋关节姿势检查，你会发现：

- 乔的骨盆可以水平（两侧 ASIS 水平）；
- 乔右侧的髋关节可以舒适地屈曲至中立位坐姿。然而他的左髋关节始终无法伸展至中立位（躯干与大腿之间的角度小于 90 度）。躯干与大腿之间的角度是 70 度。

骨盆和髋关节姿势检查
当卧位时检查骨盆是否水平以及髋关节的屈曲角度
骨盆是否水平？是 □ 否□
髋关节是否可以屈曲至中立位坐姿？
右：是□ 否□ 角度：________
左：是□ 否□ 角度：________
如果骨盆不能水平或髋关节无法屈曲至中立位坐姿——用临时支撑来适应。

乔需要临时支撑吗？ 是 □ 否 □

B.5：身体检查——进行测量

马达维是一名 13 岁的脑瘫儿童。她可以无支撑坐直，但是她感到非常疲劳并且不能久坐。她的骨盆轻度僵硬后倾，并且在她现在的轮椅上向前滑。她提出要一个桌面板，因为她想在自己面前有一个桌/表面，这样她可以容易地看书、写字和吃东西。以下是轮椅服务人员用手模拟进行身体检查的结果。

- 阅读下面已经完成的用手模拟结果：

用手模拟：用手支撑坐在中立位/尽可能舒适地接近中立位

<table>
<tr><th colspan="4">对于每个身体部位：通过用手支撑，如果中立位坐姿可以实现，勾“是”，如果不能，勾“否”。</th></tr>
<tr><td>部位</td><td>是</td><td>否</td><td rowspan="2">描述或画出用手支撑实现的轮椅使用者的最终坐姿以及实现坐姿所提供的支撑。</td></tr>
<tr><td>骨盆</td><td>☐</td><td>☐</td></tr>
<tr><td>躯干</td><td>☐</td><td>☐</td><td rowspan="10">最后的姿势：骨盆后倾；当在两侧支撑时，腰部稍微弯曲（侧视图）但是对称（正视图）；头稍微向前，双腿向内收——轻轻地支撑让大腿处于中立位。
需要的支撑：
● 支撑在坐骨前面；
● 支撑在骨盆后部——不会推向中立位但是阻止进一步前滚；
● 后部支撑到双肩；
● 躯干侧支撑——帮助保持躯干在中间；
● 支撑在骨盆/髋关节两侧以保持骨盆在中间；
● 支撑在大腿内侧以阻止大腿内收——大腿内侧楔形垫；
● 桌面板。</td></tr>
<tr><td>头</td><td>☐</td><td>☐</td></tr>
<tr><td>左髋</td><td>☐</td><td>☐</td></tr>
<tr><td>右髋</td><td>☐</td><td>☐</td></tr>
<tr><td>大腿</td><td>☐</td><td>☐</td></tr>
<tr><td>左膝</td><td>☐</td><td>☐</td></tr>
<tr><td>右膝</td><td>☐</td><td>☐</td></tr>
<tr><td>左踝</td><td>☐</td><td>☐</td></tr>
<tr><td>右踝</td><td>☐</td><td>☐</td></tr>
</table>

- 为了给马达维选择轮椅，你需要知道测量身体的哪部分的尺寸。
- 对组内至少一位成员进行这些尺寸的测量，并把他们记录在中级轮椅评定表（下一页）上的“进行测量”部分。
- 你如何确保自己获得正确的椅座深度尺寸？（记住马达维的骨盆轻度僵硬后倾）
- 哪些尺寸将用来描述她的桌面板高度、尺寸/形状？

进行测量

<table>
<tr><th colspan="4">身体测量（mm）</th><th colspan="3">轮椅部件测量（mm）</th></tr>
<tr><td colspan="7">座宽、座深和脚踏板高度</td></tr>
<tr><td rowspan="2">A</td><td rowspan="2" colspan="2">臀宽</td><td rowspan="2"></td><td>＝座宽或</td><td>1</td><td></td></tr>
<tr><td>＝骨盆侧垫之间的距离</td><td>2</td><td></td></tr>
<tr><td rowspan="2">B</td><td rowspan="2">大腿长（骨盆后部到腘窝）</td><td>左</td><td></td><td rowspan="2">B 减去 30～60mm＝椅座深度（如果左右两边长度不同，取较短的一个数值）</td><td rowspan="2">3</td><td rowspan="2"></td></tr>
<tr><td>右</td><td></td></tr>
<tr><td rowspan="2">C</td><td rowspan="2">腘窝到足底</td><td>左</td><td></td><td>＝座面顶端到脚踏板高度或</td><td>4</td><td></td></tr>
<tr><td>右</td><td></td><td>＝座面顶端到地面高度（脚推行者）</td><td>5</td><td></td></tr>
<tr><td colspan="7">靠背高度</td></tr>
<tr><td>D</td><td colspan="2">座面※到胸腔下缘</td><td></td><td rowspan="3">＝座面顶端到靠背顶端的距离（根据轮椅使用者的需求，测量 D、E 或 F）</td><td rowspan="3">6</td><td rowspan="3"></td></tr>
<tr><td>E</td><td colspan="2">座面※到肩胛下角</td><td></td></tr>
<tr><td>F</td><td colspan="2">座面※到肩峰</td><td></td></tr>
<tr><td colspan="7">改制和/或 PSDs</td></tr>
<tr><td>G</td><td colspan="2">躯干宽度</td><td></td><td>＝躯干侧垫/楔形垫之间的距离</td><td>7</td><td></td></tr>
<tr><td rowspan="2">H</td><td rowspan="2">座面※到腋下（腋窝）</td><td>左</td><td></td><td rowspan="2">H 减去 30mm＝椅座顶端到躯干侧垫/楔形垫之间的最大距离（根据用手模拟进行调整）</td><td rowspan="2">8</td><td></td></tr>
<tr><td>右</td><td></td><td></td></tr>
<tr><td>I</td><td colspan="2">座面到骨盆顶端（髂后上棘）</td><td></td><td>＝椅座顶端与骨盆后垫之间的距离</td><td>9</td><td></td></tr>
<tr><td>J</td><td colspan="2">膝关节之间的距离</td><td></td><td>＝膝分隔垫之间的宽度</td><td>10</td><td></td></tr>
<tr><td>K</td><td colspan="2">座面到颅底的距离</td><td></td><td>＝座面顶端与头靠中间的距离</td><td>11</td><td></td></tr>
<tr><td>L</td><td colspan="2">骨盆后部到坐骨</td><td></td><td>L 加 20～40mm＝靠背支撑到坐骨前垫高开始点之间的距离</td><td>12</td><td></td></tr>
<tr><td rowspan="2">其他</td><td colspan="2"></td><td></td><td></td><td></td><td></td></tr>
<tr><td colspan="2"></td><td></td><td></td><td></td><td></td></tr>
</table>

※当进行测量时，“座面”是指坐骨坐的平面。

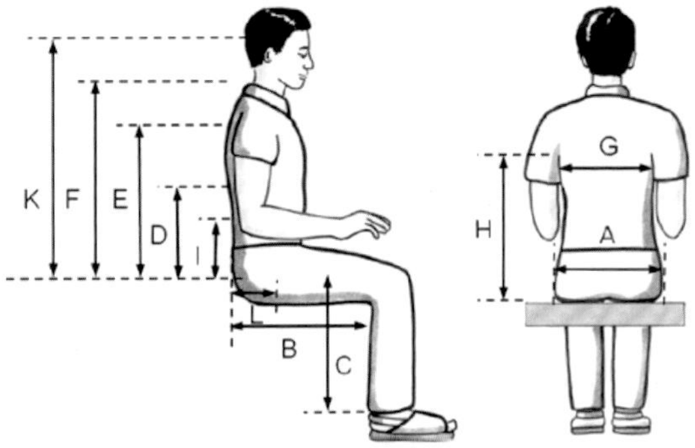

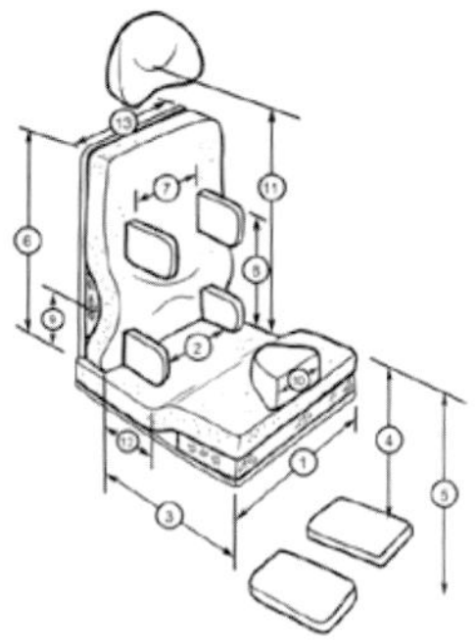

B.6：选择轮椅和坐垫

- 仔细地看当地可得到的每款轮椅。
- 小组讨论回答下面的问题。
- 如果你没有把握，请教师来说明。

1. 生活方式和环境

问题：	回答：
哪种轮椅（或哪些轮椅）最适合在粗糙/不平坦地面使用？ 为什么？	
哪种轮椅（或哪些轮椅）最有利于站立式转移？ 为什么？	
哪种轮椅（或哪些轮椅）最有利于侧向转移？ 为什么？	
每种轮椅如何折叠或为了运输如何拆卸？通常的方法包括： ● 固定式； ● 交叉折叠； ● 靠背向下折叠； ● 快拆轮。	
你们小组认为哪种轮椅（或哪些轮椅）在公共交通工具上最好运输？为什么？	

续表

哪种轮椅（如果有）是气胎？	
哪种轮椅（如果有）是 PU 胎？	
哪种轮椅（如果有）是实心胎？	

2. 减压

问题：	回答：
你在教室中看到了哪种类型的坐垫？	
其中的哪些可以称为减压坐垫？ 为什么？	
减压坐垫中（如果有），哪个相对容易调整实现以下功能： ● 增加减压； ● 提供附加体位支撑。	
你可以在培训教室中看到哪种类型的坐垫套？ 考虑：防水、耐用、有弹性、薄面料。	

3. 推行

问题：	回答：
在轮椅上坐直。后轮处于良好的位置便于自己推行吗？检查： ● 让你的手臂放下来。你的手处于轮轴线上吗？ ● 当手握住手推圈的最高点时，手在你肩膀的正下方。你的肘关节屈曲在 90～120 度之间吗？ ● 后轮的位置可调吗？如果可调，这能改善推动位置吗？	

续表

教室中的哪些轮椅椅座高度可调？ 这在什么时候有用？	

4. 体位支撑特点

问题：	回答：
哪种轮椅（如果有）具有可升降的腿托？	
哪种轮椅（如果有）有硬椅座？	
哪种轮椅（如果有）有张力可调的靠背？	
为了实现提供附加体位支撑的功能，哪种轮椅（如果有）具有附加的部件设计？	

5. 可调性

问题：	回答：
哪种轮椅（如果有）具有以下的可调性？	
● 脚踏板高度	
● 脚踏板角度	
● 脚踏板向前/向后移动	
● 靠背高度升或降	
● 靠背后倾	
● 整体后倾（椅座与靠背后倾）	

中级轮椅参数表

- 你可以为本教程中使用的每辆轮椅完成本表（如果需要，向教师要更多的空表）。

轮椅名称：			
制造商/供应商：			
可提供的尺寸：		**整体重量：**	

描述：

轮椅架：	固定式/刚性	☐	可折叠	☐	轮椅架长度：	
靠背：	悬吊式/帆布	☐	硬	☐	张力可调	☐
椅座：	悬吊式/帆布	☐	硬	☐	张力可调	☐
坐垫：	无坐垫	☐	平面泡沫塑料	☐	波形的泡沫塑料	☐
	流体	☐	其他	☐		
脚踏板：	固定式	☐	可拆/外转	☐	其他：	
小脚轮：	气胎	☐	直径：			
	实心胎	☐	宽度：			
后轮：	气胎	☐	直径：		手推圈	☐
	实心胎	☐	宽度：		可调轴	☐
	PU 胎	☐			可拆卸	☐
刹车：	短杆	☐	长杆	☐	其他：	
扶手：	弧形的	☐	方形	☐	其他：	
	固定式	☐	可拆	☐	其他：	
把手：	把手	☐				
PSDs：	骨盆带	☐	小腿带	☐	肩带	☐
	足带	☐	防翻杆	☐	躯干侧垫	☐
	桌面板	☐	头靠	☐	骨盆侧垫	☐
	其他：					

测量尺寸、调整选项及范围：

	测量尺寸（如果轮椅有不同的尺寸，列出所有的尺寸）	是否可调		调整范围（该轮椅可能的调整范围）
		是	否	
椅座宽度		□	□	
椅座深度		□	□	
椅座高度		□	□	
靠背高度		□	□	
靠背后倾		□	□	
脚踏板高度		□	□	
脚踏板角度		□	□	
把手高度		□	□	
轮椅架长度		□	□	
轴距长度		□	□	
靠背与椅座之间的角度		□	□	
整体后倾		□	□	

中级轮椅参数表

- 你可以为本教程中使用的每辆轮椅完成本表（如果需要，向教师要更多的空表）。

轮椅名称：			
制造商/供应商：			
可提供的尺寸：		**整体重量：**	

描述：

轮椅架：	固定式/刚性	□	可折叠	□	轮椅架长度	
靠背：	悬吊式/帆布	□	硬	□	张力可调	□
椅座：	悬吊式/帆布	□	硬	□	张力可调	□
坐垫：	无坐垫	□	平面泡沫塑料	□	波形的泡沫塑料	□
	流体	□	其他	□		
脚踏板：	固定式	□	可拆/外转	□	其他：	
小脚轮：	气胎	□	直径：			
	实心胎	□	宽度：			
后轮：	气胎	□	直径：		手推圈	□
	实心胎	□	宽度：		可调轴	□
	PU 胎	□			可拆卸	□
刹车：	短杆	□	长杆	□	其他：	
扶手：	弧形的	□	方形	□	其他：	
	固定式	□	可拆	□	其他：	
把手：	把手	□				
PSDs：	骨盆带	□	小腿带	□	肩带	□
	足带	□	防翻杆	□	躯干侧垫	□
	桌面板	□	头靠	□	骨盆侧垫	□
	其他：					

测量尺寸、调整选项及范围：

	测量尺寸（如果轮椅有不同的尺寸，列出所有的尺寸）	是否可调		调整范围（该轮椅可能的调整范围）
		是	否	
椅座宽度		□	□	
椅座深度		□	□	
椅座高度		□	□	
靠背高度		□	□	
靠背后倾		□	□	
脚踏板高度		□	□	
脚踏板角度		□	□	
把手高度		□	□	
轮椅架长度		□	□	
轴距长度		□	□	
靠背与椅座之间的角度		□	□	
整体后倾		□	□	

中级轮椅参数表

- 你可以为本教程中使用的每辆轮椅完成本表（如果需要，向教师要更多的空表）。

轮椅名称：			
制造商/供应商：			
可提供的尺寸：		**整体重量：**	

描述：

轮椅架：	固定式/刚性	□	可折叠	□	轮椅架长度	
靠背：	悬吊式/帆布	□	硬	□	张力可调	□
椅座：	悬吊式/帆布	□	硬	□	张力可调	□
坐垫：	无坐垫	□	平面泡沫塑料	□	波形的泡沫塑料	□
	流体	□	其他	□		
脚踏板：	固定式	□	可拆/外转	□	其他：	
小脚轮：	气胎	□	直径：			
	实心胎	□	宽度：			
后轮：	气胎	□	直径：		手推圈	□
	实心胎	□	宽度：		可调轴	□
	PU 胎	□			可拆卸	□
刹车：	短杆	□	长杆	□	其他：	
扶手：	弧形的	□	方形	□	其他：	
	固定式	□	可拆	□	其他：	
把手：	把手	□				
PSDs：	骨盆带	□	小腿带	□	肩带	□
	足带	□	防翻杆	□	躯干侧垫	□
	桌面板	□	头靠	□	骨盆侧垫	□
	其他：					

测量尺寸、调整选项及范围：

	测量尺寸（如果轮椅有不同的尺寸，列出所有的尺寸）	是否可调		调整范围（该轮椅可能的调整范围）
		是	否	
椅座宽度		□	□	
椅座深度		□	□	
椅座高度		□	□	
靠背高度		□	□	
靠背后倾		□	□	
脚踏板高度		□	□	
脚踏板角度		□	□	
把手高度		□	□	
轮椅架长度		□	□	
轴距长度		□	□	
靠背与椅座之间的角度		□	□	
整体后倾		□	□	

B.8：体位支撑装置（PSDs）的处方（选择）——稳定骨盆

中级轮椅参数表

- 阅读轮椅使用者故事，并用中级轮椅评定表上“进行测量”单元的结果，把合适的尺寸加入到下面的素描图中。

马丽安是一位 18 岁的少女。她在你的轮椅服务单位接受评定。她和轮椅服务人员共同决定，她需要以下 PSDs 来帮助稳定她的骨盆：

- 骨盆前垫高
- 骨盆后垫
- 骨盆带

马丽安的身体测量尺寸在下面的表格中。

进行测量

<table>
<tr><th colspan="4">身体测量（mm）</th><th colspan="3">轮椅部件测量（mm）</th></tr>
<tr><td colspan="7">座宽、座深和脚踏板高度</td></tr>
<tr><td rowspan="2">A</td><td rowspan="2" colspan="2">臀宽</td><td rowspan="2">400</td><td>＝座宽或</td><td>1</td><td></td></tr>
<tr><td>＝骨盆侧垫之间的距离</td><td>2</td><td></td></tr>
<tr><td rowspan="2">B</td><td rowspan="2">大腿长（骨盆后部到腘窝）</td><td>左</td><td>420</td><td rowspan="2">B 减去 30～60mm＝椅座深度（如果左右两边长度不同，取较短的一个数值）</td><td rowspan="2">3</td><td>380</td></tr>
<tr><td>右</td><td>420</td><td>380</td></tr>
<tr><td rowspan="2">C</td><td rowspan="2">腘窝到足底</td><td>左</td><td>420</td><td rowspan="2">＝座面顶端到脚踏板高度或
＝座面顶端到地面高度（脚推行者）</td><td>4</td><td></td></tr>
<tr><td>右</td><td>420</td><td>5</td><td></td></tr>
<tr><td colspan="7">靠背高度</td></tr>
<tr><td>D</td><td colspan="2">座面※到胸腔下缘</td><td></td><td rowspan="3">＝座面顶端到靠背顶端的距离（根据轮椅使用者的需求，测量 D、E 或 F）</td><td rowspan="3">6</td><td rowspan="3"></td></tr>
<tr><td>E</td><td colspan="2">座面※到肩胛下角</td><td>500</td></tr>
<tr><td>F</td><td colspan="2">座面※到肩峰</td><td></td></tr>
</table>

续表

身体测量（mm）				轮椅部件测量（mm）		
改制和/或 PSDs						
G	躯干宽度		370	＝躯干侧垫/楔形垫之间的距离	7	
H	座面※到腋下（腋窝）	左	480	H 减去 30mm＝椅座顶端到躯干侧垫/楔形垫之间的最大距离（根据用手模拟进行调整）	8	450
		右	480			450
I	座面到骨盆顶端（髂后上棘）		160	＝座面顶端与骨盆后垫之间的距离	9	
J	膝关节之间的距离			＝膝分隔垫之间的宽度	10	
K	座面到颅底的距离			＝座面顶端与头靠中间的距离	11	
L	骨盆后部到坐骨		150	L 加 20～40mm＝靠背支撑到坐骨前垫高开始点之间的距离	12	180
其他						

※ 当进行测量时，“座面”是指坐骨坐的平面。

● 把马丽安坐骨前垫高和骨盆后垫的尺寸加入到右边的素描框图中。

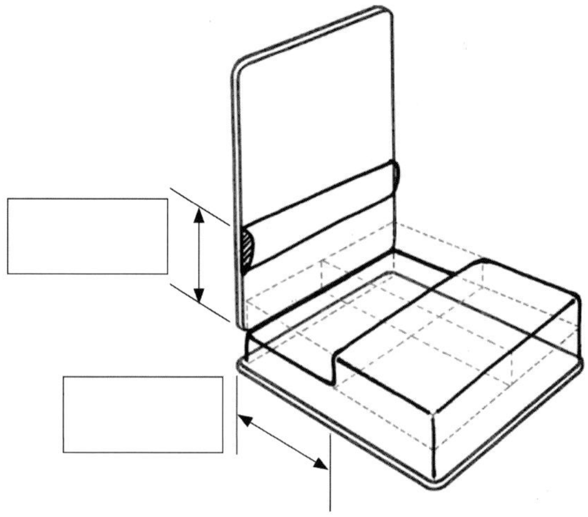

B.9：体位支撑装置（PSDs）的处方（选择）——支撑髋关节

西耶娜的右髋关节无法屈曲至中立位坐姿，因为她的躯干与大腿之间的角度大于 90 度。 在评定过程中，她用了一个临时支撑（在两侧坐骨和她左大腿下用泡沫塑料补高），帮助她以更直立的姿势坐。 为她选择了一个带坐骨前垫高和降低坐垫前部（右侧）的坐垫，以适应她的右髋关节。	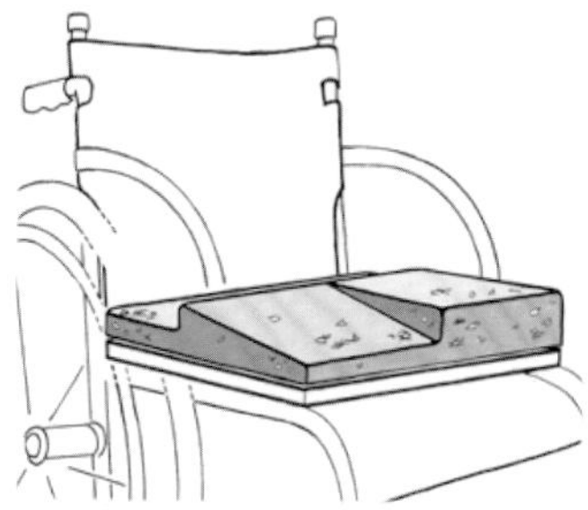

- 在下面中级轮椅处方表“PSDs 或需要的改制”部分描述西耶娜的 PSD。运用透视图，并标出需要的尺寸。

PSD 清单				描述/绘画和提供尺寸
椅座/坐垫	加入硬椅座	□		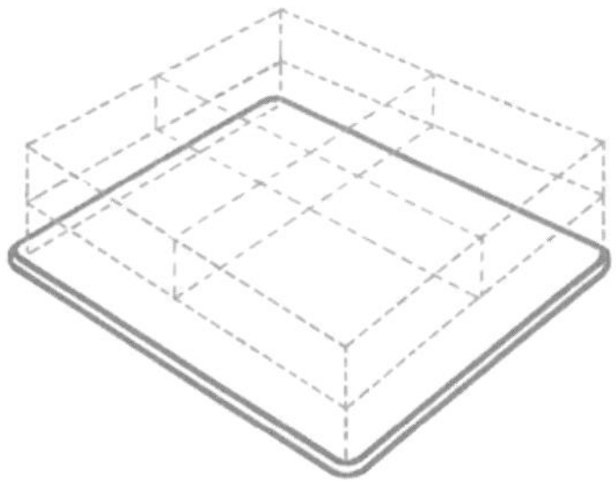
	坐骨前垫高（=3－12）	□		
	降低坐垫前部	左□	右□	
	升高坐垫前部	□		
	骨盆前倾楔形垫	□		
	骨盆下补高	左□	右□	
	骨盆侧垫（=2）	左□	右□	
	大腿外侧楔形垫	左□	右□	
	大腿外侧垫	左□	右□	
	大腿内侧楔形垫（=10）	□		
	膝分隔垫（=10）	□		
	其他	□		
	其他	□		

罗伯特无法屈曲他的髋关节至中立位坐姿，因为他的躯干与大腿之间的角度大于 90 度。

在评定过程中，他用了临时支撑（两侧坐骨下用泡沫塑料补高），这让他以更直立的姿势坐。

为了适应他髋关节受限的情况，为他选择了一辆椅座与靠背之间角度更大的轮椅。

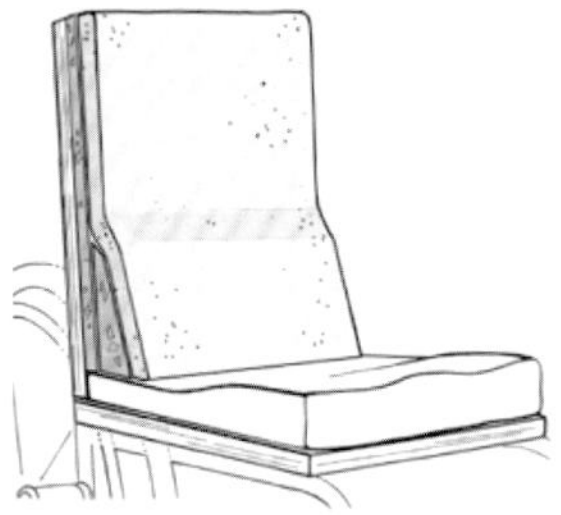

- 在下面中级轮椅处方表“PSDs 或需要的改制”部分描述罗伯特的 PSD。运用透视图，并标出需要的尺寸。

PSD 清单				描述/绘画和提供尺寸
椅座和靠背	增加椅座与靠背的角度	□		
	椅座与靠背后倾（整体后倾）	□		
靠背	加入硬靠背	□		
	骨盆后垫（=9）	□		
	靠背形状可调	□		
	张力可调靠背	□		
	靠背后倾	□		
	躯干侧垫（=7）	左□	右□	
	躯干侧楔形垫（=7）	左□	右□	
	其他	□		
桌面板/扶手	桌面板	□		
	改制扶手	左□	右□	
	其他	□		

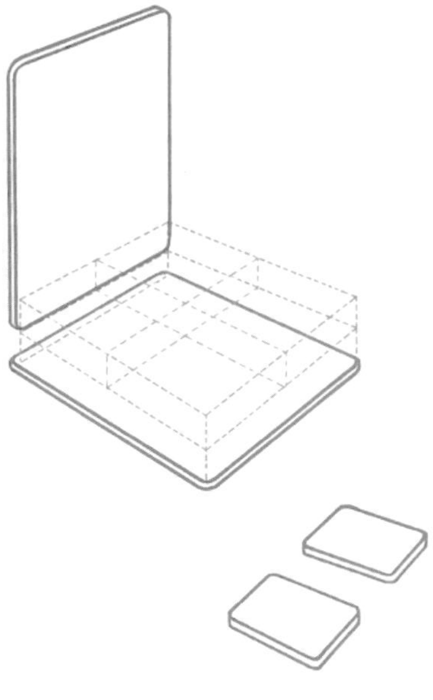

续表

头支撑	扁平头靠（＝11）	□		
	有形头靠（＝11）	□		
	其他	□		
小腿支撑	脚踏板补高	左□	右□	
	脚踏板楔形垫	左□	右□	
	小腿支撑板	左□	右□	
	其他	□		
带子	骨盆带	□		
	小腿带	□		
	足带	左□	右□	
	肩带	□		
	其他	□		

B.10：体位支撑装置（PSDs）的处方（选择）——支撑躯干

1. 马克16岁，是一位高位脊髓损伤者。他有一辆悬吊式椅座和靠背的轮椅。他的轮椅尺寸是正确的，并且有一个软的、平面的泡沫塑料坐垫。

马克发现自己很难坐直。他的腰弯着，他在轮椅上会向前滑。他坐骨下和肩胛骨旁的皮肤上有红斑。

- 阅读马克的评定结果（下面）。
- 提供哪种PSDs有助于马克在他的轮椅上坐直？用《学员手册》上的PSD表和PSD参考表来帮助你。
- 你如何为马克在他现有的轮椅上提供或制作这些支撑？思考给轮椅椅座/坐垫/靠背带来的变化。
- 记住工作的顺序：骨盆＋髋关节→躯干
- 用得到的轮椅和材料向其他组员展示，你如何为马克提供他需要的支撑。

无支撑坐姿

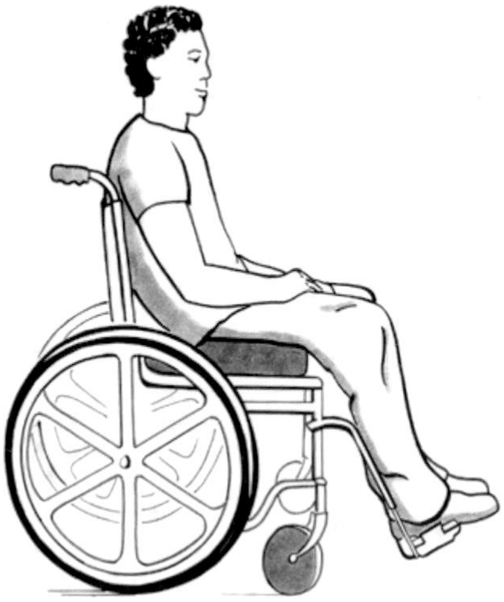

骨盆和髋关节姿势检查
当卧位时检查骨盆是否水平以及髋关节的屈曲角度
骨盆是否水平？是 □ 否□
髋关节是否可以屈曲至中立位坐姿？
右：是□　否□　角度：________
左：是□　否□　角度：________
如果骨盆不能水平或髋关节无法屈曲至中立位坐姿——用临时支撑来适应。

用手模拟：用手支撑坐在中立位/尽可能舒适地接近中立位

对于每个身体部位：通过用手支撑，如果中立位坐姿可以实现，勾“是”，如果不能，勾“否”。

部位	是	否	描述或线条绘画用手支撑实现的轮椅使用者的最终坐姿，以及描述或线条绘画实现坐姿所提供的支撑。
骨盆	√	□	
躯干	√	□	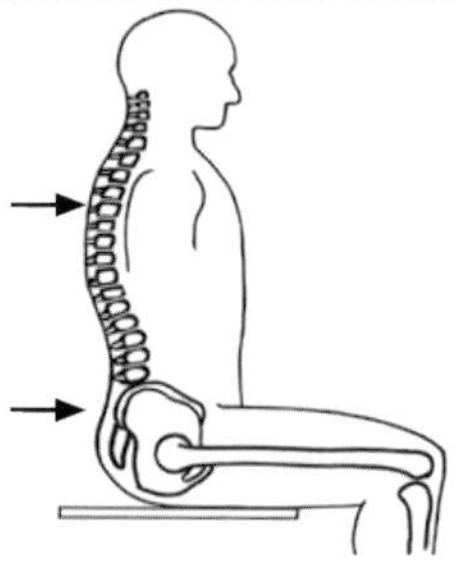 为了坐直，马克需要： ● 在他骨盆后部大力的支撑（两只手在骨盆后部向前推）； ● 在他肩胛骨后面轻轻地支撑。
头	√	□	
左髋	√	□	
右髋	√	□	
大腿	√	□	
左膝	√	□	
右膝	√	□	
左踝	√	□	
右踝	√	□	

中级轮椅处方（选择）表

1. 轮椅使用者信息

轮椅使用者姓名：		编号：	
评定日期：		适配日期：	
评定人姓名：			

2. 轮椅的类型、尺寸和设置

轮椅类型（以下列出可得到的轮椅）		轮椅尺寸（mm）	
	□	座宽	
	□	座深	
	□	靠背高度	
	□	脚踏板高度	
轮椅设置			
后轮位置		其他：	
后倾			

3. 坐垫类型和尺寸

坐垫类型		尺寸
例如：减压坐垫	□	
	□	

4. PSDs 或需要的改制

PSD 清单			描述/绘画并提供尺寸
椅座/坐垫	加入硬椅座	□	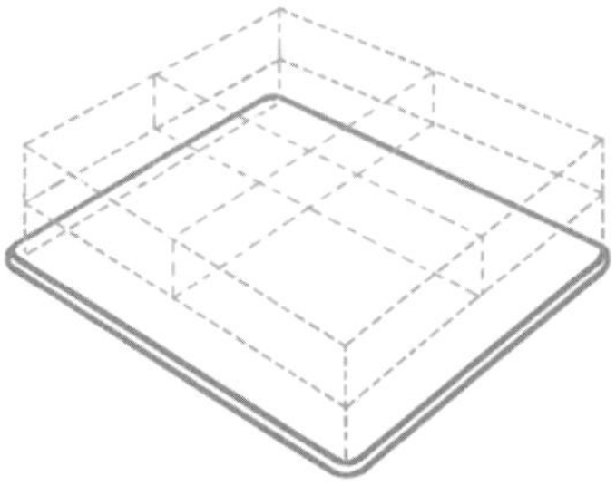
	坐骨前垫高（=3－12）	□	
	降低坐垫前部	左□　右□	
	升高坐垫前部	□	
	骨盆前倾楔形垫	□	
	骨盆下补高	左□　右□	
	骨盆侧垫（=2）	左□　右□	
	大腿外侧楔形垫	左□　右□	
	大腿外侧垫	左□　右□	
	大腿内侧楔形垫（=10）	□	
	膝分隔垫（=10）	□	
	其他	□	
	其他	□	

	PSD 清单		描述/绘画并提供尺寸
椅座和靠背	增加椅座与靠背的角度	□	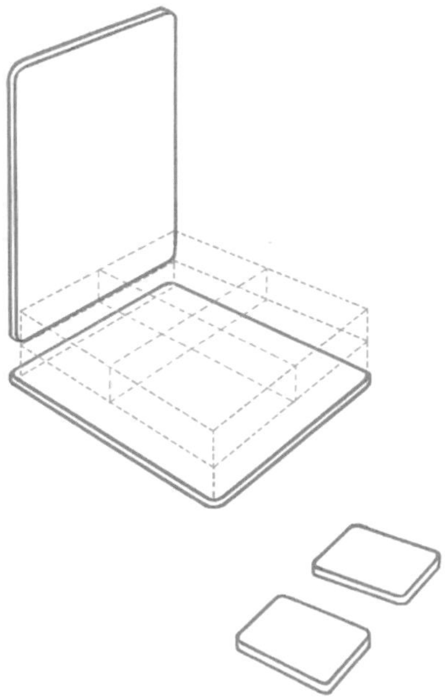
	椅座与靠背后倾（整体后倾）	□	
靠背	加入硬靠背	□	
	骨盆后垫（=9）	□	
	可调形状靠背	□	
	张力可调靠背	□	
	靠背后倾	□	
	躯干侧垫（=7）	左□　右□	
	躯干侧楔形垫（=7）	左□　右□	
	其他	□	
桌面板/扶手	桌面板	□	
	改制扶手	左□　右□	
	其他	□	
头支撑	扁平头靠（=11）	□	
	有形头靠（=11）	□	
	其他	□	
小腿支撑	脚踏板补高	左□　右□	
	脚踏板楔形垫	左□　右□	
	小腿支撑板	左□　右□	
	其他	□	
带子	骨盆带	□	
	小腿带	□	
	足带	左□　右□	
	肩带	□	
	其他	□	

5. **同意**

轮椅使用者签名：		评定人签名：	
评定组长签名：			

2. 约瑟芬 35 岁，是一位脊髓损伤者。她生活在农村，是当地教堂的一位活跃成员。她以前得到了一辆长轴距的轮椅，由于她家人能较容易地推着这辆轮椅经过粗糙的乡村地面，所以她很喜欢。当在家中的平坦地面时，她可以自己推一会儿。轮椅的尺寸对她合适，有一个硬靠背和椅座。她有一个厚的平面泡沫塑料坐垫。

约瑟芬在轮椅上不舒适，并且她发现很难推动自己。她坐着时骨盆向后滚（骨盆后倾）并且她的躯干向前弯。

- 阅读约瑟芬的评定结果（下面）。
- 提供哪种 PSDs 有助于约瑟芬在她的轮椅上尽可能地坐直？
- 用《学员手册》上的 PSD 表和 PSD 参考表来帮助你。
- 你如何为约瑟芬在她现有的轮椅上提供或制作这些支撑？思考给轮椅椅座/坐垫/靠背带来的变化。
- 记住工作的顺序：骨盆＋髋关节→躯干
- 用你得到的轮椅和材料向其他组员展示，你如何为约瑟芬提供她需要的支撑。

无支撑坐姿

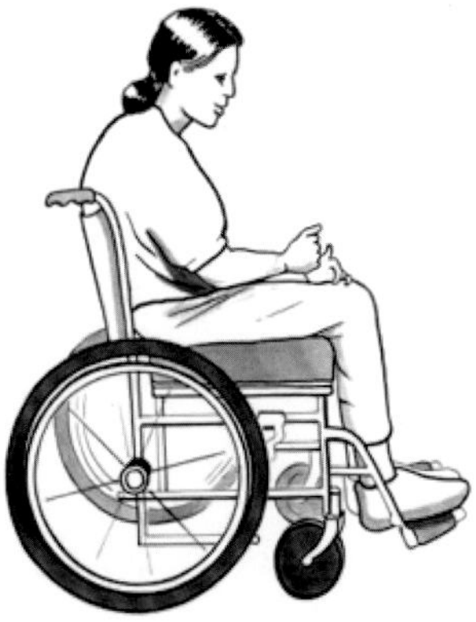

骨盆和髋关节姿势检查

当卧位时检查骨盆是否水平以及髋关节的屈曲角度

骨盆是否水平？是 □　否□

髋关节是否可以屈曲至中立位坐姿？

右：是□　否□　角度：________

左：是□　否□　角度：________

如果骨盆不能水平或髋关节无法屈曲至中立位坐姿——用临时支撑来适应。

用手模拟：用手支撑坐在中立位/尽可能舒适地接近中立位

对于每个身体部位，通过用手支撑，如果中立位坐姿可以实现，勾“是”，如果不能，勾“否”。

部位	是	否
骨盆	□	√
躯干	□	√
头	□	√
左髋	√	□
右髋	□	√
大腿	√	□
左膝	√	□
右膝	√	□
左踝	√	□
右踝	√	□

描述或线条绘画用手支撑实现的轮椅使用者的最终坐姿，以及描述或线条绘画实现坐姿所提供的支撑。

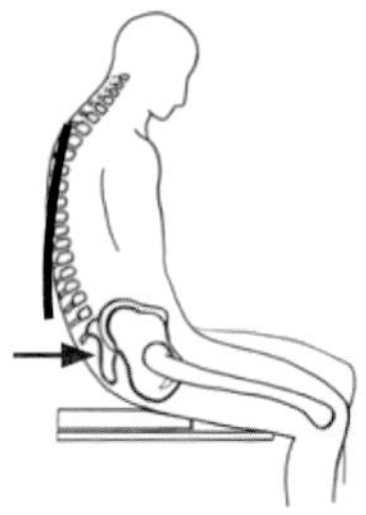

约瑟芬不能以中立位坐姿坐直。她的最后姿势是：

- 躯干后凸；
- 头向前倒；
- 骨盆后倾。

在以下支撑下，她的姿势有改善：

- 两侧坐骨和左大腿下临时支撑；
- 两只手在她骨盆后面，完全接触支撑她的躯干上部和下部。

中级轮椅处方（选择）表

1. 轮椅使用者信息

轮椅使用者姓名：		**编号：**	
评定日期：		**适配日期：**	
评定人姓名：			

2. 轮椅的类型、尺寸和设置

轮椅类型（以下列出可得到的轮椅）		**轮椅尺寸（mm）**	
	□	座宽	
	□	座深	
	□	靠背高度	
	□	脚踏板高度	
轮椅设置			
后轮位置		其他：	
后倾			

3. 坐垫类型和尺寸

坐垫类型		**尺寸**
例如：减压坐垫	□	
	□	

4. PSDs 或需要的改制

PSD 清单			**描述/绘画并提供尺寸**
椅座/坐垫	加入硬椅座	□	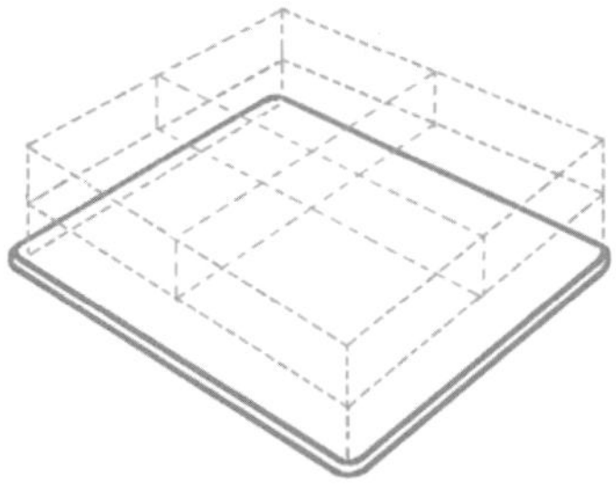
	坐骨前垫高（=3—12）	□	
	降低坐垫前部	左□ 右□	
	升高坐垫前部	□	
	骨盆前倾楔形垫	□	
	骨盆下补高	左□ 右□	
	骨盆侧垫（=2）	左□ 右□	
	大腿外侧楔形垫	左□ 右□	
	大腿外侧垫	左□ 右□	
	大腿内侧楔形垫（=10）	□	
	膝分隔垫（=10）	□	
	其他	□	
	其他	□	

PSD 清单			描述/绘画并提供尺寸
椅座和靠背	增加椅座与靠背的角度	□	
	椅座与靠背后倾（整体后倾）	□	
靠背	加入硬靠背	□	
	骨盆后垫（=9）	□	
	可调形状靠背	□	
	张力可调靠背	□	
	靠背后倾	□	
	躯干侧垫（=7）	左□　右□	
	躯干侧楔形垫（=7）	左□　右□	
	其他	□	
桌面板/扶手	桌面板	□	
	改制扶手	左□　右□	
	其他	□	
头支撑	扁平头靠（=11）	□	
	有形头靠（=11）	□	
	其他	□	
小腿支撑	脚踏板补高	左□　右□	
	脚踏板楔形垫	左□　右□	
	小腿支撑板	左□　右□	
	其他	□	
带子	骨盆带	□	
	小腿带	□	
	足带	左□　右□	
	肩带	□	
	其他	□	

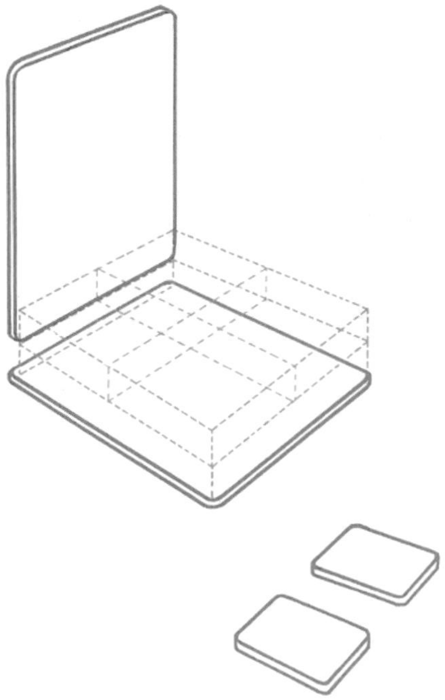

5. 同意

轮椅使用者签名：		评定人签名：	
评定组长签名：			

3. 希恩是一位 3 岁的脑瘫患者。他有一辆儿童尺寸、可外翻脚踏板、悬吊式椅座和靠背的交叉折叠轮椅。没有桌面板和坐垫。轮椅椅座深度对他合适，但是有点宽。他父母没有小汽车，他们走路去大部分地方。他们可以在社区推他，尽管有时他们只是抱他。当在平坦地面时，希恩可以自己推一会儿轮椅。

希恩在没有支撑下可以坐直一会儿。10 分钟后他的躯干开始塌陷，他通常向前和向左倾斜。这导致他的骨盆右侧抬起，他左侧坐骨承受更多的体重。他的后背有与他年龄相符的正常弯曲。希恩的妈妈希望他能够与其他孩子一起玩耍并且推他的轮椅。

- 阅读希恩的评定结果（下面）。
- 提供哪种 PSDs 有助于希恩尽可能在他的轮椅上坐直？用《学员手册》上的 PSD 表和 PSD 参考表来帮助你。
- 你如何为希恩在他现有的轮椅上提供或制作这些支撑？思考给轮椅椅座/坐垫/靠背带来的变化。
- 记住工作的顺序：骨盆＋髋关节→躯干
- 用你得到的轮椅和材料向其他组员展示，你如何为希恩提供他需要的支撑。

无支撑坐姿

骨盆和髋关节姿势检查

当卧位时检查骨盆是否水平以及髋关节的屈曲角度

骨盆是否水平？是 □　否□

髋关节是否可以屈曲至中立位坐姿？

右：是□　否□　角度：________

左：是□　否□　角度：________

如果骨盆不能水平或髋关节无法屈曲至中立位坐姿——用临时支撑来适应。

用手模拟：用手支撑坐在中立位/尽可能舒适地接近中立位

对于每个身体部位：通过用手支撑，如果中立位坐姿可以实现，勾“是”，如果不能，勾“否”。

部位	是	否
骨盆	☐	☐
躯干	☐	☐
头	☐	☐
左髋	☐	☐
右髋	☐	☐
大腿	☐	☐
左膝	☐	☐
右膝	☐	☐
左踝	☐	☐
右踝	☐	☐

描述或线条绘画用手支撑实现的轮椅使用者的最终坐姿，以及描述或线条绘画实现坐姿所提供的支撑。

希恩不能以中立位姿势坐，然而两侧髋关节可以屈曲（躯干与大腿之间的角度大约是 80 度）。

为了坐直，希恩需要：

- 临时泡沫塑料楔形垫在两侧大腿下提供支撑；
- 双手分别放在他骨盆的两侧，紧紧地抓住并且在他骨盆后部轻轻地支撑；
- 双手分别放在他躯干的两侧，紧紧地抓住。左侧需要的支撑位置稍微比右侧高；
- 环绕在他双肩胛骨和胸部前面轻轻地支撑。

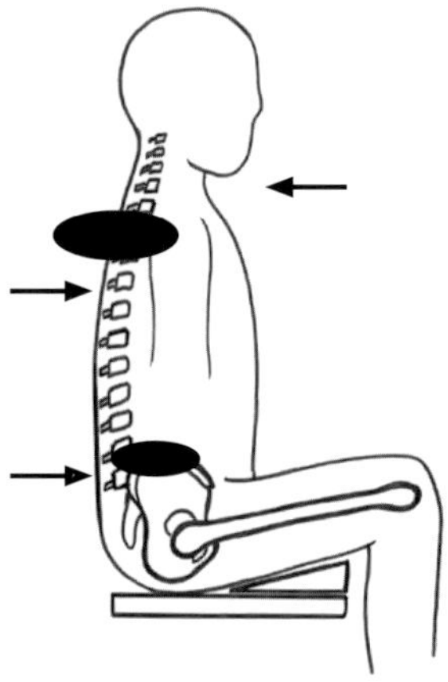

中级轮椅处方（选择）表

1. 轮椅使用者信息

轮椅使用者姓名：		编号：	
评定日期：		适配日期：	
评定人姓名：			

2. 轮椅的类型、尺寸和设置

轮椅类型（以下列出可得到的轮椅）		轮椅尺寸（mm）	
	□	座宽	
	□	座深	
	□	靠背高度	
	□	脚踏板高度	
轮椅设置			
后轮位置		其他：	
后倾			

3. 坐垫类型和尺寸

坐垫类型		尺寸
例如：减压坐垫	□	
	□	

4. PSDs 或需要的改制

PSD 清单			描述/绘画并提供尺寸
椅座/坐垫	加入硬椅座	□	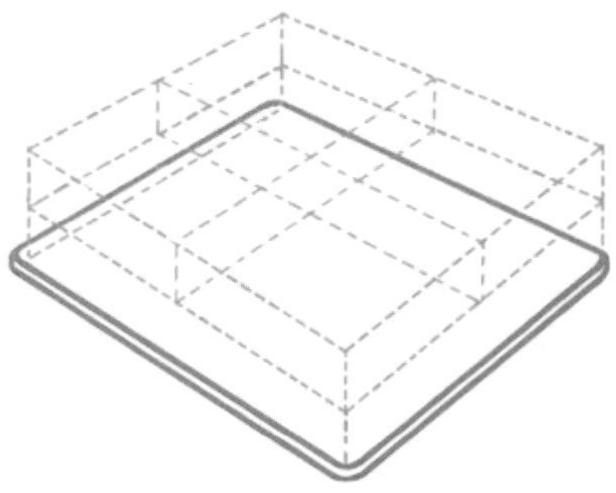
	坐骨前垫高（=3—12）	□	
	降低坐垫前部	左□ 右□	
	升高坐垫前部	□	
	骨盆前倾楔形垫	□	
	骨盆下补高	左□ 右□	
	骨盆侧垫（=2）	左□ 右□	
	大腿外侧楔形垫	左□ 右□	
	大腿外侧垫	左□ 右□	
	大腿内侧楔形垫（=10）	□	
	膝分隔垫（=10）	□	
	其他	□	
	其他	□	

PSD 清单			描述/绘画并提供尺寸
椅座和靠背	增加椅座与靠背的角度	□	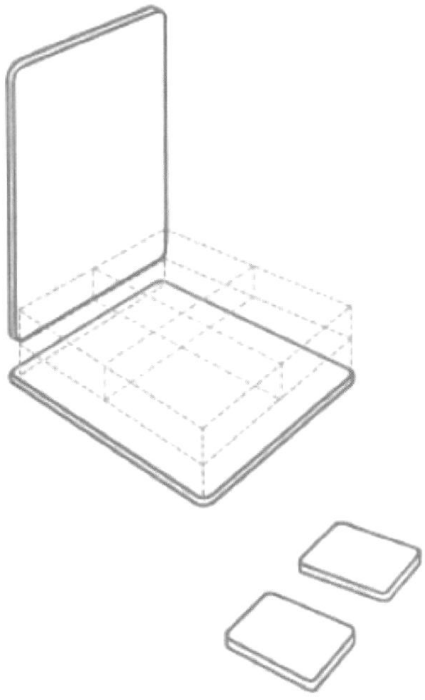
	椅座与靠背后倾（整体后倾）	□	
靠背	加入硬靠背	□	
	骨盆后垫（=9）	□	
	可调形状靠背	□	
	张力可调靠背	□	
	靠背后倾	□	
	躯干侧垫（=7）	左□　右□	
	躯干侧楔形垫（=7）	左□　右□	
	其他	□	
桌面板/扶手	桌面板	□	
	改制扶手	左□　右□	
	其他	□	
头支撑	扁平头靠（=11）	□	
	有形头靠（=11）	□	
	其他	□	
小腿支撑	脚踏板补高	左□　右□	
	脚踏板楔形垫	左□　右□	
	小腿支撑板	左□　右□	
	其他	□	
带子	骨盆带	□	
	小腿带	□	
	足带	左□　右□	
	肩带	□	
	其他	□	

5. 同意

轮椅使用者签名：		评定人签名：	
评定组长签名：			

B.11：体位支撑装置（PSDs）的处方（选择）——支撑头部、大腿和小腿

阅读和回答下面的问题

	乔纳来参加评定。在用手模拟的过程中，你发现乔纳的腿向外倒（外展），但是轻轻地支撑你可以把他的腿放到中立位坐姿（膝关节靠在一起）。 ● 你认为可以对他的轮椅和坐垫做哪些调整，以帮助他坐着时腿放在中立位。
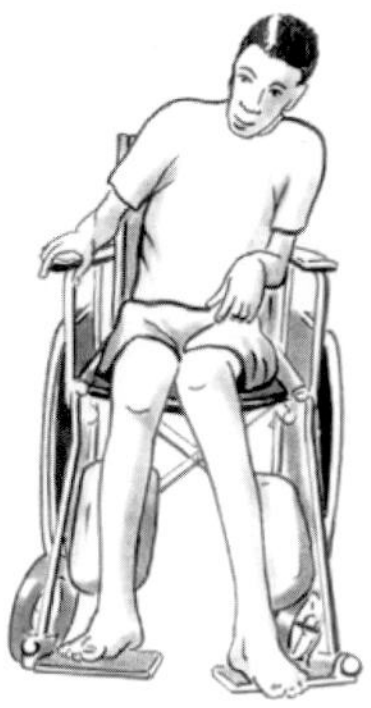	萨姆使用这辆轮椅已经两年了。他是脑损伤，他的双腿很僵硬和强直。在评定中你发现萨姆的大腿内收但是你可以把他的双膝分开处于更中立的坐姿。然而，这需要相当大的力量。当他的膝关节处于更加中立的坐姿时，萨姆感觉更平衡了。 ● 你认为可以对他的轮椅和坐垫做哪些调整，以帮助他坐的时候大腿处于中立位坐姿？
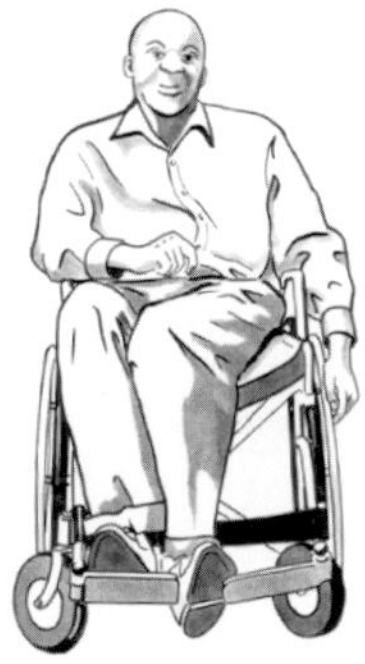	伊利亚很满意，他的轮椅可以折叠，并且他能够把它放进汽车往返工场。然而他的后背疼痛并且发现他的双腿相互交叉在一起。在评定过程中，你发现伊利亚能以中立位坐姿坐，在柔和的支撑下他的双腿能坐到中立位坐姿。 ● 你认为可以对他的轮椅和坐垫做哪些调整，以帮助他坐的时候双腿处于中立位坐姿？

实操二：产品（轮椅）准备——任务清单

- 用下面的表格来帮你计划以及准备轮椅和 PSDs。
  - 列出每项任务（最好按照任务应该完成的顺序）。
  - 决定谁负责该项任务。
  - 当每项任务完成后，在后面方框内画勾。

列出每项任务	负责人	完成后画勾
		□
		□
		□
		□
		□
		□
		□
		□
		□
		□
		□
		□
		□
		□
		□
		□
		□

实操二：产品（轮椅）准备——中级轮椅安全和准备检查表

用中级轮椅安全和准备检查表来确保轮椅是安全的以及准备让轮椅使用者试用。

整辆轮椅包括 PSDs	
没有尖锐边角	□
无部件损坏或刮伤	□
轮椅能够沿直线行进	□
前小脚轮	
自由地转动	□
转动而不触及轮叉	□
螺栓是拧紧的	□
前小脚轮套	
小脚轮叉自由地转动	□
后轮	
自由地转动	□
轴螺栓是拧紧的	□
轮胎充气正常（用拇指横压轮胎，轮胎稍微下陷不超过 5mm）	□
手推圈是稳固的	□
刹车	
正常工作	□
脚踏板	
脚踏板连接牢固	□
轮椅架	
对于交叉折叠式轮椅，轮椅轻易地折叠和展开	□
对于靠背折叠式轮椅，靠背可以轻易地折叠和展开	□
坐垫	
坐垫刚好放在坐垫套内	□
坐垫正好放在轮椅上	□
坐垫套面料是紧贴的，但不是太紧	□
如果轮椅是硬椅座：坐垫完全覆盖椅座	□

B.14：使用者培训

- 阅读下面的一个轮椅使用者故事。你的教师将告诉你阅读哪个使用者故事。
- 决定轮椅使用者需要学习哪些技能来使用和保养他们的新轮椅。完成下一页的轮椅使用者培训检查表。
- 选择轮椅使用者、轮椅服务人员或轮椅使用者家人/护理者的角色。扮演轮椅服务人员角色的人应该练习教至少三项技能给组内的其他人员。用《学员手册》上列出的“如何让轮椅使用者培训成功”技巧。

约书亚

约书亚是一位 6 岁的脑瘫儿童。他有突然不受控制的运动。为他选择了一辆带有 PSDs 的儿童轮椅，包括骨盆带、骨盆侧垫和躯干侧垫。约书亚的皮肤较薄且敏感，并且躯干侧垫配了附加的衬垫有助于确保躯干侧垫不会导致压疮。

约书亚的新轮椅具有后倾功能，这让轮椅有时可以后倾并且让他头部更直立。这辆轮椅也有一个防翻杆，在经过粗糙地面或上下路缘时，这个防翻杆也可以移开。为了运输，该轮椅后轮可拆卸以及椅座可以从轮椅框架上拿开。

约书亚每天早上去幼儿园。他由幼儿园安排的运输服务单位进行接送。交通工具是一个小摩托三轮车。他父母担心这辆轮椅是否可以放在里面。

约书亚来对他的新轮椅进行适配。他妈妈和他一起过来。

珊吉塔

珊吉塔是一位脊柱裂的 3 岁儿童。她运动困难，腰部以下感觉丧失并且在她的脊柱底部膨出。她父母说她难以控制自己的大小便，经常泌尿系统感染。

珊吉塔来到轮椅服务单位对她的第一辆轮椅进行适配，这辆轮椅有快拆轮、骨盆带、骨盆侧垫，异形的靠背避开压迫她的脊柱膨出。她也有一个减压坐垫。她和她父母一起过来。父母担心如果她有了一辆轮椅她将不再想用她的膝踝足矫形器走路。然而，当她无法与她的兄弟和姐妹一起在外玩耍的时候，她感到沮丧。

金颂

金颂 40 岁，他 15 年前颅脑损伤。因为吃东西困难，所以他非常瘦。他的脊柱僵硬向前弯曲。金颂不能站立并且完全依靠他母亲。他不能说话，但是他母亲说他明白简单的指令。

在评定过程中，他被确认为有发生压疮的风险。因为他瘦，不能独立地移动并且过去曾经有过压疮（躺在床上的时候）。

他刚刚获得第一辆轮椅。轮椅有一个减压坐垫和 PSD 帮助他坐得更舒适。他妈妈是他的护理者并且和他一起参加轮椅适配。

中级轮椅使用者培训检查表

	需要教的技能	已经教的技能
轮椅操作		
折叠和搬运轮椅	□	□
拆下和装回所有的 PSDs 以便运输的需要	□	□
使用快拆轮	□	□
使用刹车	□	□
后倾和防翻杆（如果使用）	□	□
当轮椅使用者坐在轮椅上时，在正确的位置安装 PSDs	□	□
使用坐垫，包括正确摆放	□	□
转移		
独立转移	□	□
在协助下转移	□	□
其他	□	□
轮椅使用和移动		
正确地推轮椅（用轮椅使用者喜欢的方法）	□	□
上下斜坡	□	□
上下台阶	□	□
粗糙地面	□	□
翘前轮基本技巧	□	□
在轮椅上坐多长时间（对于需要附加体位支撑的儿童和成人）	□	□
协助推行	□	□

续表

	需要教的技能	已经教的技能
预防压疮		
检查易发压疮的高压部位	□	□
减压技巧	□	□
营养膳食并充足饮水	□	□
如果发生压疮，该怎么办	□	□
如何在家保养轮椅		
清洁轮椅，清洗并晾干坐垫和坐垫套	□	□
为活动部件上油	□	□
给轮胎打气	□	□
拧紧螺母和螺栓	□	□
拧紧辐条	□	□
检查装饰面料	□	□
检查是否生锈	□	□
检查坐垫	□	□
如果出现问题，该怎么办		
轮椅需要维修	□	□
轮椅不适配或不舒适	□	□

B.15：整合所有知识

- 向所有学员做10分钟的报告，关于你所在小组服务的轮椅使用者情况以及你们小组学习到的知识。

报告应该包括以下要点：

1. 从评定中获得的信息

- 轮椅使用者的目的（为什么他/她想要一辆轮椅）；
- 他们身体的需求；
- 他们生活方式的需求；
- 他/她是否已有一辆轮椅，这辆轮椅是否满足他们的需求；
- 压疮的出现、风险或病史；
- 推轮椅的方法；
- 无支撑坐姿；
- 骨盆和髋关节姿势检查的结果；
- 用手模拟的结果。

2. 处方（选择）的轮椅和坐垫

- 轮椅的类型；
- 坐垫的类型；
- 处方的所有PSDs。

3. 适配

- 适配中发现及需要解决的所有问题，如果有问题，如何解决。

4. 使用者培训

- 轮椅使用者和组员决定的哪些内容应该包括在使用者培训中？

5. 轮椅使用者反馈

- 获得轮椅后，轮椅使用者有任何意见或反馈吗？

6. 随访计划

- 已经为随访做出了哪些安排？

B.16：保养、维修和随访

- 阅读每个轮椅使用者故事。
- 为每位轮椅使用者完成轮椅随访表。
- 讨论和记录采取的任何行动。

希塔

希塔 7 岁和他父母及姐姐生活在一起。他患了肌萎缩症并且在一年前通过轮椅服务获得了一辆轮椅。那时候他可以短距离行走。他能够独立地站立式上下轮椅。他说自己想要一辆轮椅，因为他发现上学困难。

在随访过程中，希塔说他现在自己很难独立地上下轮椅。在学校到了下午他感到疲劳和不舒适。这使他难以集中精力。他的轮椅尺寸正确并且有一个中号的悬吊式靠背及简单的舒适坐垫。

当要求希塔对自己轮椅的满意度按照总分 5 分进行评分时，他打 4 分。

米莱拉

米莱拉 23 岁，是一名小儿麻痹症患者。她酿造蜂蜜并在当地市场销售。两年前她获得了一辆轮椅带前挂装置的三轮车。她需要在轮椅上安装一些附加的 PSDs。为她处方（选择）了一个改制的多层泡沫塑料坐垫。骨盆后垫加在轮椅的靠背上。

在随访中，米莱拉说她每天用这辆三轮车往返市场。

她说自己最近补过被扎破的两个轮胎。当检查轮椅时，轮椅服务人员注意到轮胎磨损严重。骨盆后垫滑到椅座上并且坐垫看起来很平。

当要求米莱拉对自己轮椅的满意度按照总分 5 分进行评分时，她打 3 分。

乌苏拉

乌苏拉是一位 6 岁的脑瘫儿童。她喜欢与她姐姐在教堂唱诗班唱歌。她在八个月之前获得一辆带 PSDs 的轮椅。

由于呼吸系统感染生病，她错过了第一次随访预约。她父母说她最近在轮椅上不开心并要求坐轮椅一小时后离开。他们注意到在她肋骨上靠近躯干侧垫一侧有一块暗斑，并想知道这是否是一个问题。

轮椅服务人员找到一个私密的场所，并取得乌苏拉和她父母的同意检查她的皮肤。轮椅服务人员证实这是一块暗斑。他们检查了轮椅并注意到躯干侧垫上的泡沫塑料垫受到挤压。

当被要求对满意度按照总分 5 分进行评分时，她父母的评分是 4 分。

轮椅随访表

1. 轮椅使用者信息

轮椅使用者姓名：________ 编号：________

适配日期：________ 随访日期：________

随访人员姓名：________

随访地点：轮椅使用者家 □ 轮椅服务中心 □ 其他 □ ________

2. 面谈内容

记录应采取的措施：

您能如您所愿地使用轮椅吗？	是 □ 否 □	
如果不能，为什么？		
您在使用轮椅的过程中，遇到什么问题吗？	是 □ 否 □	
如果有，是什么问题？		
您在使用轮椅的过程中，有什么不懂的问题吗？	是 □ 否 □	
如果有，问题是什么？需要进一步的培训吗？		
您有压疮吗？	是 □ 否 □	
如果有，请描述（位置和等级）		
您对自己轮椅的满意度用1～5如何评价？（1是不满意，5是非常满意）	评价：	
备注：		

3. 轮椅和坐垫的检查

轮椅是处于良好的工作状态并且可以安全地使用吗？	是 □ 否 □	
坐垫是处于良好的工作状态并且可以安全地使用吗？	是 □ 否 □	
如果以上两项有任何一项答案是否，请问是什么问题？		

4. 适配检查

轮椅适配正确吗？	是 □ 否 □	
如果不适配，是什么问题？		
压力测试等级（1级＝安全级，2级＝警告级，3级＝不安全级）（使用者是否有发生压疮的风险）	左： 右：	
轮椅使用者在静止、移动时，能舒适地坐直吗？能一整天都这样坐吗？	是 □ 否 □	
如果不能，请问是什么问题？		

实操四：评定、处方（选择）、产品（轮椅）准备、适配和使用者培训——任务清单

产品（轮椅）准备——任务清单

- 用以下的表格来帮助你计划和准备轮椅使用者首次适配的轮椅和 PSDs。
  - 列出每项任务（最好按照任务应该完成的顺序）。
  - 决定谁负责该项任务。
  - 当每项任务完成后，在后面的方框内画勾。

列出每项任务	负责人	完成后画勾
		□
		□
		□
		□
		□
		□
		□
		□
		□
		□
		□
		□
		□
		□
		□
		□

实操四：评定、处方（选择）、产品（轮椅）准备、适配和使用者培训——中级轮椅安全和准备检查表

- 用中级轮椅安全和准备检查表来确保轮椅是安全的以及准备让轮椅使用者试用。

中级轮椅安全和准备检查表

整辆轮椅包括 PSDs	
没有尖锐边角	☐
无部件损坏或刮伤	☐
轮椅能够沿直线行进	☐
前小脚轮	
自由地转动	☐
转动而不触及轮叉	☐
螺栓是拧紧的	☐
前小脚轮套	
小脚轮叉自由地转动	☐
后轮	
自由地转动	☐
轴螺栓是拧紧的	☐
轮胎充气正常（用拇指横压轮胎，轮胎稍微下陷不超过 5mm）	☐
手推圈是稳固的	☐
刹车	
正常工作	☐
脚踏板	
脚踏板连接牢固	☐
轮椅架	
对于交叉折叠式轮椅，轮椅轻易地折叠和展开	☐
对于靠背折叠式轮椅，靠背可以轻易地折叠和展开	☐
坐垫	
坐垫刚好放在坐垫套内	☐
坐垫正好放在轮椅上。	☐
坐垫套面料是紧贴的，但不是太紧。	☐
如果轮椅是硬椅座：坐垫完全覆盖椅座	☐